大旗出版
BANNER PUBLISHING

大旗出版
BANNER PUBLISHING

敬畏春秋

之七

孔子世家

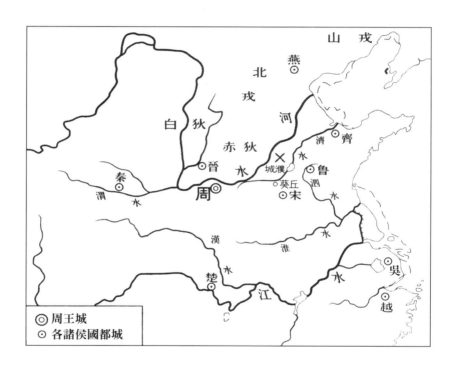

山戎

燕⊙

北戎

白狄

赤狄

河

濟

齊⊙

晉⊙

水

×
城濮

魯⊙

水

秦⊙

渭

水

周⊙

葵丘

泗

水

宋⊙

漢

水

淮

水

楚⊙

江

水

吳⊙

越

⊚ 周王城
⊙ 各諸侯國都城

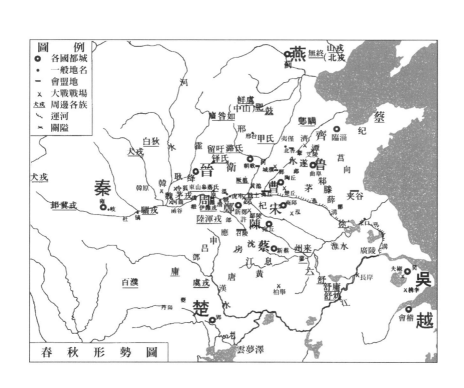

春秋形勢圖

圖　例
◎　各國都城
•　一般地名
—　會盟地
╳　大戰戰場
犬戎　周邊各族
　　　運河
　　　關隘

序

孔子是誰？誰是孔子？

上帝是誰？誰是上帝？

魔鬼是誰？誰是魔鬼？

上帝只是一個符號，就如魔鬼也只是一個符號。上帝和魔鬼都是人類創造出來的，他們無生無死，無始無終，無原則的好以及無緣由的壞，而這一切都不用解釋。上帝為什麼是上帝？不知道；魔鬼為什麼是魔鬼？不知道。上帝為什麼這麼好？不知道；魔鬼為什麼這麼壞？不知道。

可是，孔子呢？

事實上，幾千年來，孔子也是一個符號，這個符號叫做聖人。孔子所說的一切都是真理，沒有人去探討為什麼。孔子為什麼說這些？不知道；孔子為什麼要這樣說？不知道。

一直到上個世紀新文化運動中「打倒孔家店」以及後來的「批林批孔運動」，孔子成為了另一個符號——魔鬼。於是，孔子成了毒害中國幾千年的歷史罪人，他壞而且絕對的壞。可是，他為什麼這麼壞？不知道。

但是，事實並不是這樣。如果一個人不是上帝，他也就必然不會是魔鬼。

孔子與上帝或者魔鬼的區別是，他是一個人。他既不是上帝，也就不會是魔鬼。

而人與上帝或者魔鬼的區別是，人有生有死，人有始有終，人的好或者壞都不是沒有緣由的，都是可以解釋的。

孔子是一個什麼樣的人？歷來沒有人去說；孔子的思想從哪裡來？歷來沒有人去解釋。

《論語》被認為是孔子的思想，於是千百年來有無數的所謂鴻儒大

賢、所謂專家學者紛紛解說《論語》。然而，他們並不瞭解《論語》的語境，並不瞭解孔子或者他的弟子們是在怎樣的境況下說了那些話，所以，他們所能做的實際上不超過說文解字的範疇，換言之，大家都在望文生義、牽強附會。

孔子是一個人，人非生而知之，人的知識，人的思想，都有他的來源。不懂得孔子的身世，不懂得孔子所生活的那個年代的背景，就不可能懂得孔子，也就不可能懂得《論語》。所以我們說，眼下各種版本的《論語》解析都不過是語文老師在翻譯古文。

《論語》不是《聖經》，不是上帝的腦袋裡隨便蹦出來的各種奇怪想法的總和。《論語》是一段段的故事，《論語》是一個過程，它記載了孔子思想的演化，記載了孔子和他的弟子們之間有趣卻又錯綜複雜的關係。

孔子是一個什麼樣的人？首先孔子是一個人，所以《論語》不是真理，至少不完全是真理。他也結婚，他也離婚；他也要掙錢養家，他也夢想榮華富貴；他也記仇，他也感恩；他也喜歡聽話的學生，他也不喜歡故意作對的學生。偶爾，他也會撒謊，甚至也會泡妞。

孔子不是一個完人，他不是神。但是，孔子是一個具有高尚人格的人，是一個博學的人，是一個勤奮的人，是一個對中國歷史影響深刻的人。每一個中國人的身上都可能流著孔子的血，每一個中國人的骨子裡都必然留著孔子的精神。

從現在開始，孔子不再是故作高深深不可測的聖人，他回復到了一個普通人的特徵，他是一個滿腹經綸又和藹可親的老人，一個愛面子同時愛給人面子的長者，他是一個鄰家大爺。

不保證每個人都會喜歡他，但是會有很多人喜歡他。

司馬遷在《史記》中寫道：高山仰止，景行行止。雖不能至，然心嚮往之。余讀孔氏書，想見其為人。

目錄

第二四一章
野合不是野百合

魯襄公二十一年（前552年）二月。

歌中唱道：那是一個春天。

歌中又唱道：在那桃花盛開的地方。

春天的曲阜，桃花盛開。桃花盛開的時節，也就是走桃花運的時節。

大齡青年聯誼會

媒超風很忙碌，這是他一年裡最忙碌的一個月了。媒超風姓媒，說起來，也是魯國公族。當初，按照《周禮》的規定，魯國設立了「媒氏」這一職務，專門負責管理國民的婚姻事宜。由於這一職務世襲，後來，媒氏就以媒為姓了。

媒超風是這一代的「媒氏」，平時基本上就沒什麼事。曲阜城裡如果有人結婚，都要到他這裡來備個案；生孩子的，取了名字之後也要來備個案；離婚的、再婚的等等，也都來備個案。基本上，平時就這點活。油水有一些，但不是太多。

但是到了每年的二月份，媒超風就忙上了，忙什麼？忙著安排大齡未婚青年聯誼會。

按《周禮・地官司徒第二》。媒氏：掌萬民之判。凡男女自成名以上，皆書年月日名焉。令男三十而娶，女二十而嫁。仲春之月，令會男女，於是時也，奔者不禁。若無故而不用令者，罰之。司男女之無夫家者而會之。

簡略翻譯：每年二月，大齡未婚青年必須參加聯誼會，違者處罰。聯誼會上能夠達成正式婚姻最好，私奔也可以，一夜情也鼓勵。

所謂「奔者」，主要是指一夜情，其次才是私奔。

為什麼一夜情和私奔都受鼓勵？因為國家需要的是人口。

媒超風安排了三場聯誼會，這是第一場，地點就在曲阜城外的桃花溝。這裡桃花盛開，十分寫意。很重要的一點，這裡樹木繁多，利於約會以及野外激情。

「奶奶的，累死了。官不大，管事不少。」媒超風暗自抱怨。想想也是，媒氏官階為下士，在魯國的官員體系中是最低一等，相當於現在的科級幹部。最早的時候魯國有兩個媒氏，後來精簡機構，上面的領導說是「媒氏媒氏，整天沒事」，結果把媒氏給精簡了一個，現在就只剩下了一個媒氏。

媒超風的眼前就是聯誼會，男男女女們來來往往，一個個打起十二分的精神尋找自己中意的物件。膽大的，主動去搭訕；害羞一些的，則縮在一旁等著有人送上門來。有對上眼的，三言兩語之後，自己找地方深談或者上演激情戲去了。

媒超風沒有多少心情去看他們，來這裡的人不僅是大齡青年，而且通常是男的窮女的醜，否則早就成親了，不用等到成為大齡未婚青年了。

「老媒。」一個洪亮的聲音從身後傳來，把媒超風嚇了一跳。一回頭，一個高大的身影已經到了近前。

「哎喲，孔大夫。」媒超風認識這個人，這個人就是魯國赫赫有名的勇士叔梁紇，曾經任陬邑大夫，當年曾經在偪陽之戰中立下戰功（見第四部第一四二章）。

叔梁紇姓孔，祖上原本是宋國人。後來宋國內亂，司馬孔父嘉被太宰華督所殺，孔父嘉的兒子木金父逃到魯國（事見第一部第十八章）。從此，孔家就在魯國落腳，成了魯國人，定居在曲阜的防地（今曲阜東郊）。木金父的兒子叫孔防叔，是防地大夫；防叔的兒子是夏伯，夏伯的兒子才是叔梁紇。叔梁紇原本只是個士，因為戰功升任為陬邑大夫。但因為不是魯國公族，任期滿後，不能連任，現在就定居在陬地了。

按著級別，叔梁紇為下大夫，媒超風只是個下士，見到叔梁紇，

連忙擠出笑容來。

　　兩人寒暄了幾句，叔梁紇一邊說話，一邊掃視著眼前的男男女女們。

　　通常這樣的聯誼會，都是平民子女才會來，家裡稍微有些頭面的都不會來，大夫一級的則更不會光臨。過去幾年偶爾有個把大夫來打個秋風，搞一把性速食，都是偷偷摸摸，微服而來。那麼，叔梁紇來做什麼？媒超風感覺有些奇怪，畢竟叔梁紇已經五十多歲，這樣的歲數來這裡打秋風？再說了，叔梁紇衣冠楚楚的樣子，也不像是來打秋風的啊。

　　「我剛從曲阜城裡出來回陬邑，見這邊熱鬧，順道來看看。」大概是看出媒超風的心思，叔梁紇主動說了出來，原來是路過。

　　又聊了幾句，叔梁紇告辭。正要走，猛然間看見不遠處樹下站著一個姑娘，二十歲上下，面容還算清秀，看上去有些眼熟。

　　叔梁紇多看了那姑娘兩眼，那個姑娘看見叔梁紇看她，遠遠地對著叔梁紇笑了笑，倒也有些迷人。

　　禁不住，叔梁紇來到了姑娘的面前。

　　「姑娘，你，認識我？」叔梁紇問，他覺得這個姑娘不錯。

　　「認識，嘻。」姑娘害羞地笑了笑，偷偷看叔梁紇一眼，接著小聲說：「我們陬邑人，誰不認識你啊？大英雄。」

　　「哈哈哈哈……」叔梁紇笑了，姑娘的話他愛聽：「原來你是陬邑的，你是誰家的姑娘？」

　　「顏家的，我叫徵在。」原來，姑娘叫顏徵在，說完自己的名字，又加了一句：「我，我好崇拜你哦。」

　　說來說去，顏徵在竟然是叔梁紇的粉絲。

　　「你怎樣，找到中意的人沒有？」叔梁紇問。

　　「沒呢，好男人都有老婆了。」顏徵在說得有些幽怨。

　　「不要洩氣，會有好男人的。」叔梁紇安慰顏徵在，之後告辭：「我回家了，祝你好運啊。」

　　叔梁紇要走，顏徵在又說話了。

「孔大夫，我也想回家了，能不能順道搭我一程？」顏徵在弱弱地提出了一個請求，想要搭順風車。

「好啊。」叔梁紇同意了。

野合不是野百合

叔梁紇的車已經相當破舊，而且只有一匹馬拉著，不是一匹馬力，是一匹馬，老馬。叔梁紇親自趕著車，他請不起人為他趕車。沒辦法，家底不厚，就算是做陬邑大夫的時候，家裡也不富裕。後來卸任，家中更是艱難。

說起來，典型的老馬破車。

儘管坐在破車上，顏徵在還是很興奮，這樣的車她也是生平第一次坐。

說起來，顏家和孔家一樣都是外來戶，不過顏家比孔家的際遇更差一些，孔家還是從宋國來避難的，享受政治避難國際規則的待遇。可是顏家不一樣，他們的祖上是邾國的邾武公，因為邾武公字顏，這一支後代就以顏為姓。顏家不是到魯國避難的，而是魯國占領了邾國的土地，因此邾國人被征服之後就成了魯國人，卻只能世世代代作平民，從事最低級的工作。

「孔大夫，說說你當年力舉城門的故事吧。」顏徵在突然提出這樣的請求。

「哈哈，好漢不提當年勇了。」

「人家想聽嘛。」顏徵在堅持。

「那，好吧。」叔梁紇其實也很想說，於是，一邊趕車，一邊說起當年的故事來。顏徵在一邊聽，一邊嗯嗯啊啊地表達驚訝和敬佩。

馬車的速度隨著故事情節的起伏而變化著，講到高潮的時候，叔梁紇狠狠地抽了馬一鞭子，老馬一下子躥了出去，險些把車掀翻。

等到故事講完，叔梁紇長歎一聲：「唉，老了，老了，不中用了。」

　　馬車的速度慢了下來，因為叔梁紇在拉韁繩。終於，馬車在一個
山丘旁停了下來。

　　「姑娘，下車休息一下吧。」叔梁紇跳下了車。

　　「孔大夫，不用了，我不累。」

　　「可是馬累了，我也累了。」叔梁紇轉到了顏徵在這一邊，伸出手
去扶顏徵在。

　　顏徵在似乎很緊張，她緊緊地抓住叔梁紇的手，從車上跳了下
來。也不知道是沒有站穩，還是根本就沒有想站穩，顏徵在直接就撲
向了叔梁紇的懷裡。

　　叔梁紇吃了一驚，儘管歲數大了，力量還在，因此連忙把顏徵在
抱在自己的懷裡，退後兩步，輕輕地將顏徵在放在地上。

　　顏徵在卻依然靠在叔梁紇的身上，用自己的臉貼在叔梁紇的胸
前，一副小鳥依人的樣子。叔梁紇則用寬大的手掌撫摸著顏徵在的肩
膀，到這個時候，他知道將會發生什麼。從內心說，他確實有些喜歡
眼前這個姑娘了。

　　「你，你就要了我吧。」顏徵在訥訥地說，緋紅了臉。

　　那不是一個禁慾的年代，那也不是一個男女授受不親的年代。那
是一個自由戀愛的年代，那也是一個對性行為沒有嚴格限制的年代，
那是一個「奔者不禁」的年代。

　　叔梁紇沒有說話，他只是緊緊地抱住了顏徵在的肩。生活的壓力
讓叔梁紇早已經激情不再，可是顏徵在卻讓叔梁紇血脈賁張了。

　　夕陽下，兩個身影倒在了山丘的一側，隨後傳來人性的呼聲和喘
息。除了天地，還有那匹老馬見證這個歷史性的時刻。

　　《史記》：「紇與顏氏女野合。」

　　野合是什麼？野合不是野百合，野合就是婚外性行為。

　　野合之後，叔梁紇將顏徵在送回了家，隨後自己也回了家。從那
之後，兩人就再也沒有聯繫。

　　說起來，典型的一夜情。

　　顏徵在為什麼沒有嫁給叔梁紇，或者說叔梁紇為什麼沒有娶顏徵

在呢？

首先，兩人的地位不對等，也就是不門當戶對。叔梁紇是貴族，顏徵在是平民之女，所以不可能正式嫁到孔家。

其次，就算叔梁紇不在乎門當戶對，還有一個編制問題。叔梁紇已經有了一妻一妾，編制滿了，如果顏徵在去，是沒有名分的。

再次，經濟條件不允許。叔梁紇有一妻一妾，給他生了九個女兒，卻只有妾生了一個兒子，名叫孟皮，還是個瘸子。所以，一家十好幾口都靠叔梁紇一個人養著，壓力之大，把個絕世的大力士也壓得筋疲力盡。如果再把顏徵在弄回家裡，家裡一大幫老婆孩子非把顏徵在給吃了不可。

顏徵在對叔梁紇崇拜得一塌糊塗，她當然想嫁過去，可是叔梁紇大致對她解釋了一遍，顏徵在也就知道這是不可能的事情了。

儘管有些失望，可是能夠跟偶像零距離溝通，顏徵在也很滿足了。她覺得，有了這次野合，這輩子就算沒有白活。

孔丘出世

那一年，顏徵在沒有能夠嫁出去。因為，她根本就不想嫁出去。

那次一夜情之後沒幾天，顏徵在一個人偷偷地去了一趟那個與叔梁紇激情過的小山丘，除了回味之外，她在這裡偷偷地祭祀了天地，祈禱老天能夠給她一個兒子，一個叔梁紇的兒子。

老天不負有心人，一個月之後，顏徵在知道自己懷上了。她既高興又忐忑不安，高興的是自己有了叔梁紇的骨肉，忐忑不安的是不知道是兒子還是女兒。

知道顏徵在懷孕了，家裡人都為她高興，特別是聽說這是叔梁紇的骨肉。

懷胎十月，顏徵在終於在當年的十一月末生下了叔梁紇的孩子。

男孩還是女孩？男孩。

這男孩長得怎樣？比一般的男孩要壯實，要長，看起來，像他的

父親叔梁紇。不過最奇特的一點是，孩子「圩頂」。圩（音于）是什麼意思？江河附近低窪地區的堤岸。也就是說，這孩子的頭頂是凹下去的。

不管怎麼說，生了個男孩，孔家的男孩。

顏徵在很高興，顏家的人都很高興。

滿月之後，顏徵在抱著孩子來到了叔梁紇的家，她要向叔梁紇報告喜訊。

相別不到一年，再相見，竟然恍如隔世。

顏徵在比那時要胖了一些，面色紅潤一些，畢竟剛生完孩子。

叔梁紇蒼老了許多，連腰也彎了下去，垂垂老矣。孔家破敗得厲害，要不是孩子們整天嘰嘰喳喳得沒完沒了，真會讓人覺得這裡簡直就是個廢墟。

「你是？」叔梁紇沒有認出顏徵在，畢竟十一個月過去了，何況叔梁紇也根本想不到那一次風流竟然就能珠胎暗結。

「我是顏徵在，你是？」顏徵在反過來問叔梁紇。其實她猜到眼前這個佝僂著腰的人就是叔梁紇，可是她實在不敢相信。

「顏徵在？」叔梁紇看著顏徵在，喃喃地說，他已經有些老年癡呆的症狀了。

「你忘了？二月份的時候，我搭過你的車，然後，然後，咱們在小山丘後面那個那個了。」顏徵在終於接受了眼前的現實，她生怕叔梁紇忘記那一次的事情。

叔梁紇皺起眉頭想了一陣，突然眼前一亮，他想起來了。

「對了，我想起來了。」叔梁紇笑了笑，笑得很費力也很生疏，因為太長時間沒有笑過了。「恭喜你啊，看來你還是找到了自己的男人，連孩子都有了，孩子叫什麼？」

「孩子沒起名呢，等著你起名字呢。」顏徵在說，又想哭，又想笑。想笑，是因為叔梁紇終於想起了自己；想哭，是因為叔梁紇不知道這就是他的兒子。

「為什麼？應該他爹取名字啊。」

「你就是他爹啊。」顏徵在說，說完，淚水忍不住掉了下來。

「啊？」叔梁紇吃了一驚，但是隨後就高興起來。他一把把顏徵在手中的兒子抱了過來，仔細地端詳著。

叔梁紇做夢也在想著再要一個兒子，可是他懷疑老天的意思是要讓他絕後，九個女兒和一個兒子，兒子還是個瘸子，今後能不能娶到老婆還要打個問號。如今老天開眼，給自己送了個兒子上門，他能不高興嗎？

「哈哈哈哈，哈哈哈哈……」叔梁紇大聲笑起來，臉上的皺紋在那一瞬間被抹平，佝僂著的腰也直挺起來。老婆孩子們都忍不住過來偷看兩眼。特別是兩個老婆，看著叔梁紇抱著一個孩子在那裡大笑，心說這一定是老公在外面風花雪月的結果。可是再想想，老公一直很本分啊，何況老公這身子骨也已經不行了，怎麼可能呢？

叔梁紇注意到了兩個老婆偷看的眼神，他看到了困惑，也看到了嫉妒甚至仇恨。

「唉。」叔梁紇又歎了一口氣，他實在不知道自己能給這個孩子怎樣的生活。

按照規矩，只要女方生了孩子，男方就必須無條件接受。叔梁紇很發愁，家裡能住人的地方都已經住滿了人，去哪裡為顏徵在母子騰個地方出來？

「想好了名字嗎？」顏徵在問，勉強笑笑。

「這，我再想想。」叔梁紇現在只顧發愁，哪裡能靜下心來去為孩子想名字。

「那，我說一個你看行不行？」

「好，你說。」

「這孩子是我們在那個山丘後面懷上的，那，就叫丘好嗎？字就叫仲泥好嗎？」顏徵在問。

泥，通尼，所以後來改為仲尼。

「好，好啊。」叔梁紇也覺得好，同意了。

「那，這孩子就是孔家的孩子了，是嗎？」顏徵在問。

「當然是，當然是。」

顏徵在笑了，眼淚還含在眼裡，她從叔梁紇的手中把孩子又抱了過來。

「那，我就走了。」顏徵在說完，一轉身，匆匆走了。

「你等等，你等等。」叔梁紇要追，卻踉蹌著根本追不上。

顏徵在幾乎是跑著離開了孔家，跑出去很遠，她才站定了，回頭看了看孔家。她知道，她永遠不會再來這裡了，這裡不屬於她，她也不屬於這裡。

「孔丘。」顏徵在輕輕地叫著自己剛剛滿月的兒子，她很滿足，因為這是孔家的兒子，這是貴族的血脈。自己的名分並不重要，重要的是，兒子的身份得到了承認。

在冬日的寒風裡，顏徵在昂著頭，抱著孔丘，微笑著向自己的家走去。

顏徵在不知道，她抱著的不僅僅是自己的兒子，她抱著的還是中國的歷史。

「哇——」孔丘哭了，顏徵在感覺到孔丘的小屁股下一陣發燙，孔丘尿了。

顏徵在在孔丘的笑臉上親了一下，加快了回家的步伐。

《史記》：「紇與顏氏女野合而生孔子，禱於尼丘得孔子。孔子生而首上圩頂，故因名曰丘雲。」

「雲」就是據說的意思，所以太史公是給了三個答案，為什麼給三個答案？因為他知道第一個答案才是正確的。

關於「野合」，歷來的解釋多是「為聖人諱」，要麼一語帶過，要麼牽強解釋以竭力掩蓋孔子是私生子這一事實。而事實上，「野合」在當時合理合法合禮，絲毫無損於孔子的形象。

（按：《孔子家語》記載，叔梁紇五十餘歲向顏家求婚，顏家三女兒徵在欣然往嫁，此說顯然為掩飾孔子為野合所生而編造，不採用。）

第二四二章
沒爹的孩子像根草

　　顏徵在的家位於曲阜城外很遠的地方，那是一處貧民區。孔丘的出生雖然給她帶來了生活上的負擔，但是卻大大提升了她的地位，因為她的兒子是個貴族，儘管是破落的。

　　顏徵在沒有兄弟，只有兩個姐姐，兩個姐姐出嫁以後，家裡就只剩下了老父母。所以，顏徵在就和兒子住在父親家裡，倒也能夠互相照顧。

　　就這樣，孔子在母親、姥爺和姥姥的照料下，茁壯成長了。

爹不在了

　　基於遺傳，孔丘比別的孩子塊頭要大，很快可以下地走路，很快就會說話了。

　　貧民區的孩子們沒有什麼約束，孔丘的姥爺姥姥身體不好，顏徵在忙於生計，沒有什麼精力管孔丘。平時，孔丘就和其他的孩子們在一起玩鬧。終於有一天，孔丘發現了一個問題：別人都有爹，我怎麼沒有爹？

　　「娘，我要爹，我要爹。」孔丘向娘要爹了，每個沒爹的孩子都會要爹。

　　「孩子，你爹去了很遠的地方。」顏徵在只能這樣說。自古以來，遇上這樣的情況，當娘的都會這樣說。

　　「那，我爹什麼樣子啊？」孔丘不大弄得懂很遠是什麼意思，他眨眨眼，又問一個問題。

　　「你爹，很棒，很高，很帥的。」

　　「我想看爹。」

　　「孩子，睡覺吧，等你長大了，娘帶你去找爹，乖。」顏徵在哄著

孔丘，拍著他的小屁股，直到孔丘酣睡過去。

顏徵在的淚水默默地流了下來。

她從來不後悔與叔梁紇的那次野合，她也從不後悔生下了孔丘，她甚至也不抱怨自己生活的艱難。其實她可以改嫁，或者說她根本不用改嫁，她直接帶著孔丘嫁人就可以了。事實上有人曾經上門求親，可是被她拒絕了。她可以不要名分，但是她一定要保住孔丘的身份。

「丘，你跟著娘受罪了。」顏徵在摸著孔丘紅彤彤的小臉，愧疚地說。

孔丘又問過幾次爹的事情，可是娘總是用他似懂非懂的話來回答他。

終於有一天，顏徵在沒有再說「長大後帶你去找爹」的話了，因為，爹已經沒有了，真的去了很遠的地方，再也不會回來了。

孔丘三歲那年，叔梁紇死於貧病交加。

孔家的人來通知了顏徵在，這是叔梁紇死前的叮囑，至死，他的心裡對顏徵在母子都充滿了愧疚。

顏徵在哭了，哭得很傷心，自己的男人死了，而自己的兒子永遠不會見到父親了。她沒有去孔家，也沒有參加叔梁紇的葬禮，只是在叔梁紇下葬之後，偷偷地去墓上祭祀了自己的男人。

孔家，對顏徵在來說，已經不復存在。

孔丘上學

時光荏苒，很快，孔丘八歲了。

按照周禮，士以上級別的孩子享受義務教育。義務教育的內容就是六藝——禮、樂、射、御、書、數。六藝又分為小藝和大藝，書、數為小藝，屬於基礎教育；禮、樂、射、御為大藝，是用來報效國家的。士以上的階層，到了八歲就要開始學習小藝，也就是書數兩藝。

按《大戴禮記·保傅篇》。古者八歲出就外舍，學小藝焉，履小節焉；束髮而就大學，學大藝焉，履大節焉。

因此，孔丘八歲的時候，就進入了公立學校，學習小藝。公立學校學費免費，住宿免費，但是吃飯不免費，必須家裡定期送糧食到學校。

那麼，孔丘作為士的身份怎樣確定？叔梁紇生前為他註冊了士籍。因此，孔丘是名正言順的士。

孔丘上學在顏氏家族引發轟動，就像如今窮山溝出了一個大學生一般。顏徵在很有面子，顏徵在的爹娘也都很有面子。

孔丘卻沒有覺得有面子，因為學校裡的同學一個個都比他家富有，很多人上學是坐車來的，有的人還隨身帶著奴僕，住的條件也遠遠好于孔丘。孔丘吃得最差、穿得最差，同學們瞧不起他，連老師也懶得理睬他。

攀比成風，孔丘極度自卑。

極度自卑，孔丘成績極差。

上學不到一個月，孔丘就幾乎要崩潰了，於是他請了假回家。

「丘，在學校還好嗎？」看見兒子回來，顏徵在十分高興，將兒子攬到懷裡，摸著他的頭，輕輕地問。

「娘，我不想上學了。」孔丘在娘的懷裡說，說著，眼淚流了下來。

「什麼？」顏徵在吃了一驚，她抓住孔丘的兩個肩膀，將他從自己的懷裡推到了眼前，兩眼狠狠地瞪著他：「你再說一遍。」

孔丘有些害怕，他從來沒有見娘這樣生氣過，他不知道自己怎麼惹惱了娘，猶豫了一下，他又說了一遍：「娘，我不想上學了。」

「啪！」一個耳光打了過來，孔丘就覺得臉上熱辣辣地痛。

為什麼？為什麼娘要打我？孔丘愣住了。

「你，你太讓娘失望了。」顏徵在惡狠狠地說，她的眼睛似乎要冒出火來，「你知不知道你姓什麼？你姓孔。你是貴族，你是士。你跟外面的那些野孩子不一樣，你能上學，他們不能。他們一輩子就要過這樣下賤的生活，像狗一樣活著。你不一樣，你還有機會成為大夫，你還有機會富貴，你還有機會光宗耀祖。為了你，娘起早貪黑，從來不讓你做那些低賤的事情，因為你比娘高貴。娘以為今後能跟著你享福，

能跟著你過上貴族的生活，能有車坐有肉吃。可是，你竟然說你不想上學了，你，你，你不配是孔家的兒子。」

孔丘聽得似懂非懂，但是他明白娘的意思，娘想要自己過上好日子，娘也想跟自己過好日子。可是要過上好日子，就必須好好上學。

「我要讓娘過上好日子。」孔丘這樣想，他愛自己的娘。

「娘，我錯了，我要好好學習。」孔丘說，說著，撲進了娘的懷裡。

「孩子……」顏徵在說不出話來，因為她哭了。

在娘的懷裡，孔丘也哭了。

那天晚上，顏徵在把叔梁紇的故事，把叔梁紇祖先的故事都講給了孔丘聽。

「孩子，不要辜負了你的姓啊，不要玷污了你爹的名聲啊。」顏徵在哭著說。

「娘，我知道了。」孔丘也哭著說。

從那之後，孔丘開始認真學習了。用現在的話說，就是端正了學習態度。孔丘天資聰明，學習又很努力，經常向老師提問。漸漸地，孔丘成了成績最好的學生。

可是，好景不長。家裡的情況越來越不好，姥爺和姥姥先後去世，娘到處給人做工，養活孔丘。家裡的生活越來越艱難，娘每次送糧食去學校，都顯得很憔悴。

終於，孔丘決定放棄學業，他要幫襯母親一同撐持這個家。

「唉。」顏徵在歎了一口氣，她知道靠她自己是無法供得起孔丘上學的，她覺得對不起孩子，也對不起叔梁紇，更對不起孔家這個高貴的姓氏。可是，她實在也沒有別的辦法，於是忍痛同意了孔丘放棄學業的想法。

孔丘從學校搬回了家。

孔子的第一份職業

從那之後，小小的孔丘就跟在娘的身邊，幫著娘一起幹活。

再大一點之後，孔丘跟著街坊鄰居們在外面打零工，擺地攤、掃大街等等都幹過。

就這樣，母子二人相依為命，苦苦生存。孔丘徹底放棄了學業，顏徵在也只能認命，對這個兒子不再抱有任何期望。

孔丘家有個鄰居專門從事「助祭」、「助喪」的營生，就是從事各種祭祀喪葬活動，當然只是充當下手，譬如打掃衛生、抬棺材、幫人哭喪這一類的活計。這一類的活除了看上去不太有面子之外，其實還有很多可取之處。第一，這不需要太多的技能，很容易上手；第二，這樣的活掙錢比較容易，畢竟祭祀喪葬都是大事，事主出手會比較大方；第三，這個行當沒有旺季淡季，因為人總是要死的；第四，參加這類活動，基本上都是管飯的。

一個偶然的機會，孔丘跟著這個鄰居參加了一次助祭，結果不僅得到了報酬，而且有好吃好喝。

「哇噻，這個生意好啊。」孔丘立即就愛上了這個行當，他覺得這是世界上最好的一個職業了。

從那之後，孔丘就經常找這個鄰居帶他去參加各種祭祀喪葬活動。鄰居也樂意帶著他，反正多他一個不多，也不占用名額，事主願意給報酬就給，不願意給報酬，至少能混幾頓飯吃。此外，孔丘也很懂事很懂禮貌，大家都喜歡他。

基本上，孔丘就是個群眾演員，目標就是掙幾個盒飯。

按《論語》。子曰：「吾少也賤，故多能鄙事。」

孔丘對於自己少年時的這段歷史，從來沒有隱諱過。這句話的意思是：我小的時候很低賤，所以會做很多下等人做的事情。

孔丘，一個苦水裡泡大的孩子。

一直到長大，孔丘對祭祀和喪葬的禮節都很講究，這就是因為他從小從事這方面工作的原因。

按《論語》。子見齊衰者、冕衣裳者與瞽者，見之，雖少，必作；過之，必趨。

什麼意思？孔子見到穿喪服的、穿官服的和盲人，即使對方年齡

小，也會站起來致意，如果是路遇，一定會快步走過。

為什麼孔子會這樣呢？孔子給了答案：「少年若天性，習慣如自然。」(《賈子新書·保傳》) 一句話：習慣成自然，這就是孔子的職業習慣。

習慣成自然，這句常用語出自這裡。

原本，孔丘的命運就是這樣了，一輩子做一個替人打掃衛生、端茶遞水、抬棺材挖墓地、替人哭喪的下賤人。

可是，孔丘十五歲那年發生的一件事情改變了他的命運。確切地說，改變了他的思想。

那一年，是魯昭公五年（前 537 年）。

叔孫豹的惱火和煩惱

魯昭公名義上是魯國的國君，但是，魯國實際上控制在三桓的手中，也就是季孫、叔孫和孟孫三大家族手中。

三大家族之間，表面上和和氣氣，其實也在鉤心鬥角，互不買帳。

魯昭西元年的時候，晉國和楚國召開第二次世界和平大會，叔孫豹代表魯國參加。當時，孟孫家族比較弱勢，因此，但凡外交，都交給叔孫豹；內政，就交給季孫宿，也就是季武子。

叔孫豹參加盟會去了，季孫宿在後面開始使壞，出兵攻打莒國，拿下了莒國的鄆地。為什麼打莒國？因為莒國靠著季孫家的地盤，拿下來就是季孫家的。為什麼說他使壞？

世界和平大會正在召開，楚國的公子圍和晉國的趙武代表兩個超級大國宣布世界已經成為和諧社會了，再也沒有國家打仗了，和平了，幸福了。

上午剛剛說完，下午莒國的使者就到了，在世界和平大會上控訴魯國侵略者搶占了莒國的地盤。

「他娘的，魯國人膽肥了？世界和平大會期間竟然發動侵略戰爭，這不是不給我們面子嗎？這不是破壞和諧社會嗎？這不是頂風作案

嗎？我建議，把魯國使者給殺了。」王子圍正想找點事樹立威望，如今機會就送上來了。再說了，魯國是晉國的跟班，殺了魯國使者對楚國也沒什麼壞處。

叔孫豹嚇得一身冷汗，平白無故就要被殺，冤不冤啊？

趙武當然不幹，要是保護不了兄弟國家，要這世界和平又有什麼用呢？

「令尹，我看，就算了吧。」趙武出來打圓場了，說了一段很著名的話：「魯國使者叔孫豹是個很賢明的人，怎麼能殺賢明的人呢？再者說了，雖然有史以來各國就劃定了疆界，可是如今邊境爭奪很多啊，爭來爭去的，昨天是你的，今天是他的，誰還能說清楚呢？盟主嘛，大的事情要認真，小屁事就放過算了。就說這個事情，鄆地也不是個什麼重要的地方，對莒國來說可有可無，魯國占去有什麼關係呢？再說了，如果楚國的鄰國吳國和濮國的邊境有機可乘，你們楚國還不是也要趁火打劫？算了，和平萬歲，理解也要萬歲嘛。」

趙武的話，有些強詞奪理，可是王子圍覺得挺有道理。再說了，趙武這個面子，王子圍還是要給的。而且，盟會這裡是晉國的勢力範圍，真鬧僵了，沒什麼好處。

「好吧好吧，既然趙元帥這麼說，那就算了，繼續開會。」王子圍放過了叔孫豹。

世界和平大會結束，叔孫豹和趙武又在鄭國逗留了幾天，之後啟程回國。

回國的路上，叔孫豹是越想越後怕，越想越惱火。

「狗日的季孫，專門趁我去開會的時候出兵，這不是故意要置我於死地嗎？要不是老趙跟我關係好，我不被砍頭也要勞教啊。季孫，真陰啊。」叔孫豹一路上罵著季孫宿，回到了家。

季孫宿聽說叔孫豹回來了，畢竟有些心虛，第二天一大早上門問候。

問候問候，就是問一問，然後等候。

叔孫豹正在火頭上，聽說季孫宿來了，本來要去院子裡曬太陽，這下也不去了，就待在屋裡，不肯出去見季孫宿。

季孫宿等了一個上午，看看太陽都到了頭頂，叔孫豹還是不肯出來。

「怎麼辦？咱們回去嗎？」季孫宿沒辦法，問為他駕車的曾夭。

「再等下吧，要不，我去找找我兄弟。」曾夭說。於是他去找他兄弟。

曾夭兄弟兩個，分別在季孫家和叔孫家效力，曾夭的兄弟叫曾卓。

「兄弟，從早上等到中午，說明我們已經知罪了。咱們魯國人一向善於忍讓，但是咱不能只在國外忍讓，回了國就不忍讓了吧？」曾夭找到了曾卓，請他去給叔孫豹通報一下。

「嘿嘿，哥啊，我跟我家主人在國外奔波了幾個月，讓你們等一個上午算得了什麼？就像商人要賺錢，難道還要討厭市場的喧囂嗎？」曾卓答道，但不管怎麼說，還是答應去勸勸叔孫豹。

曾卓來到叔孫豹屋裡，看見叔孫豹站也不是坐也不是，待在屋子裡好像也很難受。

「算了，讓他們等了一個上午，他們也知錯了，還是出去吧。」曾卓勸叔孫豹。

其實，叔孫豹也正在考慮是不是出去，曾卓來勸，正好下個臺階。

「我雖然討厭它，可是也不能去掉它啊。」叔孫豹指著屋子裡的柱子說，然後，跟著曾卓出去了。

事情雖然在表面上化解了，叔孫和季孫兩家的關係實際上已經很糟糕了。

叔孫豹很煩，倒不僅僅是因為吃了季孫宿的蒼蠅，家裡那攤事更加煩心。

叔孫豹當年北漂去了齊國，去的路上跟一個女人發生了一夜情。到了齊國，成了國家的乘龍快婿，老婆國姜為他生了兩個兒子孟丙和仲壬。後來叔孫豹回魯國回得匆忙，不告而別。國姜一怒之下，改嫁了叔孫豹的好友公孫明。

回到魯國，叔孫豹成了叔孫家族的族長，成了魯國的卿。那個一夜情的女人找上門來，還帶著他們的「戰果」，一個叫牛的兒子。儘管牛長得很醜，畢竟是長子，叔孫豹還是很喜歡他，就養在家裡。而因為國姜改嫁，叔孫豹也很生氣，索性不把兩個在齊國的兒子接回來（事見第四部第一三三章）。

　　時光荏苒，很快牛長大了，叔孫豹就讓牛做了叔孫家的管家，更加信任。直到孟丙和仲壬兩人成年之後，叔孫豹才派人把他們給接回來。

　　「這兩個齊國人怎麼看上去這麼像公孫明？」叔孫豹懷疑這兩個兒子根本就不是自己的種，因此很不喜歡他們，稱他們為齊國人。

　　在誰來做繼承人的問題上，叔孫豹很糾結。按理說，應該立孟丙，因為這是嫡長子。可是，叔孫豹死活看不上這個兒子，而且懷疑他不是自己的兒子。立牛吧，說不過去，因為牛的老娘是個野人，換今天的話說，連個戶口都沒有，根本就沒有名分，所以牛完全沒有資格。叔孫豹還有一個小兒子叔孫婼，是後來娶的老婆生的，叔孫豹倒也喜歡他，可是立他還是有些不夠名正言順，況且幾個哥哥恐怕也不滿意。

　　就這樣，繼承人的問題一直拖了下來。眼看著自己歲數越來越大，這事情也就越來越不好辦。

第二四三章
牛的故事

　　牛是家裡的老大，跟父親的時間也最長。但是，母親的身份不行，在家裡連個名分也沒有，連累到牛。

　　在牛看來，論貢獻，自己對家裡的貢獻最大，父親經常出差，家裡的一切都是自己打點；論能力，自己沒得說，誰不說他能力強？可是，為什麼自己就不能做繼承人呢？為什麼？難道自己生下來就比孟丙他們下賤嗎？

　　「爹，你太不公平。孟丙、仲壬，我恨你們。人人生而平等。」牛常常這樣對自己說。敢情人人生而平等這句話是他先說的，只可惜沒有被記錄下來。

　　牛憤憤不平，牛決心要從弟弟們手中把繼承人的位置搶過來。

牛的詭計

　　魯昭公四年（前538年），叔孫豹得了重病，臥床不起。這個時候，必須要立繼承人了。思前想後，叔孫豹最終還是決定讓孟丙來繼承這個家族。

　　「孩子，我前些日子讓人鑄了一口鐘，我準備找個日子宴請卿大夫們，為這口鐘舉行落成典禮，同時宣布你為叔孫家的繼承人。這件事情你來操辦，準備好了來告訴我。」叔孫豹把孟丙叫來，就在床邊叮囑他。

　　孟丙很高興，熬了這麼多年，終於還是熬到了。

　　兩天之後，孟丙把一切該做的準備都做好了，之後，去請示父親。來到父親的院子門口，牛擋住了他。

　　「兄弟，爹吩咐了，現在怕光怕鬧，所以誰也不能去見他。有什麼事你告訴我，我替你轉達。」牛說。

其實，根本沒有這樣的事。

孟丙沒有辦法，只好請牛轉達，說自己已經準備好了，請父親定日子。

牛進去轉了一趟，撒了泡尿，然後出來了。

「兄弟，爹說了，就後天吧。」牛說。

孟丙沒想到牛騙了自己，高高興興去準備了，派了人去卿大夫們家裡送了請束。

宴請當天，卿大夫們都早早趕到了，白吃白喝倒不重要，重要的是趁機跟叔孫家的繼承人親近親近。

人到齊了，一切也都準備好了，孟丙去請父親。到了門口，又是牛攔住了。

「兄弟，爹已經睡了。爹說了，他不參加了，你自己主持就行了。」牛直接撒了一個謊，眼都沒有眨一下。

孟丙很高興，這樣的話，自己就是主角了，自己想怎麼表現就怎麼表現了。

於是，開宴。

「卿們大夫們，各位來賓各位朋友，父老鄉親們，叔叔大爺們，我代表我父親宣布，任命我為叔孫家族的繼承人，大家請鼓掌。」話不是這麼說，但是就是這麼個意思，孟丙直接宣布了自己擔任叔孫家的繼承人。

一窩蜂的叫好聲，祝賀聲。

「各位，在我就任繼承人之後的第一件事，就是主持這口鐘的落成儀式。」鐘就掛在樑上，孟丙讓人把鐘上的紅布扯下來，然後手持棒槌，準備敲鐘。

叔孫豹躺在床上，突然想起自己吩咐孟丙做的事情不知道怎樣了。這個時候，牛走進來了。

牛給父親倒了一碗水，扶叔孫豹起來喝了一口，然後坐在叔孫豹的對面。

「牛，這些天你辛苦了。」叔孫豹說。他覺得這個大兒子對自己挺好，今天還專門來陪自己。

「爹，你安心養病吧，家裡的事情我能處理好。」牛說，說得挺貼心。

叔孫豹沒有再說話，他覺得很累。

就在這個時候，突然傳來一聲巨響。「砰」的一聲，隨後又是一聲，又是一聲。

鐘聲，誰在敲鐘？

「哪裡來的鐘聲？」叔孫豹問。

「孟丙在請客。」

「請客，請誰？」

「爹，你別問了。」

「告訴我，請誰？」

「他說請他齊國的爹。」牛假裝吞吞吐吐，卻故意說出一句最讓叔孫豹窩火的謊話。

孟丙在齊國的爹是誰？公孫明。叔孫豹這輩子最恨的人就是公孫明，平時有人提起來都會火冒三丈，這個時候孟丙竟然背著自己招待他，還敲鐘，這簡直是向自己宣戰了。

「狗兔崽子，吃了豹子膽了，扶我起來，我要去親自把公孫明趕走。」叔孫豹火冒三丈，撐持著就要起來。

「爹，別氣壞了。今天來的客人不少，鬧起來還真丟咱們家的面子。爹，等人都走了再說吧。」牛當然不會讓叔孫豹出去，找了個冠冕的理由。

叔孫豹是個愛面子的人，想了想，又躺了下來。

叔孫豹很窩火，本來在立孟丙的問題上他就猶猶豫豫，這個時候更是後悔。

「你去看看他在整什麼。」叔孫豹派牛去偵查一下，牛答應了，於是起身出去，安排了手下照看叔孫豹。

牛其實根本沒去，上了趟廁所，又在外面轉悠一陣，回來了。

「牛，他們在幹什麼？」叔孫豹問。

「爹，我說出來您老別生氣啊。」牛故意吞吞吐吐，欲言又止的樣子。

「快說。」

「孟丙他說等您過世了，把他娘和他齊國的爹給接過來。」牛順口造了個謠，他知道叔孫豹最不想聽到的是什麼。

果然，叔孫豹大怒。

「狗雜種，我還沒有咽氣他就這樣？牛，你去，把這個雜種給我殺了。」叔孫豹氣得吐血，他現在堅信孟丙根本就不是自己的兒子，殺了他一點也不心疼。

「爹，您別生氣，孟丙可是您兒子啊。」牛假惺惺地勸。

「他不是我兒子，他是公孫明的孽種。去，殺了這個孽種。」

牛心中暗喜，表面上還要裝出不太情願的樣子，直到叔孫豹再次大吼「快去」。

牛出去了，可是並沒有去殺孟丙，他知道大庭廣眾之下殺人會有很多麻煩，甚至有可能弄巧成拙。牛就守在叔孫豹院子的門口，他知道孟丙一定會來。

果然，沒有多久，孟丙興沖沖地來，他要向父親報告宴會勝利召開了。

「我要去見爹。」孟丙來到院子門口，看見牛，大聲說。一來是高興，二來是覺得自己已經是叔孫家族的主人，牛這個管家必須要聽自己的了。

「爹不想見你。」牛冷冷地說。

「為什麼？你讓開。」孟丙現在不把牛放在眼裡了。

「來人，抓起來。」牛一聲令下，早已經準備好的手下們一擁而上，將孟丙抓了起來。

「你要幹什麼？」孟丙高聲喊著。

牛沒有說話，只是做了一個砍頭的手勢，手下們沒有猶豫，手起刀落，一顆人頭滾落在地。

可憐孟丙，到死也不知道自己為什麼會死。可憐孟丙，剛剛當上叔孫家的繼承人，高興勁還沒有過去就已經身首異處。

之後，牛派人宣告孟丙的罪名：背著父親私自宴請卿大夫，冒充父親的名義任命自己為繼承人，屬於顛覆家族罪。情節特別惡劣，後果特別嚴重。因此，奉叔孫豹之命，大義滅親。

孟丙就這麼死了，即便有其他的家臣能夠見到叔孫豹並且詢問這件事情，叔孫豹也是這樣回答。

而其實，除了叔孫豹被蒙在鼓裡，其餘的人都知道這一定是牛在搞鬼。

孟丙被除掉了，下一個，就是仲壬。

對付仲壬，對於牛來說就是小兒科了。

就在孟丙被殺死前幾天，仲壬跟著魯昭公的御者萊書去宮裡遊玩，魯昭公接見了他並且送給他一個玉環，仲壬回到家裡去見父親，想要把玉環送給父親。可是，在門口又被牛給攔住了，牛說進去幫他稟告，其實又是去上了一趟廁所，出來之後謊稱「爹讓你自己戴上」。

於是，仲壬就自己佩戴上了。

殺了孟丙之後，牛知道叔孫豹對仲壬肯定也有所懷疑，於是去對叔孫豹說：「爹，是不是要立仲壬為繼承人了？」

「誰說的？」叔孫豹反問。

「沒有嗎？仲壬自己到處說呢，還戴著一塊國君送給他的玉佩，說是國君已經答應他了。」牛又在撒謊。

「什麼？這個小雜種也跟孟丙一樣？他吃了豹子膽了，牛，把他給我趕走，我永遠不想見他了。」叔孫豹本來就在對仲壬不滿，一怒之下，要趕走這個兒子。

牛當然很樂意執行這個命令，當天就把仲壬趕走了。仲壬也不知道自己犯了什麼錯誤，沒辦法，去齊國投奔繼父公孫明了。

牛殺豹

　　叔孫豹是個聰明人，雖然一口氣殺死孟丙趕走了仲壬，回頭越想越不對勁，因為這兩個兒子的所有罪行，說來說去都不是自己親眼看見的，都是牛說了，那萬一牛是撒謊的呢？

　　想到這裡，叔孫豹基本上明白了：一切都是牛在搞鬼。

　　一身冷汗，叔孫豹一身冷汗。

　　叔孫豹還算沉著，他讓人把牛叫到了床邊。

　　「牛啊，我快不行了，看這家裡，孟丙被大義滅親了，叔孫婼又歲數太小，看來只能讓仲壬接班了。你辛苦一下，去把仲壬給找回來吧。」才把仲壬趕走兩天，叔孫豹又要牛去把他找回來。

　　「好。」牛答應了，然後起身走了。

　　牛很失望，他原本以為叔孫豹在這個時候會最終選擇他為繼承人，可是，叔孫豹還是選擇了仲壬。

　　「老東西，你不仁，不要怪我不義。」牛恨恨地說。

　　牛不僅沒有派人去找仲壬，還停止給叔孫豹供應食物。

　　第二天，牛去找季孫家的管家南遺，管家和管家之間往往是朋友，牛希望能夠獲得南遺的支持，進而通過南遺獲得季孫家的支持。

　　牛走了，杜泄趁這個當口來了。杜泄是誰？叔孫豹的家臣，也是最信任的家臣。由於為人耿直，牛平時也有些怕他。

　　杜泄去見叔孫豹，守門的人按照牛的吩咐，一律不給進去。不過看見是杜泄，也不敢一味阻攔，被杜泄臭罵一頓，還是放他進去了。「牛主管回來之前，一定要出來啊。」守門的最後忘不了叮囑一句。

　　「老，老杜，你總算來、來了。」叔孫豹躺在床上奄奄一息，看見杜泄進來，眼中閃出一點希望的光芒來，沙啞著嗓子叫著。

　　「主公，還好嗎？」杜泄急忙來到近前。

　　「我快餓死了，牛不給我飯吃，孟丙也是被他害死的。」叔孫豹說著，眼淚流了下來，他指一指床邊的一支大戟。「你，你拿我的大戟出去，把牛給我殺了。」

「主公，來不及了，我做不到這一點。」杜泄拒絕了，餵了叔孫豹幾口水，退了出來。

從那之後，再也沒有人來看望過叔孫豹，因為牛拒絕所有人進來。

從那之後，叔孫豹再也沒有吃喝過一口。

兩天之後，叔孫豹被活活餓死了。

三桓瓜分國家

牛立了小弟弟叔孫婼，自己繼續做管家。實際上，什麼都是自己說了算。

魯昭公指定了杜泄來負責叔孫豹的葬禮，而杜泄現在成了牛的眼中釘。可是牛拿杜泄也沒有什麼辦法，因為杜泄既是叔孫家的家臣，也是魯國的上大夫，牛不敢動他。不過，牛有辦法對付他。

杜泄決定用大路車為叔孫豹送葬，大路車是一種豪華配置的頂級車，諸侯沒有，只有王室才有。當年，叔孫豹出使王室，周王因為喜歡他，送了他大路車。

牛暗中找到南遺，讓他去季孫宿那裡說杜泄的壞話。

「主公，這杜泄太過分了。叔孫豹活著的時候都沒有坐過路車，憑什麼死了用路車送葬？再者說了，咱們正卿都不用路車，他是一個次卿，怎麼能用？」南遺果然來找季孫宿，拿大路車來說事。

「哎，是啊。」季孫宿覺得南遺說得對，於是派人去找杜泄，要求他換車。

杜泄一聽，就知道是牛在背後搞鬼，並不是季孫宿成心要為難自己。於是，杜泄親自上門來找季孫宿解釋了。

「我就還真必須用大路車了，為什麼呢？您聽我解釋。當初周王送給叔孫豹大路車，叔孫豹自己不敢用，回來獻給國君了。可是國君說這是周王送給叔孫豹的，自己不敢要，因此當時叫司徒司空司馬，也就是你們三家鄭重記下這件事情，車還是歸叔孫豹。您是司徒，當時也在場，這我沒說錯吧？您要忘了，咱們去宮裡查歷史記錄去。後來

呢，叔孫豹還不敢用，就一直放著了。如果周王和國君賞賜的東西，活著不用，死了還不讓用，那這個賞賜不成了扯蛋了？所以，一定要用。」杜洩一番話，有理有利有節，有歷史根據，還有邏輯分析。

「哎，是啊。」季孫宿又覺得杜洩說得更有理，點了點頭：「那，就用吧。」

用大路車給叔孫豹送葬的事情就這麼定了。

葬禮之前，季孫宿提出一個建議來：三桓把公室的軍隊瓜分掉。

「太好了，我爹生前就有這個願望。」牛代表叔孫家參加了會議，雙手贊成這個建議，他是想討好季孫宿。

「我看行。」孟僖子（孟孫貜）也同意了。

三家都同意了，於是開始動手。

其實，這是三家第二次瓜分公室的部隊了。早在魯襄公十一年（前540年），季孫宿就向叔孫豹提出要瓜分公室部隊的建議，當時叔孫豹表示反對，可是在季孫宿的堅持下，叔孫豹最終還是同意了。不過，叔孫豹提出一個條件：把中軍留給公室。

當時，三家在魯僖公的廟門前進行了盟誓，三家平分公室軍隊；然後到曲阜城外的亂葬崗五父之衢，在孤魂野鬼們面前進行了詛咒，保證不再瓜分中軍，否則不得好死。（《左傳》：「乃盟諸僖閎，詛諸五父之衢。」）

當時，把中軍留給了公室，其餘的部隊一分為三，成了三桓的家兵。

季孫家規定，劃入季孫家的貴族，如果把封邑帶入季孫家，那麼免稅。否則，雙倍徵稅。孟孫家強制一半的貴族將封邑帶入，另一半依然向公室繳稅；叔孫家將全部劃歸自己的貴族的封邑強制併入叔孫家。

這一次，把中軍給瓜分了，不過比例與上一次不同，中軍被一分為四，季孫家獨得兩份，叔孫和孟孫家各得一份。中軍貴族的所有封邑全部併入三家，而三家向公室進貢。

至此，公室已經沒有軍隊，而且已經沒有土地，他們要完全靠三桓的進貢來維持生活了。混到現在，魯國國君比周王還要慘一點。

魯昭公眼看自己的最後一點本錢也被瓜分，敢怒不敢言。

瓜分了中軍，季孫宿有點擔心當初的詛咒會應驗，到時候五父之衢的孤魂野鬼們前來勾魂豈不是很麻煩？想了半天，想了個主意：把責任推給叔孫豹。

於是，季孫宿整了一份策書送給杜洩，要他把上面的內容告訴給已經死了的叔孫豹。上面這樣寫道：您一門心思想瓜分掉中軍，我們繼承了您的遺志，把中軍給瓜分了，特此告知您。

杜洩看完策書，哭笑不得：「這不是睜著眼睛說瞎話嗎？當年我家主公堅持在五父之衢詛咒，不就是為了保留中軍嗎？」

杜洩把策書撕得粉碎，扔到了地上。

到下葬的那一天，杜洩安排叔孫豹的棺材從正門出城。牛又看到了機會，於是他去找好朋友叔仲帶去季孫宿面前說杜洩的壞話。

「這樣不行啊，我當年聽叔孫豹說過了，說是沒有善終的人只能從西門出去。不行，要讓他們走西門。」叔仲帶得了牛的好處，去季孫宿那裡挑撥離間。

「哎，是啊。」季孫宿覺得有道理，於是派人去阻止杜洩。

杜洩這邊都安排好了，正要出發，季孫宿的人就來了，說是只能走西門。

「去他姥姥的，懂不懂啊？魯國的規矩，卿下葬，一律走正門，什麼時候改規矩了？」杜洩沒理季孫宿的話，依然從正門給叔孫豹送葬。

葬禮結束，杜洩知道自己在魯國是混不下去了，索性帶著全家移民楚國了。

牛死了

好不容易弄走了一個，牛還沒有來得及慶祝，又回來一個。

誰回來了？仲壬。

仲壬回來，是來爭奪繼承人寶座的。所以，他一回來，就托人打通季孫宿的關節，請季孫宿幫忙立他為叔孫家的繼承人。

季孫宿答應了，可是，牛不能讓他答應。

牛又找到了南遺幫忙，許諾只要季孫宿放棄立仲壬，就把叔孫家東部國境的三十座城邑送給南遺。

有好處的事情，誰不幹？

「主公，叔孫家要是強大了，對咱們也沒什麼好處啊。我看，別摻和他們家的事情了，讓他們自己亂下去算了。」南遺去見季孫宿，出這麼個主意。

「哎，是啊。」季孫宿覺得有道理，於是不再管仲壬的事情。

南遺把好消息告訴了牛，牛當即決定攻打仲壬，永絕後患。南遺從季孫家裡派兵幫助牛，結果，仲壬中箭而死。

叔孫婼（叔孫昭子）正式成為叔孫家的繼承人，這得到了魯國國君、季孫家和孟孫家的認可。牛認為這個小孩可以輕易控制，因此也鬆了一口氣。

叔孫婼年齡雖然不大，但是異常聰明。他知道，牛之所以立自己為繼承人，並不是因為他愛自己，而是因為他以為自己好控制。如果自己不想辦法，那麼今後就是被牛控制，然後在一個不知道什麼日子裡被幹掉，像老鼠一樣窩囊地死掉。

趁著某一天牛出外的機會，叔孫婼召集了整個家族大會。

「牛禍害我們孫叔家，害死了我們的兩個嫡子，還把我們家的封邑送給外人。這個人吃裡爬外，包藏禍心，民憤極大，死有餘辜。現在我宣布，判處牛死刑，懸賞捉拿。」叔孫婼在會上痛斥了牛，整個家族一片歡呼。

「我要控訴。」人們紛紛控訴牛的罪行，家族大會成了批鬥大會。

牛，確實民憤極大。

牛在外面聽說家裡連批鬥會和審判會都一塊開了，歎了一口氣，直接逃奔齊國去了。在齊國，牛的日子過得很艱難。後來終於有一天，孟丙和仲壬的兒子追蹤到了他，將他殺死之後，把人頭扔到了野地裡餵狗。

這是後話。

　　機關算盡太聰明，反誤了卿卿性命。這兩句話，就是說牛這樣的人。

第二四四章

去他娘的周禮

叔孫豹下葬的時候，照例請了很多人來打零工。

孔丘跟著鄰居也去了，這是孔丘見過的最隆重的葬禮，所以孔丘非常小心。葬禮的過程中，鄰居告訴孔丘，這個被下葬的人是魯國最有學問的人，名叫叔孫豹。孔丘記住了叔孫豹的名字，對叔孫豹充滿敬佩。

「那個人是誰？」孔丘悄悄問，他覺得那個人很有派頭。

「那是杜泄。」鄰居回答，接著說：「孔丘，你知道嗎，這個杜泄一開始跟你一樣就是個士。後來在叔孫家做小吏，因為知識淵博被叔孫豹看重，後來一點點提拔，現在是魯國的上大夫了。」

「啊，真的？」孔丘有些驚訝。

「當然是真的啊，可惜我不是士，否則，我也好好學習，說不準也能像他一樣。唉⋯⋯」鄰居歎了一口氣，還是認命了。

那一天，孔丘再也沒有說一句話。

娘也死了

從叔孫豹的葬禮回來，孔丘又開始學習了。那一年，孔丘十五歲。

按《論語》。子曰：「吾十五而有志於學。」

孔丘對各種知識都感興趣，他相信說不定什麼時候會用上什麼。通常他是在家中自學，遇到疑難的時候會去學校請教老師。平時，他依然會跟著鄰居去混吃混喝，不過現在不單純是混吃混喝，同時他也很認真地觀察各種祭祀、喪葬的禮節和程序。因此，沒有多長時間，他竟然成了祭祀和喪葬問題的專家，不僅自己這些親戚們弄不懂的地方向他討教，有的時候事主疏忽的地方他也能指出來。

漸漸地，孔丘從最底層的群眾演員上升為特色群眾演員，已經能

掙到一些錢了。

除了這一類的活動，孔丘還經常幫娘做些事情。

好學生，三好學生。

苦孩子，懂事的苦孩子。

看見孔丘變得懂事了，顏徵在十分高興，她看到了希望。因此，再苦再累，她也覺得值，也覺得很快樂。

可是，快樂的日子總是很容易到頭。

兩年後，孔丘十七歲了。孔丘長得十分高大，很像他的父親，這一點也很令母親寬慰。

可是，母親的身體一天不如一天。終於，顏徵在身患重病，走到了生命的盡頭。

「娘，爹葬在哪裡了？」在顏徵在彌留之際，孔丘問。

「孩子，別問了，我也不知道。」顏徵在說。她用最後的力氣摸摸孔丘的臉，閉上了眼睛。

「娘──」孔丘傷心欲絕，號啕大哭，娘是他唯一的依靠，也是他唯一的親人。

娘走了，自己該怎麼辦？

然而，孔丘這個時候已經沒有時間去考慮自己的將來了，他要考慮的是怎樣安葬自己的母親。

孔丘的想法，是把母親和父親葬在一處。可是，母親在孔家沒有身份，而母親的平民身份決定了她不能擁有自己的墓地，她死後的歸宿只能是亂葬崗。

孔丘知道，母親之所以不告訴自己父親的墓地，就是不想讓孔丘為難。可是，孔丘下定了決心，一定要把母親和父親合葬在一起。

打聽到父親的墓地並不是一件很難的事情，畢竟這不是秘密。孔丘知道的鄰居中有一位車夫當年曾經參加過叔梁紇的葬禮，於是孔丘前來找他。

「車叔。」車夫沒有姓，因此以車為姓，孔丘就稱他為車叔。平時兩個也常常在一起去祭祀葬禮之類的地方混飯吃，混得很熟。

「啊，節哀順變啊。」車叔看見孔丘來，安慰他。

「車叔，我想問你我爹的墓地在哪裡？」

「啊，你問這個幹什麼？」車叔警覺起來，他猜到了孔丘要幹什麼。

「我想把我娘跟我爹合葬。」

「不行，我不能告訴你。」車叔拒絕了，他知道，顏徵在這樣沒有名分並且屬於社會最底層的平民是沒有資格葬在正規的墓地的，否則，就是犯法，吃不了兜著走。

「車叔，求你了，我不能讓我娘葬在亂葬崗啊。」孔丘說著，哭了。

「那也不行，我不能害你啊。再說，我也怕受連累啊。」車叔還是拒絕。

孔丘苦苦哀求。

車叔就是不肯鬆口。

這個時候，車叔的老娘從裡屋出來了。

「兒啊，你就告訴他吧，看這孩子多可憐啊，就成全他吧。」車叔的娘被感動得淚流滿面，禁不住出來幫孔丘說話。

車叔也被孔丘的誠心感動了，這時候見老娘這麼說，終於鬆口了。

「唉，看在你一片孝心的面上，就告訴你吧，你爹葬在防地了，你們孔家的祖墓在那裡。」車叔說了出來。

「謝謝車叔了。」孔丘急忙拜謝，謝完之後正要告辭，突然又想起什麼來。「車叔啊，要不，您好人做到底吧。其實我早就聽說我爹的墓在防地，可是在防地哪裡啊？我去也找不到啊，您說大概也說不清。不如我就雇您的車，你幫我把我娘拉過去吧。」

「不行不行不行，這不合周禮啊。」車叔嚇得一個哆嗦，這犯法的事情，怎麼敢幹？

「去他娘的周禮吧。」孔丘有些憤憤然。

車叔決不鬆口。

最後，又是車叔的老娘受不了了。

「兒啊，這孩子太可憐了，你幫他出個主意不行嗎？」老太太心地

善良，想幫孔丘。

　　車叔是個大孝子，老娘又開口了，只能認真對待了。

　　「孔丘，你讓我想想辦法。」車叔先止住了孔丘的哭，之後抓耳撓腮想辦法。

　　孔丘焦急地等待著，他不知道車叔能不能想出辦法來。

　　過了一陣，車叔眼前一亮。

　　「有辦法了。」車叔說。

第一次違背周禮

　　孔丘為母親出殯，街坊鄰里願意來的來，不願意來的不來，合共也就是十幾個人。

　　出殯的地點在五父之衢，曲阜城外的亂葬崗。按著身份，顏徵在只能葬在這裡。

　　關於五父之衢是個什麼所在，歷來的說法是曲阜城外某地，其實這又是為聖人諱。當初三桓瓜分公室部隊，在魯僖公的廟門前進行了盟誓，然後去五父之衢詛咒。《左傳》中幾次提到五父之衢詛，都是去詛咒的。古人盟誓和詛咒是很講究地點的，特別是魯國人。既然專門去五父之衢詛咒，說明這是一個凶地，惡鬼出沒的所在。不是亂葬崗，就是刑場。而如今孔子將母親在這裡出殯，自然不是刑場這樣的地方，因此一定是亂葬崗。

　　顏徵在的身份，只能是一副薄棺，無槨。簡單地說，只有單層棺木。

　　在五父之衢，簡單地進行了一個葬禮，挖了一個坑淺埋了母親。之後，孔丘在墓旁痛哭，其餘的人都默默地走了，只剩下車叔還在旁邊，拉棺材的馬車就是他趕的。

　　哭了一陣，孔丘站起身來。

　　「車叔，人都走了嗎？」孔丘問。

　　「都走了。」車叔說。

緊接著，兩人忙碌起來，把墓重新挖開，好在埋得很淺。之後，把棺材抬上了車。車叔趕著車，孔丘在旁邊扶著棺材，一路向防地而去。

　　看看將近天黑，終於來到了叔梁紇的墓地。墓地本來就少人來，又是黃昏，天氣又冷，因此看不到一個人。孔丘和車叔把棺材抬下了車，之後在叔梁紇的墓旁挖了一個大坑，把棺材埋了下去。

　　回到家，天色已經大黑。不過，孔丘的心情好了很多。

　　「娘，我把你送到爹的身邊了。」孔丘對著娘睡的炕說，母親生前沒有名分，孔丘讓她身後得到了。

　　按《史記》。孔子母死，乃殯五父之衢，蓋其慎也。陬人輓父之母誨孔子父墓，然後往合葬於防焉。

　　合葬有兩種形式，一種是同棺，另一種是同墓。孔子合葬父母，顯然是同墓。

　　孔丘偷偷地合葬了父母，很快還是被人知道了。

　　按照周禮，孔丘的做法是要問罪的。不過，有關部門並沒有追究這件事情，除非孔家提出這個問題。也就是說，如果孔丘的異母哥哥孟皮不追究，有關部門也就懶得管了。

　　好在，孟皮是個厚道人，知道有這麼個弟弟，也知道弟弟過得很苦，因此對這件事情也就睜隻眼閉隻眼了。

　　不過這件事情還是引起了街談巷議，有贊的有貶的，弄得孔丘也提心吊膽了一陣，免不得有些後怕。

第二次違背周禮

　　一段時間過去，事情總算再也沒有人提起。不過，孔丘已經是小有名氣。

　　因為剛剛吞併了魯國中軍，再加上叔孫婼剛剛繼位，季孫宿希望趁這個機會拉攏人心，鞏固季孫家的領導地位。於是，季孫宿想了一個辦法：請曲阜地區的所有士到季孫家吃飯喝酒看歌舞表演。

消息傳出，曲阜的士們歡欣鼓舞，紛紛前往。一來，沒來由弄頓酒肉，不去白不去；二來，趁機跟季孫家搭上關係，說不定被看上了，那就發財了。

孔丘知道這個消息比較晚，因為他住的地方沒有士，只有他一個。不過聽到消息之後，孔丘與其他的士的反應是一樣的：去吃他娘的。

因為時間緊，孔丘聽說之後，沒有回家，直接就奔向了季孫家。對於孔丘來說，這不僅僅是一頓飯，這還是自己首次以士的身份出席公眾活動。所以，他的心情既激動，又有些忐忑不安。

還沒到季孫家門口，遠遠就聽到季孫家的莊園裡人聲鼎沸，歌舞昇平，肉香酒香撲鼻而來。

孔丘咽了咽口水，這輩子就沒有吃過什麼好的，今天可要甩開腮幫子撮他一頓了。

來到季孫家門口，往裡望去，人山人海，紅男綠女，漂亮的美眉們跳著舞，賓客們已經端著碗吃起肉來。人太多，只能自助餐了。

孔丘眨了眨眼，定了定神，就要進去。

「哎哎，夥計，你誰啊？哪個單位的？誰讓你進去了？」這個時候，門旁一個人攔住了孔丘，話雖然不是這麼問，基本上就是這麼個意思。

孔丘這才注意到門口還有守門的，這個守門的看上去比自己大個六七歲，長得十分高大，與自己身高相仿，不過比自己壯實。

「啊，那什麼，今天不是招待士嗎？我，我是孔丘，士。」孔丘小心翼翼地說。

「啊，你就是孔丘？看見裡面跳舞呢嗎？看見喝酒呢嗎？你看看你，穿著孝服，你能來這種地方嗎？啊，這點規矩都不懂，沒學過《周禮》嗎？你還是士？你得了吧你，我們今天是招待士，不招待你這種人，走走走走。」此人很不耐煩地訓了孔丘一頓，把他趕走了。

孔丘欲哭無淚，一種空前的挫折感油然而生。

他默默地走開了，找到一個沒人的地方大聲痛哭起來。第一次以

士的身份出現就遭到這樣的打擊，難免讓人傷心悲慟。

「他娘的看門狗，狗眼看人低。我今後一定要混出個模樣來讓你看看，臭狗屎，去你大爺的《周禮》吧。」孔丘對著季孫家遠遠地罵了幾聲，擦乾眼淚，回家了。

不過話說回來，這件事情孔丘並不占理，因為按照周禮，服喪期間確實不能參加這樣的活動。孔子之所以犯這樣的錯誤，首先是他急於通過這樣的方式感受士的優越性，其次他並不知道這樣的活動除了吃肉還有歌舞，再次就是確實很想吃點好的。

其實，就在孔子罵看門狗的時候，「看門狗」也在暗中罵著幾乎同樣的話。

「看門狗」名叫陽虎，他是孟孫家的後代，不過是庶子的庶子的庶子，基本上，除了小時候比孔丘多個爹之外，跟孔丘也差不太多。

也就是十七八歲的時候，陽虎就通過熟人介紹外加套親戚，來到季孫家當了小吏。混了六七年了，也沒混出個眉目來。今天季孫家大宴曲阜的士人，陽虎只能站在門口迎接客人，酒肉近在咫尺，卻只能咽口水看別人吃。

所以，陽虎也是滿肚子的火，恰好看見孔丘傻乎乎地穿著孝服就來了，於是滿肚子的火就發在孔丘身上了。

「他娘的，不讓老子吃，老子以後要吃最好的給你們看看。」趕走了孔丘，陽虎的心情好了一些，不過還是對著院子裡低聲地罵著。

按《史記》。孔子要絰（音迭，春秋時期服喪時結在頭上或腰間的麻布帶子），季氏饗士，孔子與往。陽虎絀曰：「季氏饗士，非敢饗子也。」孔子由是退。

（按，《孔子家語》中稱陽虎上門戲弄羞辱孔子，恐怕又是為了遮掩孔子當時的失禮舉動。孔子當時十七歲，窮困潦倒，陽虎為何要去登門羞辱他？於理不合，不採用。）

兄弟相會

受到陽虎的羞辱，孔丘並沒有被打倒。相反，他下定了決心要出人頭地。

由於在各種禮儀上很有研究，孔丘在各種助祭和助喪活動中的地位有所提升，有時甚至作為主持人的助手，既有面子也掙得更多。也就是說，從一個普通的群眾演員成為一個特色演員，漸漸地，有人請了。

一年的喪期很快過去，十八歲的時候，孔丘除掉了喪服，也搬家到了體面一點的地方，儘管還是貧民居住區。

這一年，孔子要考慮結婚的事情了。不過，他絕對不會娶一個平民的女兒，他要避免自己的苦難在自己兒子身上重演。問題是，孔丘又窮又沒有背景，稍有點地位的人，誰家的女兒願意嫁給他？沒有。

舉目無親，這個時候孔丘想起自己還有一個哥哥來了。在母親與父親合葬這件事情上，孔丘內心裡非常感激哥哥孟皮。

於是，孔丘置備了一些禮物，登門拜訪哥哥。說起來，這也是孔丘這輩子第二次回到孔家，第一次是被母親抱著去的。

「你是孔丘吧？」孔丘來到孟皮家中，被孟皮第一眼就認了出來，因為孔丘與父親叔梁紇非常相像。

孔丘吃了一驚，眼前這個人比自己矮了一頭，是個瘸子，看上去歲數足有五十多歲，實際上應該就是三十多歲。孔丘知道，這就是傳說中的哥哥孟皮了。

「哥哥，你是哥哥吧？」孔丘問。他有些不自然，因為他從來沒有叫過哥哥。

「兄弟，真是你啊。快坐快坐。」孟皮有點喜出望外，他也過得孤苦伶仃，突然冒出來這麼個兄弟，也很高興。

孔丘有些意外，原本他還擔心哥哥會不會瞧不起自己，如今看來，擔心都是多餘了。再看哥哥的家，顯然也不富裕，孔丘的心裡就更加平和了。

兄弟兩個相見，孟皮讓老婆做了些好菜，與兄弟邊吃邊聊。

原來，孟皮早已經娶了親，如今還有一個兒子孔篾。

兄弟倆談的無非就是各自的成長經歷，哥哥又給弟弟講了很多家族裡的事情，孔丘聽得津津有味。孔丘說起自己從小到大的艱苦生活，哥哥連連歎息。說到母親與父親合葬一事，孟皮表示完全的理解並且認為父親地下有知也會贊同的。

「兄弟，你今年多大了？」說著說著，孟皮問起孔丘的年齡來。

「十八了。」

「成親沒有？」

「沒呢，誰家的女兒肯嫁我啊？」

「兄弟，這麼多年你吃了這麼多苦，我這個當哥哥的也沒幫上什麼忙。這樣吧兄弟，哥哥我為你說一門親事，娶親的事情交給我了，聘禮我來出。」孟皮倒是個很仗義的人，感覺父親虧欠弟弟這麼多年，應該自己這個當哥哥的來補償。

「哥哥，聘禮還是我自己出吧。」孔丘有些感動，不過看哥哥家境也不富裕，不忍心讓哥哥破財。

「兄弟，不要跟我爭了，這事情交給我了，你就等著娶媳婦吧。」

「那，就多謝哥哥了。」孔丘沒有再堅持，他心裡說今後一定要報答哥哥。「那，哥哥，準備給我說哪裡的親？那什麼，一定要是士人家的女兒啊。」

門當戶對，這是孔丘的想法，儘管自己也算不上什麼富家豪家，可是好賴是個士人，不能娶老娘那樣沒有地位的女人。

「兄弟，我知道你的顧慮。不過呢，咱哥倆實話實說，哥哥我的條件就已經很差了，但是好歹還有點田地，兄弟你的條件就更差了，尋常好人家沒人願意把女兒嫁給你。所以呢，哥哥只有一個辦法能讓你娶到士人的女兒。」孟皮說話倒也直截了當，還好，他還有辦法。

「什麼辦法？」孔丘急切地問。

鯉魚跳不過龍門

孟皮的辦法是：回宋國老家給孔丘娶一個老婆。

這些年來，宋國戰亂不斷，家族紛爭，國君又不懂得愛護百姓，因此民不聊生，百姓生活十分困苦，有女兒的都恨不得嫁到國外，首選是齊國，其次是衛國和晉國，魯國和鄭國也行。所以，魯國窮一些的士都會去宋國娶老婆。

「哥哥，不行吧，同姓不婚啊。」孔丘的第一反應是不行。

「兄弟，同姓不婚那是周人的規矩，咱們祖上是商人，不講究這個，宋國遍地都是族內婚。」

「是麼？」

「兄弟，哥哥怎麼會騙你？」

孔丘最終還是同意了哥哥的辦法，因為實在沒有別的辦法。

跨國婚姻

孟皮對弟弟的事情很上心，很快就托人去宋國給孔丘提親了，立即得到了同意。女家說起來也是宋國的公族，姓丌（音機）官。這個姓氏很少見，不過每個國家都有，因為這是官名。各國都有專門掌管笄禮的官（笄與丌相通），笄禮是少女年至十五歲時，在頭髮上插笄的儀式，作為成年的象徵。

所以，孔丘的新娘就叫做丌官氏。

孟皮把聘禮送過之後，第二年，也就是孔丘十九歲那年，孔丘親自前往宋國迎親。孔丘置辦了一身新衣，駕著哥哥家裡的那輛舊車，前往宋國去了。

到了老丈人家，孔丘忐忑的心放下來一半，因為丈人家很窮。

「魯國大款來了。」村子裡的人都這麼說。在他們眼裡，外國人都

是大款。

「女婿，我女兒今後可以跟著你享福了。」老丈人也很高興，當初來提親的人忽悠了他，把孔丘說得家境富裕，頗有財產。

孔丘哼哼唧唧，也不好說自己實際上也是個窮光蛋。當然，他也絕不會去忽悠老丈人。孔丘有做人的原則：不說假話；如果被迫一定要說假話，不創造性地說假話。

總之，老丈人對這個高大的女婿很滿意，老丈人的女兒對未來也很期待。村子裡的人們很羨慕這一家，因為即便沒有嫁給齊國人，能嫁給魯國人也算不錯了。

就這樣，孔丘帶著丌官氏回到了魯國，回到了自己家裡。

「哦。」滿懷希望的丌官氏看到自己的新家，難免有些失望。看上去，這裡還不如自己的娘家。「原來你這麼窮啊。」

孔丘的臉一下子變得通紅，他知道會有見光死的這一天的。

「娘子，我知道說媒的人忽悠你們了，不過我真不知道他會忽悠你們。你看這樣吧，我也不想騙你，如果你不願意嫁給我，那，我再送你回去。」孔丘說得很真誠，他真是這麼想的。

丌官氏原本是一肚子怨氣，可是孔丘這麼說，她反而無從發作了。一路上，孔丘對自己都很照顧，人肯定是個好人。再者說了，自己嫁出來了，怎麼還回得去？好歹說吧，魯國大環境還算比宋國好，說不定今後的日子會好起來。

「唉，嫁雞隨雞，嫁狗隨狗吧。只要你對我好也就行了。」丌官氏也是沒有辦法，索性認命了。

「我不會讓你受窮的，我很努力，我們會過上好日子的。」孔丘有些激動，拉著丌官氏的手說。

不管怎樣，兩人都接受了這個現實，大家都年輕，還有衝勁。

新婚是甜蜜的，即便還是很窮。

孔丘更加的努力學習，努力工作。

孩子出生了

轉眼又是一年，這一年孔丘二十歲。

二十歲這一年，孔丘有兩件大喜事。

第一件是他在季孫家謀到了一個職務，這個職務叫做委吏，具體地說就是管理倉庫的倉庫主管。當然，不是總庫，只是季孫家的一處倉庫。這是孔丘有生以來的第一份固定職務，算是躋身白領階層。

成為白領之後，孔丘咬咬牙，用自己的積蓄在白領社區買了一套房，這是他生平的第一套房。不管怎麼樣，現在脫離了貧民窟，周圍都是士人，能夠得到一些士的待遇和福利了。

第二件喜事接踵而來，丌官氏為孔丘生了一個兒子。買房也是為了兒子，孔丘說了：「不能讓我兒子生在貧民區。」

按照魯國的規矩，曲阜一帶士以上家裡生男，國家都要以國君的名義贈送禮物，通常是小鳥或者魚。孔丘生子之後，負責送禮的官員以魯昭公的名義給孔丘送來一尾鯉魚。

「孔丘，這尾鯉魚是國君送給你的，祝你的兒子健康結實，長大以後為國效力。」基本上，來人就說了這樣一番話，留下魚，走了。

孔丘激動得半天說不出話來，國君送的鯉魚啊，自己一個小小的士生個孩子，國君竟然來給慶賀，這太讓自己感動了。更讓孔丘激動的是，這徹底證明自己是個士，陽虎那狗東西再也不能瞧不起自己了。

「老公，孩子叫什麼啊？」這個時候，丌官氏問。

「叫，叫，就叫孔鯉。」孔丘索性把兒子取名孔鯉，字伯魚。

其實，家家生男都有國君的賀禮，鯉魚也不知道送了多少家了。如果都像孔丘這樣，魯國就不知道有多少叫鯉的了。這說明，孔丘比別人更激動。對於他來說，國君的賀禮有更重要的意義。

可是很快孔丘就知道一切不過是自己的幻想，一條鯉魚並不能改變自己的命運。如果真有龍門的話，會有成群的鯉魚跳過去，而不僅僅是自己。

所以，孔丘只能繼續管理自己的倉庫。一年後，被輪崗為乘田吏，管理畜牧，整天和牛羊打交道了。

不過，孔丘依然執著于學習周禮和其他的知識。

季孫家的內訌

孔丘二十二歲的時候，已經是在季孫家裡打工的第三年。這一年，季孫家中出了一件大事。

就在孔丘母親去世的那一年年尾，季孫宿也鞠躬盡瘁了。季孫宿的兒子季悼子接任不久也去世了，於是季悼子的兒子季孫意如（季平子）現在是季孫家的主人。而季孫家的大管家南遺也已經追隨主人而去，兒子南蒯成為季孫家的大管家。

「連管家都世襲了？」孔丘感到驚訝，看來諸侯架空了周天子，三桓架空了魯國國君，現在家臣要把三桓也架空了。「君不君，臣不臣啊。」

南遺是季孫家的老家臣，季孫宿在世的時候對南遺就很客氣，所以南家在季孫家中地位很高。可是，季孫宿和南遺相繼去世以後，如今的季孫意如對南蒯很不敬重，這讓南蒯非常惱火。

「小兔崽子，跟我鬥？整死你。」南蒯暗中咬牙切齒，要想辦法收拾季孫意如。

具體怎麼整呢？南蒯決定找兩個好朋友一起整。

公子憖（音印）是魯昭公的哥哥，算是朝中比較有地位的人。可是，魯國的地盤和軍隊都歸了三桓，公子憖雖然是個公子，名下沒有幾畝地，常常喊窮，暗地裡恨得三桓牙癢癢，尤其恨季孫家。

南蒯來找公子憖了，這是個天然盟友。

「公子，我給你帶了幾斤肉來。唉，你說你，名義上貴為公子，實際上還不如我富裕。」南蒯故意這樣說，要激怒公子憖。

南蒯的話果然正戳在公子憖的軟肋上，公子憖的臉色一下子變得很難看。

「唉，天理何在啊，天理何在啊？」公子憖抱怨著，眼中發出仇恨的光芒。

三言兩語之後，公子憖的情緒已經很高昂了。

「公子，我也為你不平啊。你說我這人吧，雖然給季孫家打工，可

是心裡裝著的還是國君和國家啊。我有個想法，咱們合作把季孫趕出魯國，把他們的土地財產都收歸國有，公子您來接替季孫的地位。我呢，就把費地給我，我當個大夫就行了。」南蒯和盤托出了自己的計畫，充滿了誘惑力。

「好好好。」公子憖連說了三個好字，他有什麼理由拒絕呢？

兩人商量好之後，派人去找他們的另一個朋友，這個朋友叫叔仲小（子仲）。叔仲家族是從叔孫家族中分離出來的，看著叔孫家吃香的喝辣的，叔仲小的心裡也是早就不平衡了。

所以，三人一拍即合。

同志是有了，可是辦法呢？南蒯早就想好了。

「叔孫婼繼位以來，已經接受了國君的二命和三命為卿，三次任命，這地位已經超過了他的父親，可是他何德何能？啊？叔仲，這個事情我和公子憖都不方便出馬，你去比較合適，你就對季孫意如說叔孫婼三命為卿超越了他的父祖，是違反周禮的，讓他自己把三命給退了。」南蒯的主意，就是要首先離間季孫家和叔孫家，然後再對季孫家動手。

叔仲小找了個機會去見季孫意如，把南蒯教給他的話對季孫意如說了。

「哎，是啊。」季孫意如覺得有道理。

於是，季孫意如派人去找叔孫婼，說你不應該接受三命，你自己去找魯昭公，把那最後一命退回去吧。

叔孫婼一聽，火氣騰地上來了。

「這些年來，你們季孫家可沒少禍害我們叔孫家。如果你們認為我們不對，你們可以討伐我們。不過，我這三命是國君給的，是我該得的，我憑什麼退回去？」本來叔孫家和季孫家就面和心不和，如今你季孫意如管得寬，管到了我們的頭上，好啊，既然這樣，咱們就撕開面皮算了。

趕走了季孫意如派來的人，叔孫婼一不做二不休，隨後去了朝廷。

「我要打官司，我要和季孫打官司，太欺負人了，這日子沒法過

了。」叔孫婼在朝廷一通大鬧，鬧得人人皆知。

大家好勸歹勸，總算把叔孫婼給勸回了家。

季孫意如萬萬沒有想到叔孫婼的反應這麼大，心裡有些害怕。於是，又派人去叔孫婼家道歉，說這個事情是自己被人忽悠了，忽悠自己的這個人就是叔仲小。在此表達誠摯歉意，希望雙方捐棄前嫌，建立信任。

好歹，叔孫婼算是消了氣，這件事就算是過去了。

流產政變

成功離間了季孫家和叔孫家，南蒯三人開始進一步的謀劃。

「以季孫家現在的實力，我們不能硬來，憑我們三個的力量還是不夠。」南蒯說，他還算明白自己的分量，「這個事情必須要得到國君的支持。」

在這一點上，三人的意見是一致的。或者說，另外兩個人沒什麼主見，南蒯說什麼他們都說好。

「這樣，公子憖去跟國君商量，我們找個機會把季孫意如給騙到宮中，就在宮中宣布他的罪名，沒收他的家產和土地。」南蒯見公子憖和叔仲小都贊同自己的看法，非常高興，提出了具體的辦法。

大家都說這個辦法好。

忽悠季孫意如是派叔仲小幹的，忽悠魯昭公的任務就交給了公子憖。

公子憖找了個機會把三個人的計畫告訴了魯昭公，並且希望魯昭公能夠發揮作用。

「什、什麼？」魯昭公的反應大大出乎公子憖的預料，按照公子憖的想法，除掉季孫家就等於幫助魯昭公奪回國家，魯昭公應該高興才對，可是魯昭公的反應不是很高興，而是很害怕。「你們吃了豹子膽了？這，這不是找死嗎？我不幹。」

公子憖有點傻眼，現在魯昭公是關鍵人物，如果魯昭公不肯參

第二四五章　鯉魚跳不過龍門

與，這事情要成功就基本沒戲。

「主公，這樣的機會可不多啊。機不可失，時不再來啊。」公子憖勸說魯昭公。

「別說了，這事我堅決不幹。要幹，你們自己幹。」魯昭公鐵了心，堅決不幹。

公子憖再三勸說，魯昭公再三不肯。到最後，公子憖沒有勸動魯昭公，倒被魯昭公把自己說得動搖起來。

「是啊，軍隊都在人家手裡，咱們憑什麼跟人家鬥啊？」公子憖越想，越覺得這事情有點沒譜。

「沒錯啊，你們憑什麼跟人家鬥？你以為季孫家和叔孫家成仇人了？別傻了，一旦季孫家危險，你看叔孫和孟孫家幫誰吧。」現在，輪到魯昭公來勸公子憖了。

公子憖是越想越後怕，現在想的不是怎樣對付季孫了，而是怎樣保護自己。

「主公啊，我也覺得這件事情很弱智了，可是我已經答應了南蒯了，要是我反悔，得罪了南蒯，也沒好果子吃啊，我可怎麼辦啊？」公子憖很為難，有些騎虎難下的意思。

「那我不管你了，反正，我躲開，我過兩天去晉國國事訪問，你們愛怎麼鬧怎麼鬧。」魯昭公要閃人。

「那什麼，主公，你要去，帶上我唄？」公子憖的想法，就是金蟬脫殼，找個藉口開溜。

「好吧。」魯昭公同意了。

三天之後，魯昭公宣布前往晉國進行國事訪問，公子憖隨行。宣布之後，當日啟程，走了。

公子憖和魯昭公這麼一走，南蒯知道這兩位是開溜了，自己被晾在旱地裡了。

「我暈，我為你們賣命，你們倒先閃了？」南蒯這叫一個鬱悶。

還有更鬱悶的事情。

公子憖的膽子小也就罷了，可是叔仲小的嘴碎。南蒯的計畫還沒

有實施，消息就已經傳出去了。整個曲阜城裡都在傳說南蒯要聯合魯昭公和公子慭動手收拾季孫意如，季孫意如自然聽說了，雖然不敢動南蒯，可是已經提高了警惕。

南蒯知道，以現在的形勢發展來看，攤牌是必然的結果，要麼被驅逐，要麼自己先下手為強。問題是，缺少了魯昭公和公子慭，自己名不正言不順，一旦自己動季孫家，另外兩家肯定會聯手對付自己，這樣自己就成了全民公敵。可是，要等魯昭公和公子慭，基本上就等於等死，何況那兩個回來又能怎麼樣？

到了這個時候，南蒯很後悔，可是，後悔有什麼用？現在只能想辦法收拾這個爛攤子了。

三十六計，走為上計。

南蒯想來想去，只有一個辦法：回到自己的封地費地，帶領費地投靠齊國，尋求保護。

說起來，費地還是季孫家封給他的。

錯過戰爭

南蒯帶著費地投奔了齊國，而公子慭在聽說之後，不敢回到魯國，也去齊國政治避難了。

季孫意如很憤怒，現在他知道當初叔仲小挑撥自己與叔孫昭子之間的關係是什麼目的了。如今南蒯和公子慭都跑了，季孫意如覺得不應該放過叔仲小。

「我建議驅逐叔仲小。」李平子向叔孫婼建議，他覺得叔孫婼會贊成。

「不，冤冤相報何時了？何必得罪這個人呢？」叔孫婼拒絕了，不僅拒絕了，還專門派人去找叔仲小，說自己原諒了他。

季孫意如很惱火，這下壞人都是自己做了。

「攻打費地。」季孫意如發佈了命令。

季孫家進行緊急動員。

所有季孫家的雇員都在緊急動員之列，包括孔丘。

孔丘有生以來頭一次正式穿上了皮甲，登上了戰車，開始作戰訓練。

從一開始，大家認為孔丘既然是叔梁紇的兒子，而且這麼高大，一定武藝高強，力大無窮，所以適合充當車右。不過很快發現孔丘好像不具備打仗的天分，射箭似乎也不太靈，沒辦法，只好讓他當御者。

御者是個技術活，孔丘學過，可是實習的機會不多，所以技術很一般，再加上因為高大而體重比較重，他當御者馬比較累。

弄來弄去，孔丘似乎什麼也不適合。出兵的時候，孔丘被留在曲阜了。

孔丘唯一的一次戰鬥機會，就這樣失去了。實際上，孔丘很願意參戰，因為這是一個機會，表現自己的機會。

事實證明，落選是幸運的。

季孫意如派叔弓領軍攻打費地，結果，反而被南蒯率領費地擊敗了。叔弓，就是公孫嬰齊，是弓姓的得姓始祖。

季孫意如非常憤怒，下令看見費地人就抓起來。

「不能這樣啊，這樣就等於逼著費地人跟著南蒯了。我們應該做的是收買費地的人心，看見費地人，缺吃的給吃的，缺穿的給穿的，費地人自然就會拋棄南蒯，重新投入祖國的懷抱。」一個叫做冶區夫的家臣急忙阻止他，提出一個截然相反的建議。

「哎，是啊。」季孫意如覺得有道理。

在季孫意如的和平演變之下，兩年之後，果然費地人趕走了南蒯，重新投入祖國的懷抱。南蒯則逃奔齊國。不過，在齊國，南蒯的日子過得很糟糕，因為齊景公很不喜歡他。

「叛夫。」齊景公這樣稱呼他，顯示對他的蔑視。

「主公，我不是叛徒啊，我只是想幫魯國國君對付季孫家啊，我是為國盡忠啊。」南蒯急忙為自己辯解。

「啊呸，」齊景公沒有罵他，齊國大臣子韓晳插了一嘴，「你是季孫的家臣，卻幫著國君對付季孫，你罪莫大焉。」

看來，忠君愛國是需要資格的。或者說，在忠君愛國的問題上，也是不可以越級的。

第二四六章
私立學校

「亂，太亂了。」孔丘很是感慨，魯國的亂讓他思緒萬千，常常晚上一個人在月亮下思索。季孫意如本來是魯昭公的臣下，可是他不買魯昭公的賬；南蒯本是季孫家的家臣，卻要除掉季孫家族；而費地的人民本是南蒯的屬下，卻把南蒯趕到了齊國。

整個亂成了一鍋粥，而亂成一鍋粥的根本原因是什麼？是大家都不遵從周禮了，是國君不像國君，大臣不像大臣了。這樣的話，國家就失去了秩序，還成其為什麼國家？

那麼，如果大家都遵從周禮呢？

研究周禮

孔丘開始潛心研究周禮，越是研究，就越是感覺周禮是個好東西。

「那些沒用的東西，你研究它們幹什麼？咱們小老百姓，想辦法掙幾個錢養老婆孩子是正路，整天整那些公卿大夫們才整的東西幹什麼？也不撒泡尿照照自己，哼。」孔丘的老婆亓官氏一肚子火發向了孔丘。這也難怪，在生了孔鯉之後，亓官氏又為孔家生了一個女兒，由於這一次國君送來了一個麻雀作為賀禮，女兒的名字就叫孔雀。本來家裡就不富裕，如今再添一口，生活就緊張起來。亓官氏原本就覺得自己是被騙來的，如今看見老公不好好掙錢，反而整天研究些沒用的東西，自然怒火中燒。

「老婆，你沒看這個國家一天天衰敗下去嗎？如果有一天國家完蛋了，咱們都是亡國奴啊，那時候就慘大了。我研究這些，就是要保證國家富強起來，咱們老百姓的日子也就安穩了。再說了，我研究這套要是被國君看中了，我也能當卿大夫啊。老婆，好日子就在前頭了。」面對老婆的抱怨，孔丘耐心解釋著。

由於不能給老婆富裕的生活，孔丘對老婆一直有一種愧疚之心，除了平時體貼入微之外，老婆發脾氣的時候，孔丘也都忍讓著。可是，越是這樣，老婆的脾氣就越大。剛嫁過來的時候，丌官氏雖然也有不滿，可是畢竟遠道而來，舉目無親，老公對自己也很體貼，也就認了。可是後來生了孔鯉，孔丘得到了一條鯉魚，以為是國君親自送的，因此難免野心膨脹，在床頭給老婆描繪了美好明天。誰知，美好明天很快成了泡影，丌官氏被吊起來的胃口卻怎麼也消不下去了，她盼望美好生活，可是孔丘不能給她，於是她開始發脾氣，孔丘一再的忍讓讓她的脾氣越來越大。

　　「好日子？別做夢了，跟著你，能不出去討米就算老天開眼了。」丌官氏恨恨地說，之後越想越傷心，竟然掉下了眼淚：「我的命怎麼就這麼苦呢？怎麼就嫁給了你這麼個窩囊廢呢？嗚嗚嗚嗚……」

　　孔丘不說話了，他忍著。

　　丌官氏哭著走開了。

　　而孔丘一天的情緒都不好，第二天他拼命調整情緒，繼續研究周禮。

　　魯昭公十五年（前527年），這一年孔丘二十五歲。

　　春天的時候，魯昭公決定祭祀魯武公，祭祀儀式由叔弓主持。可是儀式剛剛開始，叔弓突然心臟病發作，死在祭祀現場。

　　「怎麼辦？」孔丘去圍觀了祭祀活動，這是他學習周禮的最佳時機了。祭祀的時候遇上這樣的事情，該怎麼辦？孔丘很好奇，他確實不知道。

　　現場的做法是把叔弓的屍體抬了下去，然後換人主持，祭祀活動繼續進行，不過把音樂歌舞的部分取消了。

　　後來孔丘知道，這樣的做法是合乎周禮的。不過，孔丘這個時候感覺到，自己對周禮的研究遠遠不夠，特別是涉及諸侯這個級別的部分。問題是，如果要引起國君的關注和重視，恰恰是這個部分的周禮最為重要。

怎麼才能學習諸侯這個級別的周禮呢？孔丘一時還沒有想到辦法。

魯昭公十七年六月一日，魯國發生日食。

「這個時候該怎麼辦？」孔丘來了興趣，按照周禮，應該怎樣應對。

日食也算是件大事，因此卿大夫們都上朝討論。負責祭祀的祝史前來請示，問需要什麼樣的祭品，以及該祭祀誰。

「按照周禮，發生了日食，天子就應該減少自己菜肴的數量，並在土地廟擊鼓驅邪；諸侯則在土地廟祭祀，向土地神獻上供品，同時也要擊鼓驅邪。」叔孫婼給了答案，他對周禮比較有研究。

祝史正要按照叔孫婼的說法去做，季孫意如說話了。

「不能這麼做，據我所知，只有在正月一日發生了日食才這麼做，其他時間發生日食什麼都不用做。」季孫意如反對。

這下，大家都有些傻眼，上卿和次卿意見不一樣，該聽誰的？這時候，太史說話了，在這類問題上，太史是權威人士。

「叔孫說得對，季孫說得不對。」太史終於發話了，他支持叔孫婼。「恰恰是這個月發生了日食才這麼做。這個時候日月星互相侵犯，因此才發生了日食。在這樣的情況下，百官都要脫下朝服穿上便服，君主減少菜肴，搬出正寢，要派人擊鼓驅邪，在土地廟祭祀並且獻上祭品。這個月是夏曆的四月，因此叫做孟夏。」

季孫意如的臉色很難看，在這麼多人的面前丟面子真是一件很沒面子的事情。

「不對，你說得不對，我說了，什麼都不用幹。就這樣了，散朝了。」季孫意如決定來個不講理，管你對不對，反正我來決定。

季孫意如發了話，誰也不能反對，於是一哄而散。

孔子知道了這個事情，又長了見識。不過他又感慨自己的知識不夠用，還要好好學習。

終於，秋天的時候，孔丘有了一個學習的好機會。

秋天，郯（音談）國國君來國事訪問了，因為屬於東夷國家，沒有爵位，因此就稱為郯子。郯國在今山東郯城縣，郯國的祖先是東夷族

的少昊氏，嬴姓。話說如今郯國有一棵古老銀杏樹已有三千歲高齡，高四十二米，樹圍八米，直徑二點六米，樹冠根系面積五六畝。現在依然枝繁葉茂，生機盎然。

郯子來到，魯昭公親自設宴招待，叔孫婼作陪。

叔孫婼是個很好學的人，他問了郯子一個問題：「我想請教，當初少昊氏的官名都以鳥來命名，這是為什麼？」

「少昊氏是我們的祖先，所以這個我倒知道。」郯子很得意，畢竟有人向自己請教。「從前黃帝以雲來記事，因此他的官名都是雲；炎帝以火記事，因此以火來命名他的百官；共工以水記事，因此以水來命名百官。太昊氏以龍記事，因此用龍命名百官。我們祖先少昊繼位的時候恰好有鳳鳥飛來，於是就用鳥來命名百官了。」

之後，郯子把當時用鳥命名的官名和現在的官名對應著說了一遍。最後，郯子說道：「自從顓頊繼位以後，就改變了這些做法，因為百官實際上都是管理百姓的，所以都用百姓的事情來命名了，一直延續到今天。至於上古的官名，就都被忘記了。」

叔孫婼非常高興，再三道謝。

孔丘聽說這件事情之後，專門去求見郯子，向他請教。

「我聽說，天子失去了古時百官的制度，可是這些學問卻保存在四周的蠻夷小國，看來真是這樣了。」孔丘從郯子那裡出來，逢人就說。

說起來，這是孔丘第一次與一國國君面對面交談，而郯子也就成為有文字記載的孔子的第一個老師。

三十而立

魯昭公二十年（前 522 年），孔丘作了人生中最重要的一個決定。

孔丘決定辭去季孫家的工作，自己開設一所學校。之所以有這樣的想法，出於以下幾點原因。

首先，孔丘不是一個能說會道、討人喜歡的人，在季孫家中他的工作成績不錯，可是因為不懂得怎樣討好上司，因此看不到前景。說起

來有些巧合，他的上司恰恰就是陽虎。陽虎對他還算不錯，也曾經對當年驅趕他表達了歉意。不過，陽虎也並不是太喜歡他。換句話說，孔丘沒有在陽虎的圈子裡，因此也就根本沒有進入上升通道。

其次，世界和魯國都在急劇變化，士農工商四種人之間的轉化越來越多，很多農工商的人希望學習知識，卻沒有地方去學習。還有大量的野人獲得土地，生活越來越好，也希望融入主流社會。如果自己開設私校，這些人就可以來學習，而自己靠收取學費也能過上不錯的生活。

再次，由於三桓瓜分了魯國，國君只能靠三桓的進貢生活，那麼，原有的國家機構都面臨生存危機，包括公立學校，多數名存實亡，大量的士也無法受到教育。

孔丘下定了決心，於是從季孫家辭職出來，開始招生講學。

在魯國歷史上，此前曾經開設學校的只有一個人，那就是展禽。不過嚴格說來，展禽算不上開設學校，因為那時候展禽年事已高，就在自家門前的大柳樹下講課，聽者來去自由，也不需要交納學費。說起來，類似公開講座。

因此，孔丘算得上是魯國歷史上第一個開設私學的人，也是中國歷史上第一個開設私學的人。所以說，孔丘是中國私人教育的祖師爺。

這一年，孔丘三十歲。

在三十歲上開創自己的事業，孔丘自立了。

按《論語》。子曰：「吾三十而立。」

從這裡開始，我們要改稱孔丘為孔子了，因為他已經是孔老師了。

孔子興辦私校的事情在整個魯國引起轟動，因為這是開天闢地的一件事情。從前，學校都是公立，只有貴族才有受教育的權利。如果孔子開設私校，等於向所有人開放了受教育的權利。

這符合周禮嗎？周禮中對此沒有規定。不過，從周禮的精神來推論，這是違背周禮的。

所以，孔子從一開始就是用反周禮的方式來教授周禮，以周禮叛逆者的身份來鼓吹周禮。

從一開始，孔子就是一個矛盾體。

還好，禮崩樂壞的魯國已經開始無視孔子對周禮的破壞了，已經可以包容孔子這樣的挑戰周禮的行為了。沒有人對孔子的做法提出質疑，大家都懷著好奇心來看這個年輕人要做出些什麼。

　　孔子開設的課程為六藝中的書、數、禮、樂，射和御沒有開設，一來辦學條件不具備，二來這兩門學科有些忌諱，三來這兩項技藝對於老百姓來說並不實用。

　　孔子私學的收費為十根臘肉，包含整個課程。走讀，因為孔子家中不具備寄宿條件。

　　按《論語》。子曰：「自行束修以上，吾未嘗無誨焉。」

　　孔子辦私學雖然引起轟動，但是看熱鬧的多，真正報名的少。對於普通老百姓來說，學費是一個方面的問題，另一方面，大家心存疑慮，認為自己這個階層就不應該有學問，就應該受剝削被管制。所以，即便有的人財力足夠，也不來上學。

　　招生一個月，孔子私校也只招來了不到十名學生，其中有秦商、曾點、顏繇、冉耕，這些人中只有少數是士。

　　孔子很失望，他沒有想到情況會是這樣。

　　然而，比他更失望的是老婆丌官氏，丌官氏原本以為孔子找到了一條發財的捷徑，今後自己吃香的喝辣的當上了貴婦人。可是，無情的現實破滅了她的美夢。

　　「當初叫你別辭職別辭職，你不聽，這下好了，全家喝西北風吧，哼。說什麼自己創業，創你個頭啊。說什麼下海，淹死你吧。你看人家叔衛，人家跟你一塊去季孫家打工，人家都混成副總管了，再看看你，你就是個窩囊廢。」丌官氏喋喋不休，很多天陰沉著臉。

　　孔子的心情本來就不好，丌官氏這個時候還風言冷語，讓孔子感到陣陣心寒。

　　「你嫌我窮，你說我窩囊廢，那你可以改嫁啊。」孔子實在忍不住了，第一次發起了反擊。

　　「什麼？你要趕我走？你這個沒良心的東西，你以為天下就你一個男人，啊呸！」丌官氏發起了更猛烈的反擊。

孔子沒有再說什麼，他對眼前這個女人實在已經厭倦了，他轉身走了，任憑身後的丌官氏怎樣哭罵。

儘管家庭生活很鬱悶，孔子在教學上還是很盡心盡力，學生們都感覺十條臘肉交得值。孔子因材施教，針對每個人不同的情況進行教學，讓每個人都有收穫。

中間，有人入學，也有人退學，孔子的學生數量基本上在十個人左右，收入勉強維持生計。

不管怎樣，孔子的名聲逐漸打了出去，特別是他對周禮的理解受到多方的稱讚，有時也有貴族專門來請教周禮的內容。

第二年的春天，孔子招收了一名學生，這一名學生的到來改變了孔子的命運。

這個學生是誰？南宮敬叔。

南宮敬叔是誰？這要從一段風流韻事說起了。

送上門的美女

孟孫家傳到了孟僖子這一輩，孟僖子這人平時大大咧咧，不學無術，這也就算了，最糟糕的是，不會生兒子。孟僖子娶了幾個妻妾，結果女兒生了一大堆，兒子一個也沒有，把孟僖子給急得要命。

整個魯國把這件事情當成一個笑談，可是，有一個女子從中看到了機會。所以，在別人看笑話的時候，誰能夠從另外一個角度去發現機會，這樣的人一定能夠成功。

一個泉丘（今山東寧陽）的女子，家裡很窮並且連士也算不上，但是人長得很漂亮並且非常聰明。她一直試圖改變自己的命運，現在，她看到了機會。

「想過上好日子嗎？」泉丘女問她的閨密，鄰居家的女兒，這個女兒也長得很漂亮。

「做夢都想啊。」鄰家女不假思索地說。

「有一個機會，願不願意搏一搏？」泉丘女問。

「願意。」

「那好，明天一大早跟我走。」

「去哪裡？」

「別問那麼多，跟我走就行了。」

第二天一大早，泉丘女和鄰家女上路了，目標直奔曲阜。來到曲阜，直奔孟孫家，求見孟僖子。

美女求見，孟僖子照例是要見的，孟家世世代代有一個傳統，那就是風流倜儻。

「兩位美女，找我有什麼事？」孟僖子問。看見美女，心情爽朗很多。

「我昨天做了一個夢，夢見我們家的帷幕掛在孟家的宗廟上了。一個神人在夢裡對我說，孟家的後代就在我的肚子裡。所以，我一大早就趕來了，我要嫁給你。」泉丘女直奔主題而來，不過編了一個做夢的故事。

「真有這事？」孟僖子有些將信將疑，難道自己生不出兒子，就是因為老天註定要讓這個女子為自己生？

「如果我騙你，生小孩沒屁眼。」

「那，找地方盟誓。」孟僖子決定試試，反正自己不吃虧。

於是，孟僖子跟泉丘女和鄰家女來到了土地廟盟誓。盟誓的內容是這樣的：如果不能為孟僖子生兒子，泉丘女後果自負，自己回家並不得索要青春損失費；如果泉丘女生了兒子，孟僖子就不能拋棄她。

最後，泉丘女提了個附加條件：我這閨密跟我一塊來了，反正多一個不多，算我買一送一。如果生了兒子，我們兩個都跟定你了。

孟僖子立即答應了，確實是多一個不多，萬一這鄰家女能生兒子不是也挺好？

泉丘女為什麼拉上鄰家女呢？因為人多力量大，兩個人生兒子的概率就提高了一倍，一旦生了兒子，兩人的後半輩子就都有依靠了。

　　之後，孟僖子在郊外安置了二人，孟僖子搬過去跟她們同住，結果泉丘女果然厲害，不僅生了兒子，而且一生就是兩個，沒辦法，雙胞胎。大兒子自己養，小兒子給鄰家女養。於是，兩人都名正言順進入了孟孫家，過上了好日子。

　　這大兒子名叫仲孫何忌，後來接掌孟孫家，就是孟懿子；小兒子名叫仲孫閱，因為後來居住在南宮，因此被諡為南宮敬叔。

　　孔子那年頭，私奔是很尋常的事情。

第二四七章
公款出國

魯昭公七年的時候，魯昭公去楚國朝拜，誰也不願意跟著去，說楚國人是蠻子，不懂禮節。孟僖子自告奮勇要跟著去，為什麼？因為他不懂外交禮節，別的地方不敢去，正好去不懂周禮的楚國。

孟僖子就這樣跟著魯昭公去了楚國，誰知道，一路上沒別的，只剩下丟人了。

去楚國的路上路過鄭國，鄭簡公很熱情，親自到城外為魯昭公接風洗塵，禮節非常周到。可是孟僖子作為首席陪同官員，竟然不知道怎樣答謝，一時尷尬非常。

到了楚國，楚靈王也在城外宴請魯昭公，在周禮中叫做郊勞。楚國人的禮儀做得非常好，可是魯國人完全傻眼，不知道怎樣答謝。

弄來弄去，蠻夷之邦禮數周到，禮儀之邦反而很無禮。

孟僖子受了刺激，這叫一個後悔，這叫一個慚愧，這叫一個沒面子。回到魯國，直接把兩個兒子叫過來，千叮嚀萬囑咐要好好學習，不要像自己一樣不學無術，走出國門為國家丟人。

到現在，孟僖子聽說孔子開講周禮，據說還講得不錯，於是派南宮敬叔前來看看。就這樣，南宮敬叔就來了。

高貴的學生

南宮敬叔來了，孔家學堂立即引發轟動。想想也是，別的學生連士都未必是，可是南宮敬叔是卿的兒子，天生的級別就是大夫。家裡有權有錢什麼都不缺，而且還享受義務教育，他來幹什麼？

「老師，我想來聽聽老師講周禮，可以嗎？」南宮敬叔非常恭敬地對孔子說。這讓大家都感覺意外，看來，高幹子弟也並不都是飛揚跋扈的。

「當然可以。」孔子求之不得，南宮敬叔來聽課，不僅表明國家領導層對自己辦學的認可，更加是為自己在做廣告。

南宮敬叔就這樣聽了一課，孔子則拿出自己最擅長的內容來講了這堂課。

「老師，說實話，您比那些義務教育的老師講得好太多了，我明天就來正式報名，做您的學生。」南宮敬叔對孔子的學問非常佩服，當即決定拜師。

孔子非常高興，想想看，國家領導人的兒子來做你的學生，哪個老師不高興？

當晚，孔子決定請學生們吃肉，並且第二天放假。

第二天，南宮敬叔提著十塊臘肉就來了。南宮敬叔的臘肉，比其他人的塊頭都大很多，而且色澤也好得多。頂級臘肉，絕對的頂級臘肉。

從那之後，南宮敬叔時常來上課，他聽課非常認真，態度也非常謙恭，即便對那些地位低下的師兄弟們，也都非常友善。遇上不懂的地方，也都主動提問，有的時候下了課，還私下向老師請教。

「這個學生真好，別看人家是高幹子弟，一點也不以高幹子弟自居，好學生，好學生。」孔丘非常喜歡南宮敬叔，逢人就誇，「國家政治清明的時候，他一定能做個好官；國家政治昏暗的時候，他也能保住自己的家族。」

按《論語》。子謂南容：「邦有道，不廢；邦無道，免于刑戮。」

這一天，孔子講授完周禮，其餘的學生下了課該幹什麼幹什麼去了，南宮敬叔原本準備回家，可是想起一個問題來，於是來找孔子。

「老師，我有個問題想問。」南宮敬叔很有禮貌地說。

「說。」孔子微笑著說。

「當年羿是神射手，澆善於水戰，但是兩人都死得很慘。而大禹沒別的本事，就會種地，結果是大禹擁有了天下。老師，這是為什麼？」南宮敬叔問，他搞不懂為什麼有能耐的反而不如沒能耐的。

孔子想了想，想不出個所以然來，頗有些為難，這時一個人推門

進來。

「叔叔，我們來了。」一個清脆的女聲傳過來，孔子轉頭去看，只見一個十五六歲的小姑娘走了進來，小姑娘不是別人，是孔子的侄女，孟皮的女兒。因為性格活潑又長得十分漂亮，孔子也很喜歡她。孔子和哥哥平時的走動也多，今天是孟皮帶著女兒來這裡串門。

侄女來得真是時候。

孔子對她笑了笑，再看南宮敬叔，發現南宮敬叔的眼睛死死地盯在侄女的臉上，嘴微張著合不攏。

孔子又笑了，他知道南宮敬叔這小子對自己的侄女驚豔了。

緊接著，孟皮也走了進來。

兄弟相見，好一番寒暄，南宮敬叔不好再待下去，只得告辭，臨別，還依依不捨地望著孔子的侄女。

「兄弟，這人是誰？」孟皮問孔子。

「這人？君子啊，是個品德高尚的君子啊。」孔子回答。

「究竟是誰？」

「南宮敬叔啊。」

「啊，是他。」孟皮吃了一驚，沒想到自己竟然在這裡遇上了南宮敬叔。

「我看，他對侄女倒是一見鍾情啊。」孔子對哥哥說。

「我看出來了。」

「不如這樣，我來做個媒，咱們就結了這門親戚吧。」

「那敢情好，可是，人家願意嗎？」

「包在我身上。」孔子拍了胸脯，哥哥幫他娶了老婆，他這下一定要幫哥哥找個好女婿。

孔子說到做到，第二天就向南宮敬叔提起了這門親事，正中南宮敬叔下懷，欣然同意。於是，孟皮攀上了高枝，女兒這一輩子算是衣食無憂了。

不過，依照當時的風俗以及孟皮的地位，孟皮的女兒應該是做妾而不是妻。

按《論語》。南宮適問於孔子曰：「羿善射，奡盪舟，俱不得其死然。禹稷躬稼而有天下。」夫子不答。南宮適出。子曰：「君子哉！若人。尚德哉！若人。」

按《論語》。南容三復白圭，孔子以其兄之子妻之。

關於南宮敬叔的年齡，歷來說法不一。通常認為南宮敬叔這個時候只有九歲，理由是南宮敬叔母親私奔到孟家記于魯昭公十一年，那麼到魯昭公二十一年，南宮敬叔頂大也就是九歲。但是，私奔一事記于魯昭公十一年，不等於事情就發生在魯昭公十年。譬如昭公七年就記載了孟僖子臨死囑咐兩個兒子要向孔子學習周禮，而那一年孔子不過十七歲，孟僖子也不是死在那一年，而是死在十七年之後。類似的事情，《左傳》中還有很多。

所以，這個時候，南宮敬叔應當在剛過二十歲的年齡。

公派出國

把侄女嫁給了南宮敬叔，孔子和南宮敬叔之間的關係一下子拉近了許多。原本的師生之間的關係，高幹子弟和士之間的關係，現在成了親戚關係。

南宮敬叔到孔子的學校上學引起了轟動，一時間有很多人上門來試聽課，而且都是士以上的階層。孔子以為報名人數會大增，收入自然也就會大增。可是出乎意料的是，看熱鬧的多，真正願意報名的少。為什麼呢？

因為孔子雖然學識淵博，可是畢竟出身貧寒，對很多周禮的內容只有理論沒有實踐，有很多漏洞出來，因此真正有見識的人往往感覺失望。

孔子自己也意識到這一點，怎麼辦？

俗話說：外來的和尚好念經。當然，那年頭還沒有和尚。不過，道理是這麼個道理。孔子知道自己要當外來的和尚是不可能了，可是，出去留個洋鍍鍍金還是可以的，如果去偉大的首都學習學習，那回來

之後身價立馬就不同了，見識也增加了，不愁沒人報名學習。

想法雖然是個好想法，可是要實施還有些困難。困難具體為兩個方面：第一，經費問題，去一趟偉大首都可是一筆不小的開銷；第二，就算湊齊路費去了偉大首都，可是人生地不熟的，誰搭理自己啊？

不過，這點困難是難不倒孔子的。

這一天，講課結束，下課之後，孔子請南宮敬叔留下來說話。

「老師，什麼事？」南宮敬叔恭恭敬敬地問。為什麼他叫敬叔呢，因為他很恭敬。

「我聽說吧，王室國家博物館的老聃博古通今，上知天文下知地理中知人和，詩書禮樂無所不通，不是小通是大通，還精通道德。你叔叔我呢，想去王室跟他請教學問。我想呢，這樣的事情公室應該鼓勵，不知道能不能贊助一些車馬費什麼的，方便的話，替我問問。」孔子的意思，請南宮敬叔去魯昭公那裡幫他申請些經費。

「好啊好啊，包在我身上了。」南宮敬叔一口應承下來，一來有把握；二來，即便魯昭公不肯出錢，自己掏錢也要幫老師走一趟；三來，要討老婆歡心。

第二天，南宮敬叔就去見魯昭公了。

「主公，孔子您知道嗎？」南宮敬叔問。

「嗯，聽說過，說很有學問啊，怎麼，你拜他為師了？他學問怎麼樣？」魯昭公的消息還挺靈通，早就聽說過孔子了，也聽說南宮敬叔放下身份前去求學的事情了，他還覺得挺好奇。

「主公，我老師是真有學問，怎麼個有學問法呢？我覺得臧文仲、叔孫豹他們都沒有我老師有學問。這麼說吧，他說自己的學問是第二，魯國沒人敢說自己是第一。」南宮敬叔一通忽悠，把孔子捧上了天。

「哇噻，這麼厲害？咱們魯國不愧是禮儀之邦文明之國啊，真出人才。」

「有學問也就罷了，我老師還特別好學。昨天老師跟我說了，咱們魯國是禮儀之邦，可是最近這些年在周禮方面還真做得不好，大家都不重視了。反而是我們丟棄的東西被外國人揀起來了，人家反而比我

們正宗了,這不是太給我們丟臉了嗎?這不是太給主公您丟臉了嗎?所以,我老師想去王室學習周禮,回來之後好為國效力,讓我們魯國到哪裡都有面子。」南宮敬叔開始把魯昭公往自己的道上領。

「孔子說得對啊,當年你爹跟我出國訪問,真是丟老了人了,唉,我們還真是落後了。去吧,我支持。」魯昭公上道了。

「多謝主公的支持啊,不過我老師常說名正則言順,名不正則言不順。你想,我老師如果以民間教師的身份去偉大首都,誰理他啊?再者說了,我們堂堂魯國竟然不派官方人士前往,而由民間人士自費前往,這跟咱們的地位太不相稱了,這是丟主公您的人哪。所以我跟老師說了,我來找主公,主公肯定在人財物上全力幫助,並且給一個官派的名義。就這麼著,我來找主公您了,您看這事怎麼辦?」

「好啊,你說得對啊,咱丟不起這個人啊。你去告訴你老師,所有費用我都包了,出車出人出錢還出介紹信。」魯昭公毫不猶豫地答應了。

忽悠成功,非常成功。

現在,事情已經由孔子自費留學變成了公派出國考察學習,這不僅是經費的問題,這也是規格的問題。公派,代表了官方認可的地位。魯國這麼多公立學校的老師魯昭公不派,卻單單派了一個私立學校的老師,這說明什麼?別的不說,僅僅是魯昭公資助孔子去王室這件事情本身,就已經在魯國引發轟動了。

參觀學習

魯昭公為孔子安排了一輛車,兩匹馬拉的車,一個御者,一個小童,此外,還有足夠的路費以及一路通行的單位介紹信。南宮敬叔主動請纓,陪同老師前往偉大首都雒邑。

魯昭公二十一年(前 521 年),這一年孔子三十一歲。一行四人上路,一路上,無非是饑餐渴飲,曉行夜宿,不則一日,來到了偉大首都雒邑。

考察學習，當然首先要考察。

孔子和南宮敬叔首先來到了周王室的明堂參觀，這裡，是周天子宣布政令的地方，也用來作為祭祀、選賢、納諫、勸賞等重大國家事務的場所。平時，這裡也對外開放，平民隨便參觀。

明堂門口的牆上畫著堯、舜和桀、紂的畫像，畫像的下面羅列了他們的事蹟或者罪行，還有相應的儆戒的評語。再旁邊的牆上，則畫著周公輔佐成王，抱著年幼的成王背對屏風，面向南接受諸侯朝拜的畫像。

南宮敬叔也是第一次來偉大首都，看到周公的畫像，不免好一陣激動，這就是自己的老祖宗了。

而孔子更加激動，他對周公的敬仰如江水滔滔，綿綿不絕。看見周公的畫像，禁不住肅然起敬，來來回回地審視著。

「這就是周朝興盛的原因了，明鏡可以見己，學古可以知今。君主如果不能學習如何安身立命，忽略眼前的危險，就如向後跑卻想追上前面的人一樣，不是很荒唐嗎？」孔子喃喃自語，又像在和南宮敬叔說話。

在雒邑的第二個參觀場所是太祖廟，也就是周朝始祖後稷的廟，廟堂右邊臺階前有一個銅人。銅人的嘴巴被封了三層，銅人的背上刻著這樣一段話：「這是古代說話謹慎的人，小心啊，小心啊。不要多說話，說得越多，越容易壞事。不要多事，多事多禍患。必須要居安思危，才能避免做後悔的事情。不要說人和不好聽的話，不要做任何不好的推測和判斷，否則，就會招來禍患。不要以為自己說話沒人聽見，鬼神分分鐘知道你在說什麼。小火撲不滅，就會成為大火；小水攔不住，就會彙聚成河流；細線斬不斷，就會織成羅網；樹苗砍不斷，就會長成大樹。說話不謹慎，就是一切禍患的根源。不要小看了這一點，這就是禍患的大門。

「強橫的人不得好死，好勝的人一定會遇上對手；盜賊仇恨主人，群眾厭惡官僚。君子知道自己不能面面俱到，因此保持謙恭謹慎，讓人們喜歡自己，沒有人與自己相爭。人們都爭著去那邊，我就守在這

邊；人們都隨大流，而我只按自己的想法去做。所以我雖然比大家都高明，卻沒有人來仇恨我。江河能夠彙集山谷的流水，就在於它的卑下；上天不會偏私，可是常常幫助好人。謹慎啊，慎之又慎啊。」

孔子和南宮敬叔看完了這段話，都深有感觸，對視一笑。

「那天你問的問題，我回答不了。現在我終於明白了，你呢？」孔子問。

「老師，我明白了。」南宮敬叔回答。

「記住啊，這上面的話雖然鄙俗，可是合乎事理啊。《詩經》上說：『戰戰兢兢，如臨深淵，如履薄冰。』如果一個人立身處世像這個樣子，難道還會因為說話遭遇災禍嗎？」孔子指著銅人，對南宮敬叔說。

以上原文見於《說苑·敬慎》。

孔子之周，觀於太廟右陛之前，有金人焉，三緘其口而銘其背曰：「（此處省略若干字）夫江河長百谷者，以其卑下也；天道無親，常與善人。戒之哉！戒之哉！」

孔子顧謂弟子曰：「記之，此言雖鄙，而中事情。詩曰：『戰戰兢兢，如臨深淵，如履薄冰。』行身如此，豈以口遇禍哉！」

三緘其口，這個成語來自這裡。

帶著滿懷的感慨，師徒二人進到了廟裡。所到之處，兩人都保持著恭敬和小心。孔子按照自己學習過的知識來認真地觀察著，與自己的知識印證的地方，就會心一笑；恍然大悟的地方，就輕輕點頭。一路下來，孔子的心情十分舒暢，感覺自己學到了很多東西。

突然，孔子看到一個奇怪的容器。他實在想不出這個容器的名稱和用途，於是，他要發問了。

這是孔子的習慣，只要不懂的地方，他一定要問個清楚。

「請問，這是什麼容器？」孔子小心翼翼地問守廟的人。

「啊，這個叫做右坐之器。」守廟人說，守這麼多年廟，這個問題還是第一次被人問。

孔子愣了一下，右坐之器他是學過的。

「我聽說，右坐之器有一個特點，盛滿了水就會倒，水太少就會傾

斜，只有水的高度恰當的時候，才會立得正，是不是這樣？」孔子問。

南宮敬叔盯著孔子，老師連這個都知道，真是太有學問了。

「哦，你知道？」守廟的人有些驚奇，他以為沒人知道這個容器的秘密呢。「你說得對，是這樣的。」

「可以試試看嗎？」孔子想要驗證一下。

「當然，那邊有水，你們去盛點過來吧。」守廟的人很高興，欣然同意。

南宮敬叔沒有等老師發話，事實上老師還真不好意思發話，所以南宮敬叔主動地走過去，用一個罐子從水池裡灌了水，拿了過來。

右坐之器原本裝著水，立得很正。守廟的人接過水罐，向裡面倒水，水越來越多，直到裝滿。這個時候，右坐之器猛地倒了下來，裡面的水都倒了出來。

「哇，果然啊。」孔子很高興，儘管倒出來的水濺了他一腳。

南宮敬叔把右坐之器扶起來，守廟的人再向裡面倒了一點水。然後南宮敬叔的手鬆開，果然右坐之器就歪歪斜斜地立著。之後，守廟的人繼續向裡面倒水，右坐之器一點點正起來，水裝到一半的時候，右坐之器完全立正了。

「嗯，哪有滿了而不倒的東西呢？」嘖嘖稱奇之餘，孔子有了一番感慨和領悟。

「老師，那麼，要讓滿的東西不倒，有什麼辦法？」南宮敬叔問道。

「有啊，就是把裡面的東西弄出來一些，不要讓它那麼滿。」

「那，對應到人呢？」

「地位高的，要謙恭；事事圓滿的，要謙虛；富有的，要節儉；出身尊貴的，要平等待人；聰明的，要能吃虧；勇敢的，要保持畏懼；口才好的，要敢於認錯；博學的，不要賣弄高深；能看透世相的，要讓自己糊塗一些。這樣的做法，就是減損自己，避免太滿。能做到這一點的，都是最有德的人啊。所以，《周易》裡說：將要滿的時候不自己減損反而增加的，最終一定會受損；將要滿的時候懂得自損的，結

果一定會很好。」

以上原文見於《說苑・敬慎》。不過，隨同孔子的不是南宮敬叔而是子路。但是子路並沒有隨孔子去過雒邑，因此事實上應該是南宮敬叔。

原文如下（節選）：

孔子喟然歎曰：「嗚呼！惡有滿而不覆者哉！」

子路曰：「敢問持滿有道乎？」

孔子曰：「持滿之道，抑而損之。」

子路曰：「損之有道乎？」

孔子曰：「高而能下，滿而能虛，富而能儉，貴而能卑，智而能愚，勇而能怯，辯而能訥，博而能淺，明而能闇；是謂損而不極，能行此道，唯至德者及之。易曰：『不損而益之，故損；自損而終，故益。』」

（按：《史記》中孔子三十歲之前去雒邑，明顯有誤，歷來不被採用，本書也不採用。現流行說法是孔子在魯昭公二十四年去雒邑，可是，此時正是王子朝之亂，老子被脅從。兵荒馬亂之中，孔子怎麼可能去？去了怎麼能見到老子？又怎麼能考察？因此，本書也不採用。

據《禮記・曾子問》：孔子曰：「昔者吾從老聃助葬於巷黨，及堩，日有食之。」據《史記》：魯昭公二十一年，日食。

因此，可以確定地推斷，孔子前往雒邑是在魯昭公二十一年。

另，據《孔子家語》，孔子還曾經「訪樂於萇弘」，而其他典籍中沒有這項記載。以當時萇弘的地位，孔子恐怕難有機會見到，即便見到，恐怕也沒有時間探討音樂了。）

第二四八章

老子見孔子

孔子在偉大首都過得很充實，也很開心。他感覺自己的眼界開闊了許多，境界也提升了很多，真有一種豁然開朗的意思。

在雒邑，孔子常常向人請教，於是常常有人說起老聃，說老聃才是偉大首都最有學問的人。孔子早就聽說過老聃，現在則更渴望能夠見到老聃。

南宮敬叔幫助老師去聯繫老聃，除了求見老聃之外，還希望能夠流覽周朝的典籍。

終於，老聃同意見孔子。不過，由於最近身體不好，推遲了幾日。這推遲的幾天，正好安排孔子到國家圖書館學習周朝典籍。

孔子非常高興，於是帶著南宮敬叔去國家圖書館學習周朝典籍，抄錄了大量的典籍。後來孔子研究周易、周禮、詩等等，多半是這個時候從偉大首都抄錄回來的。

老子對孔子的教導

晴空萬里，萬里無雲，雲開霧散。

總之，天氣不錯，溫度適中。陽光明媚，微風輕吹。

這是一個聖人見面的日子。

老子終於在家裡接見了孔子，老子不算熱情，但是很有禮貌，偉大首都的人接見外地來的朋友多半就是這樣。而孔子很小心謙卑，畢竟土包子來到大城市，惴惴不安是必然的。

賓主雙方進行了客氣但是不算熱情的會談，分別介紹了周朝和魯國的情況，之後，兩人之間形成了共同的話題，理由很簡單：兩國都處於內部利益集團激烈鬥爭的階段，周王和魯國國君都成了擺設。

老子重點講述了自己的道德理論和無為而治，而孔子還沒有理

論，他認為周禮是救世良方，古人的教訓對於當今世界具有指導意義。

老子站在道的高度看孔子的想法，覺得實在單純得可以，沒辦法，地方和中央是沒有辦法相比的，大家的高度確實有差距。不過對於孔子的好學，老子還是非常欣賞。

孔子激烈地批判了魯國三桓專政，認為他們違背了周禮，直接導致了魯國的衰敗。

南宮敬叔就在一旁，臉色非常尷尬。

老子看出來，孔子還是太年輕，有激情卻又容易激動，對當權者非常不滿，是典型的憤青。再看看南宮敬叔的表情，老子知道自己應該提醒孔子了。

老子曰：「子所言者，其人與骨皆已朽矣，獨其言在耳。且君子得其時則駕，不得其時則蓬累而行。吾聞之，良賈深藏若虛，君子盛德，容貌若愚。去子之驕氣與多欲，態色與淫志，是皆無益於子之身。吾所以告子，若是而已。」（《史記》）

簡單翻譯：你所說的太腐朽了，說話的人都已經變成土了，只有他們的話還留著。君子如果得到時機就發揮，否則就隱居起來。我聽說，高明的商人不暴露自己的底牌，高尚的君子不顯露自己的賢能。我建議你少一些驕傲，少一些欲望，你亢奮的神色和不切實際的目標，對於你都沒有好處。我能忠告你的，就是這些了。

「是、是。」孔子心悅誠服，老子的話讓他想起那個三緘其口的銅人。

第一次會面就這樣結束了，談不上特別愉快，但是還算融洽。孔子對老子佩服得五體投地，而老子對孔子也很喜歡，儘管他覺得這個年輕人還很不成熟。

基於大家的高度有差距，老子對於再見孔子興趣不大。不過，孔子在接受了老子的教訓之後，實際上也不願意再談論天下事。所以，孔子再次請求見面的時候，提出想要專門請教關於喪葬禮儀方面的問題。

鑒於孔子的誠意，老子決定再見他一次。

這一天，恰好老子主持一個葬禮，於是老子邀請孔子前來，代替自己主持，自己則在旁進行指導。孔子的主持中規中矩，完全按照周禮進行。在靈柩運往目的地的途中，突然天色暗了下來，抬頭看，太陽被月亮一點點擋住，發生日食了。

　　孔子有些傻眼，他從來沒有遇到過這樣的事情，不知道應該怎樣處理。

　　「孔丘，把靈柩停在路的右邊，大家停止哭泣，等待自然的變化。」老子給孔子下了指令，於是孔子急忙照辦。不久，日食結束，於是繼續行進。

　　「老師，為什麼這樣？」孔子問。

　　「因為這是合乎禮的。」老子回答。

　　等到葬禮結束，回到老聃的家中，大家坐定了，孔子還有問題要問。

　　「我知道，靈柩已經出殯就不能返回，而誰也不知道日食會持續多長時間，既然這樣，當時為什麼要停下來呢？與其等待著耽誤時間，繼續走不是很好？」孔子問。一路上他就在想這個問題。

　　「這個問題沒有現成的答案，可是我們可以推理。諸侯朝見天子，早上太陽出來就出發，太陽落山就歇息。大夫出使，也是這樣。下葬的時候，不能天不亮就出發，也不能天黑以後才歇息。披星戴月行走的人，不是江洋大盜，就是奔父母喪的。今天發生了日食，跟夜晚有什麼區別呢？再說了，如果發生日食繼續走，就等於詛咒大家的父母，這是不可以的。」老子的一番分析，見情見理，孔子恍然大悟，深受啟發。

　　「老師，你太高明了，這就是傳說中的舉一反三吧？」孔子對老子的敬佩，是越來越強烈。

　　「老師，我還有個問題。」孔子是帶著問題來的，自然還有問題。

　　「你說。」

　　「從前，八到十一歲的孩子死了，就在園子裡埋葬，因此就用活動的床把屍體抬到墓坑旁，然後入殮下葬。後來下葬不在園子裡了，地

方遠了，該怎麼辦？」孔子的問題很刁鑽，不刁鑽的問題也不用請教老子了。

「是這樣的，當初史佚的孩子死了，墓地很遠，召公就建議他先把孩子入殮了，然後再抬去墓地。史佚就說他不敢，於是召公去找周公，周公說有什麼不敢，就這樣做了。於是，史佚就把孩子裝殮了，這才送去墓地埋葬。所以說，這個規矩早在史佚那裡就改過來了。」老子講了一個典故，解決了這個問題。

「哦，原來這樣，我真是孤陋寡聞了。」孔子很高興，困惑他很久的問題就這麼解決了。「可是，我還有個問題。」

「還有？說吧。」

「父母死後，到了卒哭（約在死後一百日）之後，這個時候受徵召打仗，是不是合乎周禮的？還是有什麼先例的？」孔子問。這年頭戰爭多，這個問題倒很有現實意義。

「嗯，夏朝和商朝的規定呢，就是守孝三年期間不用應徵。這就是所謂的『君子不奪人之親，亦不可奪親也』。這事情到了周朝原本也是這麼規定，不過呢，」老子看了看孔子，又看看南宮敬叔，接著說，「貴國的開國君主伯禽破了一次例，他在卒哭之後立即出兵攻打了徐國。當然，當時的情況也是迫不得已。現在是個什麼情況，我也說不清楚了。」

孔子笑了笑，他知道老子的意思，就是說當今沒人講究這個了。

「那，我還有個問題。」孔子還要問。

「說吧。」

……

孔子問了很多問題，老子耐心地一一解答。

終於，到了離別的時候。

老子將孔子師徒送到了門口，對孔子說：「年輕人，我聽說有錢人送人錢財，仁義者送人忠言。我沒什麼錢，還好有點仁義的名譽，所以我送你幾句忠告吧：『聰明睿智但是卻很危險的人，是因為他喜歡議論別人的是非；博聞善辯但陷入麻煩的人，是因為他總是揭別人的

短。所以，做子女的要站在父母的立場考慮問題，做臣下的要站在君主的立場發表看法。」

老子原話見於《史記》：「聰明深察而近于死者，好議人者也。博辯廣大危其身者，發人之惡者也。為人子者毋有以有已，為人臣者毋以有已。」

「感謝老師的金玉之言，孔丘牢記在心。」孔子再三表示感謝之後，與南宮敬叔拜辭而去了。

「孔丘，唉……」望著孔子遠去的背影，老子搖搖頭，歎了口氣，他知道以孔子的性格，恐怕很難按照自己的忠告去做，所以，即便他很執著很好學，恐怕在政治上也不會有什麼成就。

首都效應

從偉大首都回到魯國，孔子變了。

孔子更有學問了，也更有涵養了，即便說話，都有了一些偉大首都的樣子了。在魯國，真正有機會去偉大首都的人少之又少，即便是大夫，要去趟偉大首都也不是一件簡單的事情。因此，人們都用羨慕和敬佩的眼光來看孔子。

「老師，偉大首都是什麼樣？」學生們親戚朋友們和鄰居們都這麼問。說起偉大首都，就像我們現在唱「北京的金山上」或者「我愛北京天安門」一樣帶著嚮往和仰慕。

每次這個時候，孔子就會繪聲繪色地將自己在偉大首都的見聞和感受說給大家，大家則畢恭畢敬地聽著，時而發出讚歎聲。

每次的最後，孔子都會專門說到老子。

「哇噻，你們知道全世界最有學問的人是誰麼？就是老聃啊。鳥，我知道能飛；魚，我知道能遊；獸，我知道能跑。野獸，可以用網捉住牠；魚，可以用魚鉤釣住牠；鳥，可以用箭射牠。可是，龍是我所不知道的，龍乘風上天，我們根本無法企及。我跟老子見面之後，發現他就是龍。」孔子開始讚歎。聽的人則瞪大了眼睛，拼命去想老子會

是一個什麼樣的人。

孔子原話見於《史記》。孔子謂弟子曰：「鳥，吾知其能飛；魚，吾知其能遊；獸，吾知其能走。走者可以為罔，遊者可以為綸，飛者可以為繒。至於龍，吾不能知，其乘風雲而上天。吾今日見老子，其猶龍邪！」

從偉大首都回來，增長了這麼多見識，提高了如此大的境界，接受了世界第一學問家老子的教誨並且跟老子成為朋友，如此一層層的光環套在了孔子的身上，孔子一時間迅速成為廣受尊重的學問家。

於是，很多人前來求學，包括此前不願意屈尊前來的卿大夫的子弟們。

據《史記》：「孔子自周反于魯，弟子稍益進焉。」

為什麼太史公特意提到了這一句？《史記》的學問高深啊。

不管怎麼說，如今留洋鍍金的人，你們的祖師爺就是孔子了。

報名的學生多了，收入大大增加了，孔子的經濟條件迅速好轉。

可是，新的問題來了。

學生增加了，特別是住校的學生增加了，管理上就有些困難了。生活上要管理，吃喝要管；學習和宿舍管理也需要人。怎麼辦？

吃飯的問題上，孔子開始讓老婆幫廚。老婆儘管一百個不願意，最終還是接受了。

學習的問題上，孔子的想法，要找一個班長或者助教一類的人。一開始，孔子覺得南宮敬叔很合適，可是南宮敬叔委婉地拒絕了，一來他不住校；二來最近的家族事務比較多，缺課的時候越來越多；三來，他覺得這不符合自己的身份。

終於有一天，孔子找到了班長的人選。

子路求學

這一天正在講課，就聽到院子門口一陣吵鬧聲，吵得聲音巨大，連課也沒法繼續上下去。孔子有些惱火，讓學生們繼續背誦《詩》，自

己則來到了院子外面。

只見院子門口兩個人正在爭吵，一個是守門人，另一個是一條大漢，十分魁梧，身高略低於孔子，但是寬大厚實，十分強壯，臉上是黑壓壓的鬍子。

「好一條漢子。」孔子暗暗稱奇，來到近前。

「怎麼回事？為什麼爭吵？」孔子問。

「主人，這個夥計真不講理，來到這裡二話不說，就要闖進去，我急忙攔住他，結果他就跟我爭吵。幸虧你來了，否則我攔不住他。」守院門的急忙解釋。他要攔住這條大漢，確實不大可能。

孔子轉過頭來，問大漢：「請問這位好漢，你來找誰？」

「找誰？找孔子。」大漢氣哼哼地說，好像自己受了委屈。

「哪，我就是孔子，你找我什麼事？」

「啊，你就是孔子？」大漢上下左右瞧了孔子一個遍，看得孔子渾身發毛。

「啊，我就是。」孔子不由自主地說。

「我聽說你是世界上最有學問的人，是嗎？」大漢問，儘管聲音很粗，但是看得出來沒有惡意。

「那也不是，也就魯國第一，世界第二吧。」孔子舒了一口氣，謙虛了一下。

「那我問你，學問有什麼鳥用？」大漢問，話很粗俗。

孔子心說這小子怎麼說話這麼粗？算了，他是個粗人。不過，孔子決心要教訓他。

「那我先問問你，你，有什麼才能？」孔子反問。當了這麼長時間的老師，孔子有很多辦法對付這些不知天高地厚的小混蛋。

「我？」大漢沒想到孔子會反問，愣了一下之後說：「我會舞劍，到現在沒碰上過對手。」

大漢說著，從腰裡抽出劍來，就要開始舞起來。

「別、別、別。」孔子急忙制止他，大漢遲疑了一下，把劍收起來。於是，孔子接著說：「我不是問你會什麼，我是想問你，你固然會

舞劍，可是你知不知道除了會舞劍之外，你如果再學會了知識，誰還能比得上你？」

「別扯了，我就不信學問有什麼鳥用處。」大漢笑了，笑得很憨。

「話不能這麼說，國君如果沒有有學問的人給他提意見，國家就沒法管理了；士人如果沒有有學問的朋友提醒，人品就會糟糕。馬要用鞭子駕馭，弓要用手來掌控。木頭用繩墨才能削平，人接受規勸才能進步。接受知識注重學問，人就能夠成功；遠離知識，毀棄仁義，那就要犯罪。所以，君子不能不學習知識。」孔子講了一堆，都是他常說的。

「嘿嘿，南山有竹子，本來就長得很直，砍下來做箭，就可以射穿犀牛皮，又哪裡需要學習呢？」大漢反駁。

「那我問你，如果在箭尾裝上羽毛，箭頭上裝上銅頭並且磨尖，不是能射得更遠射得更深嗎？」孔子反駁。

「哎，是哦。」大漢想了想，覺得孔子說得對。

三言兩語說服了大漢，孔子很得意。

「那，你說得這麼有道理，我要跟你學。」大漢提出要求，想要入學。

孔子猶豫了一下，他看看大漢身上，除了那把寶劍之外，什麼也沒有。

「這個，好漢，你要來學習，我非常歡迎。不過，我要收學費。」孔子說。

「學費？啊，還要收學費？」大漢很吃驚，從來沒上過學，也沒聽說過學費。不過在吃驚之後，他還是接受了現實。「那，學費是什麼？」

「十塊臘肉。」

「十塊臘肉？俺一塊臘肉也沒有啊。」大漢有點發愁，他是個窮漢，哪裡有十塊臘肉？「那這樣吧，我從我自己身上割肉下來行不？」

大漢說著，撩開了衣服，露出了粗壯的大腿，操起劍來就要割自己的肉。

「慢、慢、慢著。」孔子急忙叫停他，從前聽說過介子推割肉，沒

想到眼前就有一個割肉的。「身體都是父母給的，怎麼能說割就割呢？再者說了，你那肉，我們敢吃嗎？」

大漢停住了手，看著孔子，意思是：你不讓我割肉，我割什麼？

孔子也看著大漢，猛然，他眼前一亮：這個人不就是班長的材料嗎？憨直，勇猛，哪個同學敢不聽他的？

「算了，看在你好學上進的份上，你的學費我就免了。不過，你要給我做些家務學務充當學費。」孔子決定收第一個免費生。

「謝謝老師。」大漢高興得抓耳撓腮，不知道說什麼好。

「那，你叫什麼？做什麼的？」孔子問。

「我，我是個野人，居無定所，整天在路上。」大漢說。所謂野人，就是士農工商之外的人，多半是從外國流落過來的奴隸或者奴隸的後人。看上去，大漢似乎是被抓來的胡人奴隸的後人。「我，我沒有名字，他們都叫我由。」

「那我問你，你排行第幾？」

「我，我有個哥哥，早死了。」

「那你就是老二，從今天起，你就叫仲由。因為你整天在路上，字就叫子路。」孔子好人做到底，給大漢取了名字。

仲由，字子路。子路記不得自己的歲數，大約小孔子十歲。

第二四九章
離婚

子路成了孔子的學生，說起來，這也是孔子的第一個野人學生。從前的弟子，多數是庶人，也就是農工商之類，現在多了個野人，立即引起了人們的關注。

子路是孔子學生中基礎最差的一個，一二三四五都不認識，需要孔子從頭教起。別人已經在解應用題的時候，子路還在背一加一等於二；別人在開始學習《詩》的時候，子路還在學習認字。

好在，子路是個有恒心的人，認准了什麼就一條道走到底的人。所以，儘管天生資質一般，並且基礎極差，可是學習刻苦認真，進步也很大。

「嗯，我宣布，子路擔任班長，大家的生活作息，由子路管理。」沒有多久，孔子就任命子路為班長了。

沒人反對，理由有兩條。首先，子路做事認真，賣力而且公平，大家樂得看他多幹活；其次，子路高大威猛，性格火爆，沒人敢惹他。

就這樣，子路當了班長。

說起來，班長的祖師爺就是子路了。

子路當班長

雖然當上了班長，子路身上的那種野人氣質不是一天兩天能夠改變的。大家雖然嘴上不說，背地裡免不得還是有些瞧不起他，對他的一些做法也有意見。孔子知道，子路這個人，用好了是自己的好幫手，用不好則會成為一個累贅。所以，孔子決定要改造他。

第一個改造的項目是最迫切的項目，那就是子路對大家造成的那種不安全感。

子路總是帶著劍，上課的時候也帶著。而他脾氣暴躁，有時候發

086

怒起來，恨不得拔出劍來砍人，因此同學們個個都怕他，上課的時候都離他遠遠的。

「由，你總是帶著劍幹什麼？」這天上課，孔子問子路。

「嗯，如果別人對我友善，我就對別人友善；如果別人欺負我，我就用劍來自衛。」子路毫不猶豫地回答，流浪的日子裡，常常有人欺負他，他就用劍自衛。

「由啊，從前你是野人，可是現在不一樣了，我要把你培養成君子，知道不？君子以忠誠為立身之本，以仁義來自衛。君子不需要走出家門，千里之外的人都知道他。遇到惡人，就用忠誠來感化他，用仁義來震懾他，哪裡用得著劍呢？」孔子一本正經地說。

「真的？」

「老師還會騙你？你想當君子還是想當野人？」循循善誘。

「那，老師，我把劍收起來還不行嗎？」從那之後，子路再也沒有帶劍上課了。

按《說苑》。子路持劍，孔子問曰：「由，安用此乎？」子路曰：「善，古者固以善之；不善，古者固以自衛。」孔子曰：「君子以忠為質，以仁為衛，不出環堵之內，而聞千里之外；不善以忠化寇，暴以仁圍，何必持劍乎？」子路曰：「由也請攝齊以事先生矣。」

子路的基礎很差，可是自尊心很強，決不允許別人笑話他。儘管不帶劍上課了，可是脾氣還是那麼大，大家還是很怕他。

有的時候孔子提問，子路為了證明自己不比別人差，爭著回答問題，可是往往回答錯，錯了也不肯認錯，別人還不敢再回答了。孔子說過他幾次，可是成效不大。所以孔子決定給他來點狠的。

這一天，又是上課提問。

「同學們，上堂課我給大家講了學習的方法，上半句是『學而不思，則罔』，下半句是什麼？」孔子提問。

「我知道。」子路搶著回答，他要回答，別人就不回答了，一來不敢跟他搶，二來，要看他出糗。「下半句是：吃而不拉，則滯。」

哄堂大笑。

「錯了，應該是『學而不思，則罔。思而不學，則殆。(《論語》)』只學習而不思考，就學不到知識；只思考不學習，就不會有長進。」孔子板著臉說，忍住了笑。

「老師，我也沒錯啊。只吃飯不拉屎，肚子就會漲啊。」子路受不了大家的嘲笑，強詞奪理起來。

「子路，告訴你學習的態度吧。知道就是知道，不知道就是不知道，這樣的態度才能學到知識。」孔子看上去有些生氣，嚴肅地說。

按《論語》。子曰：「由，誨汝知之乎！知之為知之，不知為不知，是知也。」

子路低下了頭，喃喃地說：「老師，我知道了。」

大家依然在笑，有人重複著子路剛才的那句話，讓子路非常難堪。

看著子路的臉色越來越難看，孔子知道，這時候必須要給他個臺階。

「你們都不要笑話子路了，我告訴你們，你們沒有人能比子路更自信的。」孔子大聲說。大家收了聲，子路則抬起頭來看著孔子。

孔子知道，子路是一個極度自卑的人，所以總要在大家面前表現出極度自尊。所以，他需要老師和同學們的肯定。

「穿著破袍，跟你們這些穿著好衣服的人在一起，卻能夠不感到羞愧的，也就是子路一個人了。不嫉妒，不貪得，還有誰比他快樂嗎？」孔子說著，掃視大家。

大家的目光都集中在了子路的身上，他的破衣服已經破得可以了。

子路回掃了大家一眼，很自信的樣子，擠出一絲微笑，算是配合老師所說的快樂。

可是，子路萬萬沒有想到，他的笑容還沒有收回去，就遭到了老師的一盆冷水。

「子路，你也不要得意。如果你一輩子就安於這樣，你就不過是個

造糞機。」孔子提高了聲音，呵斥子路。

子路愣住了，大家都愣住了，不知道孔子到底是表揚子路，還是批評子路。

「不嫉妒不貪得是你的美德，但是，你要去爭取，要去奮鬥，要告訴自己今後比他們都要穿得好。怎樣才能做到呢？好好學習，不要不懂裝懂。子路，我對你有信心。說，你自己有沒有信心？」孔子盯著子路的眼睛說。

「我有信心。」子路脫口而出。

「有什麼信心？」

「比他們都穿得好。」

「好。」孔子大聲叫好。

同學們愣了一陣，也都跟著叫好起來。

打擊與激勵相結合的教育，被稱為冰火兩重天教育方法。孔子用在子路身上，大獲成功。

按《論語》。子曰：「衣敝縕袍，與衣狐貉者立，而不恥者，其由也與？不忮不求，何用不臧？」子路終身誦之。子曰：「是道也，何足以臧？」

從那之後，子路像變了一個人，學習更加努力，而且人變得謙恭起來，不再不懂裝懂。子路的進步很快，這一點讓大家都很佩服他。

很快，子路開始學習周禮了。

周禮的學習讓子路感到痛苦，書、數的學習雖然也不容易，但是那些知識與子路本身的習慣並不衝突，而周禮的內容與子路的生活習慣大相徑庭，一個野人，是無論如何也無法理解周禮的含義和用途的。

孔子發覺了這個問題，不過他假裝什麼也不知道，依然向子路灌輸周禮的知識。因為他知道，子路自己會提出來的。

果然，子路實在忍不住了。

「老師，我能不能只學周禮，但是按照我自己的行為方式做人

啊？」子路終於還是向孔子提出了這樣的問題。

「不行。」孔子說得不容辯駁。「當年一個東夷女子仰慕周朝的文化，老公死了之後，決定終身不再嫁。可是，她找了個性伴侶。不嫁雖然不嫁了，可是卻違背了中原文化守貞節的原意。蒼梧有個人，也是仰慕中原文化，他娶了個老婆很漂亮，於是就跟哥哥交換了老婆。雖然這樣體現了兄弟之情，可是這違背了人的倫理啊。你說你按照自己的習慣做人，怎麼知道是不是做對了呢？到時候再後悔，就來不及了。所以，你必須強迫自己按照周禮來為人處世。」

「老師，我明白了。」子路明白了學習周禮的重要性了，對周禮熱愛起來。

按《說苑》。子路問於孔子曰：「請釋古之學而行由之意，可乎？」孔子曰：「不可，昔者東夷慕諸夏之義，有女，其夫死，為之內私婿，終身不嫁，不嫁則不嫁矣，然非貞節之義也；蒼梧之弟，娶妻而美好，請與兄易，忠則忠矣，然非禮也。今子欲釋古之學而行子之意，庸知子用非為是，用是為非乎！不順其初，雖欲悔之，難哉！」

離婚

按照約定，子路的學費由做家務來抵。子路很自覺地遵守了這一條，每天下課之後的第一件事，以及早上起床後的第一件事，都是做家務，孔子家裡的重體力活都由子路包辦了。

在孔子看來，子路這人除了魯莽一些、愚鈍一些，其餘的都是優點，誠實、直爽、勤奮、好學、忠誠等等，讓孔子對他非常放心。

可以說，子路來了之後，孔子感覺輕鬆了很多。

於是，孔子決定給子路做套衣服，作為對他的獎勵。

「老婆，明天去買點布料回來，給子路做件袍子。」孔子叮囑丌官氏。

「什麼？」出乎孔子的意料，丌官氏的反應出奇的激烈。「給他做

衣服？他白吃白喝白上學，還給他做衣服？你腦子進水了？你怎麼不說給我買點布料做件衣服呢？」

孔子愣住了，半天沒說話。

孔子和亓官氏的關係一直不算太好，等到孔子開始辦學校的時候，兩人的關係就更加糟糕。亓官氏一直抱怨孔子不會掙錢，不能給她體面的生活。那時候，孔子已經不太願意理睬亓官氏。

開辦學校之後，由於招生情況不理想，孔子的心情也很不好，亓官氏嘮嘮叨叨，夫妻兩個吵過幾次架，冷戰過幾次。

等到孔子從偉大首都回來，一門心思忙於招生教學，完全沒有時間去管亓官氏，亓官氏認為自己受到冷落，整天陰沉著臉，對誰都沒有好話，有時還讓孔子在學生面前沒有面子。為此，孔子非常生氣，索性與亓官氏分居。

「我再問你一次，去不去買？」半天沒說話，孔子儘量壓住氣，問道。

「不去。」亓官氏也不害怕。

「去不去？」

「不去。」

「那好，你回宋國吧，咱們離婚。」

「什麼？」

「離婚。」

「你這個沒良心的男人，千刀殺的男人，嗚嗚嗚嗚……」

亓官氏哭了，她沒有想到孔子竟然要休了她。

孔子冷冷地看著，什麼也沒有說。

孔子不是個冷酷無情的人，但是他是一個一旦決定了，就決不改變的人。他忍的時間太長了，他認為自己無法再忍受下去。他認為，如果讓亓官氏再待下去，自己的事業將會毀在她的手裡。

亓官氏還是被送回了宋國的娘家，送他回去的就是子路。孔子讓子路帶了許多臘肉和布料，即便是休了老婆，孔子也想做得仁至義盡

一些。

關於孔子休妻，在《大戴禮記》中有記載。

至於孔子為什麼休妻，答案在《論語》中。

按《論語》。子曰：「唯女子與小人為難養也。近之則不孫，遠之則怨。」

這句話翻譯過來是這樣的：孔子說，唯有女人和小人難養，親近他們就放肆，疏遠他們就怨恨。

作為一個學問家，孔子說這樣的話不會是心血來潮，更不會是道聽塗說，一定是他自己的感受。

孔子養過的女人有幾個？他母親沒有被他養過，他養過的只有老婆亓官氏和女兒孔雀。而能夠「近之則不孫，遠之則怨」的，就只能是亓官氏了。

所以，孔子所說的「近之則不孫，遠之則怨」的女子就是指亓官氏。而亓官氏被休，也就是因為她的「不孫」和「怨」。

近年有所謂的專家認為孔子所說的「女子」應該是汝子，以此證明孔子對女子沒有偏見。這樣的說法荒謬可笑缺乏常識，當面罵自己的學生，這是孔子嗎？再說，汝與子可以放在一起用嗎？汝近乎於蔑稱，子則是尊稱，汝子的意思大致就是「尊敬的王八蛋們」。

傳統上，後世以為孔子瞧不起婦女，其實不然。

在《論語》中能夠找到的孔子關於婦女的說法實際上就是兩條，「唯女子與小人為難養也。近之則不孫，遠之則怨」是第一條。不過，這句話只是孔子對自己家庭生活失敗的一句感慨而已。

《論語・泰伯第八》有如下一段：

舜有臣五人而天下治。武王曰：「予有亂臣十人。」孔子曰：「才難，不其然乎？唐虞之際，于斯為盛，有婦人焉，九人而已。三分天下有其二，以服事殷，周之德，其可謂至德也已夫！」

周武王說自己有十個賢臣，其中一個是自己的夫人武姜。孔子在這裡偏偏說「其中一個是女人，實際上只有九個賢臣」。

歷史上，不管是贊成孔子的還是反對孔子的，都把這句話看成是

孔子歧視婦女的證據，其實不然。按照周禮，夫婦一體，因此武姜並不是周武王的臣，甚至武姜的父親姜太公都因此不算周武王的臣。所以，孔子的意思是，武王並沒有十個賢臣，而是武王和武姜有九個賢臣。

所以，這句話非但不是歧視婦女，反而是替婦女正名。其實，孔子不歧視婦女，也未必就很喜歡婦女，之所以有這樣的說法，源於他喜歡咬文嚼字，一定要把這句話的關係表達清楚。

可以說孔子對婦女有一定程度的偏見，但是他絕對沒有想法要改變婦女的地位。

準備站隊

孔子休妻的當年，偉大首都發生了王子朝之亂。孔子一方面為老子的安危擔心，一方面開始思考這個世界出了什麼問題。

孔子發現，王室已經沒有實力，基本上名存實亡，財富和權力都到了卿大夫的家族那裡，反而王室的子弟兩手空空，於是，利益和權力之爭必然爆發。而這個問題的根源在哪裡？在於周禮被破壞了，如果大家始終遵守周禮，那麼周王就不會被架空，王子王孫們就總是吃香的喝辣的，卿大夫的家族也就沒有機會把持國政，把國家掏空。而國家的權力集中在周王手中的時候，國家就有力量。

想到了中央，自然也就要想到地方。

回頭看看魯國，似乎情況與王室也沒有太大的區別，三桓瓜分了這個國家，因此這個國家就分成了三股勢力，本來國家就不強大，現在則變得更加弱小。國家要強大，要生存，唯一的辦法就是三桓把權力和土地交出來，恢復國君的統治。

而魯國的情況與王室的情況還是有一個明顯的區別，王室是大宗小宗之間的鬥爭，魯國則應該直接是國君和三桓之間的對立。如果給自己一個選擇的機會，自己會站在哪一邊？

寧可殺錯人，不能站錯隊。

遺憾的是，孔子並沒有政治鬥爭的經驗，他完全不知道站隊的重

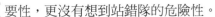

要性，更沒有想到站錯隊的危險性。

　　「我要站在國君的一邊。」孔子理所當然地這樣認為，這不僅合乎周禮，也符合孔子對於三桓家族那些飛揚跋扈的家臣們的厭惡心理。

　　當然，不是人人都有資格站隊的，譬如孔子，現在他只能說是站隊準備中。

第二五〇章
仇恨和陰謀

　　魯國雖然名義上是被三桓瓜分，實際上真正控制魯國的是季孫家。自從季孫意如接掌季孫家，更加飛揚跋扈，甚至到了無惡不作的地步。

　　很快，季家成了全民公敵。甚至，季家的疏族也對季家充滿仇恨。

　　下面，就來介紹季孫意如是怎樣得罪人的。

偷情引發的仇恨

　　季公鳥和季公若是兩兄弟，他們是季家的疏族。兩年前，季公鳥腦膜炎發作死了，留下了老婆季姒和孩子季甲，而家裡的事情由季公若、族人公思展以及家臣申夜姑來照管。季姒年紀輕輕，死了老公，自然耐不住寂寞，結果沒有多久就跟廚師檀勾搭上了，兩人白天進食，晚上進補，過得很滋潤。

　　可是好日子總是不長，你這裡偷腥，難免被別人聞到味，漸漸的季姒和廚師偷情的事情就被人察覺了，兩人感覺到了危險，怎麼辦？

　　對這段得來不易的愛情，兩人自然割捨不得。如果不想從此金盆洗手，那麼就只有兩個辦法了。第一，私奔；第二，剷除潛在的威脅。可是私奔是很危險的，何況私奔之後去哪裡過這樣衣食無憂的生活呢？所以，只有一個辦法：先下手為強。

　　誰是潛在的威脅呢？季公若、公思展和申夜姑。

　　季姒先讓自己的丫環把自己打了一頓，專揀要害的地方打，譬如乳房抓破了一道，屁股撞青了一塊，小肚子還留了一個手印。之後，季姒讓這個丫環把自己的小姑子秦姬給請來了，哭哭啼啼脫個精光給她看。

　　「大妹子，自從你大哥不在了，我就成了孤兒寡母，原指望你二哥

能幫著我拉扯孩子，管好這個家，誰知道你二哥竟然人面獸心，對我起了歹意。昨天晚上你二哥竟進我的房間，說怕我睡覺冷，非要陪我睡覺。當時我已經脫了衣服準備睡覺，我不從，可是你二哥就霸王硬上弓。我反抗，他就打我，你看看這奶上，再看看屁股上，再看看肚子上。唉，要不是看在還要拉扯孩子的份上，我死的心都有了。妹子，俗話說，家醜不可外揚，這樣的事情我又不能對外人說，就只能對你說了。妹子，我的命怎麼就這麼苦呢，嗚嗚嗚嗚……」季姒表演得不錯，如果拍成電影，夠三級片了。

「啊。」秦姬萬分驚訝，她萬萬沒有想到季公若竟然是這麼個人面獸心的人。

秦姬答應嫂子要幫她，卻萬萬沒有想到實際上嫂子才是個人面獸心的人。

當年公鳥活著的時候，跟季孫意如的叔叔公甫的關係最好，兩人是堂兄弟。季姒這個時候又派人去公甫那裡哭訴，說是季公若要誘姦自己，被自己拒絕之後，公思展和申夜姑兩個狗腿子就來威脅利誘自己，逼迫自己跟季公若好。

公甫很憤怒，恰好這時候弟弟公之來找他，說是秦姬向他反映情況，說季公若對季姒圖謀不軌，動手動腳。

於是，公甫和公之兩人就來找季孫意如，向姪子彙報季公鳥家的情況。

「什麼？這不是敗壞我們季家的名聲嗎？」季孫意如是個出了名的不動腦子，聽風就是雨，當時大怒。

按著季孫意如的想法，把季公若三人都抓來砍了，不過公甫和公之勸他，說季公若怎麼說也是你叔叔輩的，這點事也不能就殺了他，再說了，家醜還是不要外傳，不如把公思展撤職，把申夜姑給殺了算了。

後世有城市大火，把臨時工當替罪羊，就是從這裡學的。

季孫意如辦事的效率挺高，立即派人拘留了公思展，捉拿了申夜姑，把申夜姑送去了士師那裡審判。

季公若聽到了風聲，一打聽，知道是被人陷害了。

「這不等於是我連累他們嗎？要是他們罪名成立了，不就等於我真的做過那種事了嗎？」季公若急了，去找季孫意如評理。

季孫意如根本不見他，直接命令人把申夜姑給殺了。

從那之後，季公若對季孫意如恨之入骨。

鬥雞引發的仇恨

郈家也是魯國的公族，在魯國也混得不錯。

那時候魯國很流行鬥雞，這是一項全民參與的運動，平頭老百姓鬥雞，卿大夫也鬥雞。季孫家鬥雞，郈家也鬥雞。

這麼說吧，那時候的鬥雞，就是現在的奧運會。

季孫家和郈家住在隔壁，兩家經常鬥雞，並且下賭注。

那一年兩家鬥雞鬥得厲害，賭注也下得大，季孫意如對這件事情非常關注，下令只准勝不准敗，說是事關家族榮譽。

季家的鬥雞士們有些坐立不安了，因為他們知道郈家的雞非常生猛，恐怕自家的雞不是對手，怎麼辦？鬥雞士們大眼瞪小眼，瞪成了鬥雞眼的時候，終於想出了辦法。

第二天，鬥雞大賽開始了，郈家的雞率先出場，雄赳赳氣昂昂，好不威風。之後季家的雞也出場了，立即引起全場譁然，為什麼？季家的雞的頭上竟然戴著皮甲。

兩隻雞鬥起來，勝負立判，郈家的光頭雞自然不是季家盔甲雞的對手。

郈家很氣憤，但是又不敢指責季家，只好輸錢認倒楣。

又過幾天，兩家又約好了再戰一場。

季家的雞依然戴著盔甲出場，再看郈家的雞，也戴了盔甲，不僅戴了盔甲，雞爪子上都安裝了金屬爪，鋒利而且堅硬。這一回，吃虧的就是季家的雞了，被郈家的雞一頓踐踏，抓得奄奄一息。

季家鬥雞鬥輸了，按理，既然你們先裝備了雞，就不能指責別人裝備了雞。可是，季孫意如不這麼想，在他看來，季家的雞就代表了

季家，只能贏不能輸，如今不僅輸了，而且基本被抓死了，這不是太丟人了？

季孫意如首先把雞追認了烈士，之後強占了郈家的宅基地，還派人活捉了郈家的金爪雞，以違背鬥雞規則的罪名殺掉，並且為自己的雞陪葬。

郈家惹不起季家，只能忍了這口氣，不過，郈家全家恨死了季孫意如。

陰謀引發的仇恨

臧家也是魯國的公族，而且是世襲的司寇，當初臧文仲還是魯國的執政，臧家的實力在魯國僅次於三桓。

臧家和季孫家很早以前就結下了樑子。

魯襄公二十三年（前550年），孟孝伯誣告臧紇（臧武仲）想要造反，季武子信以為真，於是出兵進攻臧家，臧紇逃到了齊國，他的弟弟臧為接掌臧家。從那之後，臧家和季家就算記下了一筆賬。

後來臧為死了，兒子臧昭伯（臧賜）繼位，與季家的關係還是非常冷淡。

那一年臧昭伯去晉國出差，他的堂弟臧會趁機偷了臧昭伯名叫僂句的龜殼，這可不是一般的龜殼，而是著名的龜殼，據說用來占卜百發百中。臧會拿來占了一卜，占卜的問題是誠實好還是虛偽好，占卜的結果是虛偽比誠實好。

「太好了，我這人就比較虛偽。」臧會很高興，平時就喜歡坑蒙拐騙，這下有理論支持了。

恰好臧家準備派人到晉國去探望臧昭伯，臧會主動請纓，於是代表臧家去了晉國。臧昭伯看見家裡來人，非常高興，詢問家裡的情況，臧會回答得一五一十。可是等到臧昭伯問起自己的老婆和自己的親弟弟的情況，臧會就不回答了，還作出一副有難言之隱的樣子。

「難道，他們之間有什麼問題？你說，我能挺得住。」臧昭伯看臧

會的樣子，猜想大概是老婆跟弟弟上床了。

「沒什麼，真沒什麼，真的。」臧會繼續裝。

「兄弟，你就別瞞著我了。」

「大哥，沒有的事，我怎麼說呢？再說了，那些流言蜚語，不能相信的。」臧會裝得挺像，越這麼說，臧昭伯就越是懷疑。

最終，臧會還是沒說，此後臧昭伯在晉國過得非常壓抑。

終於，臧昭伯出差的任務完成了，急匆匆趕回國。剛進入魯國，臧會就來迎接了。原來，臧會早就算好了臧昭伯這個時候會回來。

「那什麼，兄弟，我老婆和我弟弟沒什麼吧？」臧昭伯就關心這個問題，一見面就問。

「啊，那，什麼？沒，沒什麼吧。」臧會吞吞吐吐，欲言又止的樣子。

「你怎麼這麼磨嘰？你說啊。」

「我，我真不知道。」

臧會就是不說，可是看表情，絕對是知道什麼隱私。

臧昭伯很憤怒，看來弟弟和老婆確實有姦情。怎麼辦？家法處置。

臧昭伯讓臧會先回去，囑咐他不要透露自己已經回來了，自己要突然襲擊，直接將老婆和弟弟處死。

臧會得意洋洋地回去了，他就希望看到這樣的效果，只有等臧家亂了，自己才有機會接掌臧家。

然而，臧昭伯在憤怒之後漸漸冷靜下來，左思右想，想來想去覺得自己的老婆不是這樣的人，弟弟也不是這樣的人。於是，臧昭伯悄悄地來到了曲阜的城郊住下來，然後派人潛回自己家中進行觀察。一連三天過去，潛伏的人的報告都是一樣的：沒有任何情況發生。

「奶奶個腿的，太陰險了。」到這個時候，臧昭伯算是識破了臧會的詭計，心中還是一陣的後怕。

臧昭伯隨後回到家中，立即派人捉拿了臧會。

「狗日的挑撥離間，殺了他。」臧昭伯下令殺了臧會。

可是，臧會設法逃跑了，逃去了郈家的封地郈，郈家任命他為賈

正，掌管價格，相當於今天的地方物價局的局長。

人都逃了，臧昭伯也不好去捉，就這樣算是放過臧會一條小命。不過臧昭伯說了：「你最好就躲在邸，你要是敢回曲阜，最好不要讓我知道，否則一定宰了你。」

在邸地躲了一段時間，臧會覺得事情已經過去了，應該沒事了，恰好邸家要去曲阜給季孫家送帳簿，臧會就回了曲阜。

臧會回曲阜的消息不知道怎麼就被臧昭伯知道了，立即派了五個人去捉拿他。恰好臧會從季孫家出來，看見有人捉他，轉身就跑，結果還是沒跑掉，就在季孫家的家門口被捉住了。

本來，臧會這下就算交待了。可是這小子運氣真好，正好碰上季孫意如出門，親眼看見臧會被捉。

按理說，季孫意如跟臧會也沒有什麼交情，要是在大街上遇上這事情，根本就不會管。可是今天這事情就發生在季孫家的家門口，而且，臧會是來給季孫家送帳簿的，要這樣被捉了，季孫家不是很沒有面子？

「膽肥了，在我們家家門口捉人！打狗還要看主人呢，再怎麼人家臧會是來給我們家送帳簿的，好歹算是個客人。啊，你們是不是不把我們家放在眼裡啊？」季孫意如當時就火了，下令立即將捉拿臧會的五個人全部捉拿。

這下熱鬧了，捉人的反而被捉了，臧會受到了季家的保護。後來，季家和臧家兩家協商，臧家向季家道歉，季家放人，同時要求臧家承諾不再追究臧會。

從那以後，臧家和季家的仇恨更深了。

求親引發的仇恨

魯昭公二十五年（前517年），叔孫婼前往宋國聘問，宋元公親自宴請他，兩人談得投機，喝得大醉，竟然雙雙淚流滿面，就差熱烈擁抱了。宋國大夫樂祁也參加了宴會，回到家裡對老婆說：「我看國君和叔

孫婼恐怕都活不長了，該高興的時候卻悲哀，該悲哀的時候卻高興，這都是神經有毛病的。」（《左傳》原文：哀樂而樂哀，皆喪心也。）

除了聘問之外，叔孫婼還捎帶著要給季孫意如辦一件事情，為他迎親。原來，季孫意如元配早死，因此又求娶了宋元公的女兒。按理，國君娶親才是卿去迎親，季孫意如娶親竟然委託叔孫婼給迎親，固然很低碳，可是在禮節上有問題。叔孫諾沒好意思拒絕，不過季孫意如自己也覺得有點過分，於是另外派了季公若隨行，就算是季公若來為自己迎娶夫人，這樣就說得過去了。

季孫意如為什麼派季公若呢？說起來也有道理。

原來，季公若的親姐姐是小邾夫人，宋元公的夫人是小邾夫人的女兒，也就是說，季公若是宋元公夫人的舅舅。可是，宋元公夫人的女兒這下就成了季孫意如的遠房外甥女。還好那時候論輩分只論男方，這樣就沒有人說季孫意如娶了外甥女了。

問題是，季公若對季孫意如恨之入骨，當初季孫意如派自己來，就打定主意要破壞這門親事。

「外甥女啊，我看你別把自己女兒往火坑裡推了，這季孫意如可不是個東西了，人品很差，而且我聽說國君要驅逐他。」季公若對宋元公夫人說季孫意如的壞話，少不得添油加醋海闊天空。

宋元公夫人一聽，原來寶貝女兒要嫁的竟然是這麼個東西，當時就不願意了。於是，宋元公夫人去找老公，要求悔婚。

宋元公一聽，也沒主意了。可是，悔婚可不是件小事，何況這是國際婚姻。於是，宋元公請樂祁來出個主意。

「主公，這婚不能悔。如果魯國國君要驅逐季孫，其結果只能是魯國國君自己被驅逐。魯國的政權已經在季孫家族三輩了，近四代的魯國國君都是個擺設。魯國國君已經喪失了百姓，拿什麼去驅逐季孫？」樂祁看問題看得透徹，一針見血。

宋元公這才放下心來，依然把女兒嫁給了季孫意如，把季公若搞得很失落。

回到魯國，季公若把宋元公的女兒送給了季孫意如，表面上很高

興，心裡面在打鼓。季公若知道，一旦宋元公的女兒成了季孫意如的老婆，人家就是一家人了，當初自己在宋元公夫人面前說的壞話遲早會被宋元公女兒在床頭說給季孫意如，那時候，自己恐怕就要吃不了兜著走了。

季公若很害怕，一邊後悔，一邊想著怎麼樣才能擺脫危險。想著想著，想起嫂子來了。想起嫂子什麼來了？想起嫂子當年惡人先告狀，先下手為強來了。

「乾脆老子也先下手為強，趕走季孫意如那個孫子，老子來當季家的主人。」季公若這樣想。

季公若也是這樣做的。

大陰謀

季公若從宋國帶回來一把弓，找了個機會把弓獻給了魯昭公的兒子公為，順便約了他一同出外去打獵。公為是魯昭公的嫡長子，被立為太子。

「公子，你覺得季孫意如這人怎麼樣？」打獵的當口，季公若假裝不經意地問公為。

「好啊，好人哪。為了國家日夜操勞，大公無私，運籌帷幄，這麼說吧，這個國家就靠他了。」公為不知道季公若為什麼問這個問題，心說你們都是季家的，我就閉著眼睛揀好聽的說就行了。

季公若沒說話，盯著公為看，還帶著笑容。公為不知道季公若什麼意思，被看得心裡發毛。

「我說夥計，你不說話盯著我看，什麼意思？」

「什麼意思？我要看看說瞎話的人是什麼樣的。」

「我，我沒說瞎話，我說的是真話，沒有季孫意如，哪有我們今天的日子啊。」

「行了，你就別裝了。三桓瓜分了魯國，最恨他們的就是你們這些公子了，這誰不知道？是，沒有季孫意如就沒有你今天的日子，可是

這是好日子嗎？你別以為我姓季就向著季孫意如。告訴你，我季公若深明大義，大義滅親。季孫意如的做法我看不慣，我早就想著幫助公室拿回自己的權力，掃蕩三桓，撥亂反正，為魯國的繁榮昌盛而奮鬥終身了。」季公若把自己那點私仇提升到了大義滅親的高度，說得慷慨激昂。

「那，你什麼意思？」公為心中暗喜，但是還是不知道季公若想幹什麼。

「我要除掉季孫意如這個狗兔崽子，把他全家都趕走，把土地還給公室。」季公若說，看公為有點迷茫，於是壓低了聲音說：「可是，靠我自己做不到這一點，這必須你爹親自牽頭。現在恨季孫意如的人海了去了，只要主公登高一呼，全國人民都會跟從的。到時候滅了季孫意如，公子您可是最實惠的。」

其實公為一直就對三桓不滿，土地被三桓瓜分了，自己名義上是太子，其實就那幾塊乾巴地，日子也就過得比士強一點。如今季公若提出這麼個主意來，公為自然要眼前一亮。

「好，我再請幾個兄弟過來，大家一塊商量。」公為欣然同意。

第二五一章
三桓一體

季公若的計畫讓公為非常興奮，兩人進行了分工，外部力量由季公若來組織，魯昭公這邊，自己來動員。

公為悄悄地把弟弟公果、公賁給請到了自家中，把季公若的想法跟兩個弟弟說了一遍。

「好啊好啊，太好了。」兩個弟弟叫了一通好，換了誰，誰都會叫好。

可是，乾叫好，誰也不敢去動員父親。因為父親早就告誡過他們：「誰也別到外面抱怨去，咱們還有口飯吃就不錯了。」

怎麼辦？三兄弟商量來商量去，最後想出一個辦法：讓魯昭公的侍衛僚茸去說。

決心難下

僚茸是個二愣子，沒什麼心眼的人，平時跟三個公子的關係還算不錯，這一次公為特地給他送了一件禮物，就是季公若送給他的那把弓。

「好說。」得了禮物，僚茸爽快地答應了，全然不去想這是件什麼樣的事情。

第二天該僚茸值班，接班的時候恰好魯昭公還在睡覺，僚茸就進了臥室了。

「主公，醒醒，醒醒。」僚茸不管那些，直接把魯昭公給叫醒了。

「什、什麼事啊？」魯昭公迷迷糊糊問，看見是僚茸，有些不高興。

「那什麼，是這樣的。」僚茸也不管魯昭公高不高興，反正把自己任務完成再說，當時將公為的計畫說了一遍，勸魯昭公當機立斷。

魯昭公原本還半夢半醒，尋思再睡一會，可是聽到僚苴說的是這個事，當時就清醒了。沒等僚苴說完，魯昭公已經光著腳跳到了地上，順手操起一把大戟，一邊罵一邊向僚苴刺來：「你個挑撥離間的王八蛋，我今天非殺了你不可。」

　　僚苴一看大事不妙，轉身就跑，一口氣跑回家，這班也不敢上了。

　　其實，魯昭公倒也不是真想殺他，否則，哪裡能讓他跑掉？

　　兩三個月，僚苴不敢去上班。直到魯昭公派人來找他，說是既往不咎，可以回去上班，僚苴這才繼續上班。

　　僚苴恢復上班了，公為三兄弟又來找他幫忙，又給了禮物，僚苴於是又答應了。

　　「什麼，你又說這個？」魯昭公再次操起大戟了，不過這次沒真刺他，只是嚇唬他一下，警告說以後不許再說。

　　基本上，第二次的效果比第一次要好一些，僚苴也沒有不敢上班。

　　公為三兄弟又來找他幫忙，又給了禮物，僚苴又答應了。

　　這一次，魯昭公沒有再拿大戟了。

　　「傻孩子，這樣的事情不是你這樣的人應該管的，專心當侍衛吧，啊。」魯昭公語重心長地說。他知道僚苴只是缺心眼而已。

　　基本上，第三次的效果就已經很好了。公為三兄弟一商量，覺得父親的態度基本上就是想幹但是不敢幹，所以，現在可以直接去勸說父親了。

　　公果一向比較受寵，因此勸說父親的任務就交給了公果。

　　「孩子，這事情可是件大事啊，弄不好就得搬家，再弄不好，腦袋就得搬家，要小心啊。」魯昭公對公果說了實話，叮囑公果要保密，自己再探探其他幾個家族的口風。

　　到現在，魯昭公基本上是被說動了。不過，還沒有下定決心。

　　魯昭公先是悄悄地找來了臧昭伯，他知道臧家和季孫意如有仇。

　　「我覺得很難成功，季孫家的實力太強大。」臧昭伯還比較客觀，感覺這事情太冒險。

　　魯昭公又悄悄請來了郈昭伯，他知道郈家和季孫意如也有仇。

「我看行，季孫家雖然實力雄厚，可是仇家也多啊。俗話說：多行不義必自斃啊。」郈昭伯報仇心切，大力支持。

魯昭公這個時候冷靜分析了一下，臧昭伯這人生性小心謹慎，他反對是正常的；郈昭伯跟季孫意如仇恨極大，因此他支持也是順理成章的。但是，正是因為這樣，這兩人的看法恐怕感性大於理性。要正確分析這件事情的前景，最好是找一個沒有什麼利害關係的人來討論。

於是，魯昭公找來了子家懿伯。

「主公，這事情不能幹啊，來勸您幹這事的，都是懷著私心的。您想想啊，季孫家掌握魯國政權也不是一年兩年了，雖然他們的仇人不少，可是他們對自己的人還是不錯，可以說人心在他們手裡啊。這要是失敗了，主公您還能住在這裡嗎？」子家懿伯極力反對，子家家族也是魯國公族，與三桓家族相處得也都不錯，因此他的看法比較客觀。

「這個……」魯昭公有些猶豫了，他知道子家懿伯的話更有道理。「那，你走吧，不過千萬要保密啊。」

子家懿伯知道魯昭公這是信不過自己，既然這樣，不如自己識趣一點。

「主公，我知道您怕我洩漏了秘密。我要是把事情洩露出去，我不得好死。」子家懿伯先表了態，看魯昭公還是不放心的樣子，索性繼續表態：「這樣吧，主公給我騰間屋子，我就住在宮裡。」

子家懿伯就這麼住在宮裡了，有吃有喝還有美女陪聊天，倒也不錯。

決定好做

魯昭公遲遲下不了決心，直到秋季的時候，一件事情讓他不再猶豫，決定動手了。

九月，魯國祭祀魯襄公，同期，季孫家舉行家祭，祭祀季孫家的祖上季友。

因為三桓已經瓜分了魯國，公室的收入只能勉強維持後宮的費

用，已經養不起原先的國家歌舞團。因此，國家歌舞團的演職員工們平時四處走穴，基本上成了社會演出團體，國家演員成了藝人。國家祭祀的時候，花錢雇他們來演出。

按照周禮，魯國可以使用天子規格的禮儀，因此祭祀魯襄公用祭祀天子的標準。於是，魯襄公的廟裡上演祭祀舞蹈，舞蹈名稱為《萬舞》，一共需要六十四名演員，組成八八演出方陣，稱為八佾（音義）。

與此同時，季孫家的祭祀竟然也採用天子規格，也上演《萬舞》。

可是，會跳《萬舞》的人只有六十六人。

怎麼辦？藝人們是見錢眼開的，誰出價高，就去誰家跳。

結果，季孫家上演正宗《萬舞》，而魯襄公的廟裡只有兩個上了年紀的藝人在跳《萬舞》。

魯昭公非常惱火，魯國公族都很惱火。

孔子是不會錯過這樣的學習機會的，他去了季孫家觀看《萬舞》，他也覺得季孫意如太過分了。

按《論語》。孔子謂季氏：「八佾舞於庭，是可忍也，孰不可忍也？」

「是可忍，孰不可忍」，這個成語，出於這裡。原意是「這都能做出來，還有什麼做不出來」，後來轉化為「這樣的事情都能容忍的話，還有什麼不能容忍的」。

連一個民辦教師都覺得太過分了，何況堂堂一國國君的魯昭公？

是可忍，孰不可忍？魯昭公決定動手了。

魯昭公召集了臧昭伯和郈昭伯，商議出兵攻打季孫。到了這個時候，臧昭伯也是義憤填膺，贊成動手了。公為兄弟幾個又聯絡了季公若作為內應，伺機行動。

當時的形勢是這樣的，孟孫家族勢力最小，與季孫家族幾乎沒有往來；叔孫婼因為看不慣季孫家用天子之禮，因此前往家族地盤闞地巡視去了。其餘家族，對季孫家族都是既恨且怕。

九月十一日，根據季公若提供的情報，季孫家祭祀結束，該放假

的都放假了，家裡最為空虛。

「動手。」魯昭公下令。

宮中衛隊、臧家家兵、郈家家兵，三路人馬合在一起，魯昭公親自帶隊，神不知鬼不覺殺奔季孫家。季孫意如萬萬沒有料到魯昭公會出兵討伐自己，防備不及，被魯昭公的部隊殺進家中。

季孫意如知道大事不妙的時候，已經無路可逃了。好在家中修了一個高臺，原先就是為了預防不測的，現在用上了。季孫意如帶著親兵躲上了高臺，據台堅守。

魯國已經多年不打仗，臧家和郈家的隊伍更是根本不知道怎麼打仗，因此雖然人多，卻攻不下季孫家的高臺。

季孫意如在高臺上也是戰戰兢兢，生怕下面的點火燒樓，那時候非烤熟了不可。

「主公，我犯了什麼罪啊？拜託調查清楚好不好？能不能讓我到沂上去，等待您調查清楚啊？」季孫意如對魯昭公高喊，想要魯昭公放自己去南面的封地。

「不行。」魯昭公拒絕。

「那，能不能先雙規啊，把我軟禁在費地好不好？」季孫意如繼續哀求。

「不行。」魯昭公再次拒絕。

「那，那讓我帶五輛車出國逃亡行不行？」季孫意如還在哀求。

「不行。」魯昭公仍然拒絕。

季孫意如絕望了，現在他只能拼命抵抗，然後期待奇跡的出現。

子家懿伯看三家聯軍拿不下高臺，感覺事情有些麻煩。

「主公，還是讓季孫流亡算了。現在我們拿不下高臺，而季孫家的人很可能就快趕來，到時候恐怕就麻煩了。」子家懿伯建議見好就收。

「不行，斬草要除根，知道不？」魯昭公是下定決心一定要殺掉季孫意如了。

「對，非殺了他不可。」郈昭伯說得咬牙切齒，恨不能親手殺掉季孫意如。

問題是，攻不下高臺，空有決心是不行的。而時間，對魯昭公們更為不利。

「郈昭伯，你去一趟孟孫家，說服他們幫助我們攻打季孫。」魯昭公的主意很好，一旦孟孫加入攻打季孫的行列，無論在士氣上還是在實力上就都有保障了。

郈昭伯去了孟孫家。

就在魯昭公攻打季孫家的同時，叔孫家和孟孫家在做什麼？他們都沒有閑著，兩家都在討論應對的方法。

叔孫家因為叔孫婼不在家，有些群龍無首，拿不定主意。這個時候，管家管不了這事，這事要由管兵的來管。於是，叔孫家的司馬名叫鬷（音宗，古時烹調的用具）戾挺身而出了。

「各位，主人不在家，我呢，雖然是管兵的，可是這麼大的事情，我也不敢做主。我問問大家，如果季孫家被滅，對我們叔孫家來說，是好事還是壞事？」鬷戾搞了個民主決策大會，把家臣們都給找來了。

大家議論紛紛，不過最後達成一致意見：季孫家如果被滅，下一個就是我們家了。

「那還有什麼好說的？出兵，救季孫。」鬷戾當機立斷，是啊，還有什麼好說的？

叔孫家的隊伍殺奔季孫家，從季孫家西北角殺入，掩殺三家的隊伍。三家聯軍原本就實力不強信心不足，如今看見叔孫家的隊伍殺到，知道沒戲了，於是蜂擁而逃。魯昭公見形勢不妙，也只好逃回宮裡。

那麼，孟孫家呢？

孟懿子拿不定主意，正在猶豫，郈昭伯來了，請求孟孫家出兵討伐季孫。孟懿子還是猶疑不決，於是登上自己家的高臺遠眺叔孫家，看見叔孫家出兵，知道那是去救季孫了。

「既然叔孫救季孫，孟孫也只能救季孫了。」孟懿子終於下了決心。

孟懿子下了決心，郈昭伯就成了送死，被孟懿子當場處死。

隨後，孟孫家族出兵，幫助叔孫解救季孫。

三桓一體，平時看不出來，一旦遇上大事，三桓一定團結一心。

為什麼這樣？說白了，他們的利益是一致的。

做人就是虛偽好

魯昭公倉皇逃回了後宮，好在，不管是叔孫、季孫，還是孟孫，都沒有追擊魯昭公的意思，甚至在魯昭公逃回之後，三家也並沒有派兵前來討伐。

可是，誰也不知道明天會發生什麼。

「主公，您可以派人告訴季孫家，就說是被我們這夥人劫持了才攻打他。之後，我們都逃亡到國外。那樣，您還可以待下去。不過，今後季孫家恐怕對您的態度不會像從前那麼客氣了。」子家懿伯為魯昭公出了個主意，犧牲大家，保全魯昭公。

「唉。」魯昭公歎了一口氣，他知道子家懿伯的好意，也知道這是個可行的方案，事實上這樣的做法歷史上有過很多次，而在魯國尤其可行，畢竟魯國人是講親情的，也是講面子的，給個臺階讓季孫下來，今後自己這個國君還有得做。可是，魯昭公不想再這樣窩囊地待下去了。「子家，當初聽你的就好了，兩次勸我我都沒有聽，是我的不對。我知道你的主意很好，但是，好漢做事好漢當，我忍不下這口氣，我也不會把責任推給大家。」

「唉。」子家懿伯也歎口氣，他知道魯昭公是個有擔當的人，既然做了，他一定也做好了最壞的思想準備。

第二天一大早，魯昭公到祖廟祭祀了祖先之後，帶著臧昭伯、子家懿伯、季公若等人倉皇出逃，逃到了齊國。

季孫意如轉危為安，在對叔孫和孟孫兩家表示感謝之後，他要考慮怎麼收拾眼前的爛攤子了。

臧家、郈家、季公若以及子家懿伯都不是問題，沒收他們的封邑是至少的事情，可是，魯昭公該怎麼對付？季孫意如很是撓頭。儘管實際上魯昭公只是個名義上的國君，可是魯國是周禮國家，動國君這樣的事情從來沒有發生過，如果自己把魯昭公廢掉或者趕走，今後怎

麼向祖宗交代？

　　就因為這些顧慮，季孫意如並沒有動手，他甚至也在想辦法給魯昭公一個臺階，讓雙方能夠和平共處下去。可是，第二天醒來的時候，他發現問題解決了，魯昭公自己跑了。

　　「是他自己要跑，這不能怪我了。」季孫意如這樣對自己說。

　　既然魯昭公已經跑了，既然他的幫手們也都畏罪潛逃，那麼，沒收他們的封邑就是順理成章了。

　　季孫意如首先沒收了郈家的地盤和季公若的封邑，之後準備沒收臧家的地盤，不過他再三考慮之後感覺如果讓臧文仲的後代淪落到士的水準，是不是有點於心不忍。

　　「這樣吧，臧家封地保留，臧會接任族長。」季孫意如保留了臧家的封地，給了臧會。

　　「哎呀媽呀，傻句太靈了，做人就是虛偽好。」臧會興奮得無地自容，真是做夢也沒有想到臧家竟然歸了自己，而他把這一切歸功於那個龜殼。

　　既然放過了臧家，季孫意如決定也放過子家懿伯，不僅保留封地，甚至根本不去管他們家的事情。也就是說，子家懿伯隨時可以回來。

魯昭公在齊國

　　魯昭公到了齊國，按照國際政治避難的規矩，齊景公熱情招待。

　　「這樣吧，我暫時把莒國以西的兩萬五千戶給您，我們隨時聽候您的命令，我會親自率領齊國軍隊幫您打回魯國。您放心，您的憂患，就是我的憂患。」齊景公送了一塊地給魯昭公，挺夠意思。

　　魯昭公非常高興，千恩萬謝，以為復國在望。

　　可是，子家懿伯勸魯昭公不要接受齊景公的土地。

　　「主公，那塊土地最好別要，一旦接受了土地，魯國人就會以為您願意留在齊國做齊國的臣子了，原先想幫您的人就會失望。再者說了，

齊國人說話一向不算數的，靠他們是靠不住的。我看，咱們還是去晉國，請晉國人幫忙靠譜一些。」子家懿伯每次的主意都很正，這一次也不例外。

「不，晉國人更不靠譜，那幫腐敗分子肯幫忙？」魯昭公再一次拒絕了子家懿伯的建議，他很討厭晉國人，也在晉國人那裡吃過苦頭，因此很不願意跟晉國人打交道。

說起來，魯昭公的想法不是沒有道理。所以，子家懿伯沒有堅持。

這一邊，魯昭公準備借助齊國的力量殺回魯國，那麼，魯國國內怎樣了呢？

叔孫婼在闞地聽說首都發生戰亂，魯昭公被迫流亡，於是星夜趕回曲阜。在瞭解了事情始末之後，去見季孫意如。

季孫意如原本就有些怕叔孫婼，再加上這一次叔孫家救了自己，因此看見叔孫婼來到，十分的恭敬。

「季孫，你竟然把國君給趕走了，大逆不道啊，連累我們兩家也跟你挨罵啊。」叔孫婼沒客氣，指著鼻子斥責季孫意如。

在這件事情上，季孫意如本來就很心虛，被叔孫婼一罵，當時就慌了神。

「我錯了，我錯了還不行嗎？我認打認罰行嗎？隨便你怎麼處置我吧。」季孫意如給叔孫婼跪下，請求處置。

「哼，你了不起，你連國君都敢趕走，你連遺臭萬年都不怕，我能把你怎麼樣？」叔孫婼白了他一眼，依然沒好氣。

「那什麼，咱們把國君請回來怎麼樣？那我算不算改正錯誤了？」

「嗯，這是唯一的辦法了，那就這麼說了，我去齊國迎請主公回來。」叔孫婼想了想，事到如今，如果能把魯昭公請回來，倒也算是個補償的辦法。

就這樣，叔孫婼馬不停蹄，立即北上齊國，請魯昭公回國。

第二五二章

孔子北漂

按照叔孫婼的想法，魯昭公是願意回魯國的，因此，只要自己去請，魯昭公回國就是水到渠成的事情。可是，他沒有想到的是，事情比他想像的要複雜得多。

不錯，魯昭公是想回國。可是，跟隨魯昭公的人並不想就這樣回國。對於臧昭伯和季公若來說，季孫意如可以放過魯昭公，但是絕對不會放過他們。也就是說，如果魯昭公就這樣回國，他們是不能跟隨著回去的，即便是季孫意如勉強放過他們，他們的封邑也是肯定討不回來的，他們只能做一個士。所以，對於他們來說，回魯國只能有一種方式：打回去，推翻季孫意如，奪回自己的封地。

當大家的目標不一致的時候，要做成任何一件事情都將是困難的。

回國沒指望了

臧昭伯和季公若最擔心的事情，就是季孫意如把魯昭公迎回魯國這件事情。為了防止這樣的事情發生，臧昭伯想了一個辦法。

臧昭伯把所有跟隨魯昭公流亡的人召集在一起，進行了一次「洗腦大會」，洗腦的主要內容是兩個方面。首先，告訴大家三桓很壞很陰險，而且不擇手段，他們很可能會利誘魯昭公和大家，然後秋後算帳收拾大家，所以，大家要保持警惕性，絕對不相信三桓的任何說法；第二，要相信在齊國人的幫助下，魯昭公反攻倒算殺回魯國只是時間問題，到時候趕走三桓，大家分田分地分女人，好日子就在眼前了。

一通忽悠，臧昭伯把大家忽悠得群情激奮，性趣盎然，好像金玉美女就在眼前。趁著大家興奮，臧昭伯提議大家盟誓，盟書早就準備好了，是這樣寫的：「戮力壹心，好惡同之。信罪之有無，繾綣從公，無通外內。」（《左傳》）

什麼意思？就是大家齊心合力，好惡一致，分清壞人，堅決跟著魯昭公走，不跟國內外敵對勢力有任何瓜葛。

戮力同心，這個成語出於這裡。

大家稀里糊塗都跟著盟誓，只有子家懿伯看出了臧昭伯的意圖。所以，他堅決不參加盟誓。

「我認為，三桓固然有罪，我們的做法也不恰當。如果我們能夠跟三桓談判，讓國君回去，有什麼不好呢？你們喜歡流亡就流亡好了，國君是應該回國的。為了自己的利益而讓國君流落在外，這才是最大的罪過。所以，我不參加盟誓。」子家懿伯果然是個聰明人，話說得一針見血。

叔孫婼從魯國國內來到，魯昭公很高興，他知道叔孫婼與季孫意如不同，他一定是來請自己回去的。

果然，叔孫婼代表季孫意如向魯昭公請罪，懇請魯昭公回國。魯昭公一口答應，畢竟在別人的地盤上住著不是那麼自在，何況齊國也未必真的能夠幫助自己。

臧昭伯聽說叔孫婼來到，立即就猜到了是怎麼回事。

「看見沒有，我沒說錯吧？這三桓立即就來忽悠主公了，主公很可能會聽信他們的花言巧語。可是我們要保持清醒，要保護主公。」臧昭伯對流亡的人們說，之後安排魯昭公的親兵埋伏在路邊，等叔孫婼回國的時候，半路上殺掉他，這樣，魯昭公也就回不去了。

魯昭公的一個親隨叫左師展，他知道了臧昭伯的安排之後報告了魯昭公，於是，叔孫婼不敢再從來路回去，繞了一個大彎回魯國去了。

臧昭伯一計不成，再生一計，派人趕在叔孫婼之前到了曲阜，以魯昭公的名義要求季孫意如恢復臧昭伯和季公若的地位，交還所沒收郈家的封邑，否則魯昭公就不回來。季孫意如一聽就火了：「不行，愛回來不回來。」

所以等到叔孫婼從齊國回到曲阜，把魯昭公願意回來的事情對季孫意如說了之後，沒料到季孫意如卻變卦了：「算了，他根本就不想回來，那就別回來吧。」

叔孫婼萬萬沒有想到季孫意如會變卦，更萬萬沒有想到這一切都是臧昭伯在搞鬼，他只覺得自己被耍了，有一種吃蒼蠅的感覺。

　　「我，我這不是成了呆子了嗎？我，我這不是欺騙了國君嗎？我，我活著還有什麼意思？」叔孫婼痛不欲生，乾脆不想活了。

　　十月四日回到曲阜當天，叔孫婼齋戒沐浴，讓家裡的祝史祈禱老天讓自己早點死去。十一日，叔孫婼的願望實現了。

　　叔孫婼，一個魯國好人，就這樣死去了。

　　好人不長壽，說的就是叔孫婼這樣的人。

　　臧昭伯派人搞鬼，魯昭公不知道；季孫意如變卦，魯昭公也不知道；叔孫婼在家裡求死，魯昭公也不知道。所以，魯昭公還籌畫著趕緊回國呢。

　　可是，整個流亡陣營中，只有兩個人支持他回去，一個是子家懿伯，另一個是左師展，即便他的兒子公為等人，也都跟臧昭伯站在一條陣線上。

　　「我看，咱們當初是逃出來的，現在恐怕還要逃回去。」子家懿伯看清楚了形勢，要想公開回去是絕對不可能的，只能悄悄地溜回去。

　　於是，子家懿伯和左師展商量，決定子家懿伯留下來迷惑大家，左師展悄悄駕車帶魯昭公回去。

　　計策算是個好計策，可是真正實施起來，才發現什麼計策都沒有用。左師展的車剛剛備好，魯昭公還沒有上車，就被魯昭公的親兵們發現了，直接把左師展揪了下來，要不是魯昭公親自出面，左師展就被當成內奸砍掉了。

　　沒辦法，魯昭公和子家懿伯只好暫時忍著，另找機會。幾天之後從魯國傳來消息，說是季孫意如變了主意，叔孫婼自己求死得逞。魯昭公和子家懿伯知道，要回國是不可能了。

　　現在，魯昭公只好安心住在齊國，等齊景公為他出兵了。

孔子看到機會

魯國的劇變震驚了全世界，這個周禮模範國家竟然也發生了這樣的事情，有人驚愕，有人困惑，不過多數人在看熱鬧。

這個時候，一個魯國民辦教師敏銳地看到了機會。至少，他以為自己很敏銳。

孔子是一個性格略微內向的人，平時比較不善言辭，更不善於溜鬚拍馬。因此，他自己也明白，以自己的性格，要混入官場以及一步步混上去，幾乎是沒有可能的。因此，要實現自己的富貴夢，就要靠某些特殊的機遇了。現在，這樣的機遇來了。

魯昭公流亡國外，必然需要更多的追隨者。而這個時候去投靠他或者說輔佐他，一定會受到重視。那麼，如果有一天魯昭公復國，在他落難時期追隨他的人也就都是功臣，必然受到重用。而有齊國的幫助，魯昭公復國只是時間問題了。

孔子是這麼想的，於是他決定這樣做。

「季孫大逆不道，趕走了國君。國君流亡在外，我怎麼能夠安心留在國內呢？當年國君贊助我去偉大首都，對我有知遇之恩，我已經是國君的臣子了。偌大的魯國，已經放不下一張書桌了。各位同學，我決定前往齊國，協助國君完成復國大業，有沒有人願意跟從我前往的？」孔子對學生們說。原話不是這樣的話，但是意思是這樣的意思。

孔子的決定讓學生們大為吃驚，大家都是沒有見過世面的，驟然說起要輔佐國君，難免都有些忐忑。

「老師，我還要種地養老婆孩子，我，我去不了。」弟子冉耕首先表示不能去，冉耕字伯牛，老實誠懇，比孔子只小七歲。

絕大多數弟子都以各種理由表示不能跟隨孔子前往齊國，只有兩個人最終決定跟孔子前往，一個是班長子路，孔子去哪裡他就去哪裡；另一個是班上歲數最小的閔損，閔損字子騫，只有二十歲，性格隨和厚道，孔子很喜歡他。閔子騫其實對當官沒有太大興趣，不過見老師無人追隨，這才挺身而出。

閔子騫是魯閔公的後人，閔姓得姓始祖就是魯閔公。所以，閔子騫的身份是士。

老師要走，有一個問題出來了：學費是不是要退？

弟子們都沒好意思提出這個問題，畢竟老師平時對他們不錯，他們對老師也都很尊重。只有一個人來找孔子退學費，誰？顏繇，字季路。

顏繇比孔子只小六歲，說起來，還是孔子母親那一邊的族人，八竿子之外算是個親戚。因此，孔子當初看在遠親的份上，收了十根臘肉，又暗地裡退回去五根，算是半費入學。

也許是家裡太窮，顏繇總覺得自己的學費交得有點虧，平時孔子叫他幹活也都哼哼唧唧的不願意，所以孔子對他也沒什麼好臉色。

有一次顏繇聽孔子講完祭祀的事情，覺得鬼神這東西有點奧妙，於是下課了來問老師怎麼樣事奉鬼神。

「夥計，人還沒伺候好呢，怎麼能事奉鬼神？」孔子對他沒好氣。

「那，那要是事奉不好鬼神，死了之後是不是很慘？」顏繇看不出眉眼高低，還問。

「嗨，先活明白了，再去想死的事情吧。」孔子又噎了他一句。

按《論語》。季路問事鬼神。子曰：「未能事人，焉能事鬼？」「敢問死？」曰：「未知生，焉知死？」

這一次，顏繇又來找孔子了。

「老師，那什麼，上到一半不上了，那，學費退不退啊？」顏繇小心翼翼地問，想要討回學費。

孔子原本就有些不大高興，看見顏繇更不高興，聽他說這話就更加不高興了。

「夥計，腦袋被門夾了吧？你的學費本來就只交了一半，別人能來要學費，你也不能來要啊。再者說了，我這一去不會太長，等我回來的時候說不準是什麼呢，你還怕虧了自己嗎？」孔子自然不會給他好臉色看，三言兩語打發了他。

熱臉貼上冷屁股

俗話說：幹革命要跟對人。

孔子沒有幹過革命，不太懂這個道理。其實，就算懂，也沒有用，因為他現在根本沒有資格去跟對人。

魯昭公二十五年（前517年）十月，這一年孔子三十五歲。

一乘車從曲阜出發了，車還是當初去偉大首都時候魯昭公送的。閔子騫駕車，子路為御，載著孔子，師徒三人就這樣上路了。

一路急行，就來到了齊國陽州（今山東東平縣），魯昭公就暫住在這裡。孔子和兩個弟子興沖沖去找魯昭公，第一次見國家領導人，儘管是前任的，難免還是有些緊張。在去之前，孔子還專門和兩個弟子演練了見國君的禮儀。

可惜的是，白練了。

「你們是幹什麼的？」魯昭公的住處，彌漫著警惕的氣氛，孔子師徒三個被攔在了大門口，守門的大聲喝問。

「在下是孔丘，國君蒙難，特來探望，希望為國君效力。」孔子小心翼翼地說，有些害怕。

「哪個單位的？」守門的接著問。原話不是這樣，意思就是這樣。

「我，我……」孔子到這個時候突然發現，自己什麼都不是，好像為國君效力的資格都沒有。

子路在旁邊看著老師尷尬的樣子，忍不住插了話：「我老師是魯國最有學問的人，現在教書育人。」

「哈哈哈哈，原來是民辦教師。」守衛們笑了起來，然後突然板起了面孔：「滾，快滾得遠遠的。告訴你們，不要再來惹我們生氣了，否則別怪我們把你們當奸細。」

守衛們罵罵咧咧地趕人，要不是看著子路身材魁梧樣貌兇惡，幾乎就要動手打人。

閔子騫見勢頭不好，趕緊趕車離開了。

鬱悶，絕對的鬱悶。

孔子現在欲哭無淚，豪情萬丈而來，誰料到當頭一記悶棍。正是：一張熱臉，貼上了冷屁股。

「怪不得國君會被趕走，看看他手下這幫人，唉。」孔子歎了一口氣，對魯昭公表示失望。

現在孔子的處境非常尷尬，就這樣回去實在是太沒有面子，大家都會瞧不起自己，甚至連這個私人學校也未必能開下去了，而且要擔心季孫是不是會派人來收拾自己。可是，如果不回去，怎麼辦？

孔子很後悔，早知這樣，絕不會來冒這個風險了。可是，後悔是沒有用的。問題是，不管後悔不後悔，現在該怎麼辦？

關鍵時刻，閔子騫出了一個主意。

「老師，我姥姥是齊國人，我舅舅姓高，是高家的人，要不讓我舅舅幫個忙，先在高家謀個職，在齊國待一陣子？」閔子騫是個聰明人，雖然歲數不大，但是比子路看得清楚，他知道這種情況老師是絕對不能就這樣回魯國的，不如先在齊國待一陣子。

「嗯，也好，這樣離國君也近，隨時可以聽候召喚。」孔子求之不得，還心存僥倖。

還好，閔子騫的舅舅還很賣力，高家的家長高昭子（高張）給了孔子一個職務，基本上相當於家庭教師，輔導高家子弟們的學業。子路和閔子騫作為助教，同時留下。

按《史記》。孔子適齊，為高昭子家臣。

君子和而不同

孔子就這樣成了北漂一族，留在齊國打工了，但是他的目的並不是打工，而是過渡一段時間。不過，在過渡的這段時間裡，孔子有了新的想法。

「我想去見見齊景公，在齊國當個大夫。」孔子對兩個弟子說。在這個時候，他還沒有資格也沒有底氣說自己要在齊國推行自己的思想。

「老師啊，我們可是魯國人，不為魯國效力，怎麼為齊國效力

呢？」子路問，老師總是說要忠於祖國，怎麼現在不忠於祖國了？

「不能這麼說啊，如果我們能幫助齊國遵從周禮，那齊國就變成了另一個魯國了，跟魯國還有什麼區別呢？之後我們再幫助魯國恢復原先的秩序，那魯國就回到了最初那個美好的時代了。」孔子說。他就知道子路會有這個問題，也早就想好了答案。

按《論語》。子曰：「齊一變，至於魯，魯一變，至於道。」

於是，孔子請求高昭子把自己引薦給齊景公，高昭子對孔子的學問非常欣賞，因此幫了這個忙，而齊景公也很樂於接見各國來的賢士，因此接見了孔子。

在這次會見中，孔子提出了著名的「君君，臣臣，父父，子子」的理論，這個理論得到齊景公的讚賞，齊景公因此準備在齊國給孔子一個封邑，把孔子留在齊國重用。不過，因為國相晏嬰對孔子的人品和治國理念極不認同，阻止了齊景公。

按《論語》。齊景公問政於孔子。孔子對曰：「君君，臣臣，父父，子子。」公曰：「善哉！信如君不君，臣不臣，父不父，子不子，雖有粟，吾得而食諸？」

這一段，見於第六部第二三七章。

按《史記》。魯昭公之二十年，而孔子蓋年三十矣。齊景公與晏嬰來適魯，景公問孔子曰：「昔秦穆公國小處辟，其霸何也？」對曰：「秦，國雖小，其志大；處雖辟，行中正。身舉五羖，爵之大夫，起累緤之中，與語三日，授之以政。以此取之，雖王可也，其霸小矣。」

這段記載十分可疑，根據《左傳》，魯昭公二十年齊景公並沒有訪問魯國。即便是齊景公來訪，向一個民辦教師請教秦穆公的事蹟也是沒有可能發生的。

所以，可以確切地說，孔子第一次見齊景公是在魯昭公二十六年。

孔子在齊國的政治前途因為晏嬰的阻撓而基本葬送，孔子對於晏嬰非常痛恨。不過，在隨後的一年多的時間裡，孔子瞭解了晏嬰的為人和他的高尚品德，因此由怨恨而轉為敬佩。

因此在《孔子家語·辯政篇》裡孔子說道：「夫子產于民為惠主，

於學為博物，晏子于民為忠臣，于行為恭敬，故吾皆以兄事之。」

按《論語》。子曰：「晏平仲善與人交，久而敬之。」

後來子路為這件事情問孔子是什麼原因讓他不再怨恨晏嬰，孔子抬起頭，目光幽遠深邃地說：「晏子說過，君子可以意見不同，但是不能互相怨恨；小人表面上一致，暗地裡勾心鬥角。我和晏子都是君子，怎麼能互相怨恨呢？」

按《論語》。子曰：「君子和而不同，小人同而不和。」

孔子這句話的出處，正是晏嬰當初批駁梁丘據時說的話。（事見《左傳》魯昭公二十年及《說春秋》第六部第二三四章）

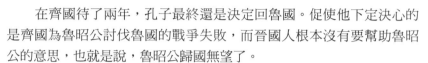

第二五三章
孔子的領悟

在齊國待了兩年，孔子最終還是決定回魯國。促使他下定決心的是齊國為魯昭公討伐魯國的戰爭失敗，而晉國人根本沒有要幫助魯昭公的意思，也就是說，魯昭公歸國無望了。

毫無疑問，站錯了隊。

還好，沒站進去。到現在，孔子暗暗慶倖當初被拒絕，否則，還真不好回國了。

孔子自己總結，在齊國兩年，最大的收穫就是在高家聽過一回韶樂，聽得孔子如醉如癡，沉醉其中三個月不知道肉味，從此算是見識了音樂的極大樂趣。

按《論語》。子在齊聞韶，三月不知肉味。曰：「不圖為樂之至於斯也。」

韶樂史稱舜樂，舜所作之樂。夏、商、周三代均把《韶》作為國家大典用樂，姜太公入齊，韶樂傳入齊國。而高家世為上卿，因此可以演奏韶樂。

苛政猛於虎

從齊國回魯國，儘管有些失落，但是更多的是慶倖。

師徒三人的心情總體來說還是不錯的，畢竟是回家。

路過泰山的時候，孔子突然聽到有女人哭泣的聲音，聲音非常淒慘。順著哭聲望去，果然看見一個中年婦女正在痛哭。

「聽這人的哭聲，似乎有好幾重悲哀啊。子路，你去問問是怎麼回事。」孔子覺得好奇，派子路去問個究竟。

子路下了車，走了過去。

「大嫂，遇上什麼事情了，哭得這麼傷心？」子路問。

「唉，別提了。當年我公公被老虎吃了，後來我老公又被老虎吃了，今天我兒子也被老虎吃了。我怎麼這麼倒楣啊，我的天啊，嗚嗚嗚嗚……」中年婦女一邊說，一邊哭。

「那，明知道這裡有老虎，你們怎麼不離開呢？」子路覺得不可思議，跟著問。

「因為這裡沒有苛政啊，嗚嗚嗚嗚……」中年婦女接著哭。

泰山一向屬於三不管地帶，不屬於齊國也不屬於魯國，因此住在這裡不用繳納稅賦。

子路把打聽到的情況向孔子轉述了一遍，孔子歎了一口氣：「你們記住啊：苛政比老虎更可怕。」

這一段出於《禮記》。孔子過泰山側，有婦人哭於墓者而哀。夫子式而聽之，使子路問之曰：「子之哭也，一似重有憂者。」而曰：「然，昔者吾舅死于虎，吾夫又死焉，今吾子又死焉。」夫子曰：「何為不去也？」曰：「無苛政。」夫子曰：「小子識之，苛政猛於虎也。」

苛政猛於虎，這個成語出於這裡。

孔子對管子的敬佩

回到魯國，季孫倒也沒有來找他的麻煩，孔子依舊搞他的私立學校，原先的學生重新回來上課，又新招了一些學生，而課程中增加了許多音樂的內容。

孔子私立學校的規模進一步擴大，學生更多，層次也更高。說起來，這一切還得益于孔子的齊國之行。自從管仲輔佐齊桓公以來，齊國成為世界的商業中心和文化中心，大量的各國人才湧向齊國，齊國也成為各國士人最嚮往的地方。孔子這一趟齊國之行儘管沒有達到目的，但是住在高家，見過齊景公，聽過韶樂，此外孔子對晏嬰讚不絕口，一口一個晏兄，搞得大家以為他們是好朋友。

如果說孔子去偉大首都算是鍍了一層金，去齊國等於又鍍了一層金。

平心而論，在齊國的兩年，孔子還是長了不少見識。

最初孔子對於管仲頗不以為然，認為他違背周禮，不是個值得尊重的人。

沒有去齊國之前孔子斷言管仲是個不懂得聖賢之道的人，有學生問管仲是不是節儉，孔子就說：「管仲有三個家，還設了三個管家，怎麼能說他節儉呢？」又有學生問管仲是不是懂得周禮，孔子就說：「國君的宮門建屏風照壁，管仲的家門也建；國君在堂上設置放酒杯的几座，管仲在家裡也設置。管仲如果懂得周禮的話，誰還不懂？」

按《論語》。子曰：「管仲之器小哉！」或曰：「管仲儉乎？」曰：「管氏有三歸，官事不攝。焉得儉？」「然則管仲知禮乎？」曰：「邦君樹塞門，管氏亦樹塞門。邦君為兩君之好，有反坫，管氏亦有反坫。管氏而知禮，孰不知禮？」

可是到了齊國，孔子發現自己的看法有問題了。經過兩年在齊國的生活，孔子發現自己完全錯了，管仲的高明完全不是自己所能想像的。

在離開齊國之前，子路又問起孔子對管仲的評價，這一次，他得到了完全不同的回答。

「老師，當初管仲和召忽一起輔佐公子糾，後來公子糾被齊桓公所殺，召忽自殺，管仲卻不去死，豈不是不仁？」子路問道。之所以問這個問題，是因為他感覺最近孔子總在稱讚管仲。

「怎麼能這麼說呢？管仲九次集合天下諸侯，稱霸天下，卻不是靠武力。這就是他的仁德啊，還有比這更大的仁德嗎？」孔子瞥了子路一眼，心說我都進步了，你還沒進步。

按《論語》。子路曰：「桓公殺公子糾，召忽死之，管仲不死。曰：未仁乎？」子曰：「管仲九合諸侯，不以兵車，管仲之力也。如其仁，如其仁！」

可是，子路想不通，當初貶低管仲的是你，如今讚揚管仲的還是你。好吧，我給你一點一點來。子路是個軸脾氣，什麼事情想不通，就一定要追問到底。

「那,老師說管仲是個什麼人?」

「是個偉大的人。」

「不對,我覺得是個小人。」子路要跟老師爭辯了,他經常跟老師爭辯。「當年管仲遊說齊襄公,結果齊襄公沒尿他,說明他口才不行;想扶立公子糾,結果又失敗了,說明他能力不行;家族在齊國被滅了,卻一點也不傷心,說明他沒心沒肺;被關在檻車裡卻一點也不慚愧,是沒臉沒皮;當初要害死齊桓公,後來卻投奔齊桓公,這是沒有貞操;召忽殉難,他卻偷生,是沒有仁德。這樣的人是標準的小人啊,老師怎麼說他是偉大的人呢?」

子路的這一套,全都是從孔子那裡學來的,如今用來反問孔子。孔子笑了笑,對付子路,還是有把握的。

「管仲不是沒有口才,是齊襄公自己沒有大腦;管仲也不是沒有能力,是天時不對;管仲也不是沒心沒肺,是他知道天命;管仲也不是沒臉沒皮,是懂得克制自己;管仲也不是沒有貞操,是知道權變;管仲也不是沒有仁德,你想想啊,召忽是個一般的人才,如果不死呢,遲早也會被俘虜,還不如死了博一個好名聲。可是管仲是什麼人?他的能力是輔佐天子教導諸侯的,死了就是一堆爛肉,不死則功蓋天下,澤被後代,為什麼要去死呢?子路啊,你真是不懂得這裡面的道理啊。」孔子一番話,聽得子路暈頭轉向,好像老師從前不是這麼說的啊,可是聽起來還很有道理啊。

(這一段見於《說苑》,原文不錄。)

「可是,可是老師說過管仲不懂周禮啊。」子路怯怯地問。他怕再問下去,老師該說他傻了。

「關鍵是仁德,如果人沒有仁德,懂禮有什麼用?懂音樂又有什麼用?」孔子反問,子路無言以對。

按《論語》。子曰:「人而不仁,如禮何!人而不仁,如樂何!」

可是,子路還是想不通,想了想,又問:「老師,那,管仲這麼多優點,可是,他聚斂了那麼多財產,不都是從別人手中搶的嗎?」

孔子瞪了他一眼,心說這小子怎麼這麼多問題?

「不錯啊，管仲的財產是不少，可是都是該得的啊。所以，就算是他搶了別人的財產，別人也都服氣啊。譬如他奪了伯氏的封邑，伯氏一下子從小康回到了溫飽，人家到死也沒有一句怨言啊。」這倒是實話，孔子見過伯氏的後人，到現在也都不怨恨管子。

子路還是一頭霧水，不過他相信老師說的都是對的，管仲從壞人變好人了。

按《論語》。問管仲，曰：「人也。奪伯氏駢邑三百，飯疏食，沒齒，無怨言。」

四十而不惑

就在孔子回到魯國的當年，吳國公子季札出使晉國，回國的路上特地去了一趟齊國，然後經過魯國回國。

到魯國的時候，季札的長子突發心肌梗塞而死，於是季札決定就地葬掉兒子再走。孔子聽說了，說：「季札是吳國最懂禮儀的人，我們要去觀摩一下。」

於是，孔子帶著幾個弟子去現場觀摩季札怎樣埋葬兒子。

季札首先找人挖了墓穴，墓穴不深，還沒有挖到泉水。季札長子入殮的時候，就穿著平時穿的衣服。下葬以後，又在墓地上堆土，長寬和墓穴相當，高度到可以讓人靠。土堆好之後，季札袒露左臂，望右繞著土堆走，一邊走一邊哭，走了三圈。之後季札對著墓說：「骨肉又回到土裡去，這是命中註定的事情。你的靈魂無所不在，無所不在。」說完，季札就帶著隨從上路了。

「嗯，季札的做法完全符合禮制。」孔子對學生們說，他也算是又學到了知識。

因為意識到自己不可能在魯國官場有什麼前途，所以孔子現在開始專心教學，把這當成了自己一生的職業，謀生的唯一方式。因此，從這個時候開始，孔子在教學和學問上狠下工夫，不再像從前那樣虛浮，對於世態也看得比較淡定起來。

心態擺對了，位置擺對了，孔子的境界也就開始有了大幅的提升。

按《論語》。

子曰：「學而時習之，不亦說乎？有朋自遠方來，不亦樂乎？人不知而不慍，不亦君子乎？」

子曰：「溫故而知新，可以為師矣。」

子曰：「學而不思則罔，思而不學則殆。」

子曰：「不憤不啟，不悱不發，舉一隅，不以三隅反，則不復也。」

子曰：「我非生而知之者，好古，敏以求之者也。」

子曰：「三人行，必有我師焉，擇其善者而從之，其不善者而改之。」

這些體會，都是這段時間得來的，也是孔子身體力行的學習方法。

溫故知新、舉一反三，這兩個成語來自這裡。

三年後，到魯昭公三十年，這一年孔子四十歲。這個時候孔子已經非常博學，看事物能夠客觀分析，一針見血。

「嗯，我對人世間的道理感到不再迷惑了。」四十歲這一年，孔子這樣總結自己。

按《論語》。子曰：「吾十有五而志於學，三十而立，四十而不惑。」

魯昭公死了

魯昭公三十二年，魯國出了一件大事，魯昭公薨了。魯昭公死在了齊國的乾侯，到死也沒能回到魯國。

齊景公雖然沒有能夠幫助魯昭公回國，可是也算夠意思，魯昭公二十七年他出兵攻占了魯國的鄆地給魯昭公居住，好歹也算讓魯昭公住回了魯國。不過沒過多久，季孫派兵又把鄆地奪回來了，魯昭公只好又住到乾侯去了。

魯昭公把希望寄託在晉國人身上，原本晉頃公有意幫助魯昭公，

可是當時的中軍帥范鞅收了季孫家的賄賂，勸說晉頃公不要管魯昭公。而宋國和衛國本來也有意幫助魯昭公，一看晉老大的態度，大家的心也都涼了。

到魯昭公三十一年，這一年范鞅已經退居二線，魏舒擔任中軍帥，而晉定公登基，決定出兵幫助魯昭公回國，借這件事情重樹國際威望。這個時候，老腐敗范鞅又跳了出來。從受人錢財替人消災這個角度說，范鞅也算是個負責任的腐敗分子了。

范鞅知道自己現在的位置無法阻止晉定公出兵，那麼就只能曲線救國了。范鞅派人緊急去了魯國，把當前的情況通報給季孫意如，讓他火速前來晉國主動認罪，范鞅可以保證他的人身安全。

季孫意如於是啟程前往晉國，范鞅先去通報了晉定公，晉定公的意思，來了正好就地捉拿。

「主公，咱們是大國，是霸主，要有大國風範啊。人家主動前來認錯，咱們反而抓人家，那不成抗拒從嚴，回家過年；坦白從寬，牢底坐穿了？今後誰還敢來啊？我看不如這樣，主公您也別見他，就讓荀礫接見他，如果他願意認錯，願意親自去把魯昭公給請回去，那不就行了嗎？咱們不用出兵，還把事辦了，主公您的威望不是一下子就起來了嗎？」范鞅一通忽悠，晉定公覺得也有道理，於是就按照他的建議去辦。

荀礫接見了季孫意如，季孫意如痛哭流涕，認錯態度極其誠懇，也願意和荀礫一起去鄆地把魯昭公請回曲阜。

於是，兩人前往乾侯去見魯昭公。

「跟季孫回去吧。」子家懿伯建議。

「不要。」臧昭伯反對，接著說了自己的理由。「晉國人一句話，季孫就乖乖地來了，如果主公堅決要求趕走季孫的話，晉國人一定也會幫忙的。」

臧昭伯的話得到眾人的附和，魯昭公有點心動了，他原本同意子家懿伯的建議，現在則決定試探一次。

「荀元帥，感謝貴國國君替我們伸張正義。我回魯國可以，不過我

再也不想見到季孫，他在我就不回去，我回去他就得滾蛋。我不是說氣話，我對河神發誓。」魯昭公以為自己嚴正表示態度之後，荀礫立即就會向季孫發驅逐令。

「這個……」荀礫有些吃驚，這魯昭公也太得寸進尺了。「我家主公的意思就是讓貴國君臣和諧，冰釋前嫌。如果您提出這樣的要求，我做不了主，請允許我回國向國君彙報一下。」

荀礫很生氣，覺得魯昭公這樣的人真不值得幫。所以說完話，離開魯昭公的住所，對在外面等候的季孫意如說：「算了，你們國君還不肯原諒你，你自己回國，該幹什麼就幹什麼吧。」

季孫意如一聽，笑了，請你你不回去，這可不賴我了。

季孫高興了，屋子裡魯昭公一幫人都有點傻眼，這荀礫一走，不知道什麼時候才會再回來了。何況，荀礫剛才的口氣和臉色都不太好，明顯是非常生氣。

大夥沒什麼話說，各自散掉了。

「主公，現在唯一的辦法，就是偷偷出去，追上季孫，他一定會帶主公回國。」子家懿伯出主意，這個時候，也只有他能給魯昭公出主意。

「好。」魯昭公這個時候總算明白了，子家懿伯每個主意都是好主意，都怪自己從前不聽他的。

主意是個好主意，可是太晚了，臧昭伯一夥人早就防著這一招呢，車馬全控制了。

「唉。」魯昭公歎了一口氣，他知道，最好的機會錯過了，要活著回魯國的可能已經越來越小了。

身體不好，心情也不好，什麼都不好。

魯昭公三十二年，魯昭公終於在絕望中死去。

死前，魯昭公拿出自己壓箱底的寶物賞賜給跟隨自己流亡的大夫們，結果沒有人要。最後還是子家懿伯率先接受了，其餘人才接受了。不過等到魯昭公死後，子家懿伯又把接受的賞賜還給了魯昭公的管家，其餘人也都還掉了。

魯昭公死在國外，有一個大問題：誰來繼任。

按理，應該是魯昭公的太子，太子是誰？公為？錯，魯昭公已經把他給撤了。為什麼撤他？好幾個理由，聽起來很搞笑的理由。

兩年前的時候，魯昭公給了二兒子公衍一件羔羊皮衣，然後讓他去把一塊美玉獻給齊景公。結果公衍把美玉和皮衣一塊獻給了齊景公，齊景公一高興，把陽谷封給了他。魯昭公非常高興，因為他一直就很喜歡陽谷這個地方。

「嗯，還是公衍比較會辦事。」魯昭公現在喜歡公衍了，再想想自己流落國外，都是當初公為躥唆的結果，氣就不打一處來。「公為這個王八羔子，不配當太子。」

既然有心要廢掉公為，讓公衍做太子，魯昭公又想起公為的很多不是來。想來想去，其中的一件讓魯昭公最為惱火。

原來，當初公為和公衍的母親一塊進入產房，結果公衍先生出來。公為的母親對公衍的母親說：「好姐妹，咱們一塊進來的，希望一塊出去向老公報喜，這就是雙喜臨門了。」

公衍的母親想想也是，就答應了，孩子生出來之後，一直沒抱出去。三天之後公為出生，公為一出生，公為的母親也沒跟公衍的母親打招呼，也不管什麼雙喜臨門之類的東東了，直接叫侍女給抱出去見魯昭公報喜去了。就這樣，本來是弟弟的公為成了哥哥，被立為太子，本來該是太子的公衍成了一般的公子。這事情魯昭公早就知道，不過兩個都是自己的兒子，所以也就將錯就錯了。只是如今看公為不順眼，又想起來了。

「公為，你這個騙子，你騙了我這麼多年了，還害得我流亡海外，我今天要廢掉你的太子。」魯昭公把這個賬算到了公為的頭上，其實這事還真不賴公為，當初他也是被抱出來的，也不是自己跑出來的。

總之，魯昭公廢了公為，立公衍為太子。

只是，一個流亡的國君，他立的太子能夠成為國君嗎？

第二五四章

陽虎執政

　　季孫意如對魯昭公其實並不怨恨,魯昭公隨時回去他都歡迎。當
初魯昭公逃去齊國的前幾年,季孫意如每年都派人給魯昭公送馬,還
送衣服鞋子。可是魯昭公不領情,每次都把馬賣掉,把送馬的人扣押
起來,當然,衣服鞋子留下來穿。幾年之後,季孫意如不再送了,再
送就是腦子有毛病了。

　　其實,這也不怪魯昭公,扣人賣馬的是臧昭伯們幹的,他們就是
要讓季孫對魯昭公更多些怨恨。

　　魯昭公死在了齊國,這讓魯國人民感覺很不舒服。季孫意如也覺
得有些愧疚,於是決定把魯昭公的靈柩接回來,安葬在祖墓。另外,
誰來當國君的問題,季孫意如也已經考慮好了,他要立魯昭公的弟弟
公子宋為國君。

子家懿伯

　　季孫意如派叔孫不敢(即叔孫成子,叔孫婼之子)前去齊國迎接
魯昭公的靈柩,臨行之前特地交代:「子家子(即子家懿伯)這人我瞭
解,非常有能力,人品也好,所以你一定要讓他回來,等他回來,我
願意跟他共同執掌國政。」

　　這輩子,季孫意如這件事情做得最地道。

　　叔孫不敢就這麼去了乾侯,到了之後,第一件事就是要見子家
懿伯。

　　「幾件事情跟您通報一下,第一,魯昭公不能回國,都是公衍公
在搞鬼,所以他們誰都不能擔任國君,我們已經決定立公子宋為國君
了;第二,雖然您跟隨魯昭公出亡,可是您的封邑、職位等等一切待
遇都從來沒有改變過;第三,季孫特地叮囑我,邀請您回國和他共同

執政；第四，現在跟隨魯昭公的人中，誰能回國誰不能回國，您說了算。」叔孫不敢對子家懿伯很恭敬，一五一十轉達了季孫意如的意思。

出乎意料，子家懿伯拒絕了。

「立新君是一件很嚴肅的事情，要卿大夫們商議，還要用守龜占卜之後才能定，我不敢發表意見。至於誰能夠回去，其實很簡單，當初隨著魯昭公攻打季孫的誰敢回去？其他人都應該回去。至於我，魯昭公只知道我隨他流亡，不知道我還會回去，所以，多謝好意了，我是一定不會回去的。」子家懿伯說得其實很清楚，不管季孫怎樣寬宏大量，實際上跟他有仇的人是無論如何不敢回去的，而自己也決定不再去沾惹魯國的是非。

子家懿伯，真正的高人。

真正的高人，總是能正確地判斷形勢，總是能拒絕眼前利益的誘惑。

靈柩上路，子家懿伯送到齊魯交界處，留在了齊國。其餘的人此時還不知道誰來接任國君，還抱有公衍繼位的僥倖心理，於是一路跟隨，一直到曲阜郊區。這個時候，大家才知道公子宋已經準備繼位了。

「快逃命吧。」臧昭伯大叫一聲，率先逃命，攻打過季孫的人都逃往國外去了，沒有攻打過的人則留了下來。

一切，都如子家懿伯所料。

公衍、公為等公子選擇了留下，他們不願意再流亡了，而且叔孫不敢也早已經保證了他們的安全和今後應得的地位。

昭公靈柩回來，季孫意如下令把昭公的墓和祖墓分開。

「你生前不能事奉國君，死後還把他的墓跟祖墓分開，太過分了，你這不是找罵嗎？」大夫榮駕鵝反對。

「噢，是啊。」季孫意如跟他爹季武子一樣，別人一說什麼，他就恍然大悟。

「那，給他取個不好聽的諡號怎麼樣？」季孫意如總之就是想貶低魯昭公。

「你這不是更要挨罵嗎？」榮駕鵝又反對。

「噢，是啊。」季孫意如又覺得有理，於是給了魯昭公「昭」的諡號。

魯昭公下葬之後，公子宋登基，就是魯定公。

魯定公登基之後的第一件事，就是任命叔孫不敢和仲孫何忌（孟懿子）為卿，原來，這兩位都是在魯昭公流亡期間繼承了父親的卿位，但是沒有國君的正式任命。

這一年是魯定西元年，孔子四十三歲。

陽虎

樹欲靜而風不止。

就在孔子準備安心做一個教書匠的時候，國內外卻發生了一系列的大事，令孔子重燃了從政的念頭。

魯國現在的格局是：國君魯定公，三桓則分別是季孫意如（季平子）、仲孫何忌（孟懿子）和叔孫不敢（叔孫成子），而權力在三桓，權力核心又在季孫意如。

季孫意如家中又分為兩派，一派以大管家陽虎為首，仗著季孫意如的信任，為所欲為。另一派是季孫意如的兒子季孫斯以及季孫家的家臣仲梁懷，他們很反感陽虎，跟陽虎對著幹。

魯定公五年，季孫意如前往魯國東部視察，結果在回來的路上因病去世。於是，季孫斯接任，就是季桓子。

陽虎主持了葬禮，要求用一塊寶玉為季孫意如陪葬。

「不行，這塊寶玉是國寶，當初魯昭公流亡國外，咱們主公佩戴著這塊寶玉管理國家。現在我們有了國君了，主公就不能佩戴了，又怎麼能用來陪葬呢？」仲梁懷不給，他以為現在季孫斯掌權，自己的靠山比陽虎要硬了，因此可以不給陽虎面子了。

陽虎沒辦法，因為仲梁懷是家裡的財物總管，寶玉在人家那兒放著呢。

葬禮的時候，陽虎把這事情告訴了好朋友公山不狃，公山不狃也

是季孫家的家臣，擔任費邑邑宰，也就是季孫家大本營費邑的總管，地位和實力僅次於陽虎。

「狗日的以為有靠山了，不把我放眼裡了，我打算趕走他。」

「算了，他也是為了主公的名譽，您就別放在心上了。」公山不狃勸說陽虎，他覺得這不算是個大事。

這事情就算這麼過去了。

季孫斯接任之後，照例要巡視一遍自家的地盤。於是，讓陽虎管理家務，自己帶著仲梁懷去了。

第一站就是費邑，這裡是公山不狃在管理。公山不狃帶著季孫斯四處巡視，一路上照顧得不錯，季孫斯也很滿意，對公山不狃非常客氣。可是，仲梁懷一向就認為公山不狃是陽虎一夥的，這個時候應該打擊。所以，仲梁懷到處挑刺，態度也很無理，這讓公山不狃非常惱火。

「狗日的，怪不得陽虎想趕走他，這種人就應該趕走。」公山不狃現在算是恨透了仲梁懷，派人去聯絡陽虎，商量怎樣趕走仲梁懷。

季家最有實力的兩人聯手收拾仲梁懷，如果放在從前，這不是問題，可是現在季孫斯繼位，仲梁懷是他的頭號心腹，要趕走仲梁懷，季孫斯這一關就過不了，怎麼辦？

「一不做，二不休，連季孫斯一併收拾。」陽虎和公山不狃商量來商量去，決定幹一票大的。

促使陽虎和公山不狃下定決心的另一個原因是，仲梁懷不間斷地在季孫斯面前說他們的壞話，季孫斯對他們的態度越來越差，隨時準備炒他們的魷魚了。

季孫意如六月去世，到九月二十八日，陽虎和公山不狃發動了歷史上著名的「九二八政變」，兩人首先囚禁了季孫斯和公父文伯，然後以季孫斯的名義驅逐仲梁懷。仲梁懷一看大事不好，驅逐就驅逐吧，總比砍頭強，於是趕緊帶著老婆孩子逃去了齊國。

季孫斯被關了半個月，一開始還很強硬很惱怒，認為這樣大逆不道的行為一定會受到譴責，家族裡的人一定會來救自己，孟家和叔孫

家一定會來救自己。可是，後來他才發現，誰也不會來救自己了，季孫家都是陽虎的勢力，叔孫不敢膽小如鼠，真是不敢來救自己，而孟懿子不僅膽小，而且跟陽虎本來就是一家，更不會得罪陽虎。

「那什麼，我服了還不行嗎？」季孫斯終於服軟了，現實面前，實力比什麼都好使。

「服了是吧？早說啊，簽盟約吧。」陽虎準備了一份盟約，大致意思就是今後這個家雖然季孫斯還是老大，但是陽虎說話才算數。

盟約就這麼簽了，季孫斯就這麼成了陽虎的傀儡。第二天，祭神詛咒，釋放季孫斯，同時驅逐了公父文伯等幾個季孫斯的死黨。

到現在，季孫算是能體會到魯國國君的那種無奈了。

陽虎掌控了季孫家，叔孫和孟孫也都紛紛服軟。於是，陽虎搖身一變，成了執掌魯國大政的人。當年，叔孫不敢鞠躬盡瘁，兒子叔孫州仇（武叔）繼位，歲數還小，更加不敢說三道四。

消息傳到孔子那裡，孔子歎息了一聲：「唉，陪臣執國政啊，這個國家是完蛋了。」

按《論語》。孔子曰：「天下有道，則禮樂征伐自天子出；天下無道，則禮樂征伐自諸侯出。自諸侯出，蓋十世希不失矣。自大夫出，五世希不失矣。陪臣執國命，三世希不失矣。天下有道，則政不在大夫。天下有道，則庶人不議。」

什麼是「天下有道，則庶人不議」？就是說如果國家治理得當，老百姓自然就不會有什麼怨言。

對於三桓之所以如此脆弱，孔子這樣總結。

按《論語》。孔子曰：「祿之去公室，五世矣。政逮于大夫，四世矣。故夫三桓之子孫，微矣。」

陽虎執政

陽虎執掌國政，與其他任何剛開始執掌國政的人一樣，迫切想通過某種方式確立自己的威信，讓國內的人民畏懼，讓全世界知曉，而

最好的辦法是什麼呢？戰爭，陽虎這麼認為。

第二年，陽虎率領季孫斯和孟懿子出兵偷襲鄭國的匡地，取得勝利。攻打匡地的原因有兩個，第一個自然是要表現自己的軍事領導才能，而更重要的是，鄭國此前曾經攻打晉國，所以此次攻打鄭國等於是為晉國出氣。

去的時候是悄悄地出發，回來的路上陽虎命令魯軍在經過衛國的時候繞了個圈子到衛國首都，從南門入東門出，意思是說我陽虎的魯國軍隊很牛，給你們看看。衛國國君衛靈公大為惱火，要不是大夫們勸住，當時就要跟魯國開戰。

從鄭國取勝歸來，陽虎派遣季孫斯和孟懿子兩人前往晉國，季孫斯是進獻鄭國的俘虜和戰利品，孟懿子則是專門去向晉定公夫人進獻禮品。一次派出兩個卿，單這規格就讓全魯國人民對陽虎的權勢側目了。

年底，陽虎又組織了一次盟誓，參加者是魯定公、季孫斯、孟懿子、叔孫州仇，當然，還有陽虎自己，盟誓的內容還是大傢伙從今之後要聽陽虎的。之後，大家集體去了著名的亂葬崗五父之衢進行了詛咒。

轉眼到了魯定公七年，齊國大夫國夏率軍進攻魯國。陽虎親自領兵，帶著季孫斯和孟懿子迎戰。陽虎和季孫斯在一個戰車，陽虎駕車；孟懿子和孟家大總管公斂處父一個戰車，公斂處父駕車。於是，滑稽的一幕出現了。

「虎哥，這仗怎麼打？」司機公斂處父問。

「我看，夜襲。」司機陽虎說。

「行不行？」司機公斂處父問。

「肯定行。」司機陽虎說。

兩個司機討論，兩個坐在車上的主人乾瞪眼沒資格發言。

就這樣，魯軍確定了夜襲的打法。

魯國和齊國打仗始終有一個問題沒有辦法解決，那就是兩國之間實在是親戚太多，打著打著仗就能發現對面是自己的小舅子。所以，給親戚通個風報個信就太正常了。這次也是這樣，魯軍的計畫第一時間就被送到了齊軍主帥手中。

「狗日的陽虎最喜歡偷襲，咱們設好埋伏，全殲他們。」國夏的計畫也訂好了。

問題是，有人給齊軍送信，也必然有人給魯軍送信。

所以，齊軍的計畫也第一時間送到了陽虎這裡。

得到齊軍已經有準備的消息的時候，魯軍正準備出發，怎麼辦？

「不行，就算他們有準備，我們也不怕。」陽虎還要打。

季孫斯瞪了瞪眼，沒敢說話。

「不行，這樣肯定要打敗仗。」公斂處父反對。

孟懿子用感激的眼神看看公斂處父，也沒有說話。

「不行，我們不能就這麼作罷。」陽虎還是堅持。

季孫斯和孟懿子都敢怒不敢言，他們都看著公斂處父，只有他能救命了。公斂處父沒有說話，他在想怎樣才能說服陽虎。

就在這個時候，孟孫的家臣苫夷大聲叫了起來：「陽虎，你要是讓兩家的主人都落難的話，我發誓一定殺了你。」

苫夷是孟孫家的第一猛將，陽虎也有些怕他。

「嗯，那好吧，既然不能進攻，咱們撤吧。」陽虎竟然服軟了，當然他也感覺進攻確實太冒險了。

當晚，魯軍撤退，避免了一場大敗。

第二年，齊魯之間又進行了兩場邊境戰爭，魯國兩戰皆敗。陽虎到這個時候明白了，魯國的軍力確實不是齊國的對手，自己的執政也許該從戰爭導向有所轉變了。

「嗯，該找些人來幫助我治國了。」陽虎想，他想起一個人來。

陽虎送禮

孔子專心教書，這一天剛剛下課，聽見有人在喊自己。

「孔老師，孔老師。」一個陌生的聲音傳來，回頭看，一個陌生人站在自己面前，孔子不認識他。「我是陽虎的家臣，主人派我來，請您去一趟。」

原來，是陽虎的人，家臣都有家臣了。

孔子曾經被陽虎羞辱過，後來在季孫家則是陽虎的下屬，那段時間陽虎對他也還不錯，所以兩人之間倒不算有過節，還算是同事過。

「陽總管找我什麼事？」孔子問。

「主人看上了您的才能，想請您出來做事。」來人說。更具體的，他也不知道。

「那什麼，恐怕不行。你看，我這麼多學生要教，自己身體也不太好，老婆又快生了，麻煩你替我感謝一下總管，我就不去叨擾了。」孔子拒絕了，其實根本就沒老婆。

孔子為什麼拒絕呢？因為他總覺得陽虎這樣「陪臣執國命」，名不正言不順，不會幹多長。

來人見孔子不去，也不能強迫，只好走了。

第二天一大早，昨天來的那人又來了，這次沒有空著手來。

「孔老師，這頭豬是我家主公送給您的，您一定收下。」陽虎派來的人帶來了一頭小豬，這樣的禮物非常重了。

「哎喲，感謝感謝。」孔子客套了一番，收下了小豬。

對於陽虎送豬，孔子心中難免有些感激，畢竟人家執掌著這個國家，自己不過是個民辦教師。人家兩次派人上門，還送了一頭豬，這說明人家看得起自己啊。

感激是感激，可是，去不去當陽虎的官呢？孔子前思後想，覺得還是不去比較理智一些。可是，即便不去當他的官，也不能得罪他啊，況且，人家對自己也不錯。

孔子決定去陽虎的府上回謝，可是又怕陽虎當場要自己出來當官，自己恐怕就無法拒絕了。怎麼辦？

孔子決定找一個陽虎不在家的時間去陽虎家裡，這樣禮數盡到了，還能躲開陽虎。

幾天之後，孔子探聽到陽虎不在家，於是趕緊上路去了陽虎家。果然陽虎不在，孔子報了自己的名字，留了些感謝的話，又叮囑陽虎的家人一定轉達，這才心情輕鬆地回家。

俗話說：無巧不成書。

就在半路上，孔子迎頭遇上了陽虎，躲都躲不掉。

這下，沒辦法了。

「夥計，你過來，我問你個問題。」陽虎對孔子說，明顯帶著霸氣。孔子走近了些，聽他說。「身懷高深的學問，卻不為國效力，這是仁嗎？」

「不是。」孔子低聲說，沒辦法，陽虎的氣場比自己強。

「想做大事卻不抓住機會，這樣的人算是明智嗎？」

「不算。」

「日月飛逝，時不我待，夥計，抓緊吧。」

「好，我跟你幹。」孔子被說動了。

「好。」陽虎很高興，拍了拍孔子的肩膀，走了。

按《論語》。陽貨欲見孔子，孔子不見，歸孔子豚，孔子時其亡也而往拜之，遇諸途，謂孔子曰：「來，予與爾言。」曰：「懷其寶，而迷其邦。可謂仁乎？」曰：「不可。」「好從事而亟失時，可謂知乎？」曰：「不可。」「日月逝矣，歲不我與。」孔子曰：「諾。吾將仕矣。」

孔子是真的被說動了，他那顆潛藏多年的從政的雄心又被激發了出來。

「陽虎很真誠啊，值得跟他幹。」孔子對自己說，可是，僅僅是這個理由不足以說服自己，所以他接著又說了：「其實，表面上是跟他幹，實際上還不是在為國效力？」

當天晚上，孔子做了一個夢，夢見自己當上了魯國的大夫，每個人對自己都很尊敬。自己還代表魯國出訪宋國，去祖墳上祭祀了祖先。

第二五五章

孔子當官

孔子的夢終究沒有實現。

孔子不願意主動上門去找陽虎，他怕學生們說他言行不一，說他一邊罵陽虎陪臣執國命，一邊卻又去上門巴結。孔子在等待陽虎派人來直接任命他，這樣他就可以說自己是被迫的。

可是，陽虎終於還是沒有派人來。是陽虎反悔了嗎？不是，是陽虎顧不上來了。

又見生死時速

陽虎有幾個死黨，他們是季寤、公鉏極、公山不狃、叔孫輒和叔仲志，其中季寤、公鉏極、公山不狃是季孫家的，季孫斯對他們都不太好，叔孫輒在叔孫家也很不得志，叔仲志則是魯國大夫，也幹得很沒勁。於是，五個兄弟都投靠了陽虎，幾個人最近密謀一件大事。

「幹掉三桓，取而代之。」陽虎在幾個人的躥唆下，決定幹一票大的。

按照最終的計畫，幹掉三桓之後，季寤接管季家，公山不狃出任大總管；叔孫輒接管叔孫家，而陽虎接管孟孫家，因為他本身就是孟孫家的人。

到了十月份，按照慣例祭祀歷代國君，陽虎在浦圃安排了一個宴會招待季孫斯，準備在這裡幹掉季孫斯。之後，再分別幹掉孟懿子和叔孫州仇。

宴會訂在了四日，到二日，孟懿子的大總管公斂處父發現曲阜城裡的氣氛有些異常，派人偵察了一番，說是季孫家的部隊開始處於戒嚴狀態。

「主公，季孫家的部隊開始戒備，出了什麼事情？」公斂處父問孟

懿子。

「沒有啊，剛才我還碰上季孫斯，沒說到這個事情啊。」孟懿子很吃驚，不知道要發生什麼。

「不用說了，那一定是陽虎在調動軍隊，看來他要發動叛亂了。季孫斯固然很危險，我們孟孫家恐怕也不能置身事外啊。」公斂處父最近也聽到一些風聲，立即就明白攤牌的時間到了。

「那怎麼辦？」孟懿子有些慌張起來，內心裡，他還是很怕陽虎。

「我們明天出兵，先把季孫斯救出來再說。」公斂處父有辦法，在魯國如果還有一個人不怕陽虎，這個人就是公斂處父了。

十月三日，陽虎帶領著季孫斯出城祭祀，陽虎的車在最前面，季孫斯的車在中間，陽虎的弟弟陽越在最後壓陣。季孫斯這些天來受到嚴密監視，他已經知道了陽虎的陰謀，他知道自己現在非常危險，而眼下可能是唯一的逃生機會了。

「林楚，你們家世代都是季孫家的忠臣，你也要做到這一點啊。」季孫對自己的御者說，御者林楚自然是陽虎派給他的，季孫抱著死馬當做活馬醫的心態，試圖拉攏他。

「你現在說這些還有什麼用呢？陽虎都要下手了，我幫不了你。」林楚把話說得很清楚，事到如今，說了也無妨。

「還來得及啊，你帶我去孟孫那裡吧。」季孫斯心頭一緊，看來陽虎是真的要下手了。

「倒不是我怕死，我是怕這樣也救不了主公啊。」林楚再次拒絕，不過有些猶豫。

「不試怎麼知道呢？你要是救了我，官升三級怎麼樣？」季孫一看有門，急忙許諾。

林楚沒有再說話，他只是用眼角的餘光掃視著前後左右。

岔路口到了，最後一個岔路口。

林楚突然一拉韁繩，將車帶進了岔路，隨後啪啪啪連甩三鞭，車飛奔出去。

季孫斯舒了一口氣，最後的希望還在。

林楚的車進了岔路，身後陽越的車也跟了進來。

「站住！」陽越在後面大聲喊著，前面的車則跑得更快。

陽越抽出箭來，對著前面的季孫斯射去，可惜車太顛，箭都射偏了。

一直追到孟孫家的大門口，大門開著，林楚的車直接衝了進去。之後大門關上了，等到陽越的車衝到近前，他沒有看到季孫斯，只看到一支箭向自己的面門飛來。

箭，插在陽越的眉心。

在公斂處父的安排下，孟孫家早有準備了。

孔子的妙計

事發突然，季孫斯的逃跑打亂了陽虎的部署。陽虎明白，孟家早已經有了準備。如今，只能立即出兵討伐孟孫，將孟懿子和季孫斯一網打盡。

於是，陽虎首先劫持了魯定公和叔孫州仇，隨後調集曲阜城裡的軍隊，進攻孟孫家。孟孫家的軍隊在數量上不如陽虎的隊伍，不過公斂處父已經連夜從孟孫家的大本營成地調集了部隊，此時恰好趕到，雙方人數對比立即逆轉。

陽虎的部隊和孟家的部隊進行了兩次交戰，終於，陽虎的部隊被擊敗了。

陽虎逃進了魯定公的公室，搶了魯國的國寶寶玉和大弓，之後逃往自己的封邑陽關。陽虎的同夥們也都紛紛出逃，而公山不狃此時還在費地，聽說陽虎戰敗，因此占據費地叛亂。

一手遮天，不可一世的陽虎就這樣完蛋了。快，實在是太快了。為什麼這樣快？因為陽虎沒有對突發事件作應急預案。

所以，世事難料。

第二年，魯軍攻打陽關，陽虎逃往齊國。在齊國，陽虎被齊景公囚禁，結果兩次逃跑，終於成功，借道宋國逃往晉國，投靠了趙鞅。

這是後話。

費地是季孫家的大本營，因此占據費地的公山不狃儼然是最具實力的人。當初的盟友們紛紛前往投奔，其中就包括叔孫輒。

「我們不能在這裡等他們來討伐，我們要招賢納士，擴充力量，伺機殺回去。」叔孫輒提出建議，於是兩人開始探討有哪些人才可以招納。

「嗯，陽虎當初想吸納孔子，我看，我們也可以去請他來。」公山不狃想起孔子來，派人悄悄來到孔家，請他前往費地，輔佐公山不狃。

孔子這時候正在糾結之中，一半懊惱，一半慶倖。懊惱的是陽虎被趕走，再也沒有人欣賞自己，自己的大夫夢就此破滅；慶倖的是，幸虧自己沒有拴到陽虎這條線上，否則也很危險。不過總的來說，是懊惱大於慶倖。

公山不狃的聘書送到，孔子不免一陣激動：哇噻，終於還有人欣賞我，終於還有人邀請我出山。

人，可以激動，可以感動，但是，不能衝動。

孔子在激動之餘，暗自分析了當前的形勢。以陽虎的實力，尚且一天就被消滅，公山不狃不過是占據了一個城，而且名不正言不順，前景可想而知。如果去投靠他，那不是打著燈籠上茅坑——找死？

所以，孔子準備婉言謝絕。

可是，突然之間他靈機一動。

「好，我去，我去，你先回去，我隨後就去。」孔子竟然一口答應下來，來人非常高興，回去覆命了。

隨後，孔子找來了子路，說是公山不狃派人來請他去治理費地，他要帶子路一塊去。

「老師，不要啊。就算沒地方去，也不至於去公山不狃那裡啊。」子路一聽，瞪圓了眼睛，想都沒想，立即反對。

「不能這麼說啊，人家這麼大老遠來請我，這麼有誠意，肯定重用我啊，我不是可以把周禮恢復過來嗎？治理好費地，就等於治理好魯國啊。」孔子說，似乎很鎮定。

「老師，公山不狃什麼人？陪臣，叛臣，去投奔他，跟您老人家的主張背道而馳啊。」子路這個時候很清醒，一句話說到了要害。「陽虎都跑了，公山不狃遲早也是這個下場，到時候老師您怎麼辦？」

孔子一副很無語的樣子，雙手抱頭想了一陣，揮揮手讓子路出去：「那，我再想想。」

孔子這一想，就再也沒有提起這件事情。

按《論語》。公山不狃以費畔，召，子欲往，子路不說，曰：「末之也已，何必公山氏之之也！」子曰：「夫召我者豈徒哉！如有用我者，吾其為東周乎！」

其實，孔子根本就沒有想過要去公山不狃那裡，既然這樣，為什麼要對子路說要去呢？

子路是個直性子，什麼話都憋不住，什麼情緒都直接放在臉上。

孔子找他的當天晚上，子路就很煩躁，有住校的同學們就來問是怎麼回事，子路就把事情對大家說了，大家都很驚訝，也很支持子路的意見。

第二天上課，孔子沒說，自然也沒人敢問。不過，事情就在學生們中間傳開了。傳來傳去，越傳越玄，說是公山不狃派人送來了一車禮物聘請孔子出山，被孔子拒絕了，一車禮物被拉走，公山不狃派來的人因為沒有完成任務而被殺。

事情很快傳到了南宮敬叔那裡，聽說老師拒絕了公山不狃的消息，南宮敬叔對老師又是敬佩，又是愧疚。敬佩的是老師高風亮節，不為所動；愧疚的是公山不狃都知道老師的才能而要重用他，自己卻沒有推薦過老師。

南宮敬叔到處去講老師的事蹟，他的層面自然不同，聽到的人都是卿大夫。很快，魯定公就知道了這件事情，於是請南宮敬叔來問問孔子這人是個什麼人。

「主公，孔子是我的老師，學問那是魯國第一世界第二，自從世界第一老子人間蒸發之後，他就是世界第一了。我聽說陽虎就曾經請他出山，被他拒絕了；前段公山不狃又請他去費地，也被他拒絕了。這

人有氣節，有知識，還宣導周禮，我猜想啊，如果我們再不用他，說不定什麼時候衛國宋國齊國晉國什麼的就都來挖他了。」南宮敬叔自然要為老師兼老婆的叔叔吹捧一番，說得魯定公瞪大了眼睛。

「那什麼，這樣的人才，咱們自己要用啊。」魯定公眼前一亮，做出了決定。

歷史上，關於孔子想去投靠公山不狃這一段總是被遮遮掩掩，要麼就是強詞奪理，為孔子辯解。其實，這根本就是孔子借力打力的計策，真正的目的是要引起魯定公的關注。類似的計策，在戰國時期被大量應用。可惜古人不識孔子的計策，一味要把孔子扶上聖位，才有了許多自欺欺人的牽強解釋。

這一年，孔子五十歲，孔子覺得自己已經能夠很從容地對待世事了。

按《論語》。子曰：「吾十有五而志於學，三十而立，四十而不惑，五十而知天命。」

終於當官了

中都宰，現在孔子是中都宰了。

現在是魯定公九年，孔子五十一歲。

中都是哪裡？中都宰是幹什麼？中都是魯國的一處地名，按魯國的規矩，有宗廟的所在稱為都，否則稱為邑。中都有魯國宗廟，因此稱為都，地點在今山東汶上西。中都宰就是中都地方行政長官，今天的說法就是中都市市長。

而中都是魯國公室不多的幾塊自留地，因此孔子算是魯國官員，而不是三桓的家臣。

從民辦教師，孔子一夜之間野雞變鳳凰，成了一方大員。

一朝權在手，便把令來行。

孔子上任中都宰，一時也引發轟動，一個毫無背景的甚至可以說出身卑微的民辦教師，竟然一夜之間當上了中都宰，人們都感到吃驚。

怎樣治理曲阜呢？孔子冷靜地分析了眼下的形勢。

孔子按照周禮的規定制定了很多規矩或者說法律條文，因為這些原本就是周禮中有的，所以也可以說成是重申。不過這些規定已經很多年沒有人遵守了，大家還是覺得新奇。這些法律條文的具體內容已經不可考，只有《孔子家語》中有一點簡單記載，也只能是在某些側面籠統地介紹。

總的來說，這些法律條文集中於「養生送死」，也就是人們起居生活和喪葬禮儀，對於社會安定和秩序有作用，但是對於社會經濟和軍事沒有明顯的作用。或者換句話說，孔子的管理是社會和諧，但是不能讓社會富庶；能夠讓百姓有安全感，但是不能讓百姓富足。

按《孔子家語》。孔子初仕為中都宰，制為養生送死之節：長幼異飲，強弱異任，男女別塗，路無拾遺，器不雕偽。為四寸之棺，五寸之槨，因丘陵為墳，不封不樹，行之一年，而四方諸侯則焉。

與國家領導人的對話

孔子擔任中都宰一年，政績斐然，於是魯定公親自召見。

「仲尼先生，想不到你這麼有才能，告訴我，你治理中都有什麼秘訣？」魯定公原本還有些擔心這個民辦教師幹不好，誰知道幹得不錯。

「以身作則，自己行得正，不用下令大家也會遵紀守法；自己首先不遵紀守法，你再怎麼要求，也沒有人信你的。」孔子回答，他認為首先要嚴格要求自己。

按《論語》。子曰：「其身正，不令而行；其身不正，雖令不從。」

「嗯，有道理，那，用你的方法治理魯國，你覺得怎麼樣？」魯定公對孔子的回答表示肯定，接著問。

「那有什麼問題？用來治理天下都沒問題，何況魯國？」

「那你說說，如果治理魯國，你有什麼辦法？」魯定公很有興趣，繼續問。

「如果以強權手段的行政權力、政策法令來管理一個國家，使其子

民順服，以壓服的方式採用強硬的刑罰來約束，使之達到所謂的安分守己，只不過是讓人隱藏了一顆不知羞恥的心，暫時不表現出違規違法的現象，表面上一派平和而已。而如果以德來感化人民，以禮引導人們，那麼人人都會做到勇於知恥，自我約束。簡單說吧，治理國家，要靠覺悟而不是靠刑罰。」孔子說。

按《論語》。子曰：「導之以政，齊之以德，民免而無恥。導之以德，齊之以禮，有恥且格。」

「聽起來很美，那具體怎樣執行呢？」魯定公覺得孔子說得很好，全國人民都非親即故的，大家一團和氣就把國家治理好當然最好。

「用詩書來教育感化大家，提升大家的情操；之後用禮來約束大家，讓大家知道什麼能做什麼不能做；最後，大家的覺悟提高了，層次提升了，於是這個時候就可以懂得樂，這個時候就是大成了。」孔子說。

按《論語》。子曰：「興于詩，立于禮，成于樂。」

「你這麼說，禮很重要了？」

「當然，如果國君以禮來約束自己，那麼百姓就會效仿，就容易治理了。」

按《論語》。子曰：「上好禮，則民易使也。」

「可是，我聽說百姓更喜歡追逐利益。」魯定公說，他覺得利比禮似乎更管用。

「不對，如果一切依照利害關係來行事，就會產生很多怨恨。」

按《論語》。子曰：「放於利而行，多怨。」

「你把禮說得這麼重要，那麼我問你，君臣之間該怎麼相處？」

「國君要按照禮的要求對待大臣，大臣要對國君忠誠。」

按《論語》。定公問：「君使臣，臣事君，如之何？」孔子對曰：「君使臣以禮，臣事君以忠。」

「那，那我怎麼知道老百姓懂不懂得禮呢？」

「如果老百姓能夠依照禮來行為，那就不用改變他們；如果不能，那就教會他們。」孔子說。

按《論語》。子曰：「民可使，由之；不可使，知之。」

對於上面這句話，歷來的斷句是「民可使由之，不可使知之」，歷來的解釋都是「讓老百姓按照我們說的去做就行了，不要讓他們知道為什麼這樣做」。按照這樣的解釋，孔子被扣上了愚民思想的帽子。

其實，愚民思想是老子的思想，不是孔子的。為什麼這樣說，以及為什麼應該按照本書的斷句，我們來做一個簡單分析。

首先，如果按照歷來的那種解釋，反推回原文，應該是「民可使之，不可知之」，這才是純正的春秋語言。相反，「民可使由之，不可使知之」本身就很彆扭。

其次，在孔子的思想中，找不到其他例證來佐證他的愚民思想。

再次，孔子原本是個民辦教師，他做的事情就是「知之」，就是把知識把周禮教授給普通百姓。如果他是愚民思想，那就等於否定自己，就是扇自己的嘴巴。

基於以上的原因，這句話的斷句一定是「民可使，由之；不可使，知之」。

魯定公想了想，基本上認同孔子的說法。

「那，我聽說仲尼先生非常博學，我想問問，有句話叫做一言以興邦，有這樣的事情嗎？」

「話不能這麼說，不過也差不多吧。人們常說：『做國君很難，做大臣也不容易。』如果知道『做國君很難』，這句話不是差不多可以讓國家強盛嗎？」

「那，有沒有一句話可以使國家衰亡的？」

「話不能這麼說，不過也差不多吧。人們常說：『當國君時期沒什麼好處，唯一比較牛的就是沒有人敢批評。』如果很喜歡『沒有人敢批評』，那這句話不是差不多能讓國家衰亡嗎？」

按《論語》。定公問：「一言而可以興邦，有諸？」孔子對曰：「言不可以若是其幾也。人之言曰：為君難，為臣不易。如知為君之難也，不幾乎一言而興邦乎？」曰：「一言而喪邦，有諸？」孔子對曰：「言不可以若是其幾也。人之言曰：予無樂乎為君，唯其言而莫予違

也。如其善而莫之違也，不亦善乎？如不善而莫之違也，不幾乎一言而喪邦乎？」

第二五六章

孔子升官

　　孔子當上了中都宰，立即又遇上一個問題，一個當年曾經遇上過的問題——學校怎麼辦？學生們怎麼辦？

　　孔子知道，當官當然是件好事，可是，當官的風險也大，說不定什麼時候就被炒魷魚。所以，開學校才是個比較穩妥的飯碗，自己即便是當了官，辛苦經營起來的學校絕對不能丟棄。

　　所以，孔子去中都上任之前，把學校的事情做了一個安排，幾名老資格的學生被委以重任，子路、冉耕、曾晳、漆雕開、閔子騫等人負責學校的正常運作和教學，孔子不定期回來進行指導和親自授課。後來，子路去了中都輔佐孔子，學校的事情主要就交給了曾晳和閔子騫負責。

　　那麼，這個時候孔子的學校是個什麼狀況呢？

顏回

　　在孔子上任中都宰之前，學校的規模已經超過百名學生，並且越是年輕的學生，層次就越高。

　　幾年前，孔子招收的學生中，有一些資質非常好的。

　　顏回，字子淵，是顏繇的兒子，比孔子小三十歲。顏回的性格與他的父親截然不同，性格沉穩好學，不與人爭。每次孔子上課的時候，顏回都不會舉手提問，可是下課之後與同學們談論，卻非常能夠發揮，把上課學到的知識運用得非常好。所以孔子一開始以為他比較愚鈍，後來發現他非常聰明。

　　按《論語》。子曰：「吾與回言終日，不違如愚，退而省其私，亦足以發。回也不愚。」

　　有一件事情，讓孔子對顏回的聰明刮目相看。

有一天早上上課之前，孔子正在更衣的時候聽到遠處有人哭得十分悲傷，連孔子都有些感傷起來，於是拿起瑟彈起來，瑟的聲音與哭聲非常像。孔子彈完之後走出去，聽到有學生在歎息，一看，是顏回。

　　「回，你歎息什麼？」孔子有些奇怪，問。

　　「剛才聽到有個人在哭，哭得很淒慘，聽那哭聲，不僅僅有死別，還有生離，唉。」顏回說著，又歎了一口氣。

　　「你怎麼知道？」孔子更加奇怪，問他。同學們也都很奇怪。

　　「因為，那哭聲像完山的大鳥。」

　　「什麼意思？」孔子瞪圓了眼睛，想不出個所以然來。

　　「完山的大鳥生了四個小鳥，之後小鳥們翅膀長硬了，就要飛向四方，大鳥發出悲哀的哭聲送它們，因為他們飛走之後再也不會回來了。」

　　「哦。」孔子看顏回一臉的悲相，覺得顏回的說法有點似是而非，畢竟人和鳥是不一樣的啊。

　　孔子派了人出去找那個哭的人，要弄清楚究竟是怎麼回事。不一會，去問的人回來了。

　　「怎麼回事？」大家都問。

　　「是這麼回事，哭的人死了父親，可是家裡窮沒有辦法埋葬，只得賣了兒子葬父親，剛才是正在跟兒子分別呢。」去的人說。

　　「哇噻！」孔子帶頭，所有人驚歎起來。

　　「顏回啊，你簡直就是個聖人啊。」孔子讚歎，對學生的優點，孔子從來不吝讚美之詞。

　　顏回的臉上沒有一點得意，依然是很悲傷的樣子。

　　有一次，子路和顏回與孔子在一起，孔子對他們說：「你們說一說自己的志向吧。」

　　顏回笑一笑，看看子路，他是個很講禮貌的人，子路是他的師兄，某種意義還是師叔，所以，要讓子路先說。

　　「升官發財之後，我願意把我的車馬、好衣服都拿出來跟朋友們分享，就算用壞了也無所謂。」子路說。他是個很講義氣很重朋友的人。

「你呢？」孔子問顏回，子路的志向他早就知道，他其實就想聽聽顏回的志向。

「我？我也沒有什麼志向，就希望不要誇耀自己的優點，不要吹噓自己的功勞吧。」顏回想了想說，這就是他的志向。

這算什麼志向？人們不都是唯恐自己的優點和功勞不被人知道嗎？如果不想讓別人知道自己的優點和功勞，意思就只有一點：我不想當官。

子路聽得有點糊塗，可是孔子聽明白了。他知道，顏回之所以說得這樣隱諱，是他知道老師很想當官。

「那，老師，你的志向呢？」子路提出問題，他早就想知道老師的志向。

「我？」孔子愣了一下，想了想，說：「大概就是，讓老年人安樂，讓年輕人記得我，讓朋友們信任我吧。」

孔子說完，顏回又笑了。孔子看見顏回笑，他知道顏回聽出了其中的味道。顏回知道孔子的志向是治理國家，可是為了不和弟子們爭論，因此說到了朋友以便讓子路認同。

「回啊，看來，有人用就發揮自己的才幹，沒有人用就歸隱研究學問，這樣的人就是我們兩個了。」孔子對顏回說。他感覺顏回很像自己，兩人有很多共同之處。

顏回笑笑，沒有說話。

子路有些不高興了，自己追隨老師這麼多年，老師也從來沒有說過類似的話，反而這麼欣賞這個小年輕。

「老師，那如果指揮三軍戰鬥，你跟誰在一起？」子路問孔子，他相信老師必然選擇自己。

「空手搏虎，徒步過河，死都不後悔的人，這樣沒腦子只知道逞勇的人，我是不會跟他共事的。我喜歡跟小心謹慎，謀劃好再行動的人共事。」孔子當即回答，然後看著子路發笑。

子路一臉的不忿，之後沮喪起來。

顏回又笑了，孔子也笑了，他經常用這樣打擊自尊的辦法來消損

子路的那股蠻氣。

「唉，顏繇這樣的人，怎麼生出顏回這樣的兒子呢？顏回要是我的兒子該有多好。」孔子暗想，他實在太喜歡顏回了。

按《論語》。顏淵季路侍，子曰：「盍各言爾志？」子路曰：「願車馬，衣輕裘，與朋友共，敝之而無憾。」顏淵曰：「願無伐善，無施勞。」子路曰：「願聞子之志。」子曰：「老者安之，朋友信之，少者懷之。」

按《論語》。子謂顏淵曰：「用之則行，舍之則藏，唯我與爾有是夫。」子路曰：「子行三軍，則誰與？」子曰：「暴虎馮河，死而無悔者，吾不與也。必也臨事而懼，好謀而成者也。」

孔子弟子們

冉雍，字仲弓，是冉耕的族人，和顏回同齡。冉雍人品很好，而且很大氣，但是口才一般，略顯木訥。儘管在同學們眼中冉雍是個很不起眼的人，可是孔子非常欣賞他，認為他今後是個做官的材料。

按《論語》。或曰：「雍也仁而不佞。」子曰：「焉用佞？御人以口給，屢憎於人，不知其仁。焉用佞？」

按《論語》。子曰：「雍也可使南面。」

冉雍的父親很不成器，吃喝嫖賭之類，冉雍有的時候因此而自卑。孔子常常勉勵他，有一次這樣說：「耕牛產下的牛犢，就算是不能用來祭祀，山川之神也不捨棄他的。」意思就是，你這樣優秀的人才，不會因為你父親而被埋沒的。

按《論語》。子謂仲弓曰：「犁牛之子且角，雖欲勿用，山川其舍諸？」

冉求，字子有，也是冉耕的族人，與冉雍同齡。冉求多才多藝，說話非常得體，思考問題周到，情商非常高，而且很有主意很能幹。孔子對於冉求比較欣賞，但是說不上喜歡。也就是說，孔子認可冉求的能力，但是冉求的性格不是他喜歡的類型。而冉求對孔子似乎也是

同樣的態度，冉求敬佩老師的學問，但是對老師的一些說法並不苟同。

對於冉求的才能，孔子在《論語》中提到過。

按《論語》。子路問成人。子曰：「若臧武仲之知，公綽之不欲，卞莊子之勇，冉求之藝，文之以禮樂，亦可以為成人矣。」曰：「今之成人者何必然。見利思義，見危授命，久要不忘平生之言，亦可以為成人矣。」

上面提到了卞莊子，順便說說卞莊子的故事。根據《史記》記載，一次卞莊子在路上遇上兩隻老虎吃一頭牛，卞莊子就準備去殺兩隻老虎。從人勸他等一等，等兩隻老虎吃完之後一定會相爭，到時候大的死小的傷，不是就可以輕鬆殺掉它們？卞莊子聽了勸告，結果果然殺了兩隻老虎。

坐山觀虎鬥，這個成語出於這裡。

兩虎相爭，必有一傷。這個成語也出於這裡。

商瞿，字子木，比孔子小二十九歲。商瞿這個人沒什麼個性，平時也跟同學們沒有多少交流，但是坐得住，是個研究學問的料。孔子一開始並沒有注意到他，但是後來老年時候研究周易很有心得，別的學生要麼不感興趣，要麼才華不夠，只有商瞿不僅有興趣而且有靈感，這讓孔子既吃驚又高興，將周易的研究成果都傳授給了商瞿，商瞿就成了孔子周易的正宗傳人和傳授者。

巫馬施，字子期，小孔子三十歲。巫馬期學習很刻苦，為人也很謙恭，是個正兒八經的三好學生，孔子很喜歡他。

宓不齊，字子賤，比孔子小三十歲。宓子賤的性格與巫馬期又不一樣，他學習不太刻苦，但是人很聰明，對知識的理解往往比別人都要深刻。為人很淡然，從不與人爭執。孔子也很喜歡他，認為他是典型的君子。

高柴，字子羔，比孔子小三十歲。到這裡，姓柴的讀者請保持恭敬，因為高柴是柴姓的得姓始祖。高柴身材很矮，不到五尺，基本上就是晏嬰的身高。性格上，高柴看上去有點愚鈍，而且認死理。孔子不太喜歡他，認為他有點傻。

按《史記》。子羔長不盈五尺，受業孔子，孔子以為愚。

因為身材矮小並且性格很倔，同學們普遍不喜歡高柴，再加上高柴是齊國人，有些同學還欺負他。對於同學們的欺負，高柴是逆來順受，忍氣吞聲。可是，有一個人為他抱打不平，誰？子路。

子路最看不慣有人欺軟怕硬，特別是欺負外地人，而路見不平拔刀相助是子路一向的性格。因此，當子路覺得大家太過分的時候，他就挺身而出了。「你們誰要是再欺負子羔，我就欺負他。欺軟怕硬，你們算什麼君子？有能耐的，衝我來。」子路對那些嘲弄欺負高柴的人發出了警告。

從那之後，子路就處處保護高柴，而高柴也處處尋求子路的保護。時間長了，兩人成了莫逆的好友，子路也發現了高柴性格中公正不阿的優點。所以在很多團隊中，我們都能發現，最強的人往往和最弱的人是最好的朋友。

升官再升官

魯定公決定重用孔子，因為魯國已經很多年沒有這樣超凡脫俗的忽悠了。

可是，怎樣重用孔子，任命他為什麼，這讓魯定公有點犯難。

要重用孔子，必須有恰當的職位，否則名不正則言不順。可是，重要職位都有人了，怎麼辦？魯定公想任命孔子為司空，來管理所有的公室自留地。可是司空這個職位被叔孫家世襲了，不可能出讓。

不過，魯定公還是想出了辦法，他任命孔子為「小司空」，活是司空的活，也就是國土建設部長，不過加了個小字，比司空級別低了一級，算不上卿，算上大夫。可是在《史記》及《孔子家語》中都說孔子被任命為大司空，明顯為抬高孔子地位。

孔子獲得任命，高興得猴子看見了香蕉一般。在整個魯國歷史長河中，非公族能夠坐到這個位置的，孔子是第一個人。所以，絕對值得驕傲，值得高興。

在司空的位置上，孔子的作為並不大，因為這原本就不是他擅長的領域。對於這段歷史，史書上基本沒有記錄，只有《孔子家語》中有些溢美之詞。

按《孔子家語》。定公以為司空，於是乃別五土之性，而物各得其所生之宜，咸得厥所。

實際上，孔子不事稼穡，對於土地和農業並不熟悉，同時，也並不重視。所以，他對於魯國農業的貢獻實在是不提也罷。而且，孔子在這個職位上僅僅幹了幾個月，根本沒有可能去「別五土之性」。

孔子真正做的一件令人印象深刻的事情還是他的本行。

當年魯昭公歸葬魯國，季孫意如想把他埋在祖墓外面，中間挖一條溝。後來在人勸說下作罷，但是依然把昭公埋在公墓南面，與歷代國君的墓保持了距離。孔子擔任司空之後，在昭公墓的南面挖了溝，讓昭公墓和歷代國君的墓成為一體。

魯定公十年春天，孔子擔任小司空。到當年夏天，孔子被提升為司寇。這一年，孔子五十二歲。

能夠這麼短的時間被提升為司寇，孔子遇上了兩個機緣。

首先，世襲司寇的臧會死了，臧會的兒子還小，因此這個位置暫時空了出來，而臧家不像三桓家族那樣不能動；第二，齊魯兩國和好，夏天的時候魯定公將會在齊國的夾谷會晤齊景公，需要一個卿隨從，可是三桓既沒有膽識也缺乏知識。這個時候，魯定公想起了孔子。

司寇原本是個卿，可是自從三桓專政之後，司寇就失去了卿的地位。但是不管怎麼說，至少聽起來是個卿，稀里糊塗可以過關。

就在這樣的背景下，孔子成了司寇。從職位和級別上來說，僅次於魯定公和三桓，位居第五，名副其實的國家領導人。

夾谷會

孔子被任命為司寇的同時被通知將擔任齊魯夾谷會的相禮，也就是魯定公的助手。孔子非常高興，唱著魯北小曲回到了家。子路為他

駕車，一路上就感覺老師這輩子沒這麼高興過，禁不住有些奇怪。

「老師，什麼事讓你這麼高興？」子路一邊趕車，一邊問。

「嘿嘿，我當上魯國司寇了，哈哈哈哈……」孔子忍不住大笑起來。

「老師，我記得您說過，君子禍患來了不畏懼，得到了福祿也不會格外高興。可是今天您升官發財之後，卻高興成這樣，為什麼呢？」子路問。他差一點就說成您這是不是有點小人呢？

「嘿嘿。」孔子還在笑，換了平時，子路這樣提問一定會被諷刺一番的，可是現在孔子心情好，所以也不惱火。「沒錯，我說過這樣的話。可是你聽說過『身處高位卻能善待百姓是一種樂事』嗎？就是周公那樣的。哈哈哈哈……」

子路沒有再問了，他知道這始終是老師的夢想，周公是老師的偶像。如今，老師有機會作周公了，高興一點也是自然的。不過，子路還是覺得老師有點過頭了。

在隨魯定公參加盟會之前，孔子做了大量的工作，對各種情況都作了預案。

魯定公十年夏天，魯定公與齊景公在夾谷相會。在盟誓的地方，齊國方面已經搭起了土壇，準備好了盟誓現場。兩國國君在壇下相會，然後同時登壇。就在這個時候，壇下傳來一陣喊殺聲，原來，是齊國人派來的萊夷俘虜在那裡舞刀弄槍，意圖非常明顯，就是製造緊張氣氛，讓魯國人害怕，從而在盟誓的時候占據上風。

孔子早就料到了這一點，他迅速上壇，把魯定公攙了下來，然後命令魯國衛隊準備戰鬥，孔子大聲喊道：「士兵們，拿起武器準備戰鬥。我們兩國國君在這裡盟誓，這些夷族俘虜竟然大聲喧嘩，耀武揚威。誓死保衛國君。安排妥當，這肯定不是齊國國君稱霸天下的方式。自古以來，外族人不能圖謀中國，夷狄不能擾亂中華，俘虜不能出席盟會，軍隊不能以武力相威脅，否則就是不祥，就不是義，就是無禮。我相信，這肯定不是齊國國君能夠做出來的。」

齊景公坐在壇上，聽著非常尷尬，於是揮揮手，讓萊人全部撤走。

之後，魯定公才在孔子的陪同下，重新登壇。隨後，開始盟誓。

兩國正要盟誓，齊國人在盟書上又加上了這樣的內容：「今後齊軍出國征戰，如果魯國不派三百乘戰車隨行，就要受到懲罰。」

孔子看見了，派大夫茲無前也去添加了這樣一句話：「如果齊國不把侵占魯國汶陽的田地還給魯國，而要讓魯國派兵跟從的話，也要受到懲罰。」

盟誓結束，基本上還是比較圓滿。齊景公很高興，決定要宴請魯定公。

孔子很擔心齊國人又要借宴會出什麼么蛾子，可是又不能不出席，因此決定找個什麼理由讓齊國人取消宴會，想來想去，想了個辦法。於是，孔丘前去拜會齊景公的相禮梁丘據。

「老梁啊，這個，齊魯兩國多次盟誓，過去盟誓的情況你知道不？」孔子問。

「這個，我，我不知道。」梁丘據當然不知道，他只知道齊景公愛吃什麼愛穿什麼愛什麼樣的女人。

孔子一聽，心中暗喜，對付這樣沒用的東西，是比較有把握的。

「那我告訴你吧，過去呢，盟誓結束之後，兩國國君就都回家了，從來不搞什麼宴會這類東東。為什麼呢？第一，宴會太費事，人家工作人員忙活盟誓已經很辛苦了，再整個宴會，那就更加辛苦了；第二呢，牛樽、象樽這樣的酒器是不能拿出宮的，鐘磬這樣的樂器也不能在野地裡演奏。如果宴會上這些東西一應俱全，那就是違背了禮法；如果這些東西都沒有，那這樣的宴會就太簡陋，簡直就是大排檔了。宴會簡陋，那就是貴國國君的恥辱；可是違背禮法，那也是貴國國君的恥辱。所以我看，宴會就免了吧。」孔子運用禮法來忽悠梁丘據，梁丘據自然只能被忽悠。

梁丘據把孔子忽悠他的話拿去忽悠齊景公，齊景公自然也只能被忽悠。

「算了算了，宴會取消。」齊景公取消了宴會，大家拍拍屁股各自回家了。

根據協定，齊國人歸還了侵占魯國的鄆地等三處的田地，不過孔子所說的汶陽的田地終究還是沒有歸還。

孔子在夾谷會上的表現得到國際社會的一致叫好，這讓孔子很得意。不過回到魯國家裡的時候，他卻非常沮喪。

孔家空空蕩蕩，要不是雞鴨貓狗們玩得正歡，真以為這裡剛剛被鬼子掃蕩過。

「人呢？人都去哪裡了？」孔子很吃驚，大聲問著。

「同學們，老師回來了，都出來啊。」子路大聲喊著，他還準備向同學們講一講老師是怎樣義正詞嚴大義凜然地讓齊國人服軟的呢。

平時，孔家都很熱鬧，因為有很多學生是住校的，不論是研習學問還是嬉笑打鬧，總是人氣很高，為什麼今天看不到人？難道是知道老師回來，都去迎接，卻走錯了路？

「老師回來了？」從教室裡走出一個人來，顏回。

「同學們呢？」子路大聲問，他給老師駕車。

「都去少正卯那裡聽課了。」顏回說。

「都去了？」孔子瞪大了眼睛。

「除了我。」

孔子沒有再說話，只是，他的眼中露出了凶光。

假公濟私

這已經是第三次出現這樣的情況了。

自從孔子擔任中都宰之後，教學的事情就過問得比較少了，而曾皙等人代課，學生們的反應也不是太好。

就在這個時候，另外一所私人學校開張了，校長名叫少正卯。

少正卯是魯國的聞人，也是個學問很深見識很廣的人，那麼，他的學校教授什麼呢？

三民主義？錯；三權分立？錯；人權宣言？錯；私有財產神聖不可侵犯？錯。

　　其實，自古以來，少正卯講的是什麼，從來也沒有人知道。不僅別人不知道，其實孔子也不知道。

　　少正卯的學校也招收了不少學生，一時間與孔子的學校雙峰對峙。

　　孔子的學生們原本就對代課老師們的水準不滿意，如今聽說少正卯講課非常獨到，因此都有些好奇。

　　少正卯創造了一種新的擴大影響的模式，那就是公開講座。公開講座的時候，所有人都可以來聽課。

　　孔子的學生們聽說有公開講座，一傳十十傳百，反正校長也不在，子路也不在，曾晳等代課老師性格又軟弱，沒有人能鎮住他們，乾脆去聽少正卯講座。此前，就發生過兩次孔子學生集體去聽少正卯講座的事情，反響十分熱烈。這一次，索性大家都去了，只有顏回一個人沒有去。而代課老師們眼看沒有學生可教，曾晳帶頭回家幹私活去了，有的代課老師則乾脆跟學生們一塊去聽少正卯的講座。

　　三次發生同樣的事情，說明什麼？說明少正卯講得不錯。

　　孔子很惱火，他相信如果單挑的話，他絕不懼怕少正卯，甚至還能從少正卯那裡奪來一部分學生。可是，如今的競爭是不對稱的，自己身為國家領導人，很多政務要處理，而少正卯可以專心教務，自然占據上風。

　　怎麼辦？

　　當天晚上，孔子學校召開了教職員工會議，孔子主持。

　　在會上，孔子嚴厲批評了曾晳和巫馬期，認為在自己離開期間兩人的工作很不負責任，也缺乏辦法。在這一點上，子路還是值得信賴的。

　　「大家認為應該怎麼辦？」孔子批評完之後，問大家。

　　會場的氣氛很不好，大家都低著頭不說話。

　　孔子看看子路，希望他說話，可是奇怪的是，子路竟然保持沉默。按照孔子的想法，子路這個時候原本應該拍案而起：「我守住大

門，看誰再敢去！」

「回，你怎麼看？」孔子問顏回，顏回作為學生代表參加。

「我沒有聽過少正卯的課，不知道他講得怎樣。不過，既然大家都愛聽，自然有可取之處。我想，我們還是改善自己的教學吧，我們自己講得好了，大家就不會去聽他的了。」顏回說。他總是喜歡反思，性格也比較溫和。

孔子看他一眼，對這個回答並不滿意。

「點，你說說。」孔子點名要曾晳發言。

「這個，根據去聽過少正卯講課的老師和同學的反應，少正卯的課講得很好，不僅有知識，而且能和現實結合，批評時政的內容很多，大家有共鳴。我們幾個老師可能都沒有這個水準，老師您講得好，但是您現在的身份恐怕也不能批評時政了。總之吧，很難。」曾晳比較悲觀，也提不出什麼辦法來。

其餘的人先後也發了言，也提了些建議，譬如孔子今後多點時間來講課，譬如孔子也搞點免費講座等等，還有的建議採取把學生中帶頭去聽少正卯講課的學生開除等等懲罰性措施。

建議提了不少，可是有用的一條也沒有。要麼就是可操作性太差，要麼就是適得其反，把學生逼到少正卯那裡去。

「子路，你呢？」孔子問子路。

「我，我想去聽聽少正卯講課。」子路說。內心裡，他倒沒有覺得少正卯的出現是個什麼壞事。

孔子沒有再說話了，他的臉色非常難看。不過，他已經下了決心。

在孔子從夾谷回來的第二天，也就是上任司寇第七天，孔子下令捉拿了少正卯，然後以「干擾政務」的罪名在宮門前處死，之後陳屍三天。

孔子怎麼有這麼大的權力？沒辦法，司寇就是最高法院院長。

殺了少正卯，少正卯的學校自然也就不復存在了。

孔子殺少正卯的消息傳到孔子的學校，聽說的人都沉默不語，看見孔子都低下頭急忙走開。學生們是慚愧？是恐懼？還是敢怒不敢言？

這個時候，只有一個人敢於質問孔子，誰？子路。

「老師，少正卯是魯國的名人，老師剛當上司寇，怎麼就殺了他？」子路問，他想不通老師為什麼要這樣做？

「子路啊，這些真不是你能夠理解的。我告訴你為什麼要殺少正卯，有五種人是必須要殺，比強盜小偷更該殺的。第一種人分得清事理，但是內心險惡；第二種人說話虛偽，但是很有辯才；第三種人行為邪僻，但是堅定不移；第四種人志向愚陋，但是知識廣博；第五種人行為不正，但是表面好施恩澤。這五種人都有懂得思辨、知識淵博、聰明通達的好名聲，但是實際上不是這樣。如果讓他們大行虛偽的一套，招搖撞騙，他們的智慧能夠感染群眾，強大的勢力能夠獨立於世，這是奸人中的梟雄，不能不殺。凡是這五種人中的一種，都應該殺，而少正卯兼有五種罪行，所以先殺了他。

「當年商湯殺蠋沐，姜太公殺潘址，管仲殺史附里，子產殺鄧析，這四個人不能不殺。殺他們的理由並不是他們白天做強盜晚上當小偷，而是他們是傾覆國家的敗類。當然，這樣的做法會讓君子懷疑，讓蠢貨疑惑。詩中寫道：『憂心悄悄，慍於群小。』（《詩·邶風·柏舟》）就是這個意思。」

孔子說了一大通，子路默默無語地走開了。

這一段見於《說苑》。孔子為魯司寇，七日而誅少正卯於東觀之下，門人聞之，趨而進，至者不言，其意皆一也。子貢後至，趨而進，曰：「夫少正卯者，魯國之聞人矣！夫子始為政，何以先誅之？」孔子曰：「賜也，非爾所及也。夫王者之誅有五，而盜竊不與焉。一曰心辨而險；二曰言偽而辯；三曰行辟而堅；四曰志愚而博；五曰順非而澤。此五者皆有辨知聰達之名，而非其真也。苟行以偽，則其知足以移眾，強足以獨立，此奸人之雄也，不可不誅。夫有五者之一，則不免於誅。今少正卯兼之，是以先誅之也。昔者湯誅蠋沐，太公誅潘址，管仲誅史附里，子產誅鄧析，此五子未有不誅也。所謂誅之者，非為其晝則功盜，暮則穿窬也，皆傾覆之徒也！此固君子之所疑，愚者之所惑也。詩云：『憂心悄悄，慍於群小。』此之謂矣。」

文中子貢應為子路，因為這時候子貢還沒有投師孔子。

歷史上，關於孔子是否殺少正卯，頗有爭議。而這段故事，見於《荀子》、《史記》、《孔子家語》和《說苑》，不見於《左傳》、《論語》。

有說法少正卯為大夫，孔子也是大夫，不可能這樣輕鬆殺掉少正卯。其實不然，少正卯並不是大夫，只是祖上官居少正，因此以少正為姓。

從當時的情況看，孔子殺少正卯也說得過去。當時孔子剛剛上任，殺人立威假公濟私都是很有可能的，況且剛剛立下大功，信心膨脹外加狂妄，氣場無敵，一怒殺人都可以想像。

如果孔子殺少正卯，這就是他歷史上最大的污點。為什麼這樣說？

孔子安給少正卯的罪名都是莫須有的，沒有一個真實的罪行，都是「誅心」與強加，都是思想犯罪。這一點，很像已經被取消的「反革命罪」和「流氓罪」。什麼是內心險惡，什麼是說話虛偽，什麼是行為邪僻，什麼是志向愚陋，什麼行為不正。所有這些，不都是你孔子說什麼就是什麼嗎？要是少正卯是司寇而你是民辦教師，少正卯也可以用這些罪名來殺了你。

說來說去，就是假公濟私，公報私仇，因為少正卯搶了你的風頭，吸引了你的學生，你在嫉妒仇恨之中利用國家機器消滅競爭對手而已。

不過依筆者的分析，對是否有孔子殺少正卯一事持相當懷疑的態度。因為此事既不見於《左傳》，也不見於《論語》。而之所以《孔子家語》記載此事，大致轉抄自《荀子》。

如果孔子殺少正卯是後人杜撰，這就是一大歷史冤案。

子路娶妻

孔子一時成為政治明星，不僅魯定公對他非常信任，就是三桓也對他另眼相看，紛紛宴請。

這一天，季孫斯請孔子吃飯，吃到中間，說起陽虎出逃之後，因為擔心第二個陽虎的出現，季孫家到現在沒有管家。

「嗯，我給你介紹一個人，這個人百分百忠誠，絕不會成為第二個陽虎。」孔子突然想起一個人來。

「誰？」季孫斯問，他一直在物色合適人選。

「子路啊，我的第一批學生，現在是我的管家。人很勇敢忠誠，也很負責任。」孔子接著把子路吹噓了一通。

孔子從子路當班長說起，怎樣任勞任怨，怎樣公正無私，怎樣言出必行，怎樣果斷堅決，怎樣聰明睿智等等，一直說到子路怎樣幫助自己斷案。

「根據一兩句話就能判斷出案情，做出合理的判決，我所見過的人中，只有子路了。而且啊，子路這人說到就急於去做到，今天說的今天一定會做，絕不會等到明天。」孔子說得眉飛色舞，從來就沒有這麼激動過。

按《論語》。子曰：「片言可以折獄者，其由也與？子路無宿諾。」

「好啊，你推薦的，肯定沒錯。」季孫斯慨然允諾。

這一次，孔子又是哼著小調回去的。自己的學生出人頭地了，做老師的當然高興。

就這樣，子路成了季孫家的管家。而季孫家的管家歷來都是公族出身的人擔任，這一次交給子路這樣一個連士都不是的人，一時也成為魯國街談巷議的談資。

「世道變了，魯國也墮落了。」很多公族這樣說，親親上恩看來在魯國是不適用了。

「太好了，我們也能看到希望了。」下層的人們都很興奮。

老師做了司寇，學生做了季孫家的管家，孔子師徒一時之間風頭無兩。

子路在季孫家幹得中規中矩，做事很有原則，決不會投機取巧，因此季孫斯對他印象不錯。不過因為過於死板，季孫家的人對他的反應不是太好。總之，還算不錯。

這一天，衛國大夫顏濁鄒到魯國來出差，順便拜訪孔子。因為孔子姥姥家姓顏，所以對顏濁鄒熱情招待。兩人談得非常投機，酒也喝得不少，漸漸地，無話不談了。

「我最近有件事情很煩惱。」顏濁鄒說著說著，突然發起愁來。

「什麼事？」孔子問。

「我只有一個親妹妹，我們感情非常好，我爹我娘死的時候，都叮囑我要照顧好妹妹。後來我把她嫁給了一戶人家，誰知道沒幾年時間，老公得了個怪病死了，如今弄得我妹妹年輕守寡，孤苦伶仃，我不知道該怎麼辦呢。」原來，是妹妹的事情。

「改嫁啊。」孔子說。

「改嫁？《周禮》允許嗎？」

「當然了，改嫁之後，只要去媒氏那裡登記就好了，《周禮》上寫明了啊。」

「那太好了。」顏濁鄒高興起來，可是隨後又有些發愁。「可是，我妹妹是個寡婦，還帶著個孩子，好人家誰願意娶她啊？再說了，她也怕周圍人笑話啊。」

孔子想想，倒也真是這麼回事。突然，他眼前一亮，想起一個主意來。

「顏大夫，我倒有個想法，不知道你有沒有興趣。」孔子說。

「您說。」

「我有一個學生名叫子路，比我小十歲，一直還沒有娶親。雖然出身卑微，但是身體好性格直還很好學，如今已經做了季孫家的管家，跟你妹妹也算是門當戶對。子路這人雖然性格粗一點，但是對人好，知道疼人。還有啊，你妹妹嫁到魯國來，也不用擔心周圍人的嘲笑了。」孔子想給子路說門親事，從前早就想過這事，可是一直沒有遇上合適的，如今子路也當了官，顏濁鄒的妹妹條件也不錯，兩人正好般配。

「那敢情好啊。」顏濁鄒一聽，非常高興。

第二天，孔子安排顏濁鄒和子路見了面，把事情說了，雙方都對對方很滿意。

就這樣定了親，寡婦再嫁，沒那麼多麻煩事，顏濁鄒回衛國不久，親自把妹妹送了過來，簡單成了親。

從此以後，子路算是有老婆的人了，兩口子十分恩愛，這是後話。

無關緊要的職務

司寇在級別上不低，不過實際上能做的事情不多，特別是在魯國。

魯國已經基本上被三桓瓜分，魯國的法律在三桓那裡是不適用的，三桓各有各的法律，各自有各自的執法機構。三桓家的人以及為三桓家打工的人，他們之間的訴訟都歸三桓自己家來管理，與國家無關。

所以，孔子這個司寇能夠管的實在就太少了。

而孔子對於訴訟本身就很不喜歡，他認為如果大家都懂得謙讓，就沒有訴訟可以發生了。所以，大凡訴訟，他都會先調解，實在沒有辦法了，才進行審判。

按《論語》。子曰：「聽訟，吾猶人也，必也使無訟乎。」

所以，所謂孔子曾經治理魯國的說法，都是無稽之談。`

所以準確地說，孔子只是魯定公的司寇，而不是魯國的司寇。

從這個角度說，進一步說明孔子並沒有殺少正卯，因為少正卯這個聞人不可能與三桓家沒有千絲萬縷的聯繫，只要三桓發個話，孔子就只能乖乖地放人。

就在孔子當上司寇的當年，魯國發生了一件大事。不過，這件事情與孔子沒有關係。為什麼魯國的大事與孔子沒有關係呢？因為，魯國是三桓的，三桓的事情不需要孔子來管。

第二五八章
斷臂

當初叔孫不敢（叔孫成子）要立叔孫州仇（叔孫武叔）為繼承人，郈邑宰公若藐勸叔孫不敢不要立叔孫州仇，可是最終叔孫不敢還是立了叔孫州仇。

叔孫州仇為此記恨在心，等到叔孫州仇繼位，決定要幹掉公若藐，可是不敢明著動手，一來怕被人笑話，二來郈邑是叔孫家的大本營，正面對抗只怕還未必是公若藐的對手。

明的不行，怎麼辦？好辦，來暗的。

替罪羊

叔孫州仇派自己的心腹公南去辦這件事情。公南是叔孫家的馬正，公南先找了人去暗殺公若藐，結果沒有成功。之後，公南把這個任務交給了郈邑的馬正侯犯。

馬正這個官聽起來好像就是管馬的，似乎跟孫悟空那個弼馬溫沒什麼區別。可是那個年代不一樣，沒有馬就沒辦法打仗，馬正基本上相當於如今的總後裝備部部長，權力不小。

侯犯接受雙重領導，在郈邑受公若藐領導，在馬正這條線上，接受公南的領導。現在是一個領導要殺另一個領導，而這個要殺人的領導又是領導的領導授意的，怎麼辦？在權衡利弊之後，侯犯決定殺掉公若藐。

侯犯派自己的手下拿著自己的劍去了公若藐的辦公室，公若藐看見有人拿著劍進來，問：「這是誰的劍？」侯犯的手下提著劍就過去了，公若藐猝不及防，被一劍刺死。

殺個人有的時候很難，有的時候簡單得超乎想像。

殺死了公若藐，侯犯又有些犯嘀咕，他認真回顧了一下歷史，發

現替人殺人的人最終都成了替罪羊。如今自己殺了公若藐，卻沒有任何拿得出手的理由，成為替罪羊的概率非常之高。怎麼辦？

侯犯最終作了一個決定：要想不當替罪羊，那就自己決定自己的命運。侯犯首先殺死了那個派去殺人的手下，隨後宣布：「叔孫州仇心胸狹隘，心黑手狠，竟然收買這個人殺害了公若藐。我們怎麼能為這樣的人賣命呢？」

侯犯帶領郈邑，宣布獨立。

「兄弟，對不起了，誰讓你替我殺人呢？」侯犯望著被殺的手下的屍體，心中暗說，有些慶倖，也有些慚愧。

侯犯率領郈邑造反，令叔孫州仇始料未及，原準備讓侯犯來做替罪羊，誰知道他竟然先動手了。沒辦法，到了這個時候，只能出兵了。

問題是，現在叔孫州仇能夠動員的兵力還不如郈地的兵力強大，所以，要討伐侯犯，奪回郈地，就必須要向季孫家和孟孫家借兵。

叔孫州仇首先來到了季孫家，見到季孫斯，略略寒暄之後，叔孫州仇話入正題。

「大哥，不瞞您說，我是跟您借兵來了。」叔孫州仇也沒有隱瞞，把要攻打郈地的事情說了一遍。

「唉，」季孫斯先歎了一口氣，之後開始說話：「兄弟，我就知道你是來借兵的。我不是不想借，我真是沒有兵可以借。現在我們家的大本營費地還被公山不狃占著呢，雖然沒有宣布造反，可是跟造反沒什麼區別，我這裡的命令他們根本就當放屁。我的兵力也就是曲阜這點人馬，你要願意，都借給你也無妨。」

季孫斯說的都是實話，自從陽虎造反失敗之後，公山不狃就占據著費地，基本相當於獨立，季孫斯無力討伐，只能睜隻眼閉隻眼，假裝什麼都不知道。他也曾經想過跟另外兩家借兵，可是前思後想，左籌右劃，發現根本不能借到兵，沒辦法，就這麼忍著了。

叔孫州仇來之前就想到可能是這樣的結果，人家季孫斯也沒騙自己，情況就是這麼個情況。

於是，叔孫州仇前往孟孫家借兵。孟懿子接待了叔孫州仇，兩人

又寒暄一陣，然後又進入正題。

「兄弟，這樣吧，這事情呢我也決定不了，我派人去問問公斂處父，看看能不能借兵。」孟懿子要去問公斂處父才行，公斂處父是孟孫家大本營成地的總管，借不借兵他說了算，因為孟孫家的主要兵力都在成地。

孟懿子的回答倒是比季孫斯好點，不過也好不到哪裡去。

兩天之後，孟懿子派人來給叔孫州仇回話，說是公斂處父拒絕借兵。「不過，孟孫家在曲阜的兵力可以借給你們。」來人這樣轉達。

叔孫州仇乾瞪眼，看來另外兩家跟自己這邊沒什麼區別，唯一的一點不同是，自己這邊是宣布造反，另外兩家是等同獨立。

怎麼辦？實在沒辦法了，就只能靠自己了。

臥底

叔孫州仇動員了全部家族力量，在魯定公十年秋天攻打郈地。結果自然是攻不下來，這還多虧了侯犯不好意思反攻，否則叔孫家的部隊就凶多吉少了。

到了這個時候，叔孫州仇猛然回過味來，既然國內借不到兵，為什麼不去向齊國人借兵呢？於是，叔孫州仇派人向齊國借兵，齊景公二話沒說，派兵幫助叔孫州仇攻打郈地。

對付一個叔孫州仇，侯犯綽綽有餘。可是如今齊國人摻和進來了，事情從國內戰爭演變成了國際問題，事情就麻煩了。所以，侯犯有點發毛了。

叔孫州仇暗地裡派人進城，把郈地的工正駟赤悄悄請到了自己的大營。

「老駟啊，我叔孫家一向待你也不薄啊，關鍵時刻，不要站錯了隊啊。」叔孫州仇要說服駟赤作臥底，講了小道理之後，緊接著上大道理：「再者說了，郈地的事情不僅僅是叔孫家的事情啊，而是整個魯國生死存亡的問題啊。這四分五裂的，國家遲早要滅亡啊，到時候大家

都是亡國奴啊。」

也不知道是原本就想作臥底，還是被叔孫州仇說動了，駟赤動心了。

「嗯，我的態度在《揚之水》最後一章的四個字中。」駟赤沒有直接回答，而是賣了個關子。

《揚之水》是《詩經・唐風》中的一首，叔孫州仇學習成績一般，真想不起來，於是馬上讓人拿《詩》來查，結果在最後一章找到四個字：我聞有命。

這四個字的意思叔孫州仇明白，就是「聽您的命令」。叔孫州仇十分高興，當即給駟赤磕了一個頭。

駟赤是一個出色的臥底，因為他做得很出色。

駟赤悄悄回到城裡，第二天去見侯犯。在侯犯造反之前，兩人級別相同，都是「正」，平時關係也不錯。

「老駟，如今齊魯聯軍圍攻我們，你看怎麼辦？」侯犯看見駟赤，向他討教，正中駟赤下懷。

「老侯啊，咱們處於魯國和齊國之間，如果哪個國家都不事奉，那就等於對抗兩個國家，那就是找死啊。所以我覺得啊，不如投靠齊國人，這樣齊國人就會幫助我們繼續占領這個地方。」駟赤的主意，就是把郈地賣給齊國人，就是賣國。

「嗯，這個主意好。」侯犯覺得這個主意不錯，這個主意也確實不錯。

侯犯於是派人前往齊軍，請求齊國人派人來談判。

就在這個當口，駟赤也派了人在城裡傳播假新聞。

「侯犯準備用郈地和齊國人交換土地，然後齊國人會把我們都遷走。」假新聞就是這樣的，不是假的假新聞，是真的假新聞。

城裡的人們開始驚慌起來，搬家可不是一件好事，房子、祖墳、土地、初戀情人等等，哪一樣不讓大家流連？何況，魯國人搬到齊國，那不是二等公民嗎？誰也不願意搬家。

「我們不搬家，我們不搬家。」郈地的人們開始聚集，堅決反對搬家。

群體事件正在醞釀中。

由此可見，假新聞的危害有多麼巨大。

這個時候，馴赤又來找侯犯了，把外面群情激奮的事情添油加醋描述了一番。

「啊，那怎麼辦？」侯犯很吃驚，他感覺有點眾叛親離。

「我感覺大家要造反了，看來他們還是向著叔孫家的。我看，與其等死，不如乾脆跟齊國人做個交易，用郈地去交換齊國的土地。另外，在門口放些皮甲，以防萬一啊。」馴赤的主意就是要推波助瀾，至於放皮甲在門口，完全是別有用心。

侯犯有些亂了方寸，於是又派人去齊軍提出土地交換方案。

現在，假新聞成了真新聞。

由此可見，很多假新聞很容易變成真新聞。

當齊國使者來到城外的時候，馴赤又派人沿城高喊「齊國軍隊來了，齊國軍隊來了」。一時間，城裡亂成一團，大家紛紛趕去侯犯家門外，恰好門口放著很多皮甲，於是大家穿上皮甲，進攻侯犯家。

到了這個時候，侯犯依然被蒙在鼓裡。

「報告，全城人都來攻打我們了。」有人來報告，誇張了一點。

「老侯，不要怕，我帶人去抵抗他們。」馴赤還在裝，好像很仗義。

「別，老馴，眾怒難犯啊。算了，跟他們談判吧。」侯犯這時候清醒了，他知道這時候來硬的就是找死。

於是，侯犯親自到門口和大家商量，請求大家放自己一馬，自己馬上消失，前往齊國政治避難。侯犯的請求得到大家的同意，於是，侯犯帶著一家老小和手下，倉皇逃往齊國去了。

就這樣，叔孫州仇算是收復了郈地。

斷臂

叔孫州仇收復了郈地，對季孫斯是個刺激，因為費地還在公山不狃手裡。如何收復費地，現在是季孫斯最迫切想做的事情了。

直接出兵攻打費地是不可行的，一來兵力不足，二來有些師出無名。可是，也不能就這麼裝聾作啞下去。

「子路，你有什麼好主意？」季孫斯跟子路商量這個事情。

「我覺得，如果讓公山不狃把費邑的城牆給拆了，咱們就可以攻打他們了。」子路回答。

季孫斯一聽，瞪了子路一眼，心說你這話說得太缺心眼了，人家憑什麼拆城牆啊？雖然這樣想，嘴上季孫沒有這樣說。

「那當然好，可是你怎麼能讓他拆城牆？」季孫斯問，斜看著子路。

「老師曾經教導我們說，按照古代的規矩，卿大夫家裡不能私藏武器，卿大夫的封邑城牆總長不能超過百雉（一雉為三丈，大致是一隻雞能飛的距離）。如今費邑的城牆遠遠超過這個長度，都屬於違法建築，憑這個讓他拆城牆怎麼樣？」子路搬出這麼個理由來，讓季孫斯有點哭笑不得。因為季孫家違背這個規矩都不是一代兩代了，如今自己拿出這麼個說法出來，那不是做賊喊捉賊嗎？

「這麼做意圖太明顯了，等於就是逼著公山不狃公然造反啊。」季孫斯對這個說法不滿意，而且他覺得這樣做顯得自己不占理。

「那萬一他不造反呢？再者說了，他造反總比現在這樣強吧？只要他造反，我們再討伐他不就名正言順了？」子路接著說，他看出季孫斯的不滿了，不過他是個有主見的人，他要把自己的意思表達完整。

「那也是啊。」季孫斯突然覺得子路的建議好像還真有點道理，也許可以試試，做賊喊捉賊也不失為一種辦法。「這樣，我再跟另外兩家商量下，看看他們的意思。」

季孫斯的意思，是怕自己這樣做導致另外兩家的反對，反而弄巧成拙。可是，讓他意料不到的是，叔孫州仇和孟懿子竟然紛紛表示支持。

「拆，該拆，咱們一塊拆。再不拆，咱們都完蛋了。」叔孫州仇和孟懿子都這麼表示。

這個時候，季孫斯才真正冷靜下來分析現狀。

現狀是，三家的家臣都很強橫，誰管理這三個地方都有可能造反。那麼，能不能不用家臣，而用自己的兄弟去管理這三個地方呢？不能，因為用兄弟更危險。家臣最多是造反，兄弟就要篡位了。於是，要防止家巨坐大，唯一的辦法就是削弱這三處的力量。

對於季孫家來說，公山不狃占據了費邑；對於叔孫家來說，一個馬正侯犯就能憑藉郈邑造反，今後隨時都有可能出現第二個侯犯；對於孟孫家來說，公斂處父現在就占據著成地，孟孫家族都要看他的眼色。

拆毀三地的城牆，實際上成了英雄斷臂。

高度一致，現在三家高度一致，就是要拆掉三地的城牆。問題是，除了叔孫家可以說拆就拆之外，另外兩家都做不到，特別是孟孫家，現在跟公斂處父表面上還能維持，如果這時候要去拆成地的城牆，那就等於是向公斂處父挑戰，那哪裡敢啊？而季孫和孟孫不拆，叔孫家也不敢先拆。

舊的問題解決了，新的問題又來了。

「子路啊，你的主意是好，可是，我們三家不敢幹啊。」季孫斯又找子路商量，他現在覺得子路挺有辦法。

「簡單啊，讓國君下令，不就行了？」子路的主意很正，因為如果是國君下令，那麼三桓在家臣們面前就可以把事情都推給魯定公了。

主意不錯，可是，還是不行，因為季孫斯知道，就算借個膽子給魯定公，他也不敢下這個命令。突然，他想起一個好辦法來。

「子路啊，我倒覺得，這個事情最好是你老師提出來，國君同意，然後我們就能開始了。」季孫的意思，這個惡人就交給孔子來做了。

當然，孔子肯不肯做，就要看子路怎麼去跟老師說了。

子路是個聰明人，可是他更是個直率人，政治鬥爭這根弦繃得不夠緊。在子路看來，給季孫家打工，就要為季孫家賣命，這是必然的。同時，拆除三家的城牆，削弱三家的力量，也符合老師「君君臣臣」的理念。

所以，子路很高興地接受了這個任務，去找老師了。

上套

孔子最近比較鬱悶，因為基本上無所事事。自己這個大司寇名義上地位很高，實際上沒什麼地位，走到外面，還不如三桓的家臣好使。

不說別人，就說子路，在外面的面子就比自己大得多。逢年過節，子路收的禮遠遠多於自己，外國使臣來訪，多半去見子路，不來見自己。所以，孔子很鬱悶。

孔子對三桓很有意見，為此，甚至對子路都有些不滿，認為子路太為季孫家賣命了。

子路來見孔子，孔子還是很高興，很久沒有見到子路了。子路向老師問過安，閒談了幾句，之後進入正題。

「老師，季孫準備拆毀費地的城牆，據說另外兩家也有意思要拆掉郈地和成地的城牆，不過，沒有國君的命令，他們不敢擅自行動。」子路說，他知道老師對三桓不滿，因此話說得有點模稜，故意沒有說透。

「噢，他們為什麼要拆？」孔子覺得有些奇怪，這不是老虎要扒自己的皮嗎？

「老師，實話實說。一方面呢，他們是要遵從古代的規矩，把超大的城牆拆掉。另一方面呢，他們是擔心家臣實力過強，占據三個城市造反。所以，他們要削弱這三個地方。」子路把話說得比較明白了，他知道老師很聰明，這點絕對能看出來。

「我想到了，可是，季孫家這樣做，不是等於跟公山不狃攤牌？」孔子果然看得清楚，一句話說出了要害。

「遲早要攤牌啊。」

「嗯，也是這麼個理。說起來呢，這也是好事，也是朝著君君臣臣的金光大道上前進的。那麼，我能做什麼？」孔子問，他知道子路來找自己絕不僅僅是要把這件事情告訴自己。

「老師，三桓拆自己的城牆呢，不太好自己向國君申請。所以，季孫的意思，是想請老師向國君提出這個建議，然後國君下令，他們就好做了。」

「好，沒問題，我明天就提建議。」孔子爽快地答應了。

按孔子的想法，這件事情做成，魯國就朝回歸周禮的道路上邁進了一大步，下一步三桓主動退出歷史舞臺，國君重新掌控國家，魯國很快就能強盛起來，而自己作為大司寇就完全有可能成為魯國恢復周

禮的總設計師，從而成為魯國歷史上的周公。

可是，他沒有想到的是，沒有人會自願退出歷史舞臺，特別是既得利益群體。

第二五九章
墮三都

按《史記》。定公十三年夏,孔子言於定公曰:「臣無藏甲,大夫毋百雉之城。」使仲由為季氏宰,將墮三都。

按《左傳》。魯定公十二年(前498年),仲由為季氏宰,將墮三都。

孔子按照子路的說法,向魯定公提出了拆毀三地城牆的建議,而魯定公早已經從季孫那裡得到暗示,知道這是三桓自己設計的,因此樂得做這個人情。

「司寇的建議很好,違法建築必須拆除。那麼,這件事情就請司寇監督執行。」魯定公把事情直接派給了孔子,讓孔子當這個得罪人的角色。

孔子很高興,他以為得到了名垂千古的機會。可是實際上,他不過是得到了充當替罪羊的機會。

拆違引發的戰爭

歷史上,這件事情叫做「墮三都」,因為郈、費和成分別是三家的都城。

孔子把命令傳達到了三家,三家紛紛表示完全擁護國君的英明決定,表示要不折不扣地執行,為魯國的國家完整和社會進步做出自己應有的貢獻。

叔孫州仇第一個拆除了城牆,因為郈現在在他的管治之下。

郈被墮,在魯國引發強烈反響。

「看來,為了大家的利益,叔孫家犧牲了小家的利益。」整個魯國,對叔孫家一片讚揚聲。

季孫於是派人前往費,命令公山不狃立即墮掉費。

公山不狃萬萬沒有想到季孫竟然使出這樣的英雄斷臂的辦法來對付自己,看來,三桓這次又是集體行動。墮,還是不墮?墮掉之後,沒

有了城牆的費隨時會受到攻擊；如果不墮，那麼就是公然對抗季孫、公然對抗國君，以及公然對抗全魯國人民。

「怎麼辦？」公山不狃真沒辦法，於是找來叔孫輒商量對策。

「怎麼辦？墮也不行，不墮也不行。所以啊，捨不得孩子套不住狼，不如我們乾脆直接起兵打進曲阜，把三桓都給辦了，然後我入主叔孫，你就代替季孫，再把陽虎弄回來入主孟孫家，咱們來當三桓，豈不是很好？」叔孫輒的主意就是以攻為守，孤注一擲。

公山不狃接受了叔孫輒的建議，悄悄整頓兵馬，突襲曲阜。

沒有人想到公山不狃竟然會先下手為強，季孫想到了公山不狃會公開反叛，但是也沒有想到他竟然會來偷襲曲阜。

大家都被打了個措手不及，在被公山不狃活捉之前，叔孫州仇、孟懿子和魯定公能夠做的唯一的一件事情就是逃命，而且都逃到了季孫家。當年季武子曾經修建一個高臺，十分堅固，就是為了緊急避難的時候使用。這座高臺現在叫做武子之台，三桓、魯定公和孔子都逃到了武子之臺上躲避。

公山不狃率領費地的軍隊開始攻台，不過武子之台實在是太高太堅固，堅固到不可能被攻克。

與此同時，三桓家的軍隊和公室的衛隊開始集結，曲阜的百姓們聽說公山不狃竟然敢於攻打國君，敢於攻打三桓，大家從家裡拿了武器，集結在一起，準備幫助三桓的軍隊迎擊公山不狃的隊伍。

很快，首都百姓們浩浩蕩蕩殺向武子之台，而孔子發現援軍來到，於是命令大夫申句須和樂頎率領台內的季孫家兵出擊。

公山不狃的隊伍在內外夾擊之下崩潰了，被首都人民一路追擊。公山不狃和叔孫輒見大勢已去，不敢再回費地，直接逃奔齊國去了。

季孫斯乘勢收復費地，墮費。

史上最大釘子戶

三都墮了兩都，看上去，一鼓作氣，就能完成墮三都的歷史重

任了。

可是，事情沒有那麼簡單。

成地由公斂處父掌管，公斂處父當初在陽虎之亂中立下大功，救了三桓，不僅在孟孫家說一不二，就是另外兩家對他也敬畏三分。公斂處父當然知道這次墮三都的真實目的，他也當然不願意就此讓出自己的權力。不過，公斂處父知道，如果公然叛亂，像公山不狃一樣先動手，無異於自取滅亡。

那麼，公山不狃怎麼辦？他自有自己的辦法。

公山不狃派人來找孟懿子，這樣說：「成地是魯國北面的保障，同時也是孟孫家的根據地。如果墮成，就等於向齊國人敞開國門，也就等於是孟孫家自取滅亡。所以，你就假裝不知道，我不墮成。」

孟懿子對於墮成原本就有些猶豫，畢竟公斂處父不是公山不狃，並沒有背叛孟孫家。如今聽公斂處父這麼說，索性就按照公斂處父的說法，睜隻眼閉隻眼，愛墮不墮。

季孫和叔孫對於孟孫家不墮成持無所謂的態度，反正自己的心腹大患已經除掉，管他孟孫家怎麼樣。

魯定公持什麼也不知道的態度，反正一切都是三桓安排的，愛怎麼整怎麼整，愛整成什麼樣整成什麼樣。

只有一個人很認真，認為一定要墮成，否則就是失敗。這個人，就是司寇孔子，他一門心思要做魯國的周公。

「主公，公處斂父不墮成，我們集合公室的兵力和季孫叔孫兩家的兵力，強行拿下成地。」孔子向魯定公提出建議。

「這，你去問問季孫和叔孫先吧。」魯定公興趣不大，不過如果孔子願意做這件事情，去試探一下季孫和叔孫的態度也行。

於是，孔子去找季孫斯。

「啊，這個，司寇的想法很好，我非常支持。不過，我們剛收復了費地，人心還沒有安撫，不敢輕舉妄動啊。」季孫斯拒絕了，建議孔子去找叔孫看看。

於是，孔子去找叔孫州仇。

「啊，那什麼，這是個很大膽的想法啊，去找過季孫了嗎？」叔孫州仇問，他要首先弄清楚季孫家的態度。

「他們剛收復了費地，人心未定，不敢輕易出兵。」孔子實話實說了。

「啊，那什麼，你看，我們的情況還不如季孫家。那什麼，天冷了，多添件衣服啊。」叔孫州仇同樣拒絕出兵。

孔子現在明白了，三桓一體，季孫和叔孫一定是和孟孫站在一邊的。

「好，狗日的們，看我拿下成地，再一個個收拾你們。」孔子一定要拿下成地，在他看來，只要拿下成地，就等於公室戰勝了三桓，下一步就可以把土地和軍隊歸還公室，周禮將在魯國發揚光大。

孔子再次來找魯定公，把季孫和叔孫的態度介紹了一遍。

「唉，那就算了吧。」魯定公並沒有驚訝，他想到了會是這樣的結局。

「不，三都已經墮了兩都，拿下成地就大功告成了，公室的復興指日可待。主公，機不可失，時不再來啊。我建議，公室出兵攻打成地，得道多助，正義必勝，我們一定能夠拿下成地。」孔子熱情高漲，堅持要攻打成地。

「這個——」魯定公被孔子說得有點激動起來，不過他馬上就想到了自己是怎樣坐在這個位置上的，三桓能讓自己坐上來，也能讓自己滾下去。現在要想的恐怕不應該是復興公室，而是怎樣避免成為第二個魯昭公。想到這裡，魯定公的激情又回到了冰點。「恐怕不妥啊。」

孔子從魯定公的表情變化察覺到了魯定公內心的恐懼和猶豫。

「主公，我知道這件事情主公不方便出面，這樣，我來組織攻打成地。」

「這個，那就試試吧。反正墮三都就是你負責的，以後也不用請示我，想怎麼做就怎麼做吧。」魯定公先把自己撇乾淨，準備看看熱鬧再說。

現在，主角們都在看熱鬧，跑龍套的孔子熱情高漲。

孔子非常興奮，立即派大夫申句須和樂頎率領公室軍隊攻打成地。公室的軍隊遠遠少於成地的部隊，根本不是公斂處父的對手。而申句須和樂頎是一百分的不願意，硬著頭皮率領部隊出發了。

公室軍隊來到成地駐紮，公斂處父命令關閉城門，拒不出戰。申句須和樂頎在城外裝模作樣挑戰了幾天，一邊挑戰一邊祈禱成地軍隊千萬不要出來。公斂處父很給面子，他知道自己的軍隊一個衝鋒就能把公室軍隊打回曲阜，不過他不願意那樣，把事情鬧大了，誰都沒有好處。

幾天之後，申句須和樂頎收兵回曲阜。

墮三都行動至此宣告半途而廢，而成地成為中國歷史上最大的拆遷釘子戶。

子路挨訓

屁股決定腦袋。

同一件事情，站在不同的立場，目的就不同。

在墮三都的問題上，三桓是為了削弱家臣的力量，而孔子是為了削弱三桓的力量。所以，事情開始的時候大家的方向是一致的，但是隨著事態的進展，大家的分歧日漸加大，也就從盟友成為敵人。

這，就是三桓和孔子之間的微妙關係。

儘管墮三都中途而廢，孔子還是在想盡辦法要削弱三桓。因為，三桓對孔子的意見越來越大，孔子對三桓的不滿也越來越大。

子路為季孫打工，屁股自然而然就坐在了季孫家的立場上。因此，孔子對他也越來越不滿。只是，子路對孔子還是一如既往的敬重和崇拜。

公山不狃被趕走，費地重新回到季孫家族的手中，季孫斯決定聘請一個新的費邑宰。

「子路，有沒有好的人選啊，給我推薦一個費邑宰。」季孫斯信任子路，讓他推薦一個人選。

子路非常高興，這下可以拉兄弟們一把了。閃念之間，子路想好了人選。

　　「那，我覺得我的師弟高柴不錯，這人很公正，而且很本分，是齊國人，所以思路比較開放。」子路推薦了最好的朋友高柴，這下可以共事了。

　　「好，你帶他來談談吧。」季孫斯決定面試一下。

　　子路興沖沖來到了孔子的家，找高柴的同時，去看望一下老師，他已經有一段時間沒有來看望老師了。

　　為了表示對老師的敬重，也為了證明自己混得不錯，子路穿了一套新衣服，看上去十分華麗。

　　「子路，你來做什麼？」孔子看見子路，既不滿又高興。不滿是因為子路很長時間沒來。高興是子路終於還是來了。

　　「來看望老師，還有件事情要請教老師。」子路說，他總是這麼直率，直接把目的說出來。

　　孔子突然用奇怪的眼神看著子路，看得子路都有些茫然，老師要幹什麼？

　　「子路，來看望我就來看望我，穿得這麼花哨幹什麼？」孔子眯著眼問，問得子路有點發愣，老師平時穿衣都很講究啊，自己穿得時髦點難道不對嗎？

　　「老師，這，有什麼不合適嗎？」

　　「長江源於岷山，它的源頭，水的極大處也就是浮起酒杯；到了江津，不並列船隻，不避開風勢，簡直就渡不過去，不都是下游許多水流注入的原因嗎？你看你現在穿得這麼花哨，顏色這樣鮮豔，天下誰還能超過你呢？」孔子的意思，你別這麼招搖，你能混到今天，還不是大家幫助你的結果？

　　子路一聽，知道老師對自己有看法了，算了，不跟老師爭了，順著他算了。

　　子路急忙退了出去，自己還有些衣服在這裡，於是換上從前的舊衣服，再來見孔子。

訓斥了子路一頓，孔子心情好了很多，再看見子路進來，態度也就溫和了許多。

「子路啊，你記住，我告訴你：愛忽悠的人，不可靠；愛出風頭的人，不靠譜。把自己的才智表現在外面的人，是小人。所以，君子知之為知之，不知為不知，這是說話的要領。能就說能，不能就說不能，這是行為的準則。說話合乎要領就是智；行為合乎準則就是仁。又智又仁，還有誰能超過你呢？」孔子又是一通大道理，聽得子路直點頭。

「老師教訓得對。」子路說，倒是出於真心。

「說吧，什麼事情？」孔子心情好了很多，和氣地問。

子路把季孫讓他推薦費邑宰，而自己推薦了高柴的事情說了一遍，請求老師同意高柴擔任費邑宰。

費邑是季孫家的大本營，費邑宰的權勢甚至不低於季孫家的大管家，而季孫家族實際上掌管了魯國的國政。所以，費邑宰絕對是一個舉足輕重的位置。子路覺得，能夠讓自己的弟子得到這個位置，孔子應該非常高興才對。

可是，子路想錯了。

「這怎麼行？高柴要能力沒能力，要學問沒學問，要風度沒風度，要高度沒高度，讓他去當費邑宰，這不是害人家嗎？」孔子激烈反對，劈頭蓋臉斥責子路。

「這，我覺得高柴性格穩重但是有原則，沒有問題啊。」子路爭辯，他覺得高柴不錯。

「啊呸。」孔子更加生氣了，咽了一口吐沫，大聲說：「他那點學問，能幹什麼？不再學習五年以上，他甭想去當官。」

「老師，那裡有百姓，有土地，不一定非要讀書才能學到東西啊。」子路還在爭辯，他覺得自己在季孫家當管家也能學到很多知識。

「哼，你就狡辯吧，我就討厭這種狡辯的人。」孔子很生氣，話說出來也有些火藥味了。

按《論語》。子路使子羔為費宰，子曰：「賊夫人之子。」子路曰：「有民人焉，有社稷焉。何必讀書，然後為學。」子曰：「是故惡夫佞

者。」

子路沒有再說話，他實在沒有想到會是這樣的場面。

孔子意識到自己有些失態了，畢竟子路不僅是自己最信任的學生，還是季孫家的管家，于公于私，不應該這麼不給面子。所以，孔子喝了一口水，平復自己的火氣之後，決定改用商量的語氣來和子路說話。

「子路啊，我不是對高柴有成見，其實他是個很努力的孩子，人品也好。但是，每個人的能力適合不同的工作。費這個地方是季孫家的心臟，季孫家的每個人都盯著費邑宰這個位置。可以說，費邑宰既要承受季孫家臣們覬覦，又要承受季孫的猜忌，不是一般人能夠去做的。這個人必須要八面玲瓏，隨機應變，要能讓下屬服氣，要能讓季孫放心。你說，高柴能坐這個位置嗎？」孔子把利害分析了一遍，然後看子路的反應。

子路一時沒有說話，不過臉色已經不像剛才那樣抗拒。過了一陣，子路才開口。

「老師，高柴確實不適合。」子路服氣了。

子路服氣了，孔子的心情也好了很多。

「可是，我已經跟季孫說了，怎麼辦？」子路問。

「你可以推薦另一個人。」孔子心情好了，說話也輕鬆了很多。

「誰？」

「冉有啊。」孔子說，不過說完，他又有些後悔。

自從當初子路隨孔子去了中都，孔家的管家就由冉有代理；自從子路去了季孫家，冉有就正式接任了孔家的管家。冉有的能力明顯在子路之上，這一點每個人都承認。在孔子的弟子當中，最具有管理才能的就是冉有。

冉有的性格也很好，善於與人溝通。此外，冉有家世代是季孫家的家臣，在季孫家頗有人脈，這一點也是他的優勢。

所以，沒有人比冉有更合適了。可是，孔子又有些捨不得，這是他有點後悔的原因。

「對啊，冉有最合適啊，我怎麼沒有想到他呢？」子路非常高興，可以說是喜出望外。

　話已經說出去了，孔子不能再說冉有也不行了。再說了，如果自己阻止冉有去，弟子們會怎麼想？還有誰願意跟這個老師混？

　就這樣，子路向季孫斯重新舉薦了冉有，冉有面試一次過關，季孫斯對他非常欣賞，立即任命他為費邑宰。

　　孔子一門心思要恢復魯國公室的利益和權力，因此在平時的言行中都表現出對三桓的不滿，也會提出一些壓制三桓的建議。可是，所有的建議，只要是涉及三桓的，魯定公一概駁回，而三桓知道之後，都對孔子不滿。

　　基本上，孔子並沒有能夠討好魯定公，相反，魯定公開始擔心孔子會連累自己；而三桓對孔子日漸討厭，尤其是季孫斯。

　　豬八戒照鏡子──裡外不是人，這就是孔子當時的狀況。

　　可是，孔子很執著，他要按自己認為對的方式去做。

孔子斷案

　　有一對父子之間發生了訴訟，具體什麼原因沒有記載，不過不外乎土地錢財。父子二人吵吵鬧鬧，來到了孔子這裡。

　　按照孔子的習慣性審案方式，是這樣的。

　　孔子會安排兩名訟師，類似于現在的律師或者陪審團。首先，訴訟人提出各自的主張和論據；之後，孔子讓一名訟師首先發表意見，論述自己對於案件的看法；再之後，又讓另外一名訟師發表意見。兩名訟訴的意見發表之後，孔子斷案：「某某訟師說得正確，按照他的意見判決。」

　　基本上，孔子也算是開創了中國歷史上原始的律師制度。

　　按《說苑》。孔子為魯司寇，聽獄必師斷，敦敦然皆立，然後君子進曰：「某子以為何若，某子以為云云。」又曰：「某子以為何若，某子曰云云。」辯矣。然後君子幾當從某子云云乎。

　　不過，這次孔子沒有採用這個辦法，他採用了什麼辦法？

　　孔子把父子二人關在了一個牢房，之後並不審理。這一關，就是

三個月。三個月之後，父親實在忍不住了，請求撤訴，孔子準予撤訴，釋放了父子二人。

父子訴訟的案件很快傳到了季孫斯那裡，季孫斯非常不高興。恰好冉有就在面前，季孫斯當著冉有的面批判起孔子來。

「孔子忽悠我了，他從前對我說，治理國家最重要的是提倡孝道，如今這個不孝的兒子不是一個很好的反面典型嗎？為什麼不殺掉他來教導百姓呢？真是太無理了。」季孫斯話說得很氣憤，借此發洩他對孔子的一貫不滿。

「哈哈，老師大概有他自己的想法吧。」冉有小心地為孔子辯解了一下，見季孫斯的臉色難看，於是找了個別的事，把話頭岔開了。

從季孫斯那裡出來，冉有感覺到事情比想像中要嚴重，僅僅這件事情，季孫斯犯不著如此光火。

冉有來到了孔子家中，他要把季孫斯的反應告訴老師，看老師有什麼說法。

「唉，執掌國政的人治國無道，卻要殺掉有過失的百姓，這是不合理的；不能教育民眾遵守孝道，卻以不孝來處置案件，這是殺害無辜的人。軍隊打了敗仗，不應該拿士兵開刀；法治不健全，又怎麼可以處罰百姓呢？身處上位的人教化不力，百姓犯罪的罪過就不在百姓。法令鬆弛，可是處罰隨意，這就是殘害百姓；隨意徵收稅賦，增加稅種，就是殘暴百姓；不經試行就要求百姓去遵守，這是殘虐百姓。當治理國家時沒有這種三種情況，才能執行刑罰。《康誥》裡說得好啊：『刑罰要合乎禮義，不是隨心所欲，不是執法者想怎樣就怎樣。』其含義就在於執政者要教化為先，刑罰為後。對老百姓，先對他們進行道德教化，自己身體力行，之後才能讓他們服從；如果這樣還不行，再以尊崇賢人樹立榜樣的方法勉勵百姓；如果這樣還不行，那就廢黜無能之輩；如果還是不行，才可以用教令的威勢讓百姓忌憚。如此進行三年，百姓們就步入正軌了。如果有奸邪之徒不聽從教化，再以刑罰對待這種人。那麼，百姓就知道什麼是犯罪行為了。《詩經・小雅・節南山》中說道：『天子是毗，俾民不迷』，所以，不必使用威勢彈壓，不必使用

刑罰。而如今不是這樣，教化淆亂，刑罰繁多，只能使百姓能夠更加迷惑而觸犯刑罰，又濫用刑罰，結果就是刑罰越多越制止不了犯罪。三尺的牆，即便空車也不能越過，為什麼呢？因為陡峭。百仞的山，重載的車也能翻越，為什麼呢？因為山嶺上的坡路是逐漸抬高。現在的世俗就像這高山，敗壞的時間已經太長了，靠刑罰怎麼能阻止呢？」（《孔子家語》）孔子講了一大通，核心思想就是三桓對魯國的統治已經敗壞了很多年了，想靠刑罰治理這個國家已經是沒有辦法了。而話外之音，就是孔子對三桓的強烈不滿。

再有是個聰明人，當然知道老師的話就是針對季孫的。自己現在是季孫家的人，當然不能順著孔子批判季孫，可是同時，也不能反駁老師。

所以，再有對孔子的話未置可否，搭訕了幾句，告辭走了。

再有沒有把孔子的話轉告季孫斯，可是孔子自己跟弟子們說起了這件事情，結果很快傳到了季孫斯的耳朵裡，他不僅對孔子更加不滿，對再有也產生了不滿。

禍起蕭牆

孔子的兩個弟子，一個擔任季孫家的管家，一個擔任費邑宰。對於孔子的學校來說，沒有比這更好的招生廣告了。在魯國歷史上，除了鬥雞的曹劌之外，能夠以平民身份平步青雲的，大概就只有孔子師徒三人了。

整個魯國都在說孔子的學校，士人們從孔子學校看到了生活的希望。

「想當官嗎？去孔子學校；想發財嗎？去孔子學校。」這不是孔子學校的招生廣告，而是所有想當官發財的平民們的共同的呼聲。

一時之間，到孔子學校上門求學的人擠破了大門。

「對不起，名額已滿，不再招生。」孔子的學校不得不停止擴大招生。

冉有在費邑做得非常出色，比子路還要出色。不過，越是出色，孔子反而越是不高興。理由很簡單，因為屁股決定腦袋。冉有的屁股坐到季孫家之後，想法與老師已經完全不同，處處為季孫家著想，而不是為魯國著想。

　　臨近費邑有一個小國叫做顓臾，是魯國的附庸國。季孫斯決定滅掉這個國家，併入費邑，成為季孫家的地盤。為什麼非要滅掉顓臾呢？理由其實很簡單，三桓瓜分了魯國，可是附庸國依然向公室納稅，三桓並沒有什麼利益。滅掉顓臾，本質上就是搶奪魯國國君的利益。

　　因為顓臾國家很小，季孫斯把任務直接派給了冉有。在事先徵求意見的時候，子路和冉有都表示反對，不過既然季孫斯決心已下，兩人也只能服從。

　　在出兵之前，子路和冉有來看望孔子，同時把事情向老師彙報一下。畢竟，這是國際戰爭，孔子也是國家領導人，如果不來彙報，到時候老師又該不高興了。

　　「老師，季孫準備攻打顓臾了。」冉有把事情大致介紹了一遍。

　　「求啊，這可是你的失職了。顓臾從前是周朝讓他們主持東蒙山的祭祀的，而且已經是魯國的附庸了，為什麼要討伐它呢？」孔子立即表示反對，也表示對冉有的不滿。

　　「老師，都是季孫想去攻打啊，我和子路師兄都表示反對了。」冉有料到了老師的態度，急忙為自己開脫。

　　「求啊，周任有句話說：『盡自己的力量去負擔你的職務，實在做不好就辭職。』有了危險不去扶助，跌倒了不去攙扶，那還用輔助的人幹什麼呢？你說的話顯然不對。老虎、犀牛從籠子裡跑出來，龜甲、玉器在匣子裡毀壞了，這是誰的過錯呢？」孔子更不高興了，他覺得冉有和子路沒有盡力，尤其是冉有。

　　「老師，話說回來，顓臾城牆堅固，而且離費邑很近。現在不把它奪取過來，將來一定會成為魯國的憂患的。」冉有繼續辯解，屁股顯然坐在季孫立場上。

　　孔子最恨的就是冉有站在季孫家的立場上說話，聽冉有這麼說，

火一下子就起來了。

　　「求，君子最痛恨的，就是那種不敢說出自己的真實目的，找其他藉口來辯解的作法了。我聽說，不論是國家還是家庭，不怕財富少，而怕分配不公平；不怕貧困，而怕動亂。財富分配公平了，也就沒有所謂貧窮；大家和睦，就不會感到財富少；社會安定，也就沒有傾覆的危險了。就因為這樣，如果遠方的人還不歸服，就用仁、義、禮、樂招徠他們；已經來了，就讓他們安心住下去。現在，仲由和冉求你們兩個人輔助季氏，遠方的人不歸服，而不能招徠他們；國內民心離散，不能保持穩定，反而策劃在國內使用武力。我只怕季孫想要奪取的不是顓臾，而是國君的利益吧。」孔子一番話，說得清清楚楚，說得冉有和子路兩人默然無語，悻悻離去。

　　最終，冉有還是率領費邑的部隊滅了顓臾。

　　按《論語》。季氏將伐顓臾，冉有季路見於孔子曰：「季氏將有事於顓臾。」孔子曰：「求，無乃爾是過與？夫顓臾，昔者先王以為東蒙主，且在邦域之中矣，是社稷之臣也，何以伐為？」冉有曰：「夫子欲之，吾二臣者，皆不欲也。」孔子曰：「求，周任有言曰：陳力就列，不能者止。危而不持，顛而不扶，則將焉用彼相矣？且爾言過矣。虎兕出於柙，龜玉毀於櫝中，是誰之過與？」冉有曰：「今夫顓臾，固而近于費，今不取，後世必為子孫憂。」孔子曰：「求，君子疾夫舍曰欲之而必為之辭。丘也聞有國有家者，不患寡而患不均，不患貧而患不安，蓋均無貧，和無寡，安無傾。夫如是，故遠人不服，則修文德以來之。既來之，則安之。今由與求也，相夫子，遠人不服而不能來也，邦分崩離析而不能守也，而謀動干戈於邦內，吾恐季孫之憂，不在顓臾，而在蕭牆之內也。」

　　不患寡而患不均，這個成語來自這裡。

　　既來之，則安之。這個成語來自這裡。

　　分崩離析，這個成語來自這裡。

　　禍起蕭牆，這個成語來自這裡，意思是內部發生禍亂。

　　蕭牆，是國君宮殿大門內（或大門外）面對大門起屏障作用的矮

牆，又稱「塞門」；蕭牆的作用，在於遮擋視線，防止外人向大門內窺視。上文中的蕭牆之內指代魯國國君，有說法指代三桓或者季孫家內部，錯。

冉有和子路的處境

孔子對冉有和子路真的很不滿，即便是與外人，孔子有時候也表現出對兩個弟子的失望。

一次，季孫家的季子然與孔子談起他的兩個在季孫家供職的弟子。

「子路和冉有算得上出色的大臣嗎？」季子然問，他很欣賞這兩個人，以為在他們的老師面前誇獎他們，他們的老師一定會很高興。

「嘿，我以為問誰呢，問他們啊。」孔子有點不以為然，然後以不屑的口氣說：「所謂大臣，就是要以道義來輔佐君主，做不到就不要幹了。子路和冉有嘛，也就是兩個家臣吧。」

「那麼，他們會一切聽從季孫斯的命令嗎？」季子然對孔子的回答有些驚訝，於是接著問。

「嗯，如果是殺父殺君這樣的事情，他們也不會幹的。」孔子回答，他發覺自己剛才有些貶低自己的弟子了，現在要挽回一點來。

按《論語》。季子然問：「仲由、冉求，可謂大臣與？」子曰：「吾以子為異之問，曾由與求之問。所謂大臣者，以道事君，不可則止。今由與求也，可謂具臣矣。」曰：「然則從之者與？」子曰：「弒父與君，亦不從也。」

子路和冉有夾在季孫和老師之間，一個得罪不起，一個不願得罪，因此兩人經常要充當傳話的角色，把季孫的話傳給老師，然後被老師訓斥一頓；或者把老師的話傳給季孫，看季孫的白眼。

作為季孫家的管家，儘管盡職盡責，可是不夠圓滑，因此得罪了一些人。而冉有年紀輕資歷淺，被很多人嫉妒。

當季孫斯對孔子強烈不滿之後，對於孔子的弟子子路和冉有的態度也都有了一些變化，不再像從前那麼信任。所謂牆倒眾人推，很多人

看到了幹掉子路和冉有的機會，於是紛紛到季孫斯面前說他們的壞話。

公伯寮也是孔子的弟子，這個時候也在季孫家打工，他一向對子路不滿，這個時候覺得是個機會收拾子路，同時保全自己。於是，他就去季孫斯那裡說子路的壞話，恰好子服景伯在季孫斯那裡，聽到了公伯寮說的壞話。

子服景伯知道子路的為人剛正不阿，很討厭公伯寮。不久，子服景伯碰上了孔子，把這件事情告訴了孔子。

「先生如果想要收拾公伯寮，那就說一聲，以我的力量，足夠把他宰掉。」子服景伯說，他是孟孫家的人，可是和季孫斯的關係非常好。

「唉，算了，大道如果能施行，那就是命；如果不能施行，那也是命。公伯寮能改變什麼呢？」孔子謝絕了子服景伯的好意，這個時候，多一事不如少一事，何況，公伯寮好歹也是自己的學生，下不了手。

按《論語》。公伯寮訴子路于季孫，子服景伯以告曰：「夫子固有惑志于公伯寮，吾力猶能肆諸市朝。」子曰：「道之將行也與，命也；道之將廢也與，命也。公伯寮其如命何！」

炒魷魚

終於，季孫斯對孔子的忍耐到了極限，對子路和冉有的不信任也到了極限。

「子路，非常感謝你對季孫家所做的貢獻，可是，因為人員調整等等問題吧，我們決定解除你的管家職務，我相信，憑你的能力，很快能夠找到更好的工作，更充分地發揮你的才能。謝謝，謝謝，請慢走。」話不是這麼說，但是意思是這麼個意思，季孫斯炒了子路的魷魚。

於是，子路從季孫家回到了孔子家。

孔子很熱情地歡迎他回來。

這是一個信號，孔子知道自己也幹不長了。

「看來，我也快了。」孔子對子路說，他明白自己的處境不太妙了。

幾天後，冉有主動辭去了費邑宰，他覺得與其等著被炒，不如自

已走開。季孫斯對冉有其實還是很欣賞，冉有要走，還做姿態挽留，不過冉有決心已下，最終還是炒了自己的魷魚。離開季孫家，冉有也回到了孔子這裡，依然擔任孔子的管家。

冉有的辭職，讓孔子門下混得最好的兩大弟子都失去了職位，對於孔子是個異常沉重的打擊，對於孔子的學生們也是一個沉重的打擊。

「我不能幹下去了，而且，我也不願意再待在魯國了。」孔子對子路和冉有說，幹不下去是肯定的，可是為什麼要離開魯國？

理由很簡單，第一，擔心受到報復；第二，面子掛不住。

「那，我們去衛國吧。」子路建議。

「為什麼去衛國？」孔子問，衛國是魯國的鄰國，路途並不遙遠，倒是方便。

「老師當年幫我娶了衛國的老婆，我大舅子顏濁鄒在衛國混得不錯，咱們可以去投奔他。」弄來弄去，原來是投奔子路的大舅子。

孔子瞥了子路一眼，心說這兄弟幹了這麼長時間季孫家的管家，還是缺心眼。我一個堂堂魯國的司寇，去投靠衛國一個大夫，我吃飽了撐的？我的面子放哪裡啊？

不過，沒等孔子諷刺子路，子路又接著說了。

「我大舅子還有一個妹夫，也就是我的挑擔，名叫彌子瑕，他在衛國國君面前很受寵。所以呢，我們可以借助他的關係去見衛國國君。不瞞老師說，早前大舅子就說了，如果這邊混得不好，可以去找他，以老師的名聲才能，在衛國弄個卿什麼的當當，就是手到擒來的事情。」子路接著說，原來，還有這麼一個拐彎親。

孔子這才笑了，彌子瑕他是知道的，確實很受衛國國君衛靈公的寵信。

「嗯，衛國好，咱們魯國是周公的後代，衛國是康叔的後代，魯衛兩國就是兄弟國家，政治上出於一脈啊。衛國好，衛國好。」孔子笑著說，他決定去衛國了。

按《論語》。子曰：「魯衛之政，兄弟也。」

孔子不想辭職，他覺得那很沒有面子；可是，也不能說走就走，那也說不過去。怎麼辦？孔子決定找一個合適的時機。沒有多久，時機來了。

齊景公不知道哪根筋動了，給魯國送來一批美女和藝人，結果季孫斯收了下來，都給了魯定公。魯定公雖然貴為國君，可是一向沒什麼權力，真沒有怎麼享受過，如今看見美女美得夠嗆，一頭紮進美女堆裡，三天就沒下過床，自然，更上不了朝。當然，其實上朝也沒什麼事。

與此同時，魯國正在郊祭。按照周禮，只有天子享受郊祭，而魯國享受一份特權，就是可以郊祭周公。郊祭周公之後，按著慣例，祭祀用的肉要分發給大夫們。可是，這祭肉也不知道是被人貪污了還是根本就沒人管，總之，祭肉就沒有分到大夫家裡。

「看見沒有？國君都不上朝了，我還留在這裡幹什麼？」孔子找到了不辭而別的一個理由，之後，又找了一個理由。「祭肉都不分給大夫們，這個國家已經沒有禮法了，我還待在這裡幹什麼？」

兩大理由，都成立，也都不成立，為什麼？因為魯定公不上朝也不是這一回兩回了，從前連續十天不上朝，孔子也沒有說什麼；而且，魯國早就禮崩樂壞了，類似不給大家分祭肉這種事情也不是一回兩回了，比這嚴重的多了去，孔子也沒有拍屁股走人過。

事實上是，孔子知道自己已經待不下去，而且以為在衛國已經十拿九穩地找到了位置，這才果斷地決定離開。

魯定公十三年（前497年），孔子炒了魯國的魷魚，不辭而別，離開魯國，前往衛國，同行的有子路、冉有、顏淵等多名學生。

按《史記》的說法，孔子離開魯國的原因是中了齊國人的反間計，齊國人認為孔子能耐太大，他治理魯國會讓魯國成為霸主，因此必須除掉他。齊國人因此想出反間計，送了美女藝人給魯定公，於是魯定公三天不上朝，郊祭又不給大夫送祭肉，孔子因此失望而離去。離開魯國的時候，孔子還唱了一首歌：「彼婦之口，可以出走；彼婦之謁，可以死敗。蓋優哉遊哉，維以卒歲！」

《史記》的說法完全經不起推敲，不過是為孔子臉上貼金而已。原因如下。第一，魯國政在季孫，孔子根本不起作用；第二，孔子的思想是反戰，稱什麼霸？第三，齊國人根本就不把魯國放在眼裡。

第二六一章
計畫沒有變化快

孔子和弟子們來到衛國，首先投奔了顏濁鄒，顏濁鄒倒也熱情，之後把孔子介紹給了彌子瑕；彌子瑕也還熱情，把孔子介紹給了衛靈公。

「啊，久聞大名，如雷貫耳啊。」衛靈公也還不錯，非常客氣。

孔子急忙說了些聽聞主公求賢若渴，特來投奔之類的話。

「那什麼，在魯國的待遇怎麼樣？」衛靈公夠爽快，很快進入正題。

孔子把自己在魯國當司寇的薪水和福利待遇等等說了一遍。

「好，就按照魯國的待遇吧。」衛靈公很大方。

一切順利，孔子覺得下一步就該任命自己為卿了。

「啊，夫子可以回家休息了，住所我會讓人安排。啊，祝你在衛國生活順利。」下一步沒有了，衛靈公只給了待遇，沒給職位。

孔子表示了感謝，不過內心有些失落。

不管怎麼樣，現在吃喝不愁了。可是，幾個月過去了，衛靈公再也沒有召見過孔子，更不要說重用他。

「為什麼會這樣？」孔子百思不得其解。

衛國的君子們

孔子很快明白了自己不能在衛國得到重用的原因，至少是他自以為知道的，那就是彌子瑕。

幫助孔子見到衛靈公的是彌子瑕，可是，他沒有辦法進一步幫助孔子了，或者說，他在阻礙孔子得到重用。為什麼這樣？難道彌子瑕在暗中搞鬼？

彌子瑕之于衛靈公，就是梁丘據之于齊景公，他是個寵臣，很受

196

衛靈公的信任和寵愛，可是衛靈公並不傻，他知道彌子瑕是個什麼樣的材料，因此對於他推薦的人很熱情，卻並不看好。

這是理由之一。

更糟糕的是，彌子瑕沒有什麼朋友，衛國的君子們都很討厭他，所以，對他所推薦的人也沒有什麼好感。儘管孔子的名聲不錯，大家也都普遍不感冒，因為他是彌子瑕推薦的人。

這是理由之二。

所以孔子知道，要想改變目前的狀況，必須重新樹立自己的形象，在衛國廣交朋友，並且澄清自己與彌子瑕之間的關係。但是，又不能得罪彌子瑕。

事情看上去有些複雜，不過好在孔子和彌子瑕其實也沒有什麼共同語言，平時交道不多，這倒是件好事。

孔子主動與衛國的權臣們以及君子們結交，以他的學問和誠意，大家倒也很快接受了他。大致，孔子結交的人物有蘧伯玉、史魚、公子荊、公明賈、公叔戌等人，都是衛國名人顯達，其中公叔戌還是衛國首富。

對於他們，孔子都曾經在學生們面前大加稱讚。

公子荊是衛靈公的弟弟，是一個謙謙君子，為人和藹可親，並且知足常樂。作為一個外來戶，孔子感覺公子荊很熱情也很隨和，因此對公子荊的感覺非常好。

「公子荊這個人真好，很懂得進退。剛開始有點財產的時候，就說『夠用了』；財產多一些的時候，就說『差不多了』；富足的時候，就說『哇，我很滿足了』。」

按《論語》。子謂衛公子荊：「善居室，始有，曰苟合矣；少有，曰苟完矣；富有，曰苟美矣。」

去世的公叔文子是衛獻公的孫子，也是衛國當年名氣最大的人，以賢能而著稱。當初公叔文子有一個叫做僎的家臣，因為很有能力，公叔文子把他推薦給國君，和自己一併做了大夫。孔子在衛國聽說這件事情之後，稱讚說：「公叔文子值得得到文的謚號。」

按《論語》。公叔文子之臣大夫，與文子同升諸公，子聞之曰：「可以為文矣。」

孔子和公叔文子的兒子公叔戌關係不錯，而公叔戌是衛國首富。

有一次孔子去公明賈府上拜訪，說起了公叔文子，孔子提出一個問題來。

「我聽說公叔文子不說話也不笑，什麼財物都不要，是不是這樣啊？」孔子問。這是他在衛國聽來的，覺得公叔文子有些不可思議。

「說這話的人太誇張了，一個人成這樣了豈不是成了怪物？」公明賈笑了，他覺得孔子有點天真。「實際上是這樣的，公叔文子在恰當的時間說話，因此人們喜歡他的話；真正高興的時候才笑，因此人們感受到他的真誠；不義之財不取，因此他發財人們也不會嫉妒。」

「這樣啊，原來是這樣啊。」孔子恍然大悟，感覺到公叔文子真是個高人。

按《論語》。子問公叔文子於公明賈曰：「信乎夫子不言不笑不取乎？」公明賈對曰：「以告者過也，夫子時然後言，人不厭其言。樂然後笑，人不厭其笑。義然後取，人不厭其取。」子曰：「其然。豈其然乎！」

史鰌是衛國的大夫，字子魚，因此又叫史魚。史魚性格正直，剛正不阿，孔子對他很是敬佩。不過這個時候史魚已經身患重病，孔子無緣和他結交。即便這樣，孔子依然在學生面前稱讚他。

「史魚真的很正直啊，國家政治清明的時候，他像箭一樣正直；國家政治紊亂的時候，他也像箭一樣正直。」孔子說。

按《論語》。子曰：「直哉史魚。邦有道如矢，邦無道如矢。」

關於史魚還有一段故事。當初公叔文子上朝的時候邀請衛靈公去自己家裡吃飯，衛靈公很高興地接受了邀請。退朝之後，公叔文子把這事情告訴了史魚，史魚大吃一驚。

「老兄啊，你這是找死啊。」史魚語出驚人。

「啊，為什麼？」公叔文子嚇了一跳。

「你想想看啊，你家這麼富有，很多東西連國君的後宮都沒有，而

國君是個很貪婪的人，他看到了你家的富有會怎麼想？」

「哇，是哦，我怎麼沒想到這一點？可是，主公已經說了要來，怎麼辦？」公叔文子很害怕，讓史魚為他想辦法。

「怎麼辦？沒辦法了。」史魚說——要取消對國君的邀請，往往會招來嫌疑，「不過，只要你禮節周到，不出問題，國君也不會對你怎麼樣。但是，你兒子可不像你這麼謙恭，他很驕縱，估計你能善終，你兒子很懸。」

不管怎樣，公叔文子還是設宴招待了衛靈公，宴席上非常小心謹慎，還送了些奇珍異寶給衛靈公。臨走，衛靈公還在四處觀瞧，看看有什麼好東西可以要過來。

說起衛靈公，又有一段故事。

衛靈公的父親是衛襄公，衛襄公的夫人姜氏不能生育，小妾周合生了個兒子名叫孟縶，孟縶生下來腿就有殘疾。周合聰明伶俐還很漂亮，衛襄公很喜歡她。

兩個主持朝政的官員叫做孔成子和史朝，兩人同一個晚上做了同樣的一個夢，夢見衛國開國君主康叔下令讓公子元接掌衛國。

後來周合生了孩子，是個男孩，取名叫元。同年，衛襄公突然病故，因為老大有殘疾，因此衛襄公一直沒有立太子。那麼，現在誰來繼任國君呢？

孔成子和史朝一碰，發現兩人都做過同樣的夢。可是，光靠一個夢決定誰當國君似乎也不太好。於是，兩人卜筮，結果也是立元比較好。最後，確定立公子元為國君，就是衛靈公。

那一年，衛靈公剛剛出生。在孔子來到衛國的時候，已經是衛靈公三十八年。

蘧伯玉

蘧伯玉要單獨說。

蘧伯玉和孔子有很多相似之處，那就是很講究禮法。

有一天晚上，衛靈公和夫人在後宮閒聊，忽然聽得遠處傳來車駕的聲音，聲音越來越近，聽著這車就要從宮門前飛馳而過。可就在這時，馬車的聲音消失了，車子似乎停了下來。又過了那麼一小會兒，馬車的聲音再次響起，可是很顯然已經過了宮門。

「這誰的車？怎麼這麼怪？」衛靈公覺得很奇怪。

「這一定是蘧伯玉的車。」夫人說。

「你怎麼知道？」

「我聽說，為了表達對國君的敬意，路過宮門要停車下馬，步行而過。真正的賢臣，不是因為光天化日才持節守信，也不會因為獨處暗室就放縱墮落。蘧伯玉是我們衛國的賢人，對國君尊敬有加，為人仁愛而智慧。他一定不會因為是在夜裡就不遵禮節，駕車奔馳而過。因此這一定是他了。」夫人說得很肯定。

衛靈公不大相信，第二天派人暗地查訪，才發現昨夜駕車之人正是蘧伯玉。

「夫人，我派人查過了，那個人不是蘧伯玉，這回你猜錯了。」衛靈公故意騙老婆，看她怎麼說。

「那我就要恭喜你了，我本來以為我們衛國只有蘧伯玉這樣一個出類拔萃的君子，既然昨天晚上那人不是他，那麼你就又擁有一位賢臣了。」

孔子來到衛國的時候，正好蘧伯玉辭官在家。兩人認識之後，發現兩人之間的見解非常接近，因此很快成為好友。

一天，蘧伯玉派人來孔子的住處邀請孔子前往做客，孔子非常高興。

「蘧老夫子最近這段時間忙什麼呢？」孔子問。蘧伯玉比他歲數大，因此稱其為夫子。

「嗨，也沒忙什麼，就是整天反思怎麼減少自己的過錯，不過夫子總覺得自己還做不到。」來人說。

等到來人走了，孔子對自己的弟子們說：「看見沒有，多好的使者啊，回答問題多麼恰到好處啊。」

孔子在學生們面前稱讚蘧伯玉是真正的君子：國家政治清明的時候，就出來做官；國家政治紊亂的時候，就退休回家。

按《論語》。蘧伯玉使人於孔子，孔子與之坐而問焉，曰：「夫子何為？」對曰：「夫子欲寡其過而未能也。」使者出，子曰：「使乎使乎！」

按《論語》。子曰：「君子哉蘧伯玉。邦有道則仕，邦無道則可卷而懷之。」

孔子在衛國廣交朋友，並且總是稱讚他們，弟子們都覺得有些奇怪。終於有一天，孔子自己說起了這個事情。

「你們知道嗎？有三種愛好讓人進步，有三種愛好讓人退步。哪三種愛好讓人進步呢？愛好主旋律音樂，愛好說別人的優點，愛好交比自己強的朋友；那麼，哪三種愛好讓人退步呢？愛好流行音樂，愛好四處遊玩，愛好喝酒飲宴。」孔子很得意地說，因為這就是他在衛國做的事情。

基本上，按照孔子的說法，當今世界的音樂發燒友、美食家和各級別的驢友都屬於不好好學習，天天退步的人。

按《論語》：孔子曰：「益者三樂，損者三樂。樂節禮樂，樂道人之善，樂多賢友，益矣。樂驕樂，樂佚游，樂宴樂，損矣。」

當什麼別當首富

衛靈公夫人早已經去世，於是衛靈公新近從宋國娶了一個夫人回來，名叫南子。這個南子，風騷風流風韻風度，總之，讓衛靈公對她愛得不能自拔。

基本上，衛靈公的心思都在南子的身上了，對南子也是言聽計從，至於國事，基本上就是撒手不管。

而南子有兩大愛好，第一，好色，自己在出嫁之前就跟一個叫做宋朝的堂哥暗中上了床；第二，貪財。

好色一事南子暫時不敢太過張揚，不過，在貪財的問題上就毫不

客氣，因為衛靈公有同樣的愛好。

公叔戍是衛國的首富，這一點誰都知道。衛靈公一直就把公叔戍當成自己的提款機，經常來要這要那，聽說有什麼好東西，就派人去索要。對於衛靈公的貪婪，公叔戍還能承受。可是，自從南子來到之後，情況就又不一樣了。

南子把公叔戍當成了一隻綿羊，不僅想著要剪羊毛，還想著有一天要宰羊吃肉。因此，南子不僅自己向公叔戍索要財物，還指使自己的手下去要；要回來的財物不僅自己用，還大量打包送回娘家。

這下，公叔戍徹底受不了了。

「奶奶個腿的，這個臭婆娘太欺負人了。」公叔戍火了，面對南子派來要財物的人大罵起來，「你們狗仗人勢，當心老子打斷你們的狗腿。」

公叔戍一怒之下趕跑了南子的人，卻沒有想到後果會有多麼嚴重。

「公叔戍要叛亂了，公叔戍要叛亂了。」南子惡人先告狀，在枕頭邊誣陷公叔戍。

「我早就看他要叛亂，辦他。」衛靈公其實也早就瞄準了公叔戍的財產，他知道南子是在撒謊，可是，何樂而不為呢？

第二天，衛靈公宣布公叔戍圖謀造反，立即驅逐出境。公叔戍得到消息之後，倉促之中流亡魯國去了。

「唉，當什麼別當首富啊。」公叔戍感慨萬千。

當什麼別當首富，千百年來，這是一條雷打不動的真理。

重開學校

公叔戍被驅逐，連累了許多人，其中就包括彌子瑕。儘管彌子瑕沒有被驅逐，但是在寵信程度上已經差了很多。

孔子感到希望越來越渺茫，可是就這樣回魯國也太沒面子。於是，孔子決定在衛國招收學生，繼續自己的教師生涯。

報名的情況不是太理想，畢竟孔子在衛國的名聲不是那麼大，而

且，衛國人對於經商發財的欲望大於做官的欲望。

好在，孔子不用靠學費過日子。

十天的招生期很快過去了九天，也就招到了二三十名學生，其中資質好的也就那麼一兩個，這讓孔子很失望。

第十天的時候，事情有了變化。

「我要報名，我要報名。」一個人用很奇怪的口音喊著，來到了孔家。

負責招生的是子路，可是這人說了幾句話，子路就感覺招架不住了，連忙派人來請老師出馬。

「老師啊，來了個怪人，您來看看吧。」子路迎頭對孔子說。

「什麼怪人？」孔子問，坐定之後，這個時候再去看這個怪人。

只見這個人看上去二三十歲，頭上沒有帽子，頭髮很短大致只有一寸，眼睛前面還有兩片瑪瑙片。衣服是短衣，不知道什麼材料，腰間一個腰帶繫著褲子，腳下穿著一雙不知道什麼樣的鞋。總之，從長相到衣著都很奇怪。

「你？從哪裡來？」孔子問，他覺得這人看上去也不像是個蠻夷，可是衣著打扮比蠻夷還蠻夷。

「您就是孔子？」怪人沒有回答，反問道。

「不錯，我就是孔丘。」

「哇噻，我見到孔子了，我要出名了，我要發財了。」怪人一陣興奮，看見大家都用怪異的眼光看他，這才平靜下來。「我，怎麼說呢，我是從兩千多年以後來的。」

「什麼？」孔子瞠目結舌，在場的人都瞠目結舌。

「編吧，你就編吧。如果你說從一千多年前來的，我們說不定還信，你說從兩千多年後來的，騙誰啊？」子路鎮定下來之後，大聲呵斥，這類裝神弄鬼的事情，老師從來不信，自己也不信。

「編？嘿嘿，你看我這樣，像編的嗎？這個你見過嗎？」怪人說著，從衣服裡取出一個看上去很貴重的東西來，按一按，發出亮光來。「這個叫手機，我在這裡說話，幾萬里之外的人都能聽到。噢，不過這

年頭沒信號。」

　　大家都發愣，誰也沒見過這東西，子路見孔子也不發話，也就不再說話。

　　怪人又掏出一個東西了，遞給了孔子。

　　「老師，這個東西叫望遠鏡，能看到很遠的地方，送給你了。」怪人說著，把望遠鏡放在孔子的眼前。「這個，我用來看風景的，也看美女，嘿嘿。」

　　孔子眼前一亮，笑了，因為他確實看到了很遠的地方，那地方有一個美女。

　　「好，我就相信你是從兩千多年以後來的，那，你是魯國人嗎？」孔子問，順便把望遠鏡放在了手邊。

　　「什麼魯國人啊？魯國早沒有了。」怪人順口說道，很不以為然。

　　「啊，魯國已經沒有了？」孔子看上去很沮喪。

　　「不僅魯國沒有了，周朝都沒有了。老師告訴你吧，這兩千多年，都過了二十多朝了。」怪人繼續說，說得很輕鬆。

　　「哦。」孔子鬆口氣，覺得有點安慰了。「那，你從兩千多年後來，有何見教啊？」

　　「嗨，別提了，我呢就是個驢友，喜歡周遊列國，結果一不小心，不知道在什麼地方掉進了時空隧道，這就過來了，還不知道怎麼回去呢。不過既然來了，總要學點東西回去，到時候寫回憶錄拍電影什麼，掙錢買房娶老婆移民加拿大什麼的。老師，我想報名做您的學生，收下我吧。」怪人一口氣說了很多，大家都聽得雲裡霧裡，只有最後幾句話聽明白了。

　　孔子猶豫了一下，不知道自己能不能教得了這個小子，不過想想看，這小子一點禮貌都不懂，至少自己可以教他做人的道理。

　　「你有學費嗎？」子路問。

　　「學費？不是義務教育了嗎？噢，對了，這時候還沒有。」怪人自言自語，開始在自己的衣服裡和屁股後翻，翻出些亂七八糟的東西，一邊翻一邊說：「信用卡？這年頭講信用，但是不講信用卡啊。人民幣？

這時候有人民沒有人民幣啊。哎他娘的，真是春秋不用冬夏的錢啊。」

「算了，你免費了。況且了，你這個什麼鏡是個無價之寶，就算學費吧。」孔子宅心仁厚，同意了怪人的要求。「有朋自遠方來，不亦樂乎。」

按《論語》。子曰：「有朋自遠方來，不亦樂乎。」

「謝謝老師。」怪人非常高興，鞠了一躬。

「那，你叫什麼？」孔子問。

怪人愣住了，隨後開始思考，並且很痛苦的樣子，頭上竟然冒出了汗珠。

「你怎麼了？」子路問他。

「我，我穿越的時候把名字丟了，我只知道我是我，我不知道我是誰。」怪人說得很痛苦，他竟然不知道自己是誰。

孔子笑了，所有人都笑了。

「那這樣吧，我送個名字給你吧。」孔子說。

「好吧。」怪人無可奈何了，心說看穿越回去的時候能不能把名字找回來。

孔子開始思考，他是一個嚴謹的人，不會胡亂給別人取名字的。

「這樣，你看你這一身短打扮，跟胡人沒什麼區別，你就姓胡。你說話亂七八糟，沒有什麼章法，你的名就叫亂。你的行為舉止隨隨便便，你的字就叫隨便。你看怎樣？」孔子給怪人取的名字就是姓胡名亂字隨便，不是胡亂取名，卻是取名胡亂。

「好，隨便吧。」怪人答應了，從現在開始，他就叫胡亂了。

第二六二章

孔門三賤客

　　胡亂的到來引發了軒然大波，不是小波，是大波。可是，緊隨著胡亂而來的另一個來報名的學生，才是真正的主角。

　　與胡亂穿著亂七八糟的衣服來報名不同，這個報名的學生穿著十分考究，並且乘坐著當時最豪華的房車。更要命的是，他是公子荊介紹來的。

　　「夫子一定要收下這個人，這個人天資聰明，本質不錯，就是不懂規矩，因此他父親讓他來跟夫子學習。今後是金玉還是磚頭，就看夫子了。」公子荊當初這樣叮囑，孔子答應了。

　　但是，看到這個學生的時候，孔子還是禁不住一陣後悔。

　　「我叫端木賜，你們就叫我子貢好了。嘿嘿，我倒要看看還有什麼好學的。」這個學生來到報名處就口出狂言，誰也不放在眼裡。子路說他，就被他一通話說得子路翻白眼。

　　孔子儘管後悔，還是決定收下他。端木賜的父親端木方是衛國有名的富商，並且跟公子荊關係密切。就因為看兒子十分驕縱，擔心家業敗在他手中，因此讓他來跟孔子學些知識，也學學做人。

　　富二代，子貢是典型的富二代。

　　子貢，衛國人，小孔子三十二歲。也就是說，現在二十四歲。

　　「哼，這下宰我有對頭了。」孔子自言自語。

　　宰我是誰？宰予，字子我，魯國人，只有二十歲，孔子來衛國之前招的學生，以口才好喜歡辯論而著稱。

胡亂

　　子貢和胡亂入學，在孔子的學校中如同兩塊石頭投進了糞坑，蕩起的不僅是漣漪，還有臭味。

先來說說胡亂。

基本上，孔子所教的胡亂聽說過一些，因為從前讀過《論語》，因此有的時候甚至能在孔子說話之前猜到孔子要說什麼，不過多數都猜錯了。

胡亂對孔子的課程興趣不大，每天聽課聽得很難受，有的時候就請假在屋裡睡覺。孔子對這個兩千五百年以後的學生反正也不抱期望，因此就由著他。總體來說，孔子所教授的課程當中，胡亂嚴重偏科。數是胡亂的特長，完全不聽課，但是任何題都能做，孔子暗地裡說胡亂是個數學天才，其實胡亂在兩千五百年後的數學也就是馬馬虎虎；數學是胡亂學得最差的，總是記不住，要不就是理解錯誤；至於其他學科，也跟數學差不太多。

胡亂讓孔子不喜歡的還不是在課堂上，而是在課堂下。上課的時候胡亂昏昏欲睡，可是下了課就精神百倍。下課之後，也不知道胡亂哪裡來那麼多亂七八糟的見識，總之是滔滔不絕，天文地理無所不包，別人不知道的他都知道，常常說得大家暈頭轉向。譬如胡亂就說大家住的地實際上是個球，叫地球，地球圍著太陽轉。胡亂還說以後打仗都不在馬上，還說以後連弓箭都不用了，用槍，還給大家畫槍的樣子。

對於胡亂的各種說法，大家也是聽得懵懵懂懂，似懂非懂，就當聽故事，基本上沒人相信。

有的時候，有同學會把胡亂說的事情轉告孔子，不過都要先說明這是胡亂說的。

「此胡言也。」開場白往往是這樣，意思是這是胡亂說的。

「此亂語也。」有的時候也這樣說，意思同上。

每當這個時候，孔子就會笑笑說：「隨便說，隨便說。」意思就是既然是胡亂說的，大家都不當真。

後來，胡言亂語就成了胡說八道的同義詞，這是後話。

有的時候，胡亂也會發問，不過幾乎每次發問都會讓孔子生氣。但是，孔子不是生胡亂的氣，而是生子孫後代們的氣。

「老師，君要臣死，臣不得不死；君要臣亡，臣不得不亡。這是您

老人家說的嗎？」一天，胡亂想起來，來問孔子。

「什麼？我什麼時候說過這樣的話？我只說過『君使臣以禮，臣事君以忠』。國君無緣無故讓臣死，那不是昏君嗎？憑什麼要為昏君去死？晏子說過『君死我不死』，君不死臣更不死。」孔子很生氣。

「哎喲，好幾千年都以為這話是老師說的，上當啊，原來老師根本沒有這麼說過。」胡亂恍然大悟。

「是誰在毀壞我的名聲？」孔子追問，聲色俱厲。「奶奶的，告訴我是誰，我派人殺了他祖宗，讓他根本沒地方投胎。」

「那，我也不知道。」胡亂說，他真不知道。「那麼老師，如果君要臣死，你認為下面一句該接什麼？」

「君要臣死，臣懶得理你。」孔子說。

後來胡亂把這件事情告訴了同學們，同學們紛紛接下句，成為一時的佳話。有些下句接得十分有創意，摘錄一二。

「君要臣死，要死一起死。」（宰我）「君要臣死，臣心已死。」（顏回）「君要臣死，臣懷了你孩子。」（燒飯的丫環）「君要臣死，臣換個君試試。」（子貢，被孔子評為最佳答案）

胡亂的接句是這樣的：君要臣死，臣封了你 ID。

還有一次，胡亂不知道做了個什麼夢，又有問題來問孔子。

「老師，我經常聽到有人說要以德報怨，這是您老人家說的吧？」胡亂來問，他覺得這肯定是孔子說的。

「胡言亂語，以德報怨，拿什麼報德啊？你請我吃飯，我請你吃飯；你打我一頓，我還請你吃飯，我賤啊？我對得起請我吃飯的人嗎？以後誰還請我吃飯？」孔子瞪了胡亂一眼，這次倒沒問是誰在毀壞他的名聲了。

「那，以什麼報怨？」胡亂問，他很吃驚以德報怨又不是孔子說的。

「他怎麼對你，你就怎麼對他。」孔子大聲說。

按《論語》。或曰：「以德報怨，何如？」子曰：「何以報德？以直報怨，以德報德。」

這個「或」，就是胡亂。

「我真傻，要不是親眼見到老師，一輩子都被蒙在鼓裡了。那什麼，請老師再給點教誨吧。」胡亂說，他覺得孔子是對的。

「那好吧，我告訴你交朋友的原則吧。三種朋友是有幫助的，正直的、寬容的和博學的；三種朋友是有害的，褊狹認死理的、無原則善良以德報怨的、能說會道拍馬屁的。」孔子說，把剛才以德報怨那一段用了進來。

按《論語》。孔子曰：「益者三友，損者三友。友直，友諒，友多聞，益矣。友便辟，友善柔，友便佞，損矣。」

這裡，「友善柔」這句話幾千年來被歪曲。各種所謂的大師學者都把善柔解釋成「狡猾」「諛媚」等等，實際上，善柔就是善良卻柔弱不果斷，不懂得以直報怨的道理的人。

胡亂的問題多數都是這樣，被孔子訓斥一頓之後，發現那不是孔子說的話。

總之，胡亂雖然不招老師的喜歡，但是還不算讓人討厭，甚至有的時候孔子還會覺得這個人挺有趣。

子貢

子貢就不一樣了。

子貢從小隨父親出國做生意，因此見識很廣，口才非同一般，同時，身上也有富二代們慣常的驕縱和自以為是。

才聽了幾堂課，子貢就在同學們中間表示：「這些算什麼？嘿嘿，我早就知道了。要不是我爹讓我來學習，我早就回家了。」

孔子知道後，非常不高興。不過孔子的性格，不會主動去批評子貢。

子貢最讓孔子討厭的一點是，不管課上課下，想說什麼就說什麼，總要顯示自己比別人高明，甚至比老師還要高明。

孔子很想退他的學費請他走人，可是又開不了口，一來怕學生們

說自己度量小，二來也不好向子貢的父親交代。

有一次上課，孔子當場表揚自己的弟子宓子賤，說：「大家看看，什麼是君子？就是子賤同學這樣的。不要說魯國沒有君子，如果魯國沒有君子，他從哪裡取得這樣的好品德呢？」

按《論語》。子謂子賤：「君子哉若人。魯無君子者，斯焉取斯。」

其他同學聽了，都對宓子賤投以羨慕以及景仰的目光，只有子貢歪著嘴壞笑，他才不服氣呢。

「老師，子賤兄是君子，那我呢？我怎麼樣？」子貢大聲說，他覺得自己比宓子賤強。

「你？嗯，我想想。」孔子假裝想了想，然後說：「你啊，你是個用器。」

「什麼用器？」子貢問，大家也都想知道。

「瑚璉。」孔子說。瑚璉是一種祭器，用來盛黍稷，屬於比較珍貴的祭器。

按《論語》。子貢問曰：「賜也何如？」子曰：「汝器也。」曰：「何器也？」曰：「瑚璉也。」

子貢非常高興，他覺得這是對自己的褒獎。大家也都用羨慕的眼光看著他，覺得雖然這個人很討厭，可是老師還挺欣賞他。

不過，孔子隨後的一句話讓子貢的笑容消失了。

「君子不是祭器，君子不能局限於一種用途，要德智體美全面發展。」孔子笑著說，這句話的意思就是說你還不是君子。

按《論語》。子曰：君子不器。

子貢非常尷尬，不過以他的口才，立即平靜下來，繼續提問。

「那，老師，那你說君子是什麼樣？」子貢問，他要尋找反擊的機會。

「先把自己想說的做好，然後再說。」孔子毫不猶豫地說出來，這句話他早就想對子貢說。

按《論語》。子貢問君子。子曰：「先行其言而後從之。」

哄堂大笑，大家知道這是孔子諷刺子貢平時的誇誇其談和目中

無人。

「嘿嘿。」子貢訕訕地笑，不過，他還不服氣。「那麼，君子也有討厭的人嗎？」

「有啊，君子討厭說別人缺點的人，討厭身居下位卻誹謗上司的人，討厭蠻幹而不講禮節的人，討厭果斷但是固執的人。」孔子說，每句話都指出子貢的缺點，然後問：「賜啊，你也有什麼討厭的人嗎？」

「當然有啊，我討厭剽竊他人的知識當自己的知識的人，討厭不給別人面子卻以為自己很能耐的人，討厭攻訐別人卻以為自己很正直的人。」子貢說。句句都在諷刺孔子。

孔子笑了，他知道這小子不是那麼容易制服的。

按《論語》。子貢曰：「君子亦有惡乎？」子曰：「有惡。惡稱人之惡者，惡居下流而訕上者，惡勇而無禮者，惡果敢而窒者。」曰：「賜也亦有惡乎？」「惡敫以為知者，惡不孫以為勇者，惡訐以為直者。」

經過這一次，子貢著實沉默了幾天。不過，他不會就這樣認輸的，這樣認輸就不是子貢了。

子貢想到了一個非常好的問題，他相信這個問題足以讓孔子無言以對，斯文掃地。

這一天上課，眼看到了下課的時間，孔子正要宣布下課，突然子貢舉手提問。

「子貢，你什麼問題？」孔子問，覺得子貢現在至少比從前要禮貌些。

「老師，我就想問一個問題。你說人要是死了之後，究竟有知覺還是沒有知覺？」子貢的問題一出，滿座譁然，這個問題太刁了，畢竟誰也沒死過，誰知道死了之後是什麼情況。

孔子愣了一下，看著子貢得意的樣子，又笑了。

「我要是說人死了還有知覺，就怕孝順子孫葬我的時候過分隆重；要是我說沒有知覺呢，又怕不肖子孫把我扔到亂葬崗餵狗。所以，這個問題我不能回答你。你如果真想知道，等你死了之後，自己慢慢去

體會吧。」孔子回答。

「哈哈哈哈……」又是哄堂大笑。

按《說苑》。子貢問孔子：「死人有知無知也？」孔子曰：「吾欲言死者有知也，恐孝子順孫妨生以送死也；欲言無知，恐不孝子孫棄不葬也。賜欲知死人有知將無知也？死徐自知之，猶未晚也！」

子貢的家裡非常有錢，因此花錢很大方，常常會給師兄弟們一些小恩小惠。對此，孔子也很反感，有一次對大家說：「有的人喜歡誇誇其談，但是又說不到點子上，拿些小恩小惠拉攏大家，這樣的人，恐怕沒什麼前途。」

按《論語》。子曰：「群居終日，言不及義，好行小慧，難矣哉！」

子貢不是省油的燈，被孔子諷刺一通之後，當天上課的時候就展開了反擊。

當天的課程是歷史課，孔子講到了商朝的滅亡，大力渲染商紂王的無道，把紂王說得一無是處。

「老師，據我所知啊，其實人家紂王沒有壞到這種程度。」子貢打斷了孔子的話，之後一通說，倒也說得很有道理，讓孔子一時之間也無話可說。「嘿嘿，這說明什麼？說明一個人千萬不要成為失敗者，否則什麼黑鍋都要扣到你頭上。」

子貢說完，得意地笑了。這一次，他占了上風。

按《論語》。子貢曰：「紂之不善，不如是之甚也。是以君子惡居下流，天下之惡皆歸焉。」

宰我

儘管胡亂不招人喜歡，子貢讓人有些討厭，對於孔子來說，最頭痛的還不是他們，而是宰我。

宰我的數學學得很好，如果不是胡亂來了，宰我就是第一高手。也正因為這樣，宰我的邏輯分析能力超強，總是能夠從老師的話裡發現矛盾之處，然後來找老師辯論。

有一次，宰我來找老師提問題。

「老師，我聽榮伊說過，黃帝活了三百年，那黃帝是人呢還是神呢？怎麼能活三百歲？」宰我提問，孔子也說過黃帝活了三百歲。

孔子一愣，心說大家不過隨便說說，上古的事情誰還追究？可是這小子竟然就抓住不放了。

「予啊，夏商周的事情都是現成的，夠你鑽研了，黃帝那麼遠的事情，我看你就不要那麼認真了。」孔子說。

「老師，我知道上古的事情有點說不清楚，我這問題有點鑽牛角尖，可是，我還是想弄明白。」宰我的架勢，就是老師要是承認自己是信口胡說，我就不問了。

孔子一看，這小子這麼不識趣，可是我也不能在他面前認錯啊，怎麼辦？孔子想了想，想了個辦法。

「予啊，我給你講講黃帝的故事吧。」孔子開始從黃帝的出生講到了黃帝怎麼戰勝炎帝，一統江湖，奠定中華文明。「你看，黃帝這麼偉大，活著的一百年給百姓造福；之後的一百年，百姓敬畏他的神靈；再之後的一百年，百姓沿用黃帝的教化，天下才發生了本質的變化。所以說，黃帝活了三百年是他的光輝思想照耀三百年，豐功偉績造福三百年。」

孔子這一通忽悠，講得唇乾舌燥，總算是勉強圓了回來。

「哦，那實際上還是只活了一百年。」宰我說，他還是認為孔子和榮伊在信口雌黃。

此事見於《大戴禮記》和《孔子家語》

過了幾天，孔子講到了父母去世之後，兒子要守孝三年。

「老師，我覺得吧，三年的喪期太長了。」下課之後，宰我又來找孔子辯論了。

「嗯，為什麼？」孔子問，他可是最提倡孝道的人。

「三年喪期，也就意味著三年之內不能修習禮儀，禮制必然毀壞；三年不能演奏音樂，音樂必然荒疏。舊穀吃完了，新穀就該登場了；古人鑽燧取火而改變火種，一年時間也就夠了。」宰我的說法，就是反

對三年喪期。可是他說得有道理，如果守孝三年造成禮崩樂壞，豈不正是孔子不願意看到的？

孔子一聽，非常惱火，這不是不孝嗎？

「我問你，三年喪期之內，吃白米，穿錦衣，你感覺心安理得嗎？」孔子強壓著火，問。

「沒問題啊。」

「那就行了唄。君子守喪，吃什麼都不覺得好吃，聽什麼音樂都不覺得好聽，所以他們不會像你那麼想。你覺得怎麼好，覺得心安理得，那就按照自己的想法去做好了。」孔子大聲說，說完，扭過臉去不理他。

宰我沒趣地退了出來。

「宰我就是混帳東西，不懂得仁愛的傢伙。孩子出生三年，才離開父母的懷抱。三年守喪，是滿天下的規矩。宰我對他的父母難道連三年的愛心也沒有嗎？」孔子對身邊的弟子們說，氣得直喘氣。

按《論語》。宰我問：「三年之喪，期已久矣。君子三年不為禮，禮必壞；三年不為樂，樂必崩。舊穀既沒，新穀既升，鑽燧改火，期可已矣。」子曰：「食夫稻，衣夫錦，于汝安乎？」曰：「安。」「汝安則為之。夫君子之居喪，食旨不甘，聞樂不樂，居處不安，故不為也。今汝安，則為之。」宰我出，子曰：「予之不仁也。子生三年，然後免于父母之懷。夫三年之喪，天下之通喪也。予也有三年之愛于其父母乎？」

宰我說得對嗎？孔子說得對嗎？

宰我就是這樣的人，總是通過邏輯推理來讓孔子難堪。

胡亂、子貢和宰我，在孔子的眼裡就是三個刺頭，不知道什麼時候會提出什麼刁鑽的問題來。

第二六三章
招搖過市

在魯國,孔子好歹還是個司寇,掛名的國家領導人。原本以為跳槽到衛國之後能有更大的發展,誰知道又成了一個教書匠,地位還不如在魯國。孔丘感覺有些窩火,一邊教書,一邊還在想辦法,通過各種關係尋求進入衛國政壇。

可是,種種跡象表明,衛靈公只對南子有興趣,對孔子的禮樂道德之類沒有興趣。

怎麼辦?孔子決定,離開衛國,前往陳國。

「人挪活,樹挪死,我要去陳國,陳國是太姬的後代,正宗周禮國家,我們去一定受歡迎。」孔子對弟子們進行了動員,之後整裝出發。

匡地之難

從魯國來的弟子們基本上都決定跟隨孔子前往陳國,只有少數幾個決定回魯國去。

「胡亂,你去不去?」子貢問胡亂,他比較欣賞胡亂,因為胡亂見多識廣,而且也不太受老師待見。

「去,反正沒事幹,閒著也是閒著。你去不去?」胡亂反問。之所以要問,是因為史書上沒有記載子貢這一次有沒有隨孔子去陳國。

「去,我要看看熱鬧。」子貢說,他這時候對孔子還是很不服氣。

就這樣,沒事幹的胡亂和看熱鬧的子貢隨著大隊人馬出發了。

孔子和學生們上路了,一路向南行。要到陳國,首先要經過宋國,一路行走,來到了匡地(今河南省長垣縣),這裡原本是宋國的土地,後來被鄭國侵占。八年前魯國的陽虎曾經在晉國的命令之下攻打鄭國,拿下了這裡。可是魯國和鄭國之間隔著宋國,於是魯國把匡地送給了宋國。所以,這裡現在屬於宋國。

孔子的弟子中有一個名叫顏高的，當年曾經參加過魯國攻取匡地的戰鬥。說起顏高，還有一段插曲。

顏高是魯國著名的勇士，在孔子的學生中僅次於子路。六年前魯國與齊國發生了一次戰爭，顏高也參加了。當時魯軍在城下挑戰，齊軍堅守不出，於是魯軍都下車坐在地上。顏高的弓是硬弓，要用三鈞的力量才能拉開，大致相當於今天的一百八十斤。當時顏高炫耀自己的力量，大家都很好奇，於是都要試試他的弓，傳看他的弓。誰知道這個時候齊國人開城殺來，顏高的弓卻找不到了，結果被齊國人在腿上射了一箭，還好他搶了同伴的箭把齊國人射死，這才保住了自己的命。

如今故地重遊，來到了匡地，顏高非常興奮，這就是炫耀自己當年武力的機會。

來到匡地城外，孔子下車來休息。這時候，顏高湊過來了。

「老師，看見城牆上那個缺口沒有？當年我就是從那個缺口殺進去的。」顏高得意地說，一邊用手指給孔子看。

孔子對打仗沒什麼興趣，不過還是順著顏高的手看了過去。

這一看不打緊，麻煩來了。

城頭的軍士遠遠看見一夥人過來，不知道是什麼來路，十分小心，因為這是邊境地帶，不能不小心。等到孔子下了車，軍士們的眼睛就瞪大了。

「咦，這人有點眼熟啊。」軍士們議論起來。

等到顏高對著缺口指指點點，孔子向這邊打望的時候，軍士們同時喊了起來：「啊，陽虎這狗日的來了。」

原來，孔子的身形竟然很像陽虎。

當初，陽虎率領魯軍占領這裡的時候，對當地百姓十分殘暴，因此匡地人都對陽虎恨之入骨。

「殺了狗日的陽虎。」守城軍士立即報告了匡地大夫匡簡子，匡簡子一陣驚喜，「王八蛋陽虎，當初強姦我老婆，想不到你竟然敢送上門來。」

匡簡子立即率領精兵，殺出城門。

216

當一陣喊殺聲傳來的時候，孔子師徒不知道出了什麼事情，但是他們知道，喊殺聲一定是針對他們的。怎麼辦？顏高不愧打過仗，見不遠處有一處廢棄的院子，立即要同學們保護著孔子先進院子，準備防守。

「怎麼回事？怎麼回事？」孔子有些摸不著頭腦，急忙上車，隨著學生們湧入那個院子。子路負責貼身保護老師，顏高斷後。

大家剛進院子，匡地的精兵就追到了，將院子團團包圍。

「陽虎，你給我滾出來。」匡簡子在外面大喝，卻沒有急於進攻，為什麼沒有急於進攻？匡簡子有點懷疑是不是看錯了人，因為這一幫人多數穿著儒士的衣服，不像是打仗的。還有，這個時候，陽虎怎麼會來這裡？

匡簡子的一聲大喝，讓孔子和他的弟子們明白了究竟是怎麼回事。

誤會，徹頭徹尾的誤會。

大家都看著孔子，等著老師的指示。

「顏高，告訴他們弄錯了。」孔子現在很鎮定。

「匡的兄弟們，你們弄錯了，我們不是陽虎。」顏高大聲喊著。

「不要騙我們了，我們看見陽虎了。再不出來，我們就要進攻了。」匡簡子不相信，也高聲喊道。

「我們真不是陽虎。」

「陽虎，你這個孬種，敢作不敢當。別以為你們在晉國混了幾年，我們就聽不出你們的魯國口音了。」

匡地人說什麼也不相信裡面不是陽虎，還罵罵咧咧，嘴裡沒有好話。

現在事情更麻煩了，怎麼解釋也沒有用。

弟子們都很害怕，只有三個人例外。一個是胡亂，他知道這次不過是一場虛驚；一個是子貢，他見過世面，相信不會有問題；另一個是子路，他從來不知道害怕。

三個不害怕的人是三種不同的表現。

胡亂在旁邊看熱鬧，反正他知道自己改變不了歷史。

「老師，讓我出去跟他們談判。」子貢說。他的口才很好，相信自己一番話就能讓宋國人乖乖地解散。

孔子看了看他，有些意外，他儘管討厭子貢，可是這個時候卻發現子貢竟然是個有擔當有膽量的人。

「不，出去太危險，老師不能讓弟子去冒險。」孔子說，還對子貢點點頭。

子貢也有些意外，他一直認為老師討厭自己，沒有想到老師這個時候卻很關心自己的安危，這讓子貢有些感動。

「老師，我出去跟他們拼了。」子路忍不住了，操起大戟來要出去跟宋國人拼命。

「慢著。」孔子喝住了子路，之後用很鎮靜的語氣對他說：「為什麼講究仁義的人也不能免俗呢？如果是不學習詩、書，不研究禮、樂，那是我的過錯。可是長得像陽虎，那不怪我啊，那只能說是上天註定的啊。子路，來，你唱歌，我給你伴奏。」

子路猶豫了一下，放下了大戟。

「哎——」子路放聲高唱起來，伴隨著孔子的琴聲。之後，所有人都跟著一起唱起來。

歌聲高亢悠揚，直衝雲霄。

在外面的匡地人聽得有些不知所措，一群眼看就要被殺的人竟然還能這樣沉著地唱歌，並且唱得不卑不亢。

「算了，撤吧，他們確實不是陽虎。」匡簡子現在確認裡面的人確實不是陽虎了，因為陽虎沒有這樣的修養。

匡人解除了包圍，孔子和弟子們都鬆了一口氣。

「顏高啊，你看看你，兩次了，都是因為炫耀而遭遇危險。君子不應該炫耀啊，只有小人才炫耀啊。」平安了，孔子總結了教訓。

按《論語》。子曰：「君子泰而不驕，小人驕而不泰。」

「老師，這麼危險的情況下，你為什麼這麼鎮定呢？」子貢忍不住問，這一次，他不是想為難孔子，而是真的有些佩服老師的臨危不懼了。

「為什麼？我告訴你。自從周文王之後，禮樂典章制度就在我這裡了。如果老天想要讓這些淪喪，就不會讓後人掌握了；既然老天不讓這些淪喪，匡人又能把我怎麼樣呢？哈哈哈哈。」孔子笑了，很得意的笑。

按《論語》。子畏于匡，曰：「文王既沒，文不在茲乎。天之將喪斯文也，後死者不得與於斯文也；天之未喪斯文也，匡人其如予何！」

儘管解除了包圍，匡人卻阻止孔子一行通過，理由很簡單：你們雖然不是陽虎，可是你們是魯國人，我們討厭魯國人。

一連五天，孔子師徒無法通過匡地。有一個辦法可以去到陳國，那就是繞道鄭國，可是，孔子擔心鄭國人更不友好。

「算了，這就是命吧，我們回衛國吧。」孔子無奈地決定。

於是，孔子帶著弟子們一窩蜂回到了衛國首都楚丘。可是到了楚丘才發現一個人丟了，誰？顏回。

「顏回丟了？」孔子緊張得不得了，顏回是他最得意的學生，要是有個三長兩短，不僅僅是傷心的事情，還不知道怎麼向他的父親交代呢。

孔子急忙派弟子們沿途去找，結果毫無音訊。就在大家都以為顏回一定是在路上被殺死了的時候，第五天，顏回回來了。原來，顏回在路上拉肚子，結果落了隊，之後又迷了路，所以折騰到現在才回來。

「回同學啊，我以為你死了呢。」看見顏回平安歸來，孔子大喜過望。

「老師還在，我怎麼敢死？」顏回開個玩笑，讓孔子聽得笑了。

按《論語》。子畏于匡，顏淵後。子曰：「吾以汝為死矣。」曰：「子在，回何敢死？」

招搖過市

折騰了一番，孔子帶領著弟子們灰溜溜地又回到了楚丘。這一次，依然是找彌子瑕去跑衛靈公的路子。

「孔丘先生，告訴你一個壞消息，再告訴你一個好消息。壞消息是，主公說了，所有想在衛國出仕的人，首先要見見南子夫人。」彌子瑕來向孔子通報，先賣個關子。

這確實是個壞消息，這意味著什麼？意味著要在衛國當官，就必須首先由一個不懂得治理國家的女人來面試。對於孔子來說，這幾乎就是侮辱。

「好消息是，南子夫人有興趣接見你。」彌子瑕接著說。

這是個好消息嗎？這不是個好消息嗎？至少，這是個機會。

孔子決定：去見南子。

弟子們沒有一個支持老師去見南子，可是孔子決定了要去，誰也攔不住。同行的依然是冉有和子路。來到後宮，車被攔在外面，子路和冉有在門口等待，孔子被帶了進去。

「聽說南子很漂亮，我倒要看看到底長得怎麼樣。」孔子暗想。他不是個好色之徒，自從老婆被趕回娘家之後，性生活基本沒有，也從來就不嚮往，全副身心都在教學上。

可是，讓孔子有些失望的是，他根本沒有機會看到南子。

接見在南子的臥室內進行，一道帷幕隔開了主人和客人，只能影影綽綽看到對方。不過，在孔子進來的過程中，南子早已經看過了孔子。可是，一個五十六歲的老頭實在沒有什麼欣賞價值了。

孔子在帷幕外行禮，南子則在帷幕內還禮，孔子能聽到南子身上玉佩首飾的碰撞聲。隨後兩人進行了不算長的對話，對於南子來說，她所感興趣的實在不是孔子所感興趣的。大致，南子想聽的就是家長里短，而孔子想講的是禮義廉恥。就像國學大師碰上了娛樂明星，他們之間的共同話題實在是難以想像。

孔子不知道南子的問題跟治理國家有什麼聯繫，而南子也覺得孔子超級沒趣。對話的結果就是沒有結果，最後南子客氣地請孔子出去了。

孔子感覺非常沮喪，他很後悔來見這個女人。

可是，事情還沒有完。

就在孔子要走的時候，衛靈公派人來了，說是恰好要出門，問孔子有沒有興趣同行一段。

「機會來了？」孔子的心頭又燃起希望，這是一個接近衛靈公的機會。

於是，孔子和子路、冉有在門外等候。不多久，衛靈公的車隊出來了，衛靈公和南子在第一輛車上，這一次，孔子看見了南子的真容，那是真漂亮，即便孔子這樣對女人基本沒興趣的人也有些驚豔。

衛靈公派人來告訴孔子，他們將要去的地方與孔子的住所同一方向，不妨同行一陣，讓孔子的車就跟在衛靈公的車後，其他的車都在孔子的車後。

「駕。」衛靈公和南子的車竄了出去。

「走。」冉有也揮出了鞭子，孔子的車緊跟著出去了。

身後，十多輛車緊跟著。

車速非常的快，駕車的人大聲呵斥著路上的行人，大街上所有的人都駐足觀看。衛靈公出門一向如此，根本不管首都人民的安全，只要自己快。而南子更是非常享受這一切，高聲地與衛靈公說笑著。那些狼狽躲閃的人們都敢怒不敢言，向著車隊離去的方向吐口水。

冉有很不自在，他不想這麼快，可是被夾在車隊中間，不得不這麼快；子路則有些憤怒，他一向討厭權貴們這樣顯示特權的方式；而孔子非常尷尬，他不知道人們會怎麼看自己，他懷疑這會讓衛國人開始討厭自己。

「唉——」一路上，孔子不停地歎氣。

好容易到了分手的岔道，孔子的車從車隊中脫離出來，冉有長長地舒了一口氣，把車速放慢下來。

按《史記》。靈公與夫人同車，宦者雍渠參乘，出，使孔子為次乘，招搖市過之。

招搖過市，這個成語出於這裡。

「老師，我說過不要去見那個女人吧？你非要去，怎麼樣？怎麼樣？那女人騷嗎？」子路忍不住指責起老師來，口氣也非常生硬。

孔子像個鬥敗的公雞一樣垂頭喪氣，見子路指責，自己無話可說，於是對天發誓：「我他娘的要是有什麼私心雜念，天打五雷轟。」

按《論語》。子見南子，子路不說。夫子矢之曰：「予所否者，天厭之，天厭之！」

子路逼得老師發誓，也不好再說什麼。冉有不說話，默默地趕著車。

「唉。」孔子歎了一口氣，搖搖頭。「完蛋了，我真是沒有見過喜歡仁德超過喜歡美色的。唉，完蛋了。」

按《論語》。子曰：「已矣乎！吾未見好德如好色者也。」

從那之後，孔子又有了離開衛國的想法。不過，他還心存僥倖，想看看自己是不是通過了南子的面試，因此依然留在衛國等待著衛靈公的任用。

這些事，發生在魯定公十四年（前496年），這一年孔子五十六歲。

偷情，又是偷情

可是，很快發生了一件孔子意想不到的事情。

南子在宋國的時候有一個情人叫做宋朝，說起來還是她的堂哥。宋朝是春秋著名的美男，幾乎與公孫子都齊名。後來的史書都說宋朝是個花花公子，十分淫蕩。在《論語》中，孔子曾經提到過宋朝的美，孔子說：如果沒有祝鮀的口才，卻有宋朝的美貌，恐怕在當今這個世道是很危險的。

按《論語》。子曰：「不有祝鮀之佞，而有宋朝之美，難乎免於今之世矣。」

自從到了衛國，南子時刻想念自己的老情人。如今，衛靈公對她言聽計從，只要她願意，衛靈公甚至願意為她摘天上的不明飛行物。於是，南子提出來想見自己的舊情人。當然，不能說是自己的情人，只說是自己從小玩大的哥哥。

「好，沒問題。」衛靈公爽快地答應了，他只要南子高興。

衛靈公親自派人去宋國請宋朝前來衛國訪問，食宿路費等等全包。當年秋天，宋朝高高興興來到了楚丘。老情人相見，二話不說，自有分教。

衛靈公為南子請來老情人的事情在整個楚丘傳得沸沸揚揚，除了衛靈公，誰都知道他戴上了綠帽子。

這個時候，太子蒯聵出使齊國回來，路過宋國的時候，宋國人知道來人是衛國太子，於是故意嘲笑他，唱道：「既定爾妻豬，盍歸吾艾豭？」歌詞大意是：既然已經給你們的母豬配種了，怎麼還不把我們的公豬還回來？

蒯聵早在齊國的時候就聽說了南子把宋朝請去楚丘相會的事情，如今聽到宋國人這樣唱歌，知道宋國人在嘲笑自己，當時十分惱怒。

「這個宋國臭娘們，我要殺了她。」蒯聵下定決心，要除掉南子。

回到楚丘，蒯聵求見南子，藉口很簡單：送點齊國土特產。

南子對蒯聵早就圖謀不軌，畢竟蒯聵二十多歲的小夥子，比衛靈公這個老頭子更有情趣。再者說了，如果搭上蒯聵，等衛靈公死了，自己還能過好日子。所以，對於蒯聵的請求，南子毫不猶豫地答應了：單獨接見。

蒯聵帶著家臣戲陽速去見南子，戲陽速表面的任務是跟班提包，真正的任務是充當刺客。

「陽速啊，我們去見南子夫人，記住，只要我回頭看你，就去殺了她。」臨行前，蒯聵布置了任務。

「好的，你放心吧。」戲陽速答應得很俐落。

兩人就這樣到了南子的住處，蒯聵帶著戲陽速進去了。

「太子，辛苦了，你真是心中有我啊。」看見蒯聵，南子非常高興，話說得一語雙關，意含挑逗。

「嘿嘿，夫人身體可好？」蒯聵說，說完，回頭看看戲陽速。

按著預先的布置，戲陽速就該拔刀殺人了。要殺南子非常容易，因為這裡除了蒯聵、南子和戲陽速之外，只有幾個宮女。

戲陽速準備拔刀，就在這個時候，他的腦海中浮現出了一個人，誰？齊國的公子彭生。當年公子彭生為齊襄公殺了魯桓公，結果後來當了替罪羊，被齊襄公所殺。

「難道，我要當替罪羊？」戲陽速猶豫了。

就在戲陽速猶豫的時候，南子回答問題了。

「身體好不好，試過才知道啊。」南子挑逗蒯聵。

蒯聵見戲陽速沒有動手，只得轉回頭來。

「啊，是啊，是啊，試過才知道。」蒯聵敷衍著說，又回過頭去看戲陽速。

戲陽速又握緊了劍柄，可是這個時候，他的腦海中又浮現出一個人來，誰？邱地馬正侯犯的那個手下。這件事情過去的時間不長，可以說是歷歷在目。替人殺人，往往就是替人背黑鍋。

「難道，我要替蒯聵背黑鍋？」戲陽速又猶豫了。

就在戲陽速第二次猶豫的時候，南子終於產生了懷疑。

「太子，你怎麼總是回頭？」南子問。

「啊，那，沒什麼。」蒯聵轉回頭來回答南子的問題，緊接著再次回頭去看戲陽速，使勁使眼色。

戲陽速有點緊張，手中的劍抽出來一半，這個時候，他的腦海中又浮現出一個人來，誰？韓厥。想當年欒書動員韓厥殺晉厲公，被韓厥嚴詞拒絕，最終，韓家得保安全。

「我，我要學韓厥。」戲陽速這樣對自己說。

蒯聵非常惱火，既然戲陽速不動手，是不是自己親自動手呢？他一邊猶豫，一邊回頭去看南子。這時候，哪裡還有南子？南子見勢不妙，已經悄悄地跑了。

「救命啊，救命啊，太子要殺我了。」外面傳來南子尖利的叫聲，叫聲越來越遠，顯示南子跑得很快。

「怎麼回事？」遠遠地，似乎是衛靈公在高聲問。

蒯聵知道，現在自己唯一能做的事情就是趕快逃命。

蒯聵逃命而去，戲陽速也逃命而去。不過，兩人逃命的方向並不

相同。

　　當天，蒯聵逃往宋國，之後輾轉逃到了晉國，投奔了趙鞅。

　　戲陽速並沒有逃命，他留在了衛國，因為他知道自己是安全的。果然，衛靈公震怒之下要殺蒯聵，卻放過了戲陽速。

　　「都是戲陽速害了我。」蒯聵在晉國逢人就說，結果這話傳回了衛國。

　　「嘿嘿，這不是我害了太子，是太子成心在害我。」戲陽速說，他要為自己辯解，「太子要殺他的母后，本來就是個不義之舉。他自己不動手，讓我動手，我要是拒絕，他就會殺我滅口，所以我只好答應。可是，如果我真的殺了夫人，他肯定拿我做替罪羊，讓我給他背黑鍋。所以我只能答應他卻不真正動手，這是我保住自己的唯一辦法了。俗話說『民保于信』，老百姓要保護自己只能用信用，所以我就用道義作為我的信用來保護自己。」

　　戲陽速的說法非常具有說服力，因此並沒有多少人指責他。

　　「憑什麼我們就要為權貴們背黑鍋？」大家都這麼說。

第二六四章
孔子的謊言

　　蒯聵逃亡，牽連了很多人，孔子平時與蒯聵有些交道，因此也有些擔心。再加上眼看在衛國沒有什麼前途，孔子決定再一次離開衛國。

　　去哪裡？向南是宋國，不敢去；向東是齊國，去了也沒用；向西南，是鄭國，不敢去。於是，只有一個方向可以去：晉國。

逝者如斯夫

　　孔子決定去晉國，不過他內心很是忐忑。為什麼很忐忑呢？因為晉國是所有國家中周禮破壞得最嚴重的國家，他們對周禮的蔑視甚至超過楚國人。這個國家六卿掌權，國君早已經被架空了。魯國三桓雖然瓜分了國家，但至少三桓本身也是公族；可是晉國六卿沒有一個公族，所謂的君君臣臣早已經不存在了。

　　這樣一個國家，自己的政治理念能夠受到歡迎嗎？

　　此外，晉國此時正是趙鞅執政，此人心黑手狠，行事果斷。而當年趙鞅鑄刑鼎，孔子還批判過他。再者，目前陽虎就投靠在趙簡子的門下，如果自己再去投靠，會不會被人說是去找陽虎，跟陽虎是一夥？

　　種種原因，讓孔子欲行又止，欲止又行，就這麼猶猶豫豫上路了。

　　孔子的情緒影響了所有人的情緒，這一次上路，大家都很沉默，甚至有些沉重。

　　這一天，來到了黃河渡口，過河就是晉國了。

　　一條渡船從對岸過來，船上下來幾名晉國人。

　　「請問，最近晉國發生了什麼？」孔子問。

　　「你問什麼方面的事情？」晉國人反問。

　　「啊，執政的，譬如趙鞅元帥的。」孔子想了想，問。

　　「也沒什麼大事，不過聽說趙鞅最近殺了兩個人。」

「什麼人？」

「一個叫竇犨鳴犢，一個叫舜華吧。」晉國人說，說完，匆匆走了。

「哦，竇犨鳴犢？舜華？」孔子自言自語，猛然之間，嘴角竟然露出一絲微笑，可是立即消失了。

「老師，上船吧。」子路過來，請老師先渡。

孔子看了子路一眼，皺皺眉頭，搖了搖頭。然後把目光轉向黃河，望向遠方。

「美哉水，洋洋乎。丘之不濟此，命也夫。」孔子高聲說道。

什麼意思？簡單翻譯：壯美啊，黃河水，浩浩蕩蕩奔流不息。我孔丘不能渡過黃河，看來是老天早有安排。

孔子的話說完，弟子們都愣住了，辛辛苦苦到這裡，怎麼就不去了呢？

胡亂沒有說話，他知道這一切是必然的。

「老師，您這話，什麼意思呢？」子貢忍不住，上去問了一句。

「我告訴你，竇犨鳴犢和舜華是晉國兩個賢能的大夫，趙簡子沒有當上中軍元帥之前，常常要這兩個大夫幫助；當上中軍元帥之後，卻殺了他們。我聽說，殺害懷孕的動物和幼年動物，麒麟就不會到那裡；排乾了水捕魚，那麼蛟龍就不會去那裡；打翻鳥巢去取鳥蛋，鳳凰就不會到那裡。為什麼呢？因為君子忌諱同類受到傷害。鳥獸對於不義的事情尚且知道回避，何況人呢？」孔子對子貢說，意思就是竇犨鳴犢和舜華這樣的賢人被殺害，自己這樣的賢人就不能再去了。

排乾了水捕魚，原話是「竭澤而漁」，這個成語出於這裡，原文見《孔子家語》。

其實，當時晉國六卿當政，而趙簡子廣招人才，竇犨鳴犢和舜華即便賢能，也賢能不到哪裡去，趙簡子殺他們必然有其原因。孔子不肯渡河，竇犨鳴犢和舜華被殺不過是個藉口而已。

現在，晉國不去了，衛國也不好意思待下去了，西邊去不了，南邊去不了，北邊去不了，唯一的出路，就是回家。

臨回去之前，孔子臨河長歎：歲月就這樣流逝，日夜不停啊。

按《論語》。子在川上曰：「逝者如斯夫，不舍晝夜。」

不幸而言中

魯定公十五年（前 495 年），孔子帶著一眾弟子回到了魯國。這一年，孔子五十七歲。

在外面折騰了將近兩年，結果是一無所獲，狼狽而歸，孔子很沒有面子。再加上當初的不辭而別，孔子實在也沒有勇氣再去見魯定公了。

所以，孔子放棄了任何幻想，重新將整個生活重心放在了自己的私立學校上。孔子的學生中，有人覺得看不到希望，於是離去了。不過，又有新的學生前來。總體來說，孔子的學校還算不錯，完全能夠支撐下去。

子貢似乎對學習的興趣濃了一些，特別是對禮樂。孔子看到了子貢的進步，也為他高興。

春天的時候，郳隱公前來魯國國事訪問，魯定公在祖廟舉行了歡迎儀式。這樣的儀式是公開的儀式，因此老百姓都可以前去參觀。

「想去的都去看看吧，這樣的機會不多。」孔子鼓勵學生們去現場觀摩，他覺得這樣的學習效果更好。

子貢和胡亂結伴而去。

歡迎儀式莊嚴肅穆，兩國領導人按照周禮進行了會面。郳隱公作為客人，向主人魯定公贈玉。結果，贈玉的郳隱公把玉拿得過高，而且仰著臉；而受玉的魯定公的手太低，而且垂著頭。

「嘿，魯強郳弱，應該是郳隱公比較謙卑，魯定公比較高傲才對啊。」胡亂說。他覺得這樣的場景比較滑稽。

「嗯，老師教給我們禮，讓我從禮的角度來看這件事情。我覺得，從禮的角度看，兩個國君都要死了。為什麼呢？禮法是生死存亡的主體，因為人的左右周旋，進退俯仰，都可以從禮法中找到根據。現在是正月，按禮法國君不應該見面，所以說他們的心中都已經沒有禮法

228

了。朝會不合禮法，國君能不死嗎？邾隱公的姿勢，表明他高傲；魯定公的姿勢，表明他很虛弱。高傲接近於禍亂，虛弱接近於疾病。魯國國君作為主人，恐怕會先死了。」子貢分析，賣弄著他最近學習的禮法知識。

胡亂沒有學過這段歷史，因此自己也搞不清楚，回到孔子家中，到處去說。結果人人都知道了，有人不服氣，說子貢亂說，結果子貢就去指斥不服氣的人。

「子貢啊，你就那麼牛嗎？要是我，可沒有工夫去指斥別人。」一次，子貢正在嘲笑一個同學，被孔子撞見，當場批評了子貢。

按《論語》。子貢方人，子曰：「賜也賢乎哉，夫我則不暇。」

不過，沒有多久，到了五月份，魯定公果然重病身亡。

「哈哈，看我說得多準。」子貢得意地四處炫耀，生怕別人不知道。

國君死了，你還興高采烈，這不是一件很危險的事情嗎？

「子路，你去讓子貢閉嘴。這個傢伙不幸而言中了，證明他就是個多嘴的人。」孔子趕緊讓子路去制止子貢，免得惹禍上身。

按《左傳》。仲尼曰：「此不幸言而中，是使賜多言者也。」

不幸而言中，這句常用語，就出自這裡。

這就是學問

魯定公鞠躬盡瘁之後，兒子姬將繼位，就是魯哀公。

魯哀西元年，吳王夫差率領吳軍進攻越國，越王勾踐投降，吳軍占領了會稽山，從會稽山上發現一個人的骨頭，骨頭超大，能裝滿一輛車。這是什麼人的骨頭？吳國人都猜不出來，問越國人，越國人也整不明白。

「你去魯國的時候，順便看看魯國人知不知道。」吳王夫差恰好派使者前往魯國，讓他順便請教一下魯國的高人，夫差認為，魯國人比較有學問。

使者來到了魯國，辦完了正事，想起這件事情來了。問了幾個

人，都說不知道，有人說孔子最有學問，你為什麼不去問問他？

於是，吳國使者登門請教。

「看那骨頭的形狀，倒好像人的骨頭。我想問問，什麼人的骨頭最大？」吳國使者把事情說了一遍，然後發問。

「嗯，你說的這個事情倒是有段歷史可以解釋的。」孔子略微想了想，眼前一亮，想到了答案。「上古的時候，大禹治水，在會稽山召集各國君主開會，結果防風氏遲到了，大禹將他殺了，陳屍荒野，他的骨頭就能裝滿一輛專車，這骨頭是最大的。」

「啊，是這樣的？」吳國使者第一次聽說這樣的事情，瞪大了眼睛。「那，那他不就是神了？」

「不，不是的。山川的神靈興雲播雨，足以管理天下，山川的守主就是神。社稷的守主就是公侯，山川的祭祀就是諸侯，都屬於王者。」

「那，防風氏是幹什麼的？」

「汪芒氏的君主，負責守衛封嵎之山，山神是釐姓。在夏朝，稱為防風氏；在商朝，則是汪芒氏；在周朝，就是長翟，現在叫大人。」孔子解說得非常清晰，而長翟，前些年還有。

「那，人究竟能有多高呢？」

「人嘛，僬僥氏只有三尺高，應該是最矮的人了；而長翟最高，但是不超過十尺。」

「哇噻，您太有才了，聖人哪。」吳國使者被折服了。

這段對白，歷史上多認為純屬杜撰，近於神話。其實未必，長翟在春秋早期還有，是一個翟人部落，這個部落身材十分高大，都是巨人。不過，大致腦子不太好使或者生育能力不足，因此到此時實際上已經滅絕。

孔子解答了吳國人疑難問題的事情迅速傳開，孔子再次名聲大噪。一個人對此很不高興，也很不服氣，他認為孔子實際上是在忽悠沒有文化的吳國人。

這個人是誰？季孫斯。

恰好這個時候季孫斯聽到一個奇聞，在他自己的封邑費地，前段時間挖井，結果從井裡挖出來一個土缶（音否，口小肚大的容器，用來裝酒或者汲水）。奇怪的是，土缶裡竟然裝著一隻死羊。

「你孔丘不是說自己博學嗎？看我耍弄你一次。」季孫斯想了一個壞主意，派人也去向孔子請教。

季孫斯的使者來到了孔子家，說是主人有疑難問題請教。聽說是季孫斯派來的人，孔子加了小心，因為他知道季孫斯非常不喜歡自己，這一定是黃鼠狼給雞拜年，沒安好心。

「孔丘先生，事情是這樣的。我們在費地挖井，結果井裡挖出一個土缶來，土缶裡面還有一條死狗，請問這是怎麼回事？」來人說，故意把羊說成了狗，就等孔子出洋相了。

孔子笑了，心說幸虧今天上午我也聽說了這件事情，否則一定上套了。

「據我所知啊，應該是羊才對，為什麼呢？我聽說啊，樹木和石頭的精怪是夔（音奎，古代傳說中的單足獸）和魍魎（山精），土中的精怪應該是羵（音焚）羊（古代傳說中的土中神怪）。」孔子不慌不忙地說，得意地笑。

來人見計謀已經被揭穿，十分尷尬，搭訕了幾句，走了。

孔子在魯國過得還算不錯，可是他知道，只要季孫斯在，自己就只能當教書匠，絕對不可能再進入官場。而季孫斯這一次羞辱自己沒有成功，一定還會想別的辦法。如果想不出別的辦法，那就更糟糕，因為那就意味著季孫斯對自己的惱火更大，有可能採取更加強硬的手段。

所以，無論從安全的角度還是從政治前途的角度，待在魯國都是下策。

可是，不待在魯國，能去哪裡？

終於，衛國傳來了一個好消息，這個好消息讓孔子決定再去衛國。

魯哀公二年（前493年），孔子在魯國待了兩年之後，再次前往衛國。這一年，孔子五十九歲。

那麼，衛國究竟發生了什麼？

衛國的故事

不久前，衛國大夫史魚死了，臨死之前對他兒子說：「我身為衛國的大夫，一直以來就極力向國君推薦蘧伯玉，勸國君疏遠只會拍馬屁的彌子瑕，可是一直沒有成功，這是我的一大過失。活著的時候沒有盡到職責，死了也就不能享受禮遇。所以，我死之後，把我的靈柩就放在窗戶外面就行了。」

史魚死了之後，兒子遵照他的遺囑，把他的靈柩停放在窗外。按照常規，是應該停放在廳堂的。

衛靈公前來弔唁，結果發現靈柩放在窗戶外面，很是驚奇，於是找來史魚的兒子責問。

「主公，這是我父親的遺囑啊。」史魚的兒子把父親臨終前的話說了一遍。

衛靈公的臉色變得非常難看，他一向是信任史魚的，如今史魚用這樣的方式來勸諫自己，自己不應該再讓他失望了。其實，衛靈公也知道彌子瑕是個什麼樣的人，而且最近也有些開始討厭他了。

「都是我的過失，我改，我改還不行嗎？」衛靈公表了決心，當即命令把史魚的靈柩抬進了廳堂。

回到朝廷，衛靈公立即下令任用蘧伯玉，同時辭退彌子瑕。

任用蘧伯玉的原因很簡單，因為他很賢能。可是，辭退彌子瑕的原因呢？衛靈公說了兩條。

「第一條，這小子當初私自動用了我的車；第二條，這小子當初把一個吃剩的桃子給我吃。」衛靈公的理由說出來之後，左右都掩著嘴在笑。為什麼笑？

原來，這兩件事都有故事。

當初彌子瑕受寵信的時候，有一天晚上陪衛靈公在後宮玩耍，很晚了就住在後宮，結果這時候家裡人來報告說彌子瑕的老娘重病，彌子瑕於是把衛靈公的車套上駕了出去，一來是自己的車不在眼前，二來是衛靈公的車到哪裡都暢行無阻。這件事情第二天就被發覺了，按

照衛國法律，私自駕駛國君的專車，砍腳。可是衛靈公不但不生氣，反而公開表揚了彌子瑕：「大孝子啊，為了探望母親，冒著被砍腳的危險。」

後來又有一次，彌子瑕陪著衛靈公遊果園，彌子瑕摘一個桃子吃，結果咬了一口之後發現非常好吃，就把咬了一口的桃子獻給了衛靈公。衛靈公不僅沒有惱火，反而非常高興地說：「彌子瑕多愛我，甚至都忘記了那個桃子他咬了一口了。」

就是這兩件事情，如今卻都成了彌子瑕的罪過。

所以同樣的事情，當你喜歡一個人和討厭一個人的時候，就會有不同的判斷。

不管怎樣，彌子瑕失勢了，蘧伯玉開始受到重用。

「蘧大哥是我的朋友，找他去。」孔子決定去投奔蘧伯玉，兩人在衛國的時候很投機，即便孔子回到魯國之後，兩人之間也常有聯絡。

孔子的謊言

孔子帶領弟子們又上路了。

從魯國到衛國，孔子和弟子們進入衛國的蒲。沒想到，在這裡遇上了麻煩。

原來，從衛國流亡魯國的公叔戍悄悄潛回了衛國的蒲，這裡是他原先的封邑，於是仿照當年的欒盈回曲沃，公叔戍就在蒲宣布背叛衛國。

「你們要去哪裡？」蒲地守軍問孔子一行。

「去衛國首都楚丘。」子路回答，他還不知道這裡已經叛變了衛國。

「不行了，回去吧。」蒲地守軍攔住了他們，任何去衛國的人都要攔住。

怎麼辦？開始談判。可是，蒲地人談判有一個底線：可以放你們過去，但是你們不能去衛國。

孔子這邊的談判代表是子路和子貢，子路不肯讓步，而子貢認為

老師總說人要講信用，因此也不敢答應。

　　就在雙方僵持的時候，孔子自己來了。

　　「算了算了，我們過去不去衛國，我們去宋國，行不？」孔子決定不去衛國了。

　　蒲地人要求盟誓，於是雙方盟誓，盟誓的內容大致是誰要說話不算數，誰就是王八蛋。

　　就這樣，孔子帶著弟子們過了蒲地。

　　「老師，去宋國幹什麼？」子貢問，他覺得去宋國沒什麼意思。

　　「誰說去宋國？」孔子反問。

　　「不去宋國，去哪裡？」

　　「衛國。」

　　「啊。」子貢大吃一驚，以為自己聽錯了。「衛國？」

　　「對。」孔子說得非常肯定。

　　「老師啊，您總是教導我們要講信用，可是，可是咱們還跟人家盟誓了啊。」

　　「我們是在脅迫下盟誓的，不算，神靈也不會聽的。」孔子說，笑笑。

　　「哦。」子貢看了老師三眼，自言自語：「看來，世界上沒有絕對的誠信啊。」

　　從那之後，子貢對老師的看法又有了變化，他知道老師在根子裡並不是一個迂腐的人，而是一個善於應變的人。這一點，跟自己倒很相像。

　　「可是老師，您不是最推崇柳下惠嗎？柳下惠是在任何情況下都不說謊的啊。」宰我湊上來說了一句，孔子瞪了他一眼，沒有搭理他。

　　衛靈公這時候正在為蒲地背叛的事情煩惱，聽說孔子師徒通過蒲地又來投靠自己，非常高興，於是破天荒地親自到郊外迎接孔子。

　　「哇噻，這回妥了。」孔子暗暗高興，覺得自己好像是給衛靈公雪中送炭的，今後一定受到重用。

　　衛靈公設宴招待了孔子，問寒問暖之後，終於問到了蒲地的情

況。孔子把自己見到的蒲地的情況彙報了一遍。

「孔丘先生，你認為蒲地可以攻打嗎？」衛靈公問。

「沒問題啊。」孔子回答，這可是立功的機會。

「可是，衛國的大夫們認為蒲地是我國的主要兵源地，我們對抗外敵都靠這裡的力量了，如果我們攻打蒲地，恐怕沒有勝算啊。」衛靈公的想法與孔子並不一樣，看上去很有些憂慮。

「我不這麼看，我認為那裡的男人寧死都不願意背叛衛國，所以我們真正要對付的，就是那四五個人而已。」孔子說，他很希望衛靈公出兵。

「嗯，說得有道理。」衛靈公沉思了一下，說。

宴會的氣氛不錯，不過，衛靈公從那之後再也沒有提起討伐蒲地的事情。

在是否討伐蒲地的問題上，衛靈公對孔子的回答其實非常不滿意。從歷史的角度看，孔子的想法確實是錯誤的。

蒲地是衛國的主要兵源地，衛國此前已經有一塊戚地被孫林父占領了。如果說衛國起兵攻打蒲地，勝負難料，即便取勝，也是兩敗俱傷，最終損失還是衛國的。而國際形勢其實更為兇險，這個時候的衛國已經與晉國翻臉成仇，如果貿然攻打蒲地，很可能逼迫蒲地向晉國求救，於是晉國介入，裡應外合，衛國就有亡國的危險。

所以，這個時候必須慎重，寧可用時間換空間，進而從蒲地內部入手，解決問題。

第二六五章

喪家之犬

　　孔子這一次住在了蘧伯玉家中，蘧伯玉非常熱情也非常高興，兩人之間確實有很多共同語言。蘧伯玉向衛靈公推薦孔子，可是，衛靈公對孔子似乎興趣不大。

　　「唉，如果有國君用我的話，三個月就能見變化，三年絕對大治。」孔子常常這樣慨歎，慨歎沒有能夠遇到賞識自己的明君。

　　按《論語》。子曰：「苟有用我者，期月而已可也，三年有成。」

　　在蘧伯玉的再三推薦之下，衛靈公勉強又接見了孔子。

　　這一次見面的氣氛與上一次完全不可同日而語，衛靈公打著呵欠，一副應付差事的架勢。

　　兩人有一搭沒一搭地聊了幾句，大家都覺得很尷尬無趣。

　　「孔丘先生，能不能給我講講布陣打仗的學問？」衛靈公突然問，他知道孔子沒有打過仗，因此故意要刁難他。

　　「不好意思，沒學過，我主要研究的是祭祀禮法之類的學問。」孔子說，他明白衛靈公的意思，因此乾脆一口回絕。

　　按《論語》。衛靈公問陳於孔子。孔子對曰：「俎豆之事，則嘗聞之矣。軍旅之事，未之學也。」明日遂行。

　　話不投機，典型的話不投機。

　　天上，一行大雁飛過，嘶鳴著向北而去。

　　衛靈公仰起頭來看大雁，把個下巴留給了孔子。

　　孔子搖搖頭，他知道他該告辭了。

宋國遇險

　　孔子又離開了。

　　孔子去哪裡？目標依然是陳國。子路、顏回、冉有、子貢、胡亂

等人依然跟隨，除了他們之外，還有兩個小孩子也跟著上路了。

兩個小孩子，一個叫言偃，字子游，只有十三歲，魯國人，是這次孔子回魯國的時候招收的學生。另一個叫卜商，字子夏，衛國人，是孔子不久前招的學生。兩人的家裡都比較窮，因此父母送來，都是一邊學習，一邊在孔子身邊伺候孔子的。兩個小童都很聰明乖巧，孔子很喜歡他們。因此，這次上路，孔子也帶著他們。

從衛國南下，孔子不敢再走匡地，於是乾脆穿越曹國。在曹國，孔子師徒並沒有待太長時間，因為曹國是個小國，隨時會被滅掉的那種，孔子對這個國家毫無興趣。

穿過曹國，進入宋國。

孔子為什麼對宋國沒有興趣？因為孔子知道，宋國對他沒有興趣。整個周朝，即便是楚國和吳越這樣的國家，對周禮在表面上都是或多或少要遵從的，只有宋國是個例外，宋國人在骨子裡認為他們還是商朝，他的禮法是商禮而不是周禮，因此，他們對孔子的學說毫無興趣。

孔子一行迤邐來到宋國首都睢陽附近，見到一夥工匠正在幹活，太陽照曬之下非常辛苦。旁邊，有人拿著鞭子在監督工匠們幹活。

「你們在幹什麼？」孔子下了車，親自過去問。

「給桓魋造石椁，造了三年了。」一個工匠有氣無力地說。石椁就是石棺。

孔子還要問，突然監工提著鞭子走了過來。

「你是什麼人？問什麼問？趕快走開，否則判你洩露國家機密罪。」監工氣勢洶洶地說，工匠們都不再敢說話，低頭幹活去了。

「哼，這麼奢侈浪費，死了之後早早爛掉吧。」孔子大聲說著，一臉的憤怒。他仔細地看工地，發現巨大的石椁上已經雕琢了許多花紋圖案，不過，要全部完工恐怕至少還要三年。

「你吃了豹子膽了，敢這樣說話，你哪個單位的？」監工大聲呵斥著，舉起鞭子要抽孔子，可是，當他看到子路已經拔出劍來並且隨時準備向他刺來的時候，他害怕了，放下了鞭子。

「告訴你，這是我老師孔仲尼，怎麼樣，你不服嗎？」子路瞪著眼

晴大聲說，他有殺人的衝動。

「你，你們等著。」監工灰溜溜地走了，一路走，一路回頭。

監工走了，工匠們都抬頭看孔子和子路，帶著感激的目光。

「老師，按照周禮，喪事不能預先準備，這是什麼意思呢？」冉有提出了問題。

孔子看看冉有，其實不用冉有提出，孔子也正想對弟子們解說這個問題。

「按照周禮，人死了之後才能商量諡號，之後才能確定下葬的日子，下葬之後才能設立祭廟，這些都是家裡人要做的事情，是不能預先準備的，何況是自己親自去安排呢？」

這一段，見於《孔子家語》。

可笑的是，後世的帝王們一面尊崇孔子為聖人，一面為自己營造豪華奢侈如同宮殿一般的陵墓，實在是玷污了孔子的名聲。而孔子為他們送上了永久的詛咒：「死不如速朽之愈。」（《孔子世家》）

又走了一程，大家走得累了，於是在路邊的一棵大樹下休息。

「弟子們，咱們最近在講周禮，這樣吧，閒著也是閒著，咱們就在這個大樹下進行一次兩國國君相會的演習。」孔子走到哪裡，都忘不了要演練自己教給學生們的知識。

於是，弟子們拿出隨時帶著的樂器和禮服，穿戴好了，有人扮演國君，有人扮演相禮，有人扮演一般工作人員，然後開始演練，孔子在一旁現場指導。

原本一幫人突然來到這裡就讓人好奇，又是一幫外國人，當地人就更好奇。這幫外國人還換衣服拿架勢好像要演戲一般，當地人就好奇得不得了。當禮樂聲響起，當地就算是炸了營了，十里八鄉的都來看熱鬧了。

孔子一看看的人多了，心頭高興。

「嗯，讓宋國人也見識一下周禮吧。」孔子讓弟子們認真演練，演練完一項，繼續演練另一項。

宋國的百姓們看稀罕，看得帶勁。

事情迅速傳到了睢陽城裡，驚動了宋國的司馬向魋。向魋，又叫司馬桓魋，所以也叫桓魋。

「什麼？一幫魯國人在我國境內演練周禮？奶奶的膽肥了，這不是上門挑釁嗎？你們以為你們是誰啊？以為自己是晉國人還是楚國人啊？或者是吳國人啊？」桓魋一拍桌子，令人立即去殺了這些魯國人。不過有手下立即表示這樣做可能引發國際糾紛，還是算了吧。桓魋想了想，說：「那，就去把那個大樹給我砍了，看他們演練個屁。」

於是，桓魋的人火速趕到，二話不說，把那棵大樹給砍了。

「你們為什麼砍大樹？」子貢去和宋國人講理。

「為什麼？我們司馬桓魋說了，你們故意在我們首都演練周禮，是上門挑釁，知道不？」桓魋的手下基本上表達了桓魋的意思。

「那你誤會了，我們是魯國人，要去陳國，路過這裡，順便演練一下而已，不是針對你們啊。」子貢急忙解釋。

「去哪裡？」

「陳國。」

「陳國？嘿嘿，你們等著。」桓魋的人放下這句話，走了。

子貢感覺宋國人似乎話中有話，可是怎麼想也想不出來話中是什麼話。

「別管他們，我們繼續演練，難道砍倒一棵大樹就能阻止我們嗎？」孔子下令，就在大樹旁邊繼續演練。

「老師，我覺得情況有些不對勁，是不是剛才那個監工把老師的話告訴了桓魋呢？咱們還是走吧。」子貢勸孔子。

「怕什麼？既然上天把高尚的德行賦予了我，桓魋能把我怎麼樣？」孔子不肯，又拿出了在匡地時候的牛氣。

按《論語》。子曰：「天生德於予，桓魋其如予何！」

沒等大家擺好架勢，一個看熱鬧的宋國人走了上來，直接來到孔子身邊。

「魯國人啊，快逃命吧，再不走，他們就調集軍隊來殺你們了。」

宋國人說。

「為什麼？」孔子有點緊張了，急忙問。

「為什麼？公子辰和公子地的事情你們不知道嗎？」宋國人反問。

「那什麼，不要練了，趕緊收拾好東西走人，越快越好。」孔子變了臉色，不再堅持演練，而是立馬逃命了。

為什麼孔子聽到公子辰和公子地就要逃命？

宋國的故事

宋國的國君是宋景公，他非常寵信桓魋，兩人好得像一個人一樣。

宋景公有個弟弟叫公子地，公子地非常寵信蘧富獵，好得也像一個人一樣。公子地把自己的家產分成了十一份，分給蘧富獵五份。

公子地有四匹白馬，都是好馬，經常拿出來炫耀。桓魋就看上了這四匹白馬，找個機會請宋景公幫他弄過來。

「沒問題，你喜歡什麼我就給你弄什麼。」宋景公也不含糊，派人去向公子地要，就說是自己想要。

聽說是國君要，公子地沒辦法，只能給送了過去。

宋景公拿到這四匹馬，當即命令人把馬脖子和馬尾都染成紅色，送給了桓魋。桓魋非常得意，用這四匹馬套上車就出去炫耀了。桓魋的馬車在大街上轉悠，早就有人去報告了公子地。

「什麼？臭狗屎，原來是你把我的馬給弄去了。」公子地本來就瞧不起桓魋，如今知道自己的馬是被他給搶去了，當時就火了。

公子地也沒客氣，立即派了人出去，正碰上桓魋，把桓魋揪下車來，一頓暴打，之後又把四匹馬給搶了回來。

桓魋挨了一頓打，馬也被搶走了，皮肉之傷之外，又大大地折了面子，在手下的攙扶下去見宋景公。

「我，我沒臉在宋國混了，我，我乾脆去魯國算了，嗚嗚嗚嗚。」桓魋哭訴完自己的悲慘遭遇，就要流亡去魯國。

「你不能走啊，你走了，我怎麼辦啊，嗚嗚嗚嗚。」宋景公拉住桓

魋，不讓他走，又讓人把大門關上。

兩人抱頭痛哭，把眼睛都哭腫了。

宋景公有個同母弟弟叫公子辰，看見宋景公哭成這個樣子，覺得這下子讓國君很沒有面子，需要找一個合適的方法來解決問題，想來想去，想到了一個辦法。

「哥啊，你能把家產分給蓬富獵，卻捨不得給桓魋四匹馬，這也太不公平了。為了給主公一個面子，我建議你出國流亡。我敢說，不等你走出國境，主公就會派人來挽留你，這樣給主公一個面子，對大家都好。」公子辰大概是從書上看到這個辦法，向公子地建議。

「好好。」公子地也覺得自己這個事情做得有點過分，應該首先作出姿態來。

於是，公子地宣布流亡陳國，帶著一家老小前往陳國了。

公子地一家磨磨蹭蹭地走，就等著宋景公派人來挽留，誰知道一直走到了陳國，宋景公都沒有派人來挽留。這下，弄假成真了。

「狗日的公子辰，忽悠我啊。」公子地在陳國大罵公子辰。

公子辰呢？

宋景公不肯挽留公子地，公子辰就去請求他挽留，可是宋景公說什麼也不肯。

「奶奶的，太不仗義了。」公子辰大罵宋景公，罵完之後，就覺得是自己害了公子地，「我要是不流亡，不就等於是我欺騙了哥哥？」

公子辰很仗義，隨即也流亡去了陳國。

第二年，也就是魯定公十一年（前499年，孔子時任魯國司寇），公子辰和公子地在陳國的支持下聯手進入宋國的蕭地，以此為據點背叛了宋國。

從那時候開始，宋國與陳國之間處於敵對狀態。

喪家之犬

孔子師徒急匆匆逃走，不過不敢向南走，因為向南是陳國，桓魋

一定會追過去。於是，孔子師徒轉頭向西，先到鄭國，再從鄭國轉道陳國。

這一天來到了鄭國的一座城邑，不知道什麼原因，孔子竟然和弟子們走失了。弟子們很著急，於是分頭去找。子貢和胡亂一組，一邊走一邊問。正走著，前面來了一個農夫。於是，子貢上前去問。

「請問，有沒有看見一個身材高大的老人？」子貢問。

農夫想了想，說：「嗯，我倒是看見一個人在東門轉悠，身材很高，有點駝背，東張西望的樣子，像一條喪家之犬。」

「沒錯了，那肯定是老師了。」子貢斷言。

於是，子貢和胡亂趕往東門，果然看見孔子在那裡轉悠。

「老師，可算找到你了。」子貢和胡亂都鬆了一口氣，總算找到了孔子。

「你們怎麼找到我的？」孔子問，他也鬆了一口氣。

於是，子貢把那個農夫的話複述了一遍。

「哈哈哈哈。」孔子笑了，想了想說：「他對我的外形說得不準，可是說我像喪家之犬，倒是很準確啊。」

按《史記》。孔子適鄭，與弟子相失，孔子獨立郭東門。鄭人或謂子貢曰：「東門有人，其顙似堯，其項類皋陶，其肩類子產，然自要以下不及禹三寸。累累若喪家之狗。」子貢以實告孔子。孔子欣然笑曰：「形狀，末也。而謂似喪家之狗，然哉！然哉！」

喪家之犬，這個成語來自這裡。

這一年，是魯哀公三年（前492年），孔子六十歲。

按《論語》。子曰：吾六十而耳順。

即使被人說成喪家之犬，孔子也能欣然接受，確實是耳順了。

孔子為什麼不在鄭國尋求發展？原因大致有以下幾點。

首先，鄭國被公族瓜分，其情況比魯國還要嚴重，因此所謂的君君臣臣是無法受歡迎的；其次，鄭國本身對周禮也並不感興趣，還製造了刑鼎，運用了竹刑，本身就是對周禮的否定；再次，魯國和鄭國之間處於敵對狀態，魯國人在這裡很難被相信。

好在，孔子師徒很順利地通過了鄭國，之後進入陳國。

孔子在陳國

孔子在陳國住在了司城貞子家，當年孔子做魯國司寇的時候兩人之間有些交情，因此前來投靠司城貞子。

不過，孔子對自己看到的一切感到失望，他原本以為陳國還是一個周禮國家，可是他所看到的不過是一個殘垣斷壁的破敗國家。

說起來，陳國這些年來過的就不是人過的日子。

當初被楚國滅掉之後，又被楚國恢復，之後陳國君臣每個晚上做夢都是被楚國滅掉。後來吳楚大戰，陳國站在了楚國這一邊，誰知道又站錯了隊，吳國幾乎滅掉楚國，然後吳國就三番五次討伐陳國，搶了不少地盤。就在一年前，吳國還來討伐過陳國。

按《論語》。子曰：「危邦不入，亂邦不居。」

陳國，典型的危邦，隨時被滅亡的國家。

所以，孔子感到很失望很後悔。

可是，既然來了，也不能立即就走，就算忍，也要在這裡忍一段時間。

孔子在陳國沒有謀取職位，他只把這裡當成自己中途休息的所在，因此，孔子在陳國的記載很少。而少有的幾個故事中，我們還是不妨來看看。

陳國國君是陳懷公，有一天大致是打掃衛生之類，在朝廷的房檁上發現了一個隼，只剩下骨頭，與骨頭在一塊的是一支楛木箭，箭長一尺八寸，箭頭是石頭的。這個隼和這支箭的來歷是什麼？陳懷公聽說孔子在陳國，於是派人去請教。

「這個嘛……」孔子想了想，知道了答案。「這個隼的年頭可不短了，為什麼這麼說呢？因為這支箭。當年周武王滅了商朝，命令各個國家進貢，肅慎氏就進貢了楛木箭。當時周武王把珍玉分給了同姓諸侯，而把遠方的貢品給了異姓諸侯，肅慎氏的楛木箭當時就給了陳國。

你們不妨去庫房裡查一查，估計還有這種箭。」

陳懷公讓人去倉庫查了一番，還真就查出來這樣的箭，一看記錄，還真是周朝初年開國祖先陳胡公從周朝帶過來的。那麼很顯然，這個隼就是在當時被射中，結果死在了樑上。

「喔，太牛了，真有學問。」陳懷公讚歎。讚歎歸讚歎，有學問歸有學問，陳懷公並不需要孔子這樣的人。

司敗是陳國的一個官職，相當於魯國的司寇。陳司敗就是陳國的司敗，原名叫什麼已經沒有記載。

陳司敗有一天請孔子作客，孔子帶著弟子巫馬期同去。說著說著話，陳司敗問了一個問題。

「請問先生，魯昭公懂得周禮嗎？」陳司敗問。

「那當然了。」孔子不假思索，信口回答。在他心裡，魯國人不能讓陳國人笑話，所以事事要維護魯國。

陳司敗默然，不再說這個話題。

過了一陣，孔子上廁所方便，陳司敗對巫馬期說：「我聽說君子不應該偏袒，難道孔子也要偏袒嗎？魯昭公娶吳國君主的女兒為妻，稱之為吳孟子。可是，魯吳同姓，應該叫吳姬才對啊。周禮說了同姓不婚，如果魯昭公懂得周禮的話，那不是人人都懂了嗎？」

等到孔子告辭之後，巫馬期把陳司敗的話轉告給了孔子。

「我孔丘真是幸運啊，一有過失，別人就會給我指出來。」孔子說，他承認自己錯了。

按《論語》。陳司敗問：「昭公知禮乎？」孔子曰：「知禮。」孔子退，揖巫馬期而進之，曰：「吾聞君子不黨，君子亦黨乎？君取于吳為同姓，謂之吳孟子。君而知禮，孰不知禮？」巫馬期以告。子曰：「丘也幸。苟有過，人必知之。」

魯國消息

孔子在陳國期間得到了兩個魯國的消息，其中一個算是好消息。

第一個消息是當年的夏天魯國的司鐸宮發生了大火，大火越過國君的宮室，燒毀了桓公廟和僖公廟。救火的人都喊著要保護國庫，南宮敬叔趕到之後，命令負責管理周朝典籍的官員趕緊把書搬出來，並且下令：「這些書都交給你了，如果有損失，拿命來抵。」

　　子服景伯也趕到了，命令掌管法令禮書的官員趕緊把禮書搬出來，同樣警告他不得損毀，否則將會依法處置。季孫斯也親自前來救火，並且命令救火受傷的人必須立即撤下來，因為財物燒了還能再造，人死了就不能復活。

　　消息傳到了陳國，孔子慨歎一聲：「這恐怕是上天要毀掉魯桓公和魯僖公的廟吧。」

　　當時，胡亂正在旁邊。

　　「老師，我看過《孔子家語》，說是您算出來是魯公廟和僖公廟被燒了，是不是真的？」胡亂想起這件事情來了，向老師請教。

　　「胡言亂語不可信啊，我怎麼能算出來？你也不動動腦筋，大火燒起來也就一天時間，難道來告訴我這個消息的人是大火剛燒起來就離開了魯國？他肯定是大火燒完之後才帶消息過來的，不用我猜，他直接都告訴我了。要是我算出來的，那豈不是跟子貢一樣是不幸而言中了？那我不也成多嘴的人了？」孔子瞥了胡亂一眼，搖搖頭。

　　「哦。」胡亂現在明白了，好多傳奇都是瞎編的。

　　第二個消息是個好消息。

　　季孫斯死了。

　　季孫斯得了重病，臨死之前，給近臣正常布置了一個任務：「兄弟，有一件事情你要替我完成啊。我的夫人南孺子快生了，生下來要是個男孩子，就報告國君，立他為繼承人；如果是女孩子，就立肥為繼承人。」

　　肥是季孫斯的兒子，名叫季孫肥。

　　等到季孫斯死了之後，季孫肥就臨時管理季孫家，一直到季孫斯下葬，南孺子這孩子都沒有生下來。

　　這一天季孫肥在魯哀公那裡，南孺子在家裡生了，結果還真就給

季孫肥生了個弟弟。正常於是帶著南孺子趕到魯哀公這裡報告，結果發現季孫肥也在。

「什麼事？夫人怎麼來了？」季孫肥問，其實他心裡都明白。

正常暗歎倒楣，可是這時候也不能不說，於是當著季孫肥的面，把當初季孫斯的遺囑說了一遍。

「那太好了，我可以把擔子卸下去了。」季孫肥說得輕鬆而又中肯。

「那什麼，共劉，你跟他們去一趟，任命那個孩子為季孫家的繼承人吧。」魯哀公派了個大夫去季孫家，當場宣布自己的任命。

一行人來到季孫家的時候，晚了。

季孫斯的小兒已經被人掐死在床上了。

「哎喲，兄弟，兄弟，你死得好冤哪，我要替你報仇。」季孫肥擠出了幾滴眼淚，然後去看正常，他要讓正常做這個替罪羊。

正常早已經不見了，他早就料到了這個結果，他逃到了國外。

於是，季孫肥成為繼承人，就是季康子。季孫肥下令捉拿兇手，同時派人去請正常回來，正常哪裡敢。「我要是回去，就是精神不正常了。」

為什麼說這對孔子是個好消息？因為死敵季孫斯死了，而季孫肥對自己一向比較尊重。

第二六六章

帶著學生去泡妞

　　魯哀公四年（前491年），在陳國待了不到一年的孔子再次動身了，目的地是蔡國。

　　在陳國，孔子沒有任何收穫。如果一定要說收穫的話，那麼只能說他收穫了一個弟子，這個弟子叫顓孫師，字子張。算起來，只有十二歲。顓孫師的情況和子夏子游差不多，家裡比較窮，孩子本身又比較有潛質，因此在父親的懇求下，孔子收了這個學生，與子夏子游一起一邊學習，一邊服侍老師。

　　一年前，蔡國被吳國遷到了州來，也就是今天的下蔡。就在孔子去的前兩個月，蔡國剛剛發生了一次政變，蔡昭公被殺。之後，蔡國再次投靠楚國。

　　蔡國這個國家比陳國還要糟糕，夾在吳楚兩個國家之間，內部又很亂。按照孔子的說法，這個國家不僅是亂邦，而且是危邦，孔子根本就不應該來。

　　在蔡國，孔子沒有任何記錄留下來。大致，孔子以魯國卸任司寇的身份在蔡國得到了一處封邑，之後和弟子們就在這裡學習了。歷史上，孔子也沒有蔡國的弟子，顯示他在蔡國也並不受歡迎。

　　那麼，孔子到蔡國的目的是什麼呢？應當是把這裡當成一個跳板，在這裡進行觀察，看看吳國和楚國哪個國家的機會好些，之後前往這兩個國家中的一個。

孔子泡妞

　　魯哀公五年（前490年），孔子顯然看好了楚國，於是，離開蔡國，前往楚國。

　　孔子沒有去楚國首都郢都，他的心裡沒有把握，他去的地方是

葉，他要找的人是葉公，葉公是誰？沈諸梁。

為什麼找沈諸梁？因為沈諸梁是當今楚國的頂樑柱，在楚國說一不二的人物。如果得到沈諸梁的認可，孔子在楚國就算是得到了承認。

沈諸梁在上一年剛剛平定了楚國的北方，此時正在葉地休養。

孔子一行向東而去，這一天來到了阿谷這個地方，晴空萬里，微風輕吹，天氣十分愜意，大家的情緒都因此而輕鬆。

前面是一條小溪，一個美麗的村姑正在那裡洗衣服。一幫老爺們看到了美麗的村姑，會是什麼反應？

「哇噻。」大家都情不自禁地讚歎起來，有人還流下了口水。

孔子沒有「哇噻」，也沒有流口水，不過眼看著紅花青草，流水美人，也感覺非常養眼，久違的春心也禁不住蕩漾了一回。孔子本來想上去泡一泡這個村姑，可是弟子們在身邊，不敢造次。怎麼辦？一轉頭看見子貢，有了主意。

「賜啊，你不是總說自己是泡妞高手嗎？你去泡泡那個妞給我看看。」孔子說。大家聽見，都盯著子貢看，這可是個美差。

「這個——」子貢有點猶豫，泡妞他是內行，平時也總在師兄弟們面前炫耀，可是真當著這麼多兄弟們去泡，還是有點尷尬。

「怕什麼？來來來，這個給你，假裝去跟她討水喝，看她怎麼說。」孔子拿了一個觴（音商，古時盛酒的器具），遞給子貢。

子貢沒辦法，拿著觴，在萬眾期盼的目光中走向了美麗村姑。

「嗨。」子貢打個招呼，來到了美麗村姑的身邊。

村姑其實早已經注意到了這樣一群男人，高矮胖瘦各不相同，看這幫男人指指點點，就知道沒懷什麼好意。此時子貢前來打招呼，村姑抬頭看看，發現竟然是個帥哥。

「什麼事？」村姑問。

「美女，我們從北邊來，要去楚國。走在路上口渴難耐，恰好看見你在溪邊，跟你討口水喝。」子貢搭訕著，酷酷地笑一下。

「這水又不是我家的，全民所有的，想喝就喝啊，問我討什麼？」村姑笑著說，她喜歡子貢，所以一邊說，一邊從子貢的手裡接過了觴。

舀了一觴水，涮涮，倒掉，又舀了一觴，放在地上。

「拿走吧。」村姑說，臉色緋紅。

子貢拿起了觴，又看了村姑幾眼，提著水回去了。子貢把剛才的對話向老師說了，師兄弟們都豎著耳朵聽。

「嗯。」孔子聽完，點點頭，覺得意猶未盡，看看手邊恰好有一個琴，於是抽掉了琴上的軫（琴上的部件），遞給子貢。「來，用這個再去泡一泡。」

子貢拿著抽掉軫的琴，一邊走一邊想話題，走到村姑身邊的時候，想好了。

「啊，美女，你是我所見過的最美的姑娘，你的聲音那樣甜美，讓我如沐春風。我多麼想彈一首情歌給你啊，可是這個琴沒有軫，你，你能為我調『情』嗎？」子貢說，故意把調琴說成了調情。

村姑原本對子貢也是含情脈脈，可是如今子貢拿個沒有軫的琴來，這不是存心調侃自己嗎？

「我不過是一個村姑，五音不全，哪裡懂得什麼調情阿。」村姑有些生氣，說完，自顧洗衣服，不再理子貢。

子貢又搭訕了幾句，見村姑不理睬他，覺得沒趣，提著琴回來了。

「別灰心啊，來，給你這個。」孔子拿出五匹好布來，遞給子貢。

有了好布，子貢覺得泡這個小村姑十拿九穩了。

「美女，我好喜歡好喜歡你啊。這裡有五匹好布，我不敢說拿來當聘禮，就算略表心意吧，我放這裡了。」子貢油嘴滑舌，調戲村姑。

村姑這會是真的火了。

「你毛病啊？腦子被驢踢了？缺心眼啊？這麼值錢的東西就隨便扔啊？告訴你，我就算當剩女也不會跟你走，你趕快走吧。你光天化日之下調戲良家婦女，等會我們護村隊的來了，讓你吃不了兜著走。」村姑大聲嚷嚷起來。

子貢一看勢頭不對，趕緊拿了布就走。

孔子笑了，大家哄堂大笑。

笑歸笑，眾人也有些害怕，急忙忙上路了。

泡個村姑沒泡下來，子貢很鬱悶。

葉公不好禮

孔子終於來到了葉地，沈諸梁非常歡迎他，他聽說過孔子的學問，而他本身也是很有學問的人。

兩人的第一次會面沈諸梁就向孔子請教了治國之道，結果孔子大講禮樂，聽得沈諸梁腦袋疼。都什麼時代了，還在講周禮？

「孔丘先生，你說的這些很好，不過好像離我們太遠了些。我想問問，具體來做，我們楚國應該怎樣做？」沈諸梁找個機會，把話題引到了他關注的層面。

「那，這什麼——」孔子講理論講得帶勁，突然出來一個現實的問題，一時間腦子沒轉過來，愣了一愣，然後說：「提高國內老百姓的幸福指數，讓外國人紛紛移民到楚國。」

按《論語》。葉公問政。子曰：「近者說，遠者來。」

沈諸梁笑了笑，心說這不是該怎麼做的問題啊，這是做好了自然會得到的結果啊。他知道，到了操作層面，孔子的弱點就暴露了。

「那，還是說說禮吧。先生說了半天的禮，我聽得七七八八，還是有些不太明白，我舉個例子好不好。我們楚國曾經有一個人偷了別人家的羊，於是他兒子把他給舉報了，我們楚國認為這樣的人是守法良民，不知道在魯國是怎樣的？」沈諸梁舉了個例子，想看看是不是符合孔子所說的周禮。

「我們魯國不是這樣的啊，在我們那裡，父親犯了罪，兒子為父親隱瞞；兒子犯了罪，父親為兒子隱瞞。我們認為，這就是遵守禮法。」孔子說，他覺得楚國人的做法缺乏人性的一面。

「看來，魯國和楚國的區別還是很大啊。」沈諸梁感慨，同時看了孔子一眼。

按《論語》。葉公語孔子曰：「吾黨有直躬者，其父攘羊，而子證之。」孔子曰：「吾黨之直者異於是，父為子隱，子為父隱，直在其中

矣。」

談話非常友好，沈諸梁始終很客氣，對孔子的知識也很佩服，不過，他覺得孔子的理論太過時了，而且絕對不適合於楚國。

不管怎樣，孔子師徒就住在了葉地。

一天，沈諸梁外出，路上恰好遇上了子路。

「子路先生，我想問您一個問題。」沈諸梁說話很客氣，他是個很有修養的人。

「葉公，請。」

「我想問問，孔丘先生究竟是個怎樣的人？」

「這——」子路被問傻了，他從來就沒有想過類似的問題，怎麼回答呢？老師講的都是禮樂，好像挺迂腐，可是做起事來好像還挺靈活，好像也沒有什麼原則。子路很猶豫，生怕說錯了會給沈諸梁錯誤的指向。「這個，這個，我一時也說不清楚。」

沈諸梁有些失望，告辭先走了。

「他最親近的弟子都說不清楚的話，說明什麼？說明孔丘就是個大忽悠。」沈諸梁自言自語。

子路回來見到孔子，把剛才發生的事情說了一遍。

「嗨，你怎麼說自己說不清楚呢？你就說『這個人啊，學習起來就忘記了吃飯，快樂起來就忘記了憂愁，忘記了自己已經一把年紀了』。」孔子說，他對子路有些失望。

按《論語》。葉公問孔子于子路，子路不對。子曰：「汝奚不曰：其為人也，發憤忘食，樂以忘憂，不知老之將至云爾。」

其實，不管子路怎樣回答，沈諸梁對孔子的態度都已經是確定了的。

終於，沈諸梁還是攤牌了。

這一天，孔子被請到了沈諸梁家中，不過接待他的不是沈諸梁，而是沈諸梁的管家沈四。

「孔丘先生，吳國又出兵攻打陳國了，楚國不得不出兵相救，楚王已經率領楚國大軍出發了，而葉公也已經在昨晚出發，會合楚國大軍。

出發之前，葉公托我給先生帶幾句話。」沈四的話說得很客氣，像他的主人一樣，看上去就讓人喜歡。

不過，孔子的感覺不是太好。

「啊，請說。」孔子說。

「先生的淵博知識讓葉公非常敬佩，先生所說的治國方略都是百年大計，不過——」世上無難事，只怕說不過，沈四說到不過，孔子心裡咯噔一下。「當今世界亂象紛紛，楚國內憂外患不斷，東邊有吳國，北邊有晉國，兩大勁敵隨時侵入我國。因此我國當前是生死存亡之際，確實顧不上百年大計。如果今後我國國內安定下來，吳國和晉國不再侵擾，那時候，葉公會親自上門相邀，請先生來將楚國治理成大同世界。」

這番話說得客氣無比，外加上奉承，但是，核心的內容只有一個：您還是回家吧。

鬱悶，絕對的鬱悶。

孔子知道，自己又該走了。帶著滿腹的惆悵和沮喪，孔子一行上路了。大家的情緒都很低落，整支隊伍無力地向北走去。

「老師，怎麼走？」子路問。

「走老路。」孔子說，頭也沒抬。

子路知道，所謂的老路，就是走陳國。

隊伍在緩慢地行進，就像送葬的隊伍一樣令人絕望。

狂人接輿

沉悶，空氣似乎已經不再流動，令人窒息的沉悶。

突然，前面傳來一陣歌聲，或者說，一陣嘶吼聲，或者說，原生態唱法。

什麼人在唱？唱的什麼？沉悶的隊伍為此一陣騷動。

終於，唱歌的人出現了。一個破衣爛衫的流浪漢迎面走來，一直到了孔子的車頭前，依然在高唱。現在，大家能夠聽清楚了。

「鳳凰啊鳳凰啊，你已經沒有什麼鳥用了。過去的就那麼回事了，未來的還能掙扎。完蛋了完蛋了，當官的沒什麼好東西。」流浪漢唱著，從孔子師徒身邊走了過去。

「鳳凰？沒什麼鳥用？」孔子極度低落的情緒一下子竟然高亢起來，這難道不是在說我嗎？這人是我的知音啊。

孔子從車上跳了下來，因為車走得很慢。

「先生，先生，請留步。」孔子對流浪漢的背影高聲喊著，想要跟他談談，談談周禮，談談音樂，談談人生理想。

流浪漢沒有回頭，因為他不是什麼先生，他就是個流浪漢。

弟子們見老師的喊聲沒有用，大家一起幫著喊起來：「先生，先生，請留步。」

大家一起喊的時候，流浪漢禁不住停下來回頭看。可是當他看著那麼多雙眼睛用奇怪的眼神盯著自己的時候，他怕得要死。

「哇。」流浪漢怪叫一聲，像兔子一樣逃命而去了。

按《論語》。楚狂接輿歌而過孔子曰：「鳳兮鳳兮，何德之衰。往者不可諫，來者猶可追。已而已而，今之從政者殆而。」孔子下，欲與之言，趨而避之，不得與之言。

所謂楚狂接輿，意思是一個楚國的流浪漢來到了馬車旁。但是歷史上的解釋是楚國狂人名叫接輿，而且是姓陸名通字接輿。試問，孔子根本沒有跟人家說上話，怎麼知道人家叫接輿？

史上多以為此人是個高人，其實不過是個流浪漢。至於流浪漢罵當官的，有什麼好奇怪的嗎？

流浪漢的出現沒有讓孔丘師徒的情緒變得更好，但是至少讓這支隊伍的沉悶改變了很多，大家有了話題，開始有了議論聲，於是，步伐更快了一些。

幾天之後，來到了一條江邊，江的那一邊，就是陳國了。可是，渡口在哪裡呢？

不遠處，兩個楚國農民正在耕地，於是孔子派子路去問路。子路下了車，孔子就接過了韁繩，在車上等待。

「喂，老鄉，渡口在哪裡啊？」子路大聲問道。

兩個農民早已經注意到了這樣一隊人馬，不過他們並沒有在意，自顧自地耕著地。直到子路來問路，才停下來。

「喂，那個拿韁繩的是誰啊？」農夫甲反問。

「孔丘。」

「孔丘？魯國的那個百事通孔丘？」農夫甲有些吃驚，似乎是看到了明星。

「對。」

「那不用問了，他什麼都知道，自然也知道渡口在哪裡啊。」農夫甲用諷刺的口氣說，似乎很是蔑視孔子。

子路這時候的情緒不高，所以不願意跟他計較。不過從根本上說，經過這段時間的失敗，子路對老師的信心大打折扣，農夫甲的諷刺，某種程度上讓他覺得挺解氣。

「那，這位老鄉，你能不能告訴我啊？」子路去問另一個農夫，農夫乙。

「你是誰？」農夫乙問。

「我，我是仲由。」子路心說，你們這些老農民怎麼這麼多問題？

「孔丘的學生？」

「是。」

「天下到處是滔滔洪水，誰能改變？我看你啊，與其跟著一個要輔佐別人的人，不如跟我們躲避亂世吧。」農夫乙一邊說，一邊還在耕地。

問路沒問到，反而被教訓了兩番，按著往日的脾氣，子路就要動手打人了。可是奇怪的是這一次子路竟然沒有生氣，竟然隱隱然覺得這兩人說的都是對的。

子路回到孔子身邊，把兩人的話對孔子學了一遍。

孔子一臉的悵然。

「唉，人當然不能和鳥獸同群了，其實我和他們的看法也沒有什麼區別。只是，如果天下有道的話，我難道還想去改變什麼嗎？」孔子

說，然後陷入沉思。

按《論語》。長沮桀溺耦而耕，孔子過之，使子路問津焉。長沮曰：「夫執輿者為誰？」子路曰：「為孔丘。」曰：「是魯孔丘與？」曰：「是也。」曰：「是知津矣。」問於桀溺，桀溺曰：「子為誰？」曰：「為仲由。」曰：「是魯孔丘之徒與？」對曰：「然。」曰：「滔滔者天下皆是也，而誰以易之。且而與其從避人之士也，豈若從避世之士哉？」耰而不輟。子路行以告，夫子憮然曰：「鳥獸不可與同群，吾非斯人之徒與而誰與？天下有道，丘不與易也。」

孔子師徒終於還是找到了渡口，順利過了江，進入陳國地界。

走不多遠，路過一座城邑，只見許多民工在修城門。城門外駐紮了一支軍隊，看旗號是楚軍。孔子師徒的隊伍從城邊過去，孔子端坐車上不動，子路就覺得有些奇怪。

「老師，您說過啊，按照禮法，如果遇上三個人，就應該下車；如果遇上兩個人，就應該站起來扶著軾。修城的人這麼多，怎麼您竟然坐得這麼安穩？」子路發問。

孔子其實正在思考問題，因而忽視了眼前的一切。可是子路這麼問起來，還真不好說是自己的不注意。

「啊，這個，是這樣的。」孔子即興想起一個理由來，想一個理由對他來說很容易。「我聽說啊，國家要滅亡了卻不知道，這是不智；知道國家要滅亡卻不去反抗，這是不忠；反抗了卻不能為國捐軀，這是不廉。這些修城門的陳國人都是這類貨色，我為什麼要為他們起立？」

子路無語。

按《說苑》。楚伐陳，陳西門燔，因使其降民修之。孔子過之，不軾。子路曰：「禮過三人則下車，過二人則軾；今陳修門者人數眾矣，夫子何為不軾？」孔子曰：「丘聞之，國亡而不知，不智；知而不爭，不忠；忠而不死，不廉；今陳修門者不行一於此，丘故不為軾也。」

第二六七章
信仰危機

戰爭很殘酷，吳國和楚國在陳國境內對峙，孔子師徒不敢穿越，於是沿著陳蔡邊境前進。所到之處，見到的都是殘垣斷壁。陳國的百姓要麼攜家而逃，要麼被吳軍殺死。

孔丘師徒一路前行，竟然見不到一個活人。

一天，兩天，三天，孔丘師徒走了三天，隨身攜帶的糧食都已經吃完，卻沒有地方去討要糧食。師徒們忍饑挨餓，子路帶著師弟們好歹從殘垣斷壁之間弄些吃的東西出來，保證老師能吃個半飽，弟子們就都靠一點湯湯水水充饑。

與弟子們的爭論

即便大家都餓得面黃肌瘦，孔子每天依然要弟子們操習禮法，彈奏禮樂，吟詩唱歌。大傢伙本來就餓得昏頭昏腦，走路都困難，誰還有心思搞這些？別人不敢說，子路敢說。

「老師，到了這種地步還有心思唱歌，是不是不合乎禮法啊？」子路問孔子，他有些惱火。

「子路啊，君子唱歌是修養心性，一般人唱歌是給自己壯膽。你連這一點都不理解我，還跟我學什麼呢？」孔子也有些惱火了，對子路大聲說。

「老師啊，君子也有走投無路的時候嗎？」子路問，依然明顯帶著不滿。

「君子也有這種時候啊，不過，君子走投無路仍會堅持節操，小人要是走投無路了，什麼事情都能幹出來。」孔子回答，他感覺到子路的不滿，因此話裡也帶著諷刺。

按《論語》。在陳絕糧，從者病，莫能興。子路慍見曰：「君子亦

有窮乎？」子曰：「君子固窮，小人窮斯濫矣。」

「俗話說：惡有惡報，善有善報。老師您積德這麼長時間了，可是上天竟然不開眼。我看，乾脆咱們歸隱算了。」子路說，他顯然受到了那兩個農夫的影響。

孔子看著他，歎了一口氣。

「《詩》裡寫道：『匪兕（音寺，犀牛）匪虎，率彼曠野。』不是犀牛不是老虎，沿著曠野快快逃命。難道我的學說不對嗎？為什麼會落到如此地步？」孔子問子路，似乎也有些沮喪。

「老師啊，是不是您的德行還不夠呢？會不會是您的智慧還有欠缺？」子路受到孔子的誘導，把自己心裡的疑惑和盤托出了。

信仰危機，這就是信仰危機。

面對子路的信仰危機，孔子一下子警惕起來。人可以沒吃沒喝，但是不能沒有信仰。所以，孔子振作了，他要挽救子路的信仰。

「是這樣嗎？」孔子瞥了子路一眼，把莊嚴的神情運到了臉上，正色說道：「子路，你過來坐下，我要跟你好好說說。」

子路走近，坐了下來。

「你認為聰明人就無所不知嗎？那麼比干怎麼還會死於非命？你認為良言相勸就會被人感謝嗎？那伍子胥怎麼還會被殺？你認為清廉的人就一定會被重用嗎？那伯夷叔齊怎麼還會被餓死？學識淵博的君子不被任用的多的是，難道僅僅是我孔子一個？芝蘭生在深山老林，並不因為無人欣賞就不吐露芬芳；君子修習禮樂推崇仁德，也並不因為貧窮困頓就敗壞節操。賢和不肖是才能問題，做和不做是為人的問題。遇不遇上明主是時機問題，死亡和生存是命運問題。有淵博的才能卻沒有機遇，即使有天大的本領也無法施展；但是一旦遇上了機遇，要施展才能又有什麼難的呢？所以，君子要抓緊時間修養身心，等待時機的到來。」孔子一番話，讓子路沒話可說。

子路走了，孔子想了想，讓人把子貢叫來了。

「賜啊，《詩》裡寫道：『匪兕匪虎，率彼曠野。』難道我的學說不對嗎？為什麼會落到如此地步？」孔子用同樣的問題問子貢，看他怎

麼回答。

　　子貢儘管也有些不滿，可是不像子路那樣都暴露出來。

　　「老師，我覺得吧，您的主張或許太過高深太過超前了，因而天下人不能接受您，能不能稍為降低一點標準呢？」子貢的話還是比較講究。

　　「賜啊，一個好的農夫善於耕種，但是不一定善於收穫；一個工匠巧于製作，但是不一定瞭解市場；君子研究自己的理論學說，主次分明，有條有理，但是不一定就會被人們接受。現在不研修完善自己的學說，卻只求能被人接受，賜啊，你的志向也不遠大啊。」孔子又把子貢批評了一頓，禁不住有些失望。

　　子貢起身告辭，孔子又想了想，讓子貢把顏回叫來。

　　「回啊，《詩》裡寫道：『匪兕匪虎，率彼曠野。』難道我的學說不對嗎？為什麼會落到如此地步？」孔子用同樣的問題問顏回，看他怎麼回答。

　　「老師，您的學問博大精深，以至於天下人都不能接受您。」顏回開頭的話竟然和子貢一樣，孔子禁不住屏住了呼吸，看他接下來怎麼說。「雖然這樣，老師您還是致力於推廣並實踐它，沒有人識貨，那是各國統治者的恥辱。老師您有什麼憂愁嗎？雖然不被接受，但是這更顯示出老師您的君子本色啊。」

　　不管是不是出於真心，顏回的話確實說得太好聽了，說得孔子眉開眼笑。如果從拍馬屁的角度來說，這樣的馬屁確實是出類拔萃的。

　　「還是你瞭解我啊，你說得太有道理了。如果哪天你發了財，我願意去給你當管家。」孔子高興地說，他真是越來越喜歡顏回了。

　　按《史記》。顏回曰：「夫子之道至大，故天下莫能容。雖然，夫子推而行之，不容何病，不容然後見君子！夫道之不修也，是吾醜也。夫道既已大修而不用，是有國者之醜也。不容何病，不容然後見君子！」夫子欣然而笑曰：「有是哉，顏氏之子！使爾多財，吾為爾宰。」

　　孔子突然想起了胡亂，於是讓顏回把胡亂給叫來了。

「難道我的學說不對嗎？為什麼會落到如此地步？」孔子用同樣的問題問胡亂，前面的《詩》就免了，他知道胡亂聽不懂。

「這個──」胡亂哪裡懂這個問題，想了想，說：「老師啊，我也不知道您的學說對不對，不過我知道幾百年之後您的學說人人都要學，幾千年來都是這樣，誰當皇帝都要尊崇您的學說，就連我也學了很多。」

「真的？」孔子有些驚訝。

「我還能騙老師嗎？」

「這樣的胡言亂語，我喜歡。」孔子高興，真的很高興。重要的是，他對自己重新充滿了信心。

偷食的人

弟子們都餓得走不動了，於是幾個還能走得動的人分頭去找糧食。

子貢的運氣不錯，竟然找到了一個當地的農夫。也是子貢聰明，用自己隨身帶著的金銀，跟農夫換了一石糧食。這個農夫也是偷偷從城裡出來回家看看的，於是把自己家裡藏的糧食拿出來換了財寶。

子貢背著糧食回到了孔子師徒停留的地方，大家看到子貢背著糧食回來，一片歡呼，總算是看到了活路。

「那什麼，子貢你辛苦了，休息一下。子路、顏回，你們去煮飯。」孔子非常高興，現在他確信自己的弟子中最能幹的確實是子貢。當然話說回來，子貢也最有錢，換了別人，也拿不出金銀換糧食。

子路和顏回早已經準備好了煮飯的罐子，當時到了一堵斷牆後面，臨時壘了一個簡易的灶台，點上火，開始煮飯。為什麼要在牆後呢？為了避風。

飯煮上了，子路又去那些被毀壞的民房裡找吃飯的碗去了，就剩下顏回一個人看著火。

子貢走得很累，靠著牆休息，突然想要小便，於是起身去找地方撒尿。恰好路過顏回煮飯的地方，於是，發現了一個驚天秘密。

只見顏回的黑手伸向了煮飯的罐子，從裡面挖出一團飯來，放進了自己的嘴裡。

「哇噻。」子貢當時差點喊出來，心說這個狗日的偽君子，平時在大家面前人五人六的，老師還說他是道德楷模，讓大家學習他，可是現在，他竟然借職務之便偷吃糧食。

「要是被子路看見，非打死他不可。」子貢暗說。

子貢決定不要打草驚蛇，自己先把小便解決了，然後把事情反映給老師，揭穿顏回的偽君子真面目，讓老師來處置他。

子貢小便完之後，悄悄地來到了孔子這裡。

「老師，我有個問題。」子貢說。

「賜，說吧。」孔子很親切，因為子貢換來了糧食。

「仁德廉潔的人，是不是在窮困的時候就能不守節操？」子貢問。

「嘿，不守節操的人，怎麼能稱為仁德廉潔呢？」

「那麼，顏回這樣的，是不是會堅守節操？」子貢忍不住，把顏回帶出來了。

「那當然了。」孔子覺得問題有些怪，不過他對顏回很有信心。

「嘿嘿。」子貢冷笑了兩聲，把自己剛才看到的事情說了一遍，然後等孔子說話。

「賜啊，我對顏回觀察的時間已經很長了，雖然你這麼說，我還是不懷疑他，我覺得一定有原因。這樣，你不要再說了，我來問問他。」孔子想了想說。

於是，孔子就讓其他弟子把顏回叫來了。

「回啊，前幾天我夢見先人了，難道是先人在啟示和保佑我嗎？你做好飯拿進來，我要把它進獻給先人。」孔子沒有直接問，而是撒了個謊說要祭祀先人，從側面來套顏回。

「老師，這飯已經不能拿來祭祖了。」顏回回答。

「為什麼？」孔子和子貢都有點驚訝。

「是這樣的，剛才煮飯的時候，有煙灰掉進了飯裡。不管它吧，飯就髒了；扔掉吧，太可惜了，所以，我就把弄髒了的飯吃掉了。等會

分飯的時候，就從我的那份裡扣掉。」顏回解釋，神態自然，完全不知道子貢早已經來告過一狀了。

如果一份飯先被吃掉了一點的話，就不能拿來祭祀祖先了。

「你說得對啊，要換了是我，我也會把髒了的飯吃掉的。」孔子說，笑了，讓顏回繼續去煮飯。

等到顏回走開了，孔子才對子貢說：「我對顏回的信任，並不是從今天才開始的。」

子貢感到慚愧，臉憋得通紅。

從那以後，原本有些瞧不起顏回的子貢對顏回口服心服了。

四體不勤 五穀不分

子貢的糧食讓大家吃了個半飽，好歹有了走路的力氣，於是繼續前進。一路上，子路又抓了一頭不知誰家跑散的小豬，烤來給大家吃了。

走到第七天上，大家又是顆粒未進，實在有些走不動。

這個時候，孔子師徒已經到了城父（今河南省寶豐縣）。楚軍大營就在前面，再往前，就是吳軍大營。

「子貢，還是你吧，去楚軍大營看看能不能弄點吃的。」孔子又給子貢布置了一個任務，他知道子貢的口才最適合去完成這個任務。

子貢沒有推辭，一個人去了楚軍大營。到了楚軍大營，直接報上名號，要找葉公沈諸梁。沈諸梁看見子貢，倒也熱情，子貢說起孔子師徒這些天來路上的艱辛，沈諸梁也感到吃驚。

「孔丘先生要去哪裡？」沈諸梁問。

「去衛國。」

「這裡現在已經是戰場，非常危險，吳國人十分野蠻，到時候誤傷了你們也不一定。這樣吧，我派人護送你們到楚國，再從楚國經鄭國回衛國吧。」沈諸梁倒真是個好人，當時派了一隊家兵，帶齊了一路上的乾糧，隨著子貢走了。

有沈諸梁提供的糧食，有楚軍的保護，孔子師徒現在算是脫離了危險。

「回去吧，回去吧。魯衛的年輕人胸懷大志但是行為粗率，文采斐然但是不知道怎樣節制自己。我啊，還是回去教導他們吧。」孔子歎息，他知道，自己已經不可能在治國上有什麼進取了，回去教書育人才更現實。

按《論語》。子在陳曰：「歸與，歸與！吾黨之小子狂簡，斐然成章，不知所以裁之。」

為孔子駕車的是子路和子貢兩人輪流，因為他們的駕車技術比較好。這一天又回到了楚國地界，子貢駕車，子路腳氣發了，落在了後面。

「老師，我們跟著老師遭受的這場苦難，大概這輩子是忘不掉了。」子貢說。一輩子嬌生慣養，那裡吃過這樣的苦？現在到了安全的地方，想起來還是後怕。

「嘿，你這是什麼話？」孔子不高興了，黑著臉說，「俗話不是說嘛，胳膊斷了三次，就成了良醫了。這一次的遭遇對於我來說就是一次幸運啊。你們跟著我受這次難，都是幸運的人啊。做君主的不受點磨難，成不了好君主；有高遠志向的人，不受點挫折就不能建立功業。從前，商湯被困在呂，周文王被囚在羑裡，秦穆公經歷了崤谷的恥辱，齊桓公經歷了長勺的慘敗，晉文公被驪姬追殺，這之後才成就了霸業。我們這一次困厄，從寒到暖，又從暖到寒，只有賢人才能領會其中的收穫，但是要說出來也未必說得清楚。」

子貢想想，倒也是這樣。

「賜啊，你讓子路來駕車吧。」孔子對子貢有些惱火，決定讓他下車走路。

「子路師兄，子路師兄。」子貢倒沒意見，雖然他看不起子路的智商，但是覺得子路還是個很直爽的老大哥。

子路沒有應聲。

又喊了幾句，子路還是沒有應聲。

子路丟了。

子路一個人在後面，走岔了路。越走越不對，問問路人，才知道走錯了，於是向回走，到了岔路口又問了路，這才回來正路。

這一耽誤，時間就長了去。

又走了一程，看看天色黑了，子路還沒趕上大隊，難免有些心慌。還好，前面一個老農夫用拐杖挑著鋤草的農具。子路上前去問：「老丈，有沒有看見我老師啊？」

「你老師是誰啊？」老農夫問。

「魯國孔丘啊。」

「哼，四體不勤，五穀不分，什麼狗屁老師？」老農夫說得很不屑，似乎對孔子很不滿。說完，老農夫把拐杖插在地上，鋤草去了。

子路一聽，這口氣似乎應該是見過老師的，否則怎麼平白無故這麼罵人？想想看，老師似乎還真是這樣。

子路沒有說話，拱手站在一旁。

過了一陣，天漸漸黑了，老農夫看見子路很恭敬地站著，於是招呼他跟自己一塊回家。到了家裡，老農夫殺了家裡的雞，為子路做了飯，之後招待子路吃肉喝酒，留他住了一個晚上。

第二天一早子路啟程，急匆匆追趕老師，結果沒有追出太遠，發現老師和師弟們都在等自己。

子路把自己路上遇上的事情對老師說了，孔子說：「嗯，這是隱者啊，高人哪。走，我跟你回去向他請教請教。」

於是，子路駕車，和孔子回到了老農夫的家裡，可是恰好老農夫出去了。兩人等了一陣，沒有等到，於是失望而歸。

「老師啊，雖然這個隱者是個高人，可是我覺得有才能而不出去做事也是不對的。長幼之間的次序尚且不能荒廢，何況君臣之間的大義呢？為了保住自身，就敗壞了君臣大義，這是不對的。如今君子出來為國家做事，都是盡人事而聽天命而已，老師您的學說在這個世道是不會被施行的，這點其實已經不需要再說了。」子路的話，聽上去是在批判老農夫，實際上重點在最後一句，就是說老師您的學說確實不太

適用啊。

這段話，說得孔子無話可說。自從子路投師以來，還沒有過一次如此精彩、如此讓老師無話可說的。

「唉。」孔子歎了一口氣。

按《論語》。子路從而後，遇丈人，以杖荷蓧，子路問曰：「子見夫子乎？」丈人曰：「四體不勤，五穀不分，孰為夫子？」植其杖而耘。子路拱而立，止子路宿，殺雞為黍而食之，見其二子焉。明日，子路行以告，子曰：「隱者也。」使子路反見之，至則行矣。子路曰：「不仕無義。長幼之節，不可廢也。君臣之義，如之何其廢之。欲潔其身，而亂大倫。君子之仕也，行其義也，道之不行，已知之矣。」

四體不勤，五穀不分，這兩個成語，來自這裡。

《史記》中的假歷史

關於孔子的這段歷史，《史記》中的記載是這樣的。

孔子在陳蔡之間，楚使人聘孔子。孔子將往拜禮，陳蔡大夫謀曰：「孔子賢者，所刺譏皆中諸侯之疾。今者久留陳蔡之閒，諸大夫所設行皆非仲尼之意。今楚，大國也，來聘孔子。孔子用於楚，則陳蔡用事大夫危矣。」於是乃相與發徒役圍孔子於野。不得行，絕糧。

這個說法基本上就是杜撰。當時的形勢，陳國是楚國的屬從國，蔡國也已經倒向楚國。楚國要的人，這兩個國家怎麼敢阻攔？再者說，有沒有孔子，楚國要滅陳蔡都是小菜一碟。

再則，陳蔡兩國要聯合行動，恐怕他們之間商量的工夫，孔子都已經到了楚國了。

再則，以陳蔡兩國的兵力，何必圍孔子？直接砍了埋掉不是更省事？

再則，假如真是如此，《論語》為何沒有提到？

所以，孔子師徒完全受困於兵荒馬亂，無處討食，與陳蔡兩國政府沒有任何關係。

再看《史記》中的另一則。

昭王將以書社地七百里封孔子。楚令尹子西曰：「王之使使諸侯有如子貢者乎？」曰：「無有。」「王之輔相有如顏回者乎？」曰：「無有。」「王之將帥有如子路者乎？」曰：「無有。」「王之官尹有如宰予者乎？」曰：「無有。」「且楚之祖封于周，號為子男五十里。今孔丘述三五之法，明周召之業，王若用之，則楚安得世世堂堂方數千里乎？夫文王在豐，武王在鎬，百里之君卒王天下。今孔丘得據土壤，賢弟子為佐，非楚之福也。」昭王乃止。其秋，楚昭王卒于城父。

這一段，基本上也是杜撰。子貢顏回等人這時候不過是孔子的學生，頂多是個三好學生，根本沒有歷練，更不要說有什麼能力顯示出來。子路雖然做過季孫家的管家，也從來沒有帶兵打仗，而楚國歷來尚武，竟然自以為不如一個魯國人？再說宰我，宰我在孔子這裡也就是嘴皮子厲害，還沒聽說他做官如何出色。所以，子西不可能說這樣的話。

再則，第五冊中，我們知道子西是個非常無私的人，如果他真的認為孔子非常賢能，他首先要做的恐怕是讓賢，而不是阻止楚昭王。

再則，楚國尚武，對於周禮一向敬而遠之，就像葉公好龍一樣。所以，楚國不可能重用一個反對戰爭的人。

所以，楚昭王從來也沒有請過孔子。

以上兩則杜撰的歷史，不過是太史公要為孔子臉上貼金而已。

第二六八章
挫折讓人變通

從楚國，經由鄭國，孔子師徒順利地回到了衛國。這一年，是魯哀公六年（前 489 年），孔子六十三歲。

經歷了這一趟的困厄，孔子知道自己再也折騰不起了。可是，回魯國太沒有面子，於是他決定就留在衛國。

孔子不好意思再去見衛靈公，就住在了蘧伯玉提供的住處，重新開始招收學生。

孔子的志向

從浮躁回歸平實，從好高騖遠回歸現實，這就是孔子這一趟南方之行的最大成果了。

孔子重新平靜下來，生活才又重新有了笑聲。孔子常常會和學生們促膝談心，也常常帶著弟子們在周圍遊玩。

一天，學校放假，孔子帶著子路、子貢和顏回出去遊玩，登上附近的農山。來到山頂，極目四望，孔子不禁悲從中來。

「登高望下，使人心悲，幾位同學，說說你們的志向吧，我想聽聽。」孔子說。他覺得自己奮鬥一生，一事無成，把希望寄託在了弟子們身上。

按著慣例，以及按著脾氣，或者按照資格，都是子路第一個發言。

「我希望得到白羽如同月亮，赤羽如同太陽，鐘鼓之音直衝雲霄。旌旗翩翩，在大堤上盤旋飄揚。我率領軍隊出擊，擊敗敵人，奪取土地。嘿嘿，這樣的事情只有我能做到，這兩位兄弟可以跟著我混，哈哈哈哈。」子路說完，大笑起來。

「勇士啊，憤青啊。」孔子說道，之後去看子貢。

子貢看看顏回，顏回笑笑，示意子貢先說。子貢也笑笑，意思是

不客氣了。

「我嘛，當齊國楚國兩軍對峙，旗鼓相當難分上下，兩國軍隊就要交戰的時候，我願意穿著白色衣冠，在兩軍的白刃之間遊說兩國，憑著我的三寸不爛之舌，化干戈為玉帛，讓兩國和平萬歲。嘿嘿，這個，恐怕只有我能做到。子路大哥顏回兄弟，你們可以做我的隨從了，嘿嘿。」子貢說完，嘿嘿地笑了。

「辯士啊，輕輕鬆鬆化解戰爭於無形啊。」孔子說，語氣裡有些讚歎的意思。之後，孔子去看顏回。

顏淵笑了笑，卻沒有說話。

「回，你怎麼不說？難道你沒有志向？」孔子問他，其實他最想知道顏回的志向。

「文韜武略，兩位師兄都已經說過了，恐怕我沒什麼可說的了。」顏回笑著說，很謙恭的樣子。

「我知道你的志向一定與他們不同，你還是說說吧。」孔子非要顏回說。

「那我就說說。」顏回還是一臉的笑容，慢慢說來。「我聽說鮑魚和蘭芷不能收藏在同一個籃子裡，堯舜和桀紂不能治理同一個國家，兩位師兄的志願和我不大一樣。我想能夠輔佐一位聖明的君主，不要城牆，不要護城河，把武器鍛造成農具，讓天下一千年沒有戰爭，這樣的話，又何必子路師兄奮勇作戰，又何必子貢師兄遊說于軍前呢？」

「美哉，德乎！姚姚者乎！」孔子的讚歎聲脫口而出。姚姚者乎，就是很得意的樣子。

子路和子貢都有些不以為然，和平萬歲當然好，可是這怎麼可能？要找這樣一份工作，難道不是要等到共產主義？

「老師，能不能說說您的願望？」子路問孔子。

「我的願望就是顏回剛才說的啊，我願意帶著衣服跟顏回混啊，哈哈哈哈。」孔子笑了，今天他很高興。

又有一次，子路、曾皙、冉有、公西華陪著孔子閒坐。

「不要因為我年齡比你們大，你們就不好意思說。你們平常總說

『沒有人瞭解我』。如果有人瞭解你們，任用你們，你們會怎樣做？」孔子最近總是問他們這個問題，因為他在考慮怎樣推銷他們。

不用問，第一個回答問題的還是子路，他永遠是第一個，就像打群架的時候他永遠衝在最前面一樣。

「一個中等國家，處在兩個大國之間，外有強敵，內有災荒。讓我去治理，三年時間，我讓老百姓既有勇氣對抗強敵，又懂得治理國家的道理。」子路又是一通豪言壯語，孔子笑了笑。

「求，你怎麼樣？」孔子又問冉有，他其實更看好冉有。

「我嘛，沒有子路哥那麼大的志向啊。」冉有說著，笑了笑。「我呢，給我一個方圓五六十里或者七八十里的小國家讓我去治理，大概也是三年時間吧，我能讓百姓富足。至於禮樂這樣的事情，還要等待君子來做了。」

冉有話裡有話，其實他對孔子的禮樂說法不以為然，認為那太理想太脫離現實。

「赤，你說說。」孔子對冉有的話不置可否，問公西華。

「我不敢說我能做什麼，我願意學習。祭祀宗廟，或者接待外國君主盟會這類事情，我願意穿上禮服，戴上禮帽，做一名助理主持人。」公西華說，他歲數最小，說話也不敢太大聲。

孔子點點頭，他對公西華還是很欣賞的。

曾皙正在一旁彈瑟，瑟聲不高，因為他知道不要干擾了這邊的談話。此時一曲尚未終了，孔子耐心地等著。對於曾皙，孔子還是另眼相看的，一來曾皙的歲數僅僅小於自己，現在的教學主要還是他在負責，在孔子的學校裡的地位僅次於孔子和子路，作用則僅次於孔子；二來，曾皙跟隨自己多年，這一次又特地從魯國過來輔佐自己，這讓孔子非常感激。

一曲接近尾聲，孔子才發問。

「點，說說你啊。」孔子問。

「鏗」一聲，孔子的話音落的時候，恰恰是曾皙瑟聲結束的一刻。

「我的志向和他們都不一樣啊。」曾皙說，笑笑。

「沒關係啊，人各有志啊。」孔子說。

「我的志向不大，晚春的時候，穿著輕薄的衣服，會同五六個朋友，帶著六七個孩子，在沂水邊沐浴，在舞雩臺上跳舞，唱著歌一路歸來。」曾皙說。他的志向，類似於隱者了。

「我的志向跟曾皙一樣啊。」孔子慨歎。

子路、冉有和公西華離開之後，曾皙留了下來。

「老師，你覺得三個人說得怎樣？」曾皙問。

「都說出了自己的志向啊。」

「那，老師為什麼對子路的話有些不以為意？」

「治理國家要靠禮，可是他說話還是一點禮讓都沒有，所以我笑話他。」

「冉有談的不是治理國家嗎？」

「怎麼見得方圓五六十里就不是個國家呢？」

「那公西華呢？他說的不是有關國家的事嗎？」

「祭祀和盟會，不是國家的事是什麼事？公西華要是只能當助理主持人，還有誰能當主持人？」

通過這一段對話，弟子們知道，孔子的志向已經從治理國家、拯救天下下降到了享受人生了。

按《論語》。子路、曾皙、冉有、公西華侍坐，子曰：「以吾一日長乎爾，毋吾以也。居則曰：不吾知也。如或知爾，則何以哉？」子路率爾對曰：「千乘之國，攝乎大國之間，加之以師旅，因之以饑饉，由也為之，比及三年，可使有勇，且知方也。」夫子哂之：「求，爾何如？」對曰：「方六七十，如五六十，求也為之，比及三年，可使足民。如其禮樂，以俟君子。」「赤，爾何如？」對曰：「非曰能之，願學焉。宗廟之事，如會同，端章甫，願為小相焉。」「點，爾何如？」鼓瑟希，鏗爾，舍瑟而作，對曰：「異乎三子者之撰。」子曰：「何傷乎？亦各言其志也。」曰：「暮春者，春服既成，冠者五六人，童子六七人，浴乎沂，風乎舞雩，詠而歸。」夫子喟然歎曰：「吾與點也。」三子者出，曾皙後，曾皙曰：「夫三子者之言何如？」子曰：「亦各言

其志也已矣。」曰：「夫子何哂由也？」曰：「為國以禮。其言不讓，是故哂之。」「唯求則非邦也與？」「安見方六七十如五六十而非邦也者？」「唯赤則非邦也與？」「宗廟會同，非諸侯而何？赤也為之小，孰能為之大！」

弟子們的矛盾

俗話說：林子大了，什麼鳥都有。

學生多了，什麼人都有。即便是孔子的學生，也同樣如此。

孔子的學生，分為老中青三輩，三輩的情況各不一樣。

老一輩的學生中，子路和冉耕追隨孔子在衛國，最近曾皙也過來了，還帶著小兒子曾參。所以老一輩的就是三個人，三個人之間的關係處得不錯。

中間一輩中，胡亂是整天沒事幹，和誰關係都好。子貢原本性格傲慢，喜歡說三說四，大家都挺煩他。不過周遊列國回來之後，性格改變了很多，不再說別人壞話了，也謙虛了很多，再加上平時出手大方，常常周濟生活困難的同學，因此，同學們漸漸開始喜歡他。

子貢最好的朋友是冉有。說來特怪，子貢一向目中無人，可是對冉有一直很客氣，大致是被冉有的才能和沉穩的氣質所折服。而冉有也很欣賞子貢的機智和慷慨，因此兩人成為莫逆之交。

而子貢跟宰我始終不對眼，原因很簡單：兩人都很能說。平時沒事了，兩人就會爭吵。爭吵到最後，就成了仇人。

宰我的性格有點怪癖，而子貢又是人人喜歡，因此宰我就不太受歡迎了。

小一輩中，孔子比較看好的有四個人：子夏、子游、子張和曾參。

論才華和聰明程度，子夏比其他三個人都要出色。不過，子夏有一種傲氣，看不起比自己差的人。而其餘三個人儘管在聰明程度上不如子夏，但是不約而同地認為自己的人品比子夏好。

就這樣，子夏成了小一輩中的的公敵，受到孤立。不過，子夏不

在意。

　　基本上，老一輩都已經與世無爭，因此老一輩與師弟們的關係都處得不錯。

　　子貢和子夏都是衛國人，而且都很聰明，子貢很喜歡子夏，經常關照他。子夏家中很窮，子貢常常資助他一些，兩人因此就走得更近。

　　師兄弟們之間，鉤心鬥角的事情常常會有。

　　有一次，孔子要出行，看天色似乎要下雨，孔子正在猶豫要不要拿雨傘的時候，跟隨他出行的子游說話了：「老師，子夏有把好傘，叫他拿來用吧。」

　　子夏確實有把傘，是子貢才送給他的。子張之所以建議用子夏的傘，不僅僅出於嫉妒，實際上還想讓子夏難受，因為子夏這個人家裡特窮，所以比較吝嗇，平時絕對不借東西給別人。

　　「別出這餿主意了。」孔子當然知道子游的算盤，也當然不會上當。「子夏這個人不是那種很大方的人，不過這沒有什麼。告訴你，跟一個人交往，儘量交他的長處，不要觸碰他的短處，這樣就能長久地交往。」

　　子張見自己的小算盤被老師說破，一臉的尷尬。從此以後，再也不敢玩這種小心眼。

　　按《說苑》。孔子將行，無蓋，弟子曰：「子夏有蓋，可以行。」孔子曰：「商之為人也，甚短於財！吾聞與人交者推其長者，違其短者，故能久長矣。」

　　對於學生們之間的各種爭鬥，孔子都看在眼裡。孔子通常不會直接批評他們，避免介入其中。不過，這不等於孔子坐視不管。孔子的辦法，就是在平時的授課之中講解為人處世交友的道理，旁敲側擊。

　　以下，都是《論語》中孔子教導學生們的道理。

　　子曰：「君子周而不比，小人比而不周。」

　　子曰：「見賢思齊焉，見不賢而內自省也。」

　　子曰：「君子欲訥于言而敏於行。」

　　子曰：「德不孤，必有鄰。」

子曰：「已矣乎！吾未見能見其過而內自訟者也。」

子曰：「君子和而不同，小人同而不和。」

子曰：「君子病無能焉，不病人之不己知也。」

子曰：「君子求諸己，小人求諸人。」

子曰：「君子矜而不爭，群而不黨。」

子曰：「君子不以言舉人，不以人廢言。」

子曰：「當仁不讓于師。」

子曰：「君子貞而不諒。」

見賢思齊，和而不同，群而不黨，當仁不讓，這幾個成語出於這裡。

有一次，子貢陪孔子聊天，說著說著，話題就到了幾個小字輩的學生身上了。

「老師，您認為子張和子夏誰更賢能一些？」子貢問。孔子知道子貢和子夏的關係好，自己說什麼，一定會傳到子夏那裡去，豈不是又要生是非？

「子張過了，子夏不夠。」孔子說，意思是子張迂腐了點，子夏則市儈了點。

「那，是子張賢能一些了？」

「哼，過了和不夠是一樣的。」孔子說。他才不會說誰比誰好呢。

按《論語》。子貢問：「師與商也孰賢？」子曰：「師也過，商也不及。」曰：「然則師愈與？」子曰：「過猶不及。」

過猶不及，這個成語來自這裡。

挫折讓人變通

到了這個時候，孔子有一個看法有了重要的轉變。

從前，孔子認為真正的仁者應該是為國君服務的，而不是為大夫服務。因此當初在魯國和在衛國的時候，他就很反對學生們去出任大夫家的家臣，他把家臣稱為陪臣，就是蔑視他們。

可是，如今的情況，各國的國政都在大夫手中，國君對人才基本沒有需求，要出仕，在國君這個層面基本上沒什麼可能了，連自己都沒戲，何況自己的學生呢？從前混得最好的子路和冉有，也都是當了家臣。

所以，孔子現在變得現實了，不僅不再阻止學生們當家臣，甚至開始鼓勵。畢竟，自己的學生如果都窮困潦倒，今後誰還來當自己的學生？

「君子生於世間，沒有非要做的事情，也沒有一定不能做的事情，怎樣合理恰當，就怎樣去做好了。」孔子說，半輩子的挫折，讓他學會了變通。

按《論語》。子曰：「君子之于天下也，無適也，無莫也，義之與比。」

一次，子貢問怎樣才能讓自己實現老師所提倡的「仁」，孔子說了：「工匠要做好他的事情，首先就是要完善他的工具。對於你來說，當你住在一個國家的時候，跟隨大夫中的賢能者去做事，與有仁德的士人交朋友。」

按《論語》。子貢問為仁。子曰：「工欲善其事，必先利其器。居是邦也，事其大夫之賢者，友其士之仁者。」

如果用現代話來說，從前，孔子只想著要當國家高級公務員，想要改變國家。如今，知道要當國家公務員沒有希望了，所以，開始勉勵弟子們去好的公司打拼，與白領階層交朋友。

子貢是個聰明人，他知道老師實際上已經聽從了自己的建議，降低了自我要求以及對學生們要求的標準。

不過，為了印證自己的想法，子貢過了一段時間又想了一個辦法。

這一天，子貢悄悄地來找孔子了。

「老師，我有一塊美玉，是找個好匣子收藏起來，還是找個好價錢賣掉？」

「賣掉啊，賣掉才能產生價值啊，去找個好買家吧。」孔子說得毫不猶豫，要是放在從前，那可有好一番大道理來講的。

按《論語》。子貢曰：「有美玉于斯，溫櫝而藏諸？求善賈而沽諸？」子曰：「沽之哉，沽之哉！我待賈者也。」

子貢徹底明白了，老師賣不出去自己，現在要盡力把學生們賣掉，讓學生們去尋找自己的前途了。

第二六九章

子路和顏回

　　孔子要推銷出去的第一個人是子路，這倒不是他認為子路最有才能，而是出於感情因素。子路跟隨他的時間最長，最忠心最直爽，出力也最多，歲數又老大不小，如果再不能推銷出去，這輩子就算是廢在自己手中了。所以，于情于理，都要首先幫助子路找到出路。

　　孔圉是衛國的卿，一向非常好學，跟孔子的交往很多，時常向孔子請教學問，因此兩人的關係很好。好到什麼地步呢？或者說孔圉好學到什麼地步呢？

　　按《論語》。子貢問曰：「孔文子何以謂之文也？」子曰：「敏而好學，不恥下問，是以謂之文也。」

　　這段話什麼意思？就是在孔圉死之後被諡為孔文子，子貢問孔子為什麼孔圉被諡為文，孔子說了：「因為孔圉聰明而且好學，又不恥下問。」

　　敏而好學，不恥下問，這兩個成語都來自這裡。

　　孔圉是衛靈公的女婿，是現任國君衛出公的姑父。因此升遷機會比較多，這個時候已經成了衛國的卿。

　　公叔戍占領的蒲地已經被衛國奪了回來，現在是孔圉的封地，而蒲地恰好缺一名地方官員，也就是令，換現在說法，就是蒲縣縣長。

　　「我給你推薦一個人吧，子路這人不錯，好學忠誠，沒有私心雜念，還在季孫家當過管家，人品能力都是上佳，怎麼樣？」孔子向孔圉推薦，兩人都姓孔，雖然不是一個來源，可是還是覺得比較親切。

　　「好啊好啊，我面試一下。」孔圉知道子路的經歷，也認識子路，不過還是要面試一下。

　　面試的結果是孔圉非常滿意，於是子路成了蒲令。

子路治蒲

臨行之前，子路來向孔子道別。

「由啊，你將要去當蒲令了，老師送給你車呢，還是送給你忠告呢？」孔子問。他為子路高興，雖然他也只有一輛車，也願意送給子路。

「忠告吧。」子路沒有猶豫，他不能要老師的車。何況，上任之後，就會有車。

「那好。」孔子其實願意送的也是忠告，他早就想好了。「蒲這個地方是衛國的主要兵源地，壯士很多，很難治理。不過我告訴你，只要恭敬客氣，就能讓勇者服氣；只要寬容公正，就能與人相處融洽；只要謙恭廉潔，就可以親近尊長。」

「嗯，還有嗎？」子路覺得老師說得挺好，還想聽。

「以身作則，然後可以勞民。」

「還有嗎？」

「不要怠惰。」

「還有嗎？」

「等你做一陣再來問吧。」孔子笑了，子路就是這樣的人，問起來沒完，有時候也挺讓人煩。

按《論語》。子路問政。子曰：「先之，勞之。」請益。子曰：「無倦。」

子路帶著老師的忠告上路了。

從楚丘到蒲，子路在石門這個地方住了一個晚上。第二天早上離開的時候，因為時間很早，守門人覺得這個人行色匆匆，有些可疑。

「請問，你是從哪裡來的？」守門人問。

「啊，從孔丘那裡。」

「孔丘？就是那個明知沒戲卻還要去做的人嗎？」

「哈哈哈哈。」子路笑了，點點頭，上路了。

按《論語》。子路宿于石門，晨門曰：「奚自？」子路曰：「自孔氏。」曰：「是知其不可而為之者與？」

不可為而為之，這個常用語，就來自這裡。

子路在蒲地的治理不錯，他一切按照孔子的標準去做，公正無私，工作努力，一門心思為老百姓做實事，因此子路在蒲的名聲非常好，老百姓喜歡他，孔悝對他也很放心。

時間不長，子路又把高柴引薦給了孔悝，擔任了孔悝封地的士師，也就是執法官。對此，孔子還有些意見，覺得子路應該推薦更優秀的師弟。可是沒辦法，子路就跟高柴的關係鐵。

子路常常會派人看望老師，同時也向老師請教。而孔子也非常關注子路，有時候也會派弟子去看望他。

有一次，子路讓人來問一個問題。

「什麼是君子？」

「修養自身，保持謙恭。」

「這就行了？」

「修養自身，以幫助別人。」

「還有嗎？」

「修養自身，以造福百姓。」孔子說，不過隨後加了一句。「這一點，堯舜還擔心自己做不到呢。」

按《論語》。子路問君子。子曰：「修己以敬。」曰：「如斯而已乎？」曰：「修己以安人。」曰：「如斯而已乎？」曰：「修己以安百姓。修己以安百姓，堯舜其猶病諸？」

又有一次，孔子得了重病，看樣子就要過去了。於是子路就派自己的屬下去伺候孔子，按照家臣規格要求他們。後來孔子病好了，對子路的做法很不滿。

「太過分了吧。」孔子說。為什麼這樣說呢？「子路是在忽悠我啊。我本來沒有家臣，他給我弄幾個假的家臣來，讓我騙誰啊？騙老天爺？況且說了，讓我死在家臣手中，還不如死在學生們手中呢。再者說了，就算我不能得到風光大葬，難道還會死于道路嗎？」

其實，子路也是好意，一般的大夫家中沒有家臣，一定要是很有勢力的卿大夫才有家臣。子路知道孔子好面子，所以派來幾個手下假扮家臣，也是為了讓孔子死得有面子。

誰知道，孔子反而不高興了。

看來，子路天生不是個拍馬屁的料，費了半天勁，最終還是挨罵。要是子貢做這樣的事情，估計孔子不會這麼說。要是顏回做這樣的事，大概要受表揚了。

按《論語》。子疾病，子路使門人為臣。病閑，曰：「久矣哉，由之行詐也。無臣而為有臣，吾誰欺，欺天乎？且予與其死於臣之手也，無寧死於二三子之手乎？且予縱不得大葬，予死于道路乎？」

不管是請教也好，拍馬屁也好，孔子說歸說，心裡還是挺高興，他也知道子路是好心。不過，最新的一件事情真的讓孔子緊張得不得了，以至於立即派子貢去找子路。

什麼事？說起來，是件好事，好人好事，放在今天，算是感動中國的事情。

原來，子路看到蒲地的農村水利系統不完善，擔心暴雨來臨造成水災，因此在春忙之後，組織當地百姓興修水利，挖溝造渠。看到當地百姓生活普遍比較困難，子路於是從自己的俸祿裡拿出糧食，每天向修水利的民工提供一頓免費的午餐。按照當時的規矩，午餐都應該是自己攜帶的。子路這一舉動受到當地百姓的交口稱讚，換了今天，也同樣會受到廣泛讚揚。

這一天，子路又率領百姓挖溝，子貢來了。

「子貢，你怎麼來了？老師身體還好嗎？」看見子貢，子路非常高興，先問候了老師。

「老師身體很好，不過心情不好。」子貢說，對子路笑笑。

「為什麼？」子路有些奇怪，老師心情不好，有什麼好笑？

「老師很擔心你，讓你立即停止供應免費午餐。」子貢說。

「為什麼？我這是施行仁德啊。老師平時總是叫我們要仁德，可是真正做起來又要阻止我，為什麼？」子路很不解，甚至有些氣憤地問。

「老師這麼說。如果你認為老百姓確實不夠吃的，應該上報給孔圉大夫或者國君，然後從公家的倉庫裡拿出糧食來救濟大家。如今你私自用自己的糧食給大家，是要讓百姓怨恨君主，而感激你。你想想，後果是不是會很嚴重？」子貢回答，這是孔子教給他的。

「是哦。」子路恍然大悟。

所以，仁德不仁德，還是要服從於政治的。坐而論仁，往往是不考慮當權者的利害的。這就是為什麼有的人在當權之前愛民敬民，當權之後就變成了另一個樣子，這未必就是他的思想改變了，而是情勢所迫。

屁股決定腦袋，這條真理千古不變。

顏回少白頭

在孔子的弟子中，論管理才能，冉有是獨一無二的，孔子準備第二個推銷出去的就是冉有。為此，孔子曾經問過冉有有沒有興趣在衛國找一份工作，冉有婉言謝絕了，他說他還想學習。但是實際情況並不是這樣，冉有的家族都在季孫家做事，而冉有本人和季康子的關係不錯，因此，冉有相信，他遲早會回到季孫家。

冉有謝絕了在衛國做官，孔子第三個準備推銷誰呢？顏回。

孔子最欣賞的學生自然是顏回，連孔子自己也說顏回賢於自己。

有一次孔子問子貢：「你覺得自己和顏回哪個要強一些？」

「我哪裡能和顏回相提並論呢？顏回能夠聞一知十，我不過是舉一反二。」子貢說。其實，他對顏回的品德很敬佩，對顏回的學習態度很佩服，卻未必對顏回的能力認同。

「是啊，你不如他，我跟你都不如他。」孔子說，說得很誠懇。

按《論語》。子謂子貢曰：「汝與回也孰愈？」對曰：「賜也何敢望回。回也聞一以知十，賜也聞一以知二。」子曰：「弗如也。吾與汝弗如也。」

孔子認為顏回比自己還要賢，並不是假意謙虛，而是出於真心。

為什麼一向驕傲的孔子這樣高看顏回呢？因為孔子是理想主義者，顏回則比他更理想主義。孔子想把自己的理想主義加於這個世界，顏回則願意首先自己來實踐這個理想主義。有的時候孔子對自己的話都有些懷疑，可是顏回堅決信從。

可以說，顏回就是孔子的完美版。或者說，孔子所標榜的，就是顏回所實踐的。

孔子說：君子無憂。

「如果君子的修行沒有成功，就樂在過程；如果成功了，就樂在結果。所以，君子一生都是快樂的，沒有一天是憂愁的。可是小人不一樣，成功之前憂慮能不能成功；得到之後又憂慮會不會失去。所以，小人一輩子都在憂愁，一天也不能快樂。」孔子這樣說。

按《說苑》。子路問孔子曰：「君子亦有憂乎？」孔子曰：「無也。君子之修其行未得，則樂其意；既已得，又樂其知。是以有終生之樂，無一日之憂。小人則不然，其未之得則憂不得，既已得之又恐失之。是以有終身之憂，無一日之樂也。」

所以，儘管顏回很窮，但是他樂在其中。換今天的話說，就是窮開心。

對此，孔子大為讚賞：賢哪顏回。每天就吃一頓飯，住在貧民窟，別人都憂愁得受不了，可是他每天還是那麼快樂。賢哪，顏回。

按《論語》。子曰：「賢哉回也！一簞食，一瓢飲，在陋巷，人不堪其憂，回也不改其樂。賢哉回也！」

也正因為如此，孔子對顏回的教導往往都是高屋建瓴，站的高度明顯比別人要高得多。

一次，顏回問什麼是仁。

「仁，就是克己復禮。」孔子回答。這個詞後世常常被用到。「一旦克己復禮了，天下的人就會說你是仁人了。所以，成就仁在於自身，難道還要仰仗別人嗎？」

克己復禮，這個詞的解釋一向五花八門。大致的意思，就是約束自己，使自己的言行符合禮法的規範。

「那，具體怎樣實行呢？」顏回問，他很少這樣問問題。

「非禮勿視，非禮勿聽，非禮勿言，非禮勿動。」孔子用了一個排比句。這裡的非禮，不是現在的調戲婦女的意思，而是不符合禮法。

「我雖然不夠聰明，我會按照老師的話去做的。」顏回說。

其實，這樣的標準，連孔子自己也做不到。這，也是孔子認為顏回比自己賢的原因。

按《論語》。顏淵問仁。子曰：「克己復禮為仁。一日克己復禮，天下歸仁焉。為仁由己，而由人乎哉？」顏淵曰：「請問其目。」子曰：「非禮勿視，非禮勿聽，非禮勿言，非禮勿動。」顏淵曰：「回雖不敏，請事斯語矣。」

儘管看上去安於貧窮，內心裡，顏回對於出仕還是很渴望。說來也是，如果不想出仕，學這些禮法又有什麼意義？

整個《論語》，顏回只向孔子問過兩個問題，除了上面一條問仁，就是另一條問治國的。

「老師，該怎麼治理國家？」顏回問，鼓足了勇氣。

「嗯，用夏朝的曆法，乘坐商朝的車，戴周朝的帽子，樂曲用《韶》《舞》。不要聽鄭國的歌曲，遠離奸佞小人，因為鄭國的歌曲很淫蕩，而奸佞小人很邪惡。」孔子這樣說。基本上，顏回就是孔子談論人生理想的最佳人選了。

孔子這樣的回答，就如同現代人問怎樣生活，於是孔子回答：「娶日本老婆，找法國情人，開德國車，看美國電影，請中國廚子。」

好是好，可是怎麼能實現呢？

按《論語》。顏淵問為邦。子曰：「行夏之時，乘殷之輅，服周之冕，樂則韶舞。放鄭聲，遠佞人。鄭聲淫，佞人殆。」

孔子知道顏回的理想，也知道顏回的心思。他當然希望顏回能夠成為一國君主的輔佐，可是看來這太不現實。如果再不為顏回找一條現實的出路，就耽誤了這個孩子。再者說了，顏回父子都是自己的學生，如果顏回的問題解決不好，自己的良心也說不過去。

因此，在安排好了子路之後，孔子主要就在幫顏回物色工作了。

　　孔子為顏回介紹了幾份工作，可是，每一次的面試結果都是失敗的。

　　「你準備怎樣幫我管理封地？」一個大夫問。

　　「克己復禮啊，非禮勿視，非禮勿聽，非禮勿言，非禮勿動。只要我做好了，三年之內整個封地就都克己復禮了，之後三年，整個國家就都克己復禮了。」顏回回答，用老師的話。

　　「那什麼，你看，多麼藍的天啊。」大夫岔開了話題。大夫心說：「我關心的是你能不能管理我的屬民，提高我的封地的糧食產量，處理好我的財務。克己復禮，褪你個頭啊。」

　　面試失敗。

　　「你覺得管家應該怎麼當？」另一次面試。

　　「用夏朝的曆法，乘坐商朝的車，戴周朝的帽子，樂曲用《韶》《舞》。不要聽鄭國的歌曲……」顏回這一次換了一個說法。

　　「啊，那什麼，我還有點事處理，你先回家等消息吧。」這位大夫直接趕人了。顏回走了之後，大夫對他的朋友說：「顏回腦子不是有毛病吧？夏朝曆法干我們鳥事？鄭國的歌曲那麼好聽，為什麼不聽？」

　　面試失敗。

　　經歷了多次的面試失敗之後，顏回自己也很沮喪，不過他還要努力讓自己感覺快樂。

　　孔子對此也很無奈。

　　按《論語》。子曰：「回也其庶乎。屢空。賜不受命，而貨殖焉，億則屢中。」

　　按過往的譯法是這樣的：顏回應該說很出色吧，可是他總是缺衣少食；子貢不信天命，去經商，結果常常能夠預測準行情。

　　這樣的譯法是錯誤的，是為了掩飾孔子和顏回的失敗。

　　正確的譯法應該是：顏回難道註定只能是個平民了？他出仕總是落空；子貢沒有按照老師的意願出仕，選擇了經商，總是賺大錢。

　　孔子這兩句話顯然是對照著來說的，如果說顏回出色，那麼下一句就應該是子貢不出色。就如現在常說「壞學生發財了，好學生反而

說春秋　孔子世家

受窮」。所以，傳統的譯法是不正確的。

實際上，孔子想要說明的：想當官的當不了官，不想當官的卻發了財。

隱隱然，孔子替顏回抱不平。但實際上，孔子應該為此負主要責任。顏回之所以沉醉于理想國的狀態中，與孔子的循循善誘是分不開的。

「師兄，你怎麼頭髮都白了？注意休息啊。」這一天，胡亂看見顏回情緒不佳，前來勸解。顏回的頭髮兩年前就有些花白，如今已經全部白了。根據傳說，這都是學習太刻苦的原因。

「唉，胡亂，你是後人，不妨跟你說句實話，我這頭髮，都是愁白的啊。自古以來，誰聽說過學習刻苦頭髮就會白的？」顏回說，一臉愁容。

「愁什麼？」

「愁什麼？你不知道嗎？」顏回反問。

胡亂儘管是後人，也不是個傻瓜，他很容易就猜出顏回在愁什麼，人生愁苦，無非是愁情愁財愁前途。

「師兄，我覺得吧，老師都把自己的理想標準降低了，你為什麼不多跟子貢師兄和冉有師兄學學，少講點理想，多學些現實的技能呢？」胡亂出於好意，卻忘了自己改變不了歷史。

「你真是胡言亂語隨便說啊，老師把我當成了仁德的標杆樹在那裡，我要是倒了，老師多沒面子？我多沒面子？唉。」顏回歎口氣，搖搖頭，走開了。

「面子，又是面子。自古以來，面子害死了多少人？唉。」胡亂自言自語，也歎了一口氣。

第二七〇章
冉有和子貢

孔子回到衛國的第二年，也就是魯哀公七年的春天，晉國攻打衛國。其實，也就是趙鞅攻打衛國。為什麼趙鞅要攻打衛國？兩個原因。

第一，在趙家和范家、中行家的戰爭中，衛國站在了趙家的對立面。第二，衛國廢太子蒯聵投奔了趙鞅，趙鞅要幫助蒯聵奪回衛國國君的位置。

說起衛國國君，還有一段故事。

冉有的性格

當初衛靈公為了南子趕走蒯聵之後，一直沒有立太子。直到衛靈公鞠躬盡瘁之前，才立了另一個兒子公子郢為太子，而公子郢從一開始就不願意，到衛靈公死後，則是堅決不肯當衛國國君，而推薦蒯聵的兒子姬輒繼承君位，最終，公孫輒登基，就是衛出公。

這個時候，蒯聵和衛出公之間的關係就很複雜了。

按理，衛出公可以把父親請回來當國君，可是衛出公不願意，他覺得國君的位置比老爹更重要。而蒯聵也可以選擇待在國外，畢竟是自己的兒子出任國君了，應該為兒子高興。

可是，父子二人誰也不肯讓誰。

就在衛出公繼任的時候，蒯聵也在想辦法回來當國君。當時晉國內部正亂，趙鞅顧不過他來，於是只派了陽虎幫助他。陽虎帶著人假裝是為了衛靈公奔喪的，襲擊了衛國的戚地，然後以戚地為蒯聵的據點，隨時準備趕走衛出公，搶走衛國國君的寶座。

衛出公知道父親有趙鞅的支持，因此不敢輕易攻打戚地，不過布置了重兵防範父親。

這一次趙鞅出兵攻打衛國，衛國全力防守，晉國也沒有什麼辦法。

對於這件父子相爭的事情，孔子的態度怎樣呢？

冉有對孔子的想法很感興趣，他很想知道孔子想要幫助誰。

「兄弟，老師會不會支持衛出公？」冉有問子貢。從孔子的理論來說，父子相爭，他應該支持父親，也就是支持蒯聵；可是君臣相爭，他又應該支持國君，那就是支持衛出公。

「我側面問問。」子貢說，他也對這個答案感興趣。

於是，子貢假裝請教學問，來找孔子了。

「老師，伯夷叔齊是兩個什麼人？」子貢問孔子。

「古代的賢人啊。」孔子說。看見子貢來請教問題，孔子很高興。

「那麼，他們有沒有什麼抱怨？」

「求仁而得仁，有什麼好抱怨的？」孔子說得不以為然。

子貢從孔子那裡出來，對冉有說：「老師不會支持衛出公。」

按《論語》。冉有曰：「夫子為衛君乎？」子貢曰：「諾，吾將問之。」入曰：「伯夷叔齊，何人也？」曰：「古之賢人也。」曰：「怨乎？」曰：「求仁而得仁，又何怨？」出曰：「夫子不為也。」

冉有和子貢是死黨，兩人都非常聰明。論口才，子貢高於冉有，但是論城府，冉有深于子貢。子貢的聰明外露，而冉有的智慧深藏在內心。就像上面那件事情，冉有和子貢都猜到了孔子的態度，但是冉有不去問，而讓子貢去問，而子貢非常想去問。

兩人都屬家境比較好的，因此共同話題很多。相比較，子貢比較傲氣，喜歡批評嘲笑人；而冉有非常老到，八面玲瓏誰也不得罪，用現代話說，就是情商非常高。

由於冉有的管理能力很強，而且人非常謹慎，孔子讓冉有做管家。

一次，子路從蒲地來看望老師，順便帶了些土特產之類。

「老師，我有個問題想請教。」子路說，他每次來都有問題請教。

「說啊。」

「我總能聽到一些好建議，是不是可以按照這些建議去施行？」

「你應該向當地的父老諮詢之後再決定啊。」孔子回答。

子路得到了教導，告辭走了。

過一陣，冉有來請示工作，請示完之後，問了同一個問題。

「老師，有些好的建議，是不是可以聽到了就施行？」冉有問。

「那當然了，聽到了就去做啊。」孔子回答。

冉有得到了教導，也走了。

公西華一直就在孔子的身邊，這個時候他提了一個問題。

「老師，為什麼兩個師兄提同樣的問題，老師的回答截然不同呢？」公西華有些困惑，因為這兩個師兄都是老師喜歡的學生，不大可能故意告訴誰錯誤答案。

「子路總是喜歡冒進，喜歡打頭陣，所以我要讓他謹慎；而冉有呢，總是小心翼翼，瞻前顧後，所以我要鼓勵他大膽去做。」孔子說。

冉有的謹慎，由此可見一斑。

而孔子的因人施教，由此也可見一斑。

按《論語》。子路問：「聞斯行諸？」子曰：「有父兄在，如之何聞斯行之？」冉有問：「聞斯行諸？」子曰：「聞斯行之。」公西華曰：「由也問聞斯行諸，子曰有父兄在。求也問聞斯行諸，子曰聞斯行之。赤也惑，敢問。」子曰：「求也退，故進之；由也兼人，故退之。」

子貢初試鋒芒

終於，魯國來人了。確切地說，季康子派人來了。

「請我回魯國？」孔子難免一陣激動，他早就想回魯國了。

可是，孔子失望了。

季康子的人是來請冉有的，具體地說現在季孫家中缺一個管家，也就是從前子路的角色。季康子非常看好冉有，因此派人來請。

回不回去？傻瓜才不回去。

「回去吧。」孔子也很支持。

冉有決定回去，沒有不回去的理由。

「師哥，你這次回去，一定要找機會讓季孫把老師請回去。」子貢為自己的朋友高興，不過他更覺得這是一個機會，一個為孔子回魯國

作鋪墊的機會。

「兄弟，放心吧，這件事情交給我了。」冉有其實也非常清楚老師的思鄉之情，他會把這件事情辦好的。

臨行之前，冉有請求老師讓子貢送自己去魯國，孔子也慨然允諾了。

依依不捨，冉有離開了老師和師兄弟們。

冉有和子貢以最快的速度回到了魯國，見到了季康子。季康子對冉有一向非常欣賞，當即任命他為季孫家的管家。冉有把子貢也介紹給了季康子，意思是希望季康子也給個職務，不過季康子並沒有回應，因為他並不瞭解子貢。而子貢本人對於在季康子家謀事並沒有興趣，他不過是想來魯國看看。

就這樣，冉有上任，成了季孫家的管家。子貢住了幾天，準備回到衛國。可是就在這個時候，發生了一件事情，讓子貢一時還不能回去。

此時，吳王夫差要與晉國爭霸，在太宰伯嚭的建議下，吳國揮師北上，已經到了魯國邊境。吳國人提出要和魯國盟誓，魯哀公迫于吳國人的強橫實力，不得不前往鄪地去見吳王夫差。伯嚭要求魯國用百牢接待吳王夫差，沒辦法，魯國也只能照辦了。（此事見第五部第194章）

這還不算完，伯嚭知道魯國實際上在季孫家的管治之下，因此派人請季康子前往鄪地，要讓季康子知道吳國人的厲害。

季康子當然不想去，可是又不敢不去，怎麼辦？

「主公，我的師弟子貢能言善道，何不派他前往吳國人那裡推辭掉？」冉有推薦了子貢，覺得這是一個立功的機會。

「好吧，讓他以家臣的身份前往吧。」季康子這個時候也沒有別的辦法，只能死馬當做活馬醫了。

子貢很高興接受這樣的任務，不過他倒不是想要在季孫面前表現什麼，而是覺得這是施展自己口才的一個機會。

就這樣，子貢以季孫家臣的身份前往鄪地，去見伯嚭。

第二七〇章　冉有和子貢

287

　　子貢去拜見伯嚭，伯嚭這個時候正是大權在握，藐視天下的時候，除了吳王夫差，看見任何人都抬著頭說話，根本不把人放在眼裡。

　　「我們國君不遠千里，來到這裡，就是為了增進兩國的友誼。可是，貴國的執政大夫卻閉門不出，這是什麼禮法啊？啊？你們魯國還是禮儀之邦呢。」得知子貢是季康子的使者，伯嚭兜頭就是一頓訓斥。

　　別人怕他，子貢不怕他。

　　「得了，別說什麼禮法不禮法了，我家主公不來，跟禮法沒關係，純粹就是害怕你們。」子貢上來就是一通大實話，直接把伯嚭給說愣了。伯嚭萬萬沒有想到，特好面子的魯國人說話這麼直接，這麼不講面子。伯嚭原先的推測，季康子估計要找娶老婆拉肚子之類的藉口呢。

　　伯嚭不知道，眼前這個人根本就不是魯國人。

　　「那什麼，怕我們？我們有什麼好怕的？」伯嚭雖然嘴上還是很硬，可是氣勢已經被打了下去。

　　人都是這樣，如果事情按照自己的預想推進的話，氣勢就會越來越囂張；但是如果事情的進展完全不在自己的預料之中，那麼思路就會被打亂，氣勢自然就會被壓下去。

　　「大國如果不以禮法約束自己，不以禮法來對待諸侯，那事情就麻煩了。」子貢已經看出了伯嚭的色厲內荏了，所以毫不放鬆，步步緊逼。「我們的國君已經奉命前來了，大夫自然應該留在國內鎮守。說到禮法，當年太伯到吳國的時候，依然施行周禮。可是到了他兒子那一輩，就都斷髮紋身了，這難道合乎禮法？不過都是迫於情勢罷了。」

　　關於太伯的事情，子貢是從孔子那裡學到的。不過，子貢的學習態度不好，因此不知道其實太伯就已經斷髮紋身了。但是胡說胡有理，這時候拿出來用，竟然把伯嚭說得無話可說了。

　　伯嚭是萬萬沒有想到季康子家還有這麼一個能說的人，更是萬萬沒有想到這個人竟然敢跟自己這樣說話。

　　「那，那什麼，我不跟你說了，你回去告訴季康子，讓他自己看著辦吧。」伯嚭講不出理來，乾脆來蠻橫的。

　　子貢告辭要走，突然，伯嚭叫住了他。

「等等，你叫什麼？」伯嚭問，他覺得這個人有些不尋常。

「端木賜。」子貢說。

「端木賜？你是不是孔丘的學生？」伯嚭又問，他聽說過子貢的名字。

「對。」

「哦，怪不得這麼有學問。」伯嚭有點恍然大悟的感覺，當初孔子為吳國使者解答骨節專車的事情在吳國已經人人皆知了，所以伯嚭知道孔子非常博學。

到了這個時候，伯嚭真是對子貢刮目相看了，態度一下子溫和了很多。

伯嚭對孔子很有興趣，問了很多孔子的事情。子貢也不客氣，一通忽悠，把老師吹上了天，把老師說得天文地理無所不通，七十二行無所不曉，把個伯嚭忽悠得雲裡霧裡。

「哇噻，孔子怎麼什麼都會啊？真是聖人哪。」伯嚭驚訝地問子貢，這時候他也改口稱孔子了。

「當然，老師就是天降的聖人，所以什麼都會。」子貢忽悠得眉飛色舞，這時候什麼都敢說。

「你，你不是在忽悠我吧？」伯嚭笑著問，他突然覺得有些不可思議。「你一定是在誇大了。」

「嘿嘿，太宰，跟您這麼說吧。我子貢就是一堆土，我老師則是一座高山，你認為我這一堆土能增加山的高度嗎？」子貢繼續忽悠，他的口才確實非常出色。

「那，你對孔子的知識有斟酌取捨嗎？」

「老師的知識就像是一個大酒樽，誰要是不去飲，誰才是傻瓜呢。」

兩人又聊了一陣，伯嚭對孔子幾乎已經到了崇拜的程度。

「那，我想請孔子來吳國做事，幫我轉達一下？」伯嚭現在最想見的人就是孔子了。

「不瞞太宰說，我老師現在身體不好，而且對當官沒有任何興趣了。您的問候我會替您轉達，至於去吳國當官，我看，還是算了吧。」

子貢替孔子謝絕了，他不看好吳國和伯嚭。

「那什麼，你怎麼樣？有興趣跟我去吳國嗎？」

「我？我先跟老師再學幾年，然後我去找您吧。到時候您不要裝成不認識我啊，哈哈哈哈。」子貢找了個理由謝絕了。

子貢告辭的時候，伯嚭依依不捨，送他出門，外帶了一份吳國特產作為禮物。

後來子貢把這件事情跟孔子說了一遍，孔子很感動地說：「太宰是我的知己啊。我小的時候出身微賤，所以什麼都學。君子會認為自己的才能太多嗎？不會的。」

按《論語》。太宰問于子貢曰：「夫子聖者與？何其多能也。」子貢曰：「固天縱之將聖，又多能也。」子聞之，曰：「太宰知我乎。吾少也賤，故多能鄙事。君子多乎哉？不多也。」牢曰：「子云：吾不試，故藝。」

子貢回到魯國，向季康子報告了自己這趟出使的情況，並且告訴季康子：「你可以不用去，吳國人不會把你怎麼樣。」

「既然吳國人不會把我怎麼樣，我看，我還是去吧。」季康子還是有些擔心自己不去會招來吳國人的討伐，所以決定還是去。

就這樣，季康子最終還是去了鄖地見伯嚭，臨行前邀請子貢留在季孫家，不過，子貢拒絕了。

子貢的分步走

子貢從魯國回到了衛國，孔子急忙向他打聽魯國的事情，子貢把自己的所見所為一五一十說了一遍，孔子聽得很仔細，還不停地發問。

師徒二人一直聊到半夜，子貢才告辭而去，孔子則有些意猶未盡。

「唉，老師是該回去了啊。」子貢暗想。

除了為老師的將來想辦法之外，子貢覺得也應考慮自己的未來了。對於孔子，子貢已經非常敬仰，老師的學問，老師的為人都讓子貢佩服得五體投地。不過，老師的處世態度並不是子貢所喜歡的。

按照子貢的想法，現在就該出去經商了，他對自己的商業頭腦非常有信心。可是，子貢也知道，老師對自己的期望越來越高，如果自己不按照老師的意願去當官，反而去從事老師最討厭的經商的話，老師會很失望。

「那，分幾步走吧。」子貢對自己說。

這一天，子貢陪老師聊天。

「老師，如果一個人能做到貧窮但是不奉迎別人，富貴但是不驕傲，怎麼樣？」子貢問。

「那這個人就算不錯了。」孔子看子貢一眼，他覺得子貢是在說他自己，所以他要進一步勉勵子貢。「不過呢，貧窮還能自得其樂，富有還能謙恭有禮，這就更好了。」

「老師，《詩》中的『如切如磋，如琢如磨』就是您說的意思嗎？」子貢突然引用了《詩》，這讓孔子大為吃驚，因為子貢一向就不大喜歡學習《詩》。

「如切如磋，如琢如磨」出於《詩經‧衛風‧淇澳》，說的是製造玉器的過程，這裡引申為精益求精，不斷進步。子貢意思，就是我說的那種人雖然很好了，可是還要不斷進步，達到孔子所說的境界。

切磋、琢磨，這兩個詞來自這裡。

「哇噻，賜啊，你現在都懂得搶答了，說到過去你就知道將來了。從今以後，可以跟你討論《詩》了。」孔子有點喜出望外的意思。

「嘿嘿。」子貢笑了，其實，這兩句詩是他找子夏幫他準備的，子夏的學習成績比顏回還好。之所以這樣，只是想讓孔子知道，自己跟老師學習這麼多年，還是很用心的，還是很有收穫的，老師不要太失望或者覺得對不起我。

這天，師徒二人談得開心，孔子講了很多《詩》的感受，子貢也背了幾首，不用說，都是子夏替他準備的。

總之，孔子覺得子貢的學問一下子提高了很多，看來是開了竅。

按《論語》。子貢曰：「貧而無諂，富而無驕。何如？」子曰：「可也。未若貧而樂，富而好禮者也。」子貢曰：「詩云：如切如磋，

如琢如磨。其斯之謂與？」子曰：「賜也，始可與言詩已矣。告諸往而知來者。」

又過了幾天，子貢又來陪老師聊天。聊著聊著，子貢提出問題來了。

「老師，我已經厭倦了學習，對於老師您說的治國之道又很困惑。所以，我想休息了。」子貢說出這樣的話來，想退學了。

孔子吃了一驚，原本想發火，可是想想子貢最近進步不小，又不好對他太生硬。由此可見，子貢前幾天的鋪墊是很有道理的。

「那，你怎麼休息啊？」孔子問。

「我，我乾脆去從政吧。」子貢說，雖然實際上他對從政沒什麼興趣，可是一定要這麼說。

「你以為從政可以休息啊？」孔子笑了，畢竟從政也是自己對弟子們的期待。「《詩》說：『溫恭朝夕，執事有恪。』從早到晚都要保持恭敬，隨時隨地都要小心謹慎。你說容易嗎？你能得到休息嗎？」

「溫恭朝夕，執事有恪」出於《詩經・商頌・那》。

「那，我回家去侍奉父母，當個孝子，行不行？」子貢早就想好了說辭，他知道孔子很重視孝，因此說回家當孝子保證不會被批。

「你以為那簡單啊？」孔子又笑了，他覺得子貢很可愛。「《詩》中寫道：『小子不匱，永錫爾類。』要當個孝子，也不是那麼容易啊。」

「小子不匱，永錫爾類」出於《詩經・大雅・既醉》，意思是孝子的孝心無窮盡，祖宗永賜你們好。

「那，那我老婆孩子熱炕頭，怎麼樣？」子貢想了想，說一個很沒有志氣但是至少合乎人情的理由。說完，他看著孔子，擔心這一次會挨批。

「嘿嘿，這倒是人人都想的。」出乎子貢的意料，孔子並沒有生氣，反而笑了。確實，回到衛國之後，孔子平實了很多，不再像從前那樣動不動豪言壯語了。「《詩》中寫道：『刑于寡妻，至於兄弟，以御

於家邦。』老婆孩子熱炕頭也沒那麼舒服的。」

「刑于寡妻，至於兄弟，以御於家邦」出於《詩經‧大雅‧思齊》，意思是給老婆做典範，推及到自己的兄弟，然後來治理國家。引申就是，處理好與老婆的關係，比治理國家還要難。

「那，那我去結交朋友行不？」子貢有點沮喪，老師總能找到合適的詩來跟自己說事，自己想反駁都找不到根據。

「朋友？」孔子這一次沒有笑，瞪了子貢一眼。「《詩》中寫道：『朋友攸攝，攝以威儀。』結交朋友也很累的。」

「朋友攸攝，攝以威儀」出於《詩經‧大雅‧既醉》，意思是朋友之間可以相互輔助，所用的就是威儀。

「那，那，那我去當農民伯伯，回家種地總行了吧？」子貢無可奈何，說要回家種地。為什麼說無可奈何？因為孔子最討厭學生去種地，他認為那樣是浪費了所學的知識，是對老師和知識的褻瀆。

「種地？當農民伯伯？哼。」果然，孔子冷笑了一聲。「《詩》中寫道：『晝爾于茅，宵爾索綯。亟其乘屋，其始播百穀。』當農民伯伯，辛苦死你。」

「晝爾于茅，宵爾索綯。亟其乘屋，其始播百穀」出於《詩經‧豳風‧七月》，意思是農民伯伯白天割茅草，夜裡搓繩索，抓緊時間修房子，還要趕著種莊稼。

「那那那那那，那這輩子就沒有休息的機會了？」子貢現在的思維有點混亂了，這不怪他，只能說孔子的忽悠太到位了。

孔子笑了，站了起來，然後指指遠方。

「你看那裡。」孔子說，子貢也站了起來，順著孔子手指的方向看了過去。「你看那座墳墓，高高的。看它那麼高，好像山巔；看它的側面，又好似鬲。到了那個裡面，就可以躺著休息了。」

說完，孔子陷入長長的沉思。

子貢已經被完全帶入了孔子的思路，望著墳墓，他油然而生一股

敬意，脫口而出：「死真的是一件了不起的事情啊，君子休息了，小人終結了。死真了不起，我愛死。」

　　「我愛死」後來成為一個習慣用法，意思是特別喜歡，譬如「我愛死你了」、「我愛死大米飯了」，這個習慣用法，大致就是出於子貢的話了。

第二七一章
《詩經》

　　上一次和子貢的談話讓孔子的心情沉重了好幾天，不過在幾天之後，孔子回過味來。

　　「這個狡猾的子貢，他肯定是想離開這裡出去做事了。」孔子明白了子貢的意圖，子貢說話一向是有意圖的。

　　儘管捨不得子貢離開，孔子還決定儘快為子貢找到出路。還好，以孔子的人脈加上子貢能幹的名聲，很快，孔子為子貢爭取到了一份官職——信陽宰。

胡言亂語隨便說

　　儘管不想去當官，可是對於老師的美意，子貢不忍心拒絕。既然不忍心拒絕，子貢就只能去上任，照例，上任之前，要向老師請教怎樣做官。去的時候，叫上了胡亂同去。

　　「多謝老師，我怕自己做不好，特地向老師請教。」子貢的口才很好，說出話來恭敬而且謙虛，讓孔子聽著舒服。

　　「說吧。」

　　「在一個地方執政，最重要的是什麼？」

　　「糧食儲備要足，保持軍備，在老百姓中有公信力。」孔子說，高屋建瓴。

　　「那，如果迫不得已要去掉一項，去掉哪項？」子貢問，這是他提問的習慣方式，總是讓孔子撓頭。

　　孔子撓了撓頭，學生當中有三個人愛提這類問題，一個是子貢，一個是宰我，另一個是胡亂。不同的是，子貢提問題是真心請教，宰我提問題是純屬刁難，胡亂提問題則是胡言亂語。所以，雖然三人的問題都很刁鑽，孔子卻不討厭子貢，而討厭宰我，漠視胡亂。

「我看，那就把糧食去掉吧。人生自古誰無死？可是，沒有公信力，國家就維持不下去了。」孔子艱難地作出了選擇。

按《論語》。子貢問政，子曰：「足食，足兵，民信之矣。」子貢曰：「必不得已而去，於斯三者何先？」曰：「去食。自古皆有死，民無信不立。」

「老師，我覺得不對。俗話說：民以食為天。要是人都餓死了，國家不是都不存在了？」胡亂插了一句話。

「那你覺得什麼對？」孔子瞥了胡亂一眼，反問。

「我覺得，應該去兵。世界和平嘛，和諧社會嘛，要什麼兵？」胡亂說。

「真是胡言亂語，當今世界沒有軍備的話，到時候想死都死不成，都被抓去當奴隸了，不是比死更慘？」孔子反駁。

「可是，這不是顏回師兄的夢想嗎？」胡亂不服，還說。

「唉，那就是個夢想啊。」孔子歎了一口氣，搖搖頭，心說還好宰我沒在旁邊，否則自己真就頂不住了。

胡亂還要說，看見子貢對自己使眼色，於是不再說話。

等到孔子歎完了氣，子貢笑笑，繼續發問。

「老師，如果有人能夠廣施恩惠，讓老百姓都過上好日子，這算不算是仁？」子貢提出這個問題非常聰明，因為孔子最愛聽的就是這個仁字。

「算不算仁？」果然，孔子來了精神，聲音一下子提高了八度。「這豈止是仁，簡直就是聖啊，堯舜要做到這點都十分困難啊。什麼是仁？就是為了自己生存而幫助別人生存，為了自己成功而幫助別人成功。能在現實中推己及人，那就是實現仁的方法了。」

按《論語》。子貢曰：「如有博施於民，而能濟眾，何如？可謂仁乎？」子曰：「何事於仁，必也聖乎！堯舜其猶病諸！夫仁者己欲立而立人，己欲達而達人。能近取譬，可謂仁之方也已。」

子貢點頭，他覺得老師說的很正確。

「嘿嘿嘿嘿。」胡亂在一旁笑了起來，子貢瞪了他一眼，心說：

「這孫子，真沒禮貌。」

「亂，你笑什麼？」孔子皺皺眉頭，問。

「我在笑，所謂的捨己為人、先人後己、大公無私等等，實際上都不是老師提倡的了，可是大家還以為是老師的說法呢。」胡亂說，依然在笑。

「捨己為人？憑什麼捨己為人？為什麼捨己為人？毛病吧，真是胡言亂語。」孔子不解地看著胡亂，訓斥道。

沒辦法，幾千年以後的事情，不是孔子可以想像的。

胡亂沒有說話，還在偷偷地笑。

氣氛有點尷尬，這個時候子貢很後悔把胡亂給帶來了。

「那什麼，」為了改變尷尬的氣氛，子貢在尋找新的話題，「如果百姓都稱讚某個人，能不能用他？」

「不能。」孔子回答得很乾脆，子貢吃了一驚。

「那難道，百姓都說他壞話的人，這樣的人反而可以用？」

「不能。」孔子回答得同樣乾脆，看著子貢一臉的疑惑，接著說：「如果好人都說他好，壞人都說他壞，這樣的人就可以用。」

子貢點頭，雖然問題都是勉強提出來的，可是答案還是讓子貢感覺受益匪淺。

按《論語》。子貢問曰：「鄉人皆好之，何如？」子曰：「未可也。」「鄉人皆惡之，何如？」子曰：「未可也。不如鄉人之善者好之，其不善者惡之。」

己所不欲，勿施於人

子貢來到信陽，擔任信陽宰。

僅僅幹了一個月，子貢就幹不下去了。

「奶奶個球，太沒勁了。」子貢對自己說。他不是管理不好，而是根本不想去管。他很討厭管人的感覺，也很討厭向老闆彙報工作的感覺。更令他討厭的，就是官場裡的奉迎做戲，爾虞我詐。

子貢的性格，想不幹就不幹了。於是，遞交了辭職信，拍拍屁股走人了。

不管怎麼說，子貢覺得自己努力過了，雖然沒有達到老師的期望，至少按照老師的期望去做了。所以，去見老師也不用太慚愧。

就這樣，子貢去見孔子了。

「賜啊，你是不是不幹了？」看見子貢，孔子迎頭就問。

「啊，老師，你怎麼知道？」子貢吃了一驚，自己辭完職就來了，不可能有人就把這事情告訴老師了。

「其實，我早就知道你對做官沒有興趣，去的時候看你步伐沉重，十分勉強。而你回來的時候，步伐輕快，似乎是甩掉了包袱。所以，我知道一定是不幹了。」孔子說，說得和顏悅色，絲毫沒有要批評子貢的意思，這讓子貢也徹底放了心。

子貢坐了下來，恰好胡亂來到，孔子就讓胡亂溫了酒，也坐在一旁。

子貢先問候了老師的身體，之後開始介紹自己一個月來的情況，孔子仔細地聽著，有時點頭有時搖頭。

「老師，我這人就這樣，不想把自己的強加給別人，也不想被別人強加什麼。所以，我真不是一個混官場的料。」最後，子貢這樣總結自己，也算是說出一個辭職不幹的理由。

「賜啊，我知道，這確實不是你能做到的。」孔子說，他知道要改變一個人的性格確實很難，尤其是子貢這種聰明人。

按《論語》。子貢曰：「我不欲人之加諸我也，吾亦欲無加諸人。」子曰：「賜也，非爾所及也。」

「師兄，你不想管人，也不想被人管，世界上哪裡有這樣的職業啊？」胡亂一邊斟酒，一邊問。

「我想去經商，自己當老闆，跟商品打交道，跟人之間只是平等的交易，談得來就成交，談不攏就不談，豈不是就能做到這一點？」子貢說，他辭職就是為了經商，實際上，他一直的目標就是經商。

孔子沒有說話，只管喝酒。孔子的心情很矛盾，經商是他不主張

的，可是他又知道，子貢的才能就在經商上。所以，反對也不好，支持也不好，就乾脆沉默。

「老師，我想要離開這裡了，不過我會經常回來看您。離開之前，老師能不能贈送我一句可以終身奉行的話？」子貢問，十分恭敬真誠。

胡亂豎起了耳朵，他也想知道。

「大致，就是寬恕吧。」孔子沉吟了一下，眼前一亮，提高了聲音說：「己所不欲，勿施於人。」

「己所不欲，勿施於人。子貢牢記在心，謝謝老師。」子貢向孔子跪拜，他知道，這句話夠自己受用終身了。

胡亂也向孔子跪拜。他也知道，老師的話夠自己祖祖輩輩受用了。

按《論語》。子貢問曰：「有一言而可以終身行之者乎？」子曰：「其恕乎！己所不欲，勿施於人。」

己所不欲，勿施於人。這句話聽起來簡單，理解起來容易，執行起來也並不難，可是世世代代及至今天，又有多少人能夠做到呢？如今講精神文明講和諧社會，講來講去，不如講一句「己所不欲，勿施於人」。

《詩經》

子貢離開了，孔子的心情非常不好。自己這麼多弟子中，有兩個人對自己最為關心，一個是子路，那是真心關心自己，隨時想著自己；另一個是子貢，與子路相比，子貢更有心計，更瞭解老師的心思，更能投其所好，讓老師開心。

所以，與子路在一起，孔子有安全感；與子貢在一起，孔子有幸福感。如今，子路去了蒲，雖然時時派人來看望老師，可是本人來的機會並不多；而子貢去經商，不知道什麼時候才能再來看自己，沒有子貢，孔子突然覺得有些索然無味。

孔子知道，自己應該尋找新的寄託了，什麼寄託？

「老師，這段詩是什麼意思？」就在孔子感到茫然的時候，子夏來

向老師請教學問了。「巧笑倩兮，美目盼兮。素以為絢兮。」

前面兩句出於《詩經・衛風・碩人》，全句的意思是：美女的笑容明媚動人，美麗的眼睛顧盼生情，不加裝飾卻更加動人。

「這就像畫畫啊，彩色都是在素色的底上作畫啊。」孔子回答。

「就像仁義為底，禮法出於其上一樣嗎？」子夏說。

「哇噻，你聯想得對啊。商啊，你啟發了我，我願意跟你談論詩。」孔子非常高興，高興得笑了。

按《論語》。子夏問曰：「『巧笑倩兮，美目盼兮』，何謂也？」子曰：「繪事後素。」曰：「禮後乎？」子曰：「起予者商也，始可以言詩已矣。」

事實上，子夏對孔子的啟發不僅僅是這兩句詩，而是一個大的計畫。

「商啊，我想要做一件事情，你來幫我吧。」孔子說。他要做一件事情，為了自己，也為了子夏，還為了子子孫孫。

孔子的學生中，雖然學習刻苦的不少，但是真正能夠做學問的並不多，顏回是一個，顏回之外，就只有子夏、子游和子張了。在這幾個能夠做學問的人中，顏回、子游、子張都是循規蹈矩的人，創見性不足，唯有子夏特別有自己的見解，倒有可能成為一代宗師。

所以，孔子漸漸地特別喜歡子夏，他感覺要發揚自己的學問，子夏是最有希望的。

魯哀公七年（前 488 年），孔子六十四歲，晚秋的時候，孔子決定修編《詩》，首席助手就是子夏。

詩，夏商就有，到了周朝則更加繁榮。最早，王室專門有官員負責收集各地的詩。所以，周朝的詩不僅多，而且分類清晰。到了孔子這個時代，有記載的詩已經有三千多篇。但是，這三千多篇詩魚龍混雜，品質不一，並且對於一般人來說太過龐雜。

事實上，在孔子之前，就已經有人刪編過詩。而孔子也準備對這三千多篇詩進行刪編，當然，按照自己的標準。怎樣刪編呢？《史記》中有記載。

按《史記》。古者《詩》三千餘篇，及至孔子，去其重，取可施於禮義，上采契後稷，中述殷周之盛，至幽厲之缺，始于衽席，故曰「《關雎》之亂以為風始，《鹿鳴》為小雅始，《文王》為大雅始，《清廟》為頌始」。三百五篇孔子皆弦歌之，以求合《韶》《武》《雅》《頌》之音。禮樂自此可得而述，以備王道，成六藝。

　　大致的意思是這樣的：古詩三千多篇，孔子按照合不合於禮義的標準，再去掉那些重複的作品，最終精選出三百零五篇，這就是後來的《詩經》。基本上，這些詩從周朝的老祖宗開始一直到春秋，還包含了一些商代的詩。風雅頌三個部分的第一首都很有講究，風的第一首是《關雎》，小雅的第一首是《鹿鳴》，大雅的第一首是《文王》，頌的第一首是《清廟》。

　　為什麼這幾首詩要排在首位呢？《關雎》講的是婚姻之禮，《鹿鳴》講的是君臣之禮，《文王》講的是事天之禮，《清廟》講的是祭祖之禮。所以說，孔子選定的每一首詩，各有各的理由。

　　在編選的時候，子夏就問過老師這樣的問題。

　　「老師常說男女授受不親，為什麼要收錄『國風』這種靡靡之音？」子夏問，他覺得這不符合老師所宣講的仁德的主旨。

　　「孩子，一首詩淫不淫不在於詩中寫到什麼，而在於你心中想到什麼。在我看來，國風這些詩不過是在寫百姓的生活，男歡女愛有什麼錯嗎？所以，我這三百多首詩怎麼看呢？告訴你一句話：不要用邪念去看。」孔子很嚴肅地給子夏上了一堂課，子夏點點頭。

　　「嗯，我可以去看女孩子洗澡了，只要我沒有邪念就好。」子夏心想，他早就想去看隔壁姑娘洗澡，怕被老師罵，如今看來，可以去看了。

　　按《論語》。子曰：「詩三百，一言以蔽之，曰『思無邪』。」

　　「那，為什麼要《關雎》這樣講男女幽會的作為整部《詩經》的第一首呢？」子夏還要問，因為他還想去跟隔壁的女孩子幽會。

　　「孩子，《關雎》這首詩講的可是至高無上的道理啊。你想像一下，詩裡面的兩個男女在曠野之中，山水之旁，一切出於自然，難道不

是天作之合？《關雎》所講述的道理，難道不是人類最基本的生存之道？如果沒有男歡女愛，人類怎麼繁衍？我們還講什麼仁義？所以，《關雎》所講的，就是人世間最美好最崇高最仁義的事情，這樣的詩不放在第一位，什麼能夠放在第一位？」孔子說，眼中放射出春天般的光芒。

「哇噻，《關雎》實在是太偉大了，真是人類生長於天地之間的根本啊。」子夏慨歎，心中已經下定決心要去和隔壁的姑娘行一行這最偉大最崇高的仁義。

胡亂恰好在旁邊，他不懂詩，但是說到君子好逑，他還是有興趣。

「老師，這麼說來，泡妞也是合乎仁義的？」胡亂提出了一個問題。

「泡妞可以，但是不能亂泡，要泡之以道。」孔子想了想，笑了笑，然後歎了一口氣。「唉，老了，可惜我已經老了。」

現在，孔子已經完全沉浸在《關雎》的意境中了。

按《論語》。子曰：「關雎，樂而不淫，哀而不傷。」

孔子認為，《詩經》簡直就是一部百科全書。

孔子常常對學生們說：「同學們啊，怎麼不學詩呢？詩可以激發情趣，可以瞭解社會，可以懂得交往朋友，還可以抒發自己的不忿。近了說，可以教給你們怎樣孝敬父母；遠了說，可以告訴大家怎樣侍奉君王；另外呢，還可以知道不少鳥獸草木的名稱。」

基本上，一部《詩經》，就能讓大家家庭和睦，事業發達，在朋友圈子中八面玲瓏，在官場如魚得水。

按《論語》。子曰：「小子，何莫學夫詩？詩可以興，可以觀，可以群，可以怨。邇之事父，遠之事君。多識於鳥獸草木之名。」

於是，孔子的學生們拼命背誦《詩經》，一個個背得頭昏腦漲。

「老師，《詩經》真有您說的那麼靈嗎？」胡亂悄悄地來問。

「靈不靈，看悟性。」孔子說了，心說你這樣的背再多也沒用。「就算把整部《詩經》背下來，讓你去執政，你做不好；或者讓你去出使，你什麼都說不清楚。那就算你背得多，有個球用啊？」

按《論語》。子曰：「誦詩三百，授之以政，不達；使于四方，不能專對；雖多，亦奚以為？」

關於《詩經》，論述已經太多，此處省略十萬字，只用兩句話來概括：《詩經》是中國和世界歷史上一部超級偉大的作品，影響了整個中華文化數千年。而如果沒有孔子編修，也許我們今天已經見不到或者至少不能如此完整系統地見到祖先們的精彩作品了。

第二七二章
父與子

孔子專心在衛國教書育人，修刪《詩經》，閒暇的時候就帶著子夏、子游、子張、公西華、曾參等小弟子們在郊外遊玩，吟詩唱歌，倒也其樂融融，渾然不知老之將至，不提。

與此同時，魯國又發生了大事。

吳國人打來了

魯哀公七年（前 488 年）冬天，魯國揮師南下，侵占了邾國，並且活捉了邾國國君。邾國大夫茅成子逃到吳國，請求吳國出兵幫助邾國復國。

吳王夫差一開始有些拿不定主意，畢竟吳國和魯國的關係一向不錯，而且魯國是傳統大國，不知道實力究竟怎麼樣。於是，夫差讓人去把在吳國政治避難的叔孫輒請來，向他詢問。

「魯國有名無實，根本沒有實力，攻打他，保證大王勢如破竹。」叔孫輒對季孫恨得牙癢癢，聽說夫差要打魯國，雙手贊成。

之後，叔孫輒把自己所知道的魯國的情況添油加醋說了一遍，無非是魯國國富民窮，魯國人民厭戰怕戰；魯國當官的貪污受賄，貪生怕死，不堪一擊等等。

「嗯，好，攻打魯國。」夫差被叔孫輒忽悠了一通，下了決心。

從夫差那裡出來，叔孫輒徑直去了公山不狃那裡，他們是一同來這裡避難的。

「公山，好消息啊，好消息啊。」叔孫輒見到公山不狃，急忙報喜。

「什麼好消息？」

叔孫輒把剛才的事情說了一遍，說這次夠魯國和三桓受的，估計不死也要剝層皮。

「兄弟，你這麼做太不地道了。」叔孫輒沒料到，公山不狃不僅沒有高興，反而斥責起自己來。「本來呢，君子離開自己的祖國就不應該投奔敵國。如果又為敵國出謀劃策，攻打自己的祖國，那還不如上吊算了。像我們這樣的情況，遇到有害于祖國的事情就應該躲起來。再說一個人離開了自己的祖國，不能因為怨恨國內的某些人就慫恿敵國禍害整個國家啊。現在你因為一點個人恩怨，就想滅亡自己的祖國，這不是以祖國為仇敵嗎？啊，你還是個人嗎？」

公山不狃指著鼻子痛斥叔孫輒，臉漲得通紅。叔孫輒被罵得灰頭土臉，臉也憋得通紅。

「那，那我已經說了，該怎麼辦？」叔孫輒感到慚愧了，說起來，魯國人對故鄉的感情還是沒得說的。

「怎麼辦？」公山不狃見叔孫輒有了悔意，自己的態度也就緩和下來。「這樣吧，到時候吳王一定會派你做嚮導，你就找個理由推辭掉，之後吳王一定會來找我，我再想辦法。」

一切都在公山不狃的預料之中，夫差決定出兵，並且讓叔孫輒作嚮導。

「哎喲，我最近身體不好，胸悶背痛還長痔瘡，不是我不想去，是怕耽誤了大王的大事。公山不狃身體好，讓他去行不？」叔孫輒找個藉口推辭了，還推薦了公山不狃。

於是，夫差讓公山不狃做嚮導，還向他諮詢魯國的情況。

「大王，魯國雖然平時沒有什麼比較親近的國家，可是歷史一再證明，一旦魯國有難，其他國家都願意幫助他們，到時候晉國、齊國和楚國一塊出兵去救魯國，吳國可就成了以一敵四了，所以我看還是算了吧。」公山不狃趁機勸阻夫差。

「四國？十四國又怎麼樣？你說的這幾個國家我都接觸過，都是軟蛋國家，怕他們幹什麼？」夫差根本不接受公山不狃的忽悠，他太瞭解這些中原大國的德行了。

魯哀公八年（前487年）三月，吳王夫差親自領軍，率領吳軍進攻魯國，公山不狃帶路。

鬼子進村，漢奸帶路，這個模式就這麼來的。

公山不狃故意把吳軍往險道上帶，一路上把吳軍折騰得叫苦不迭，來到魯國武城（今山東費縣西南）的時候，吳軍已經累得筋疲力盡。

後來，把鬼子帶到地雷陣裡，祖師爺就是公山不狃。

不過，即便很疲勞，吳軍的戰鬥力那是沒得說，一鼓作氣拿下了武城。隨後揮師北上，又拿下東陽。

魯國震動，於是季康子全國緊急動員，三桓聯合出兵，抵抗吳國人。

公賓庚和公甲叔子率領一部分魯軍作為先鋒迎擊吳國人，結果大敗虧輸，公甲叔子和他的車右雙雙被活捉。

按照吳軍的慣例，所有被俘軍官一律殺死，可是吳王命令不要殺死公甲叔子和他的車右，理由是這兩個人是同一乘車上的，證明魯國人能共赴國難，看來這個國家無法征服。

吳王夫差連楚國和晉國都不放在眼裡，為什麼獨獨對魯國另眼相看？因為魯國是吳國的文化啟蒙者，吳國人對魯國始終心存敬意。

隨後，吳國人繼續前進，抵達泗水上游。

季康子非常驚慌了，魯軍當前的實力根本不夠吳軍去打，可是人家都快打到偉大首都了，怎麼辦？

「主公，正面的不行，咱們來側面的；白天打不過，咱們晚上打。」家臣微虎提出個建議來，精選三百壯士，夜裡摸進吳軍營地，直撲吳國夫差的大帳，殺死夫差，這樣吳軍群龍無首，必然潰散。

就這樣，吳軍選拔了三百名壯士，其中就有孔子的學生有若。

三百壯士在傍晚時分吃了一頓好的，算是壯行，之後上路。可是就在要上路的時候，有人來勸阻季康子：「主公，這三百人都是國家的精英啊，就這麼稀里糊塗去，成功的希望不大，送死的可能性不小，太不合算了。」

季康子耳朵軟，覺得這話也對，立即取消了行動。

「哇噻，白吃了一頓好的。」三百壯士大喜，這輩子沒吃過這麼

好的。

三百壯士雖然沒有成行，可是魯國的漢奸早已經把情報送到了吳王夫差那裡，吳王夫差嚇得夠嗆，他的理解，這三百人就是三百名刺客，晚上黑燈瞎火的，三百名刺客湧進來，自己這條命還真危險。當天晚上，夫差睡得很不安生，稍有些風吹草動，就立即換個住處。

第二天，夫差決定跟魯國人談判結盟，不打了。

吳國人要和平，魯國人當然願意，於是雙方簽訂了和平協議，吳軍撤軍回去了。

有若逃過了一劫。

兒子的娘去世了

時間過得真快，轉眼間到了魯哀公十年（前485年），孔子已經六十七歲了。

這一天，魯國來人了。

「誰來了？」孔子興奮而緊張，他對魯國的一切都感興趣，盼望著早日回到自己的家鄉。

可是，來人令他失望了。

誰來了？兒子孔鯉。

「你來幹什麼？」孔子問，面帶著一些失望。實際上，孔子對兒子遠不如對子路子貢子夏們那麼親近。之所以這樣，也很容易解釋。

首先，孔子常年和弟子們在一起，同甘共苦，榮辱與共，而與兒子反而很少見面，幾乎沒有溝通；

其次，弟子們不同的個性但是共同的對老師的尊重讓孔子非常受用，子路的直率忠誠，子貢的貼心和善解人意，子夏的聰明好學等等，都讓孔子打心眼裡喜歡。而兒子在學問上很不用心，在自己面前畏畏縮縮，這些都常常讓孔子不高興。所以看見孔鯉，孔子的心情遠不如看見子路子貢們。

「爹，娘死了。」孔鯉畏畏縮縮地說。原來，亓官氏去世了，她在

宋國的家人派了人到魯國報了信。

　　孔子有點為難了，雖然聽說這個消息之後還是有點略略的悲傷，但是很快就過去了，兩人之間的感情早已經恩斷義絕了。現在的情況就是，要不要祭祀前妻，要不要為前妻服喪。大致想了一下，孔子作出了決定。

　　「他已經不是我的妻子了，也就不是你娘了。好了，住幾天你就回去吧。」孔子的決定非常絕情，讓身邊的弟子們都有些錯愕。

　　「可是，她始終還是我娘啊。」孔鯉脫口而出，這是他生平第一次衝撞父親。父親可以休掉自己的妻子，可是他不能割斷和親娘的血脈啊。

　　「那也不行，如果在我這裡設靈堂祭祀，算是怎麼回事啊？」孔子堅持，他決定的事情，很少會改變的。

　　孔鯉哭了，不說話也不走。

　　「伯魚，你先去休息，辦法會有的，別急。」曾皙來解了這個圍，讓人帶孔鯉去休息。

　　事情很快得到了解決，解決問題的是曾皙。曾皙是看著孔鯉長大的，就算孔子周遊列國期間，曾皙也常常到孔家幫忙。因此，曾皙和孔鯉之間甚至比孔子和孔鯉之間的關係還要親近一些。

　　所以曾皙出面去找了孔子的朋友蘧伯玉，看看能不能在蘧家借個地方設靈堂，就算是借給魯國來的朋友孔鯉的。這樣的話，就說得過去了。

　　「那有什麼問題？」蘧伯玉立即就同意了，私下裡，他覺得孔子做得有些不近人情了。

　　就這樣，就在蘧伯玉家設了靈堂，孝子孔鯉主持，舉行了一個虛擬的葬禮和祭祀，孔子的弟子們紛紛前去弔唁，當然名義上是弔唁朋友的母親，而不是弔唁師母。而孔子始終沒有去，他覺得事情本身就很無厘頭。

　　葬禮結束之後，靈堂撤去，孔鯉也就回到了孔子的住處。

　　第二天，孔子聽到有人在哭，於是問身邊的人誰在哭。

「伯魚啊。」身邊人說，原來是孔鯉在哭母親。

「嘿，太過分了，哭起來沒完了？告訴他別哭了。」孔子很不高興地說。

孔鯉於是不敢再哭了，連喪服也脫掉了。過了幾天，匆匆回魯國去了。

按《禮記》。伯魚之母死，期而猶哭。夫子聞之，曰：「誰與哭者？」門人曰：「鯉也。」夫子曰：「嘻，其甚也。」伯魚聞之，遂除之。

三代休妻

事實上，孔家休妻是有傳統的。

孔子三代休妻，在《禮記·檀弓》中有明確記載。

孔子的兒子是孔鯉，字伯魚；孔鯉的兒子是孔伋，字子思；子思的兒子是孔白，字子上。子思的性格比較像孔子，因此孔子更喜歡孫子一些。

子思的妻子在離婚之後去世了，孔白沒有戴孝。子思的學生問子思：「以前老師的父親不是為離婚的母親戴孝了嗎？」

「是的。」子思說。

「那老師為什麼不讓孔白戴孝呢？」

「我父親做得也沒有錯啊，該怎樣就怎樣了。可是我怎麼能那麼做呢？孔白的母親要還是我老婆，那就還是孔白的母親；如果已經不是我老婆，那也就不是孔白的母親了。」子思說。他的說法跟他爺爺一樣。

後來，孔家不為已經離婚的母親戴孝，就是從子思開始的。

子思的母親離婚之後回到了衛國，死在了衛國。柳若對子思說：「您是聖人的後代，大家都在看著您怎樣做，要謹慎一些啊。」

「謹慎什麼？有禮儀沒錢財，君子無法行禮；有禮儀有錢財，可是沒時機，君子也無法行禮。我需要謹慎什麼？」子思沒好氣地說。

這段對話，子思對於母親的那種怨恨躍然紙上。

子思的母親在衛國死了，子思跑到孔家宗廟裡去哭，有學生見到了，就對他說：「別人的母親死了，你怎麼跑到孔家的宗廟去哭呢？」

「哦，我錯了，我錯了。」子思說，於是跑回自己的房間哭去了。

父子關係

孔子與孔鯉的父子關係相當平淡，這一點是有明證的。

整部《論語》，提到孔鯉的僅僅有三處，即便是這三處，孔子對孔鯉的態度也都很尋常，甚至語帶斥責，卻看不出期許來。

孔子對孔鯉的學習態度非常不滿，實際上孔子也不大關心兒子的學習，只是偶爾看見了說兩句，多數情況下，說都懶得說。

一天，孔子看見孔鯉，把他叫了過去。

「你學習《詩》裡的周南和召南了嗎？作為一個人，要是不學周南和召南，那跟一堵牆傻乎乎地戳在那兒有什麼區別呢？」孔子劈頭蓋臉說了兒子幾句，孔鯉不敢說話，退下去找這兩首詩背誦去了。

按《論語》。子謂伯魚曰：「汝為周南召南矣乎？人而不為周南召南，其猶正牆面而立也與？」

孔鯉不好學，而且平時的衣飾也不太講究，這不怪他，從小就沒有了娘，誰來管他的衣飾？可是，孔子最看重的就是兩樣：學問和衣飾。

有一次，孔子看見孔鯉的穿著很不得體，叫住了他。

「孔鯉，你過來。」孔子叫道。

孔鯉一聽見父親叫他，腦袋都疼，他就知道沒什麼好事。

「你看你，穿得像個叫花子一樣，太不像話了。」孔子對兒子說話就沒有對學生們說話那麼循循善誘了，總是很嚴厲。「君子不能不學習，衣飾不能不講究。衣飾不合適就是失禮，失禮就無法在這個社會上立足。讓人遠遠地看到你的外貌就喜歡你，靠的是衣飾；讓人跟你打交道之後越來越喜歡你，靠的是學問。」

按《說苑》。孔子曰：鯉，君子不可以不學，見人不可以不飾；不

飾則無根，無根則失理；失理則不忠，不忠則失禮，失禮則不立。夫遠而有光者，飾也；近而逾明者，學也。

陳亢，字子禽，是從陳國來的學生，他總是懷疑孔子是不是對自己的兒子特別關心，或者留了什麼絕學給兒子。於是，有一天陳亢找了個機會，來問孔鯉。

「伯魚兄，我想問你個問題。」陳亢湊近了，神秘兮兮地問。

「什麼事？」

「老師對你有什麼特殊關照啊？嘻嘻。」

「沒有，絕對沒有。」孔鯉笑了，苦笑。

「真沒有？我不信。」

「那我想想，哦，對了，有兩次。」孔鯉是個厚道人，從不撒謊。

「那你說說。」

「有一次吧，父親一個人在院子裡，我恰好路過，結果父親問我『學詩了沒有？』我說沒有，父親就說『不學詩，就不懂得怎麼說話』。從那之後，我開始學詩。還有一次，又是他一個人在院子裡，我又是路過，父親又是叫住我，問我學禮了沒有，我說沒有，父親就說『不學禮，今後難以立足啊』。那之後，我就開始學禮。大概，就是這兩次吧。」孔鯉說完，笑笑，好像挺對不住陳亢。

陳亢從孔鯉那裡回來，非常高興。

「今天我知道了三件事情，知道詩很重要，知道禮很重要，知道君子疏遠自己的兒子。」陳亢暗自高興，以為得到了什麼絕招。

按《論語》。陳亢問于伯魚曰：「子亦有異聞乎？」對曰：「未也。嘗獨立，鯉趨而過庭，曰：『學詩乎？』對曰：『未也。』『不學詩，無以言。』鯉退而學詩。他日又獨立，鯉趨而過庭，曰：『學禮乎？』對曰：『未也。』『不學禮，無以立。』鯉退而學禮。聞斯二者。」陳亢退而喜曰：「問一得三：聞詩，聞禮，又聞君子之遠其子也。」

孔子論孝

說到了孔子的父子關係，順便就來說說孔子怎樣說「孝」的。

說到孝，人們以為孔子把孝放在至高無上的地位，其實不然，孔子對孝的論述，多半是後人的附會。

孔子是提倡孝的，因為周禮是提倡孝的。但是，孔子從小沒有父親，母親早亡，而自己與老婆孩子之間的關係都很平淡，也就是說，他缺少行孝的實踐，也缺少被孝的體會。所以，他對孝的提倡幾乎完全是出於周禮的要求，他對孝的理解也未必就比別人高多少。

《論語》中提到孝的地方並不多，至於如何才算孝，孔子的觀點實際上就是兩點：第一，要奉養。但是，奉養父母是一些動物都能做到的事情，所以僅僅是奉養是不夠的。第二，要尊敬父母。

按《論語》。子游問孝。子曰：「今之孝者，是謂能養，至於犬馬，皆能有養，不敬，何以別乎？」

至於怎樣具體去做，孔子提到的也不多，主要也是兩個方面。第一，要關心父母的身體；第二，尊重父母的意見，不要跟他們爭吵。

按《論語》。孟武伯問孝。子曰：「父母，唯其疾之憂。」

按《論語》。子曰：「父母之年，不可不知也。一則以喜，一則以懼。」

按《論語》。子曰：「父在，觀其志。父歿，觀其行。三年無改于父之道，可謂孝矣。」

按《論語》。子曰：「事父母幾諫，見志不從，又敬不違，勞而不怨。」

孔子並不主張為了父母就犧牲自己的前途，也不主張無原則地順服父母，

所以，孔子說：「父母還健在的時候，不要去遠的地方打拼。」不過隨後加了一句：「如果去的話，一定要事先有目標，讓父母知道自己去了哪裡。」

按《論語》。子曰：「父母在，不遠遊，游必有方。」

有一次，曾參鋤地的時候把瓜的根鋤斷了，老爹曾皙大怒，一手杖打過去，正打在曾參的腦袋上，當場將曾參打昏在地。過了一陣子曾參醒過來，掙扎著站起來，對父親說：「敬愛的爹，剛才兒子做了錯事，您老人家用力教訓我，沒把您累壞吧？」

　　之後，曾參又彈琴唱歌，以表示自己已經沒事了。

　　這件事情傳到了孔子那裡，孔子非常生氣，命令守門的：「曾參來了不要讓他進來，我沒有這樣的學生。」

　　曾參聽說之後很納悶，老師教導我們要孝敬父母，我這不是做得很模範嗎？於是，曾參請了個師兄弟去幫自己問問到底怎麼回事。

　　「這個不懂道理的混帳東西，其實根本不知道什麼是孝。」孔子的火還沒有消，所以先罵了幾句，然後解釋。「當年舜是個孝子，他父親瞽叟是個糊塗蟲。在他父親需要他幫忙的時候，他隨時都在；可是當他父親跟後娘要害他的時候，他跑得比兔子還快。所以，輕輕的打就忍受了，要命的打就一定要逃跑。曾參在他父親暴怒的時候還等著挨打，如果被打死了，不就是陷他父親于不義？他這叫孝嗎？再者說了，曾參是個公民啊，他父親殺他就是犯罪，害己害父，這不是混帳是什麼？」

　　這件事，見於《說苑》。

　　所以我們說，孔子對於那種盲目無原則的孝，一向是不贊成的。

　　說到曾參，就好好說一說。

　　曾參是曾皙的兒子，因此父子都是孔子的學生，他比孔子小四十六歲。

　　曾參在孔子的弟子中以孝著稱，經常問些孝的問題。孔子去世之後，寫了一本《孝經》，世代流傳。據稱，《大學》也是曾子根據孔子的論述記述下來的。

　　孔子之後，孔家私立學校主要由曾參管理，孔子的孫子子思師從曾參，因此曾參是孔子正統儒家思想的傳承者。

　　《論語》中有關曾參的有十三條，顯示曾參在孔子學生中的地位是比較高的。

　　按《論語》。曾子曰：「士不可以不弘毅，任重而道遠。仁以為己

任，不亦重乎？死而後已，不亦遠乎？」

　　任重道遠，這個成語來自這裡。

　　按《論語》。曾子有疾，孟敬子問之，曾子言曰：「鳥之將死，其鳴也哀，人之將死，其言也善。君子所貴乎道者三：動容貌，斯遠暴慢矣；正顏色，斯近信矣；出辭氣，斯遠鄙悖矣。籩豆之事，則有司存。」

　　鳥之將死，其鳴也哀，人之將死，其言也善。這個常用語，出於這裡。

　　按《論語》。曾子曰：「君子以文會友，以友輔仁。」

　　以文會友，這個常用語，出於這裡。

　　後世，曾姓後裔均把曾參作為自己的開派祖先。

魯哀公十一年（前 483 年）春天，齊國準備進攻魯國，要報上一年魯國和吳國聯軍進攻齊國之仇，齊悼公派國書、高無平率領齊軍進駐齊魯邊境的清地，隨時進攻魯國。

面對來自齊國的威脅，魯國怎麼辦？

激將法

「齊國人陳兵邊境，肯定是要進攻我們，怎麼辦？」季康子有些沒主意，找來管家冉有商量。

「不怕他們，你們三個卿，留一個在國內鎮守，另外兩個隨同國君前往邊境抵抗敵人就行了。」冉有知道，齊國目前也是外強中乾，國家的力量實際上都在陳家手中，國君派出來的軍隊強大不到哪裡去。

季康子去找孟孫和叔孫商量，提議三家出兵，結果雙雙遭到拒絕。

「這也正常，因為國家本來就是季孫家在管理，他們兩家麻木不仁可以理解。」冉有並不感到意外，這也算是意料之中的事情。

「可是，該怎麼辦呢？」季康子愁眉苦臉。

「有什麼難的？」冉有不以為然，隱隱然，他現在的地位接近于季康子了。「其實，以咱們一家的力量，對付齊國人一點問題也沒有。既然那兩家不願意出兵，沒關係，咱們也不用去找國君了，就用自己的兵力，就在這裡以逸待勞，等齊國人殺到，咱們背城一戰。」

事到如今，季康子也只能如此了，不過他決定還是去找魯哀公彙報一下。

就這樣，季康子和冉有去見魯哀公。到了朝廷外面，季康子想了想，讓冉有在外面等著，自己進去。

冉有在外面等著的時候，叔孫州仇和孟懿子來上朝了。

「哎，老冉，齊國人要打過來了，怎麼整啊？」叔孫州仇走到近前小聲問，儘管不想出兵，可是事關大家的利益，也沒法不關心。

冉有瞥了他一眼，心裡挺瞧不起他。

「這我哪兒知道啊，這都是國家大事，都是君子們才關心的，我們這樣的小人管他呢。天塌下來，個頭大的頂著呢。我不知道，我不知道。」冉有話裡帶著諷刺，說得叔孫州仇臉上有些掛不住。

這時候，孟懿子也湊了過來。

「小冉，別賣關子啊，說說吧。」孟懿子也問。

冉有瞥了孟懿子一眼，又瞥了叔孫州仇一眼，總共是兩眼。

「對不起，這樣的事情，只能跟有能力的人說，否則，說了也沒用。」冉有的這句話更不客氣，鬧得孟懿子也是一個大紅臉。

「老冉，你的意思是我們算不上是個大丈夫，不配對我們說是嗎？」叔孫州仇問冉有。

「我可沒說過，你們是卿啊，我不過是季孫家打工的，這樣的事情應該你們告訴我才對啊。」冉有笑了，話裡還帶著諷刺。

叔孫州仇和孟懿子對視了一眼，無話可說，兩人氣哼哼地上朝去了。

兩人進去，恰好季康子出來，點點頭，擦肩而過。

退朝之後，叔孫州仇和孟懿子一商量，兩人不約而同：「狗日的冉有瞧不起我們，我們不能讓你瞧不起，我們要出兵。」

結果，兩家同時整頓軍馬，準備出兵，反而比季孫家準備得還要早。

激將法，冉有的激將法非常成功。

在有記載的歷史中，冉有是激將法的祖師爺了。

死要面子活受罪

三桓現在高度一致了，三家聯合出兵。不過，在冉有的建議下，依然還是在曲阜以逸待勞，放齊國鬼子進來打。

具體的戰術布置也都由冉有來進行，按照冉有的布置，魯軍出城駐紮，分為左右兩軍。右軍由孟懿子的兒子孟孺子率領，顏羽為他駕車，邴泄為車右。左軍由冉有率領，管周父駕車，樊須為車右。

　　「樊須，太年輕了吧？」季康子反對。

　　樊須，字子遲，也是季孫家的家臣，非常勇猛，性格直率單純，有點像子路，今年只有二十二歲。冉有很喜歡他，去哪裡都帶著他。

　　「不礙，雖然年輕，樊須能夠堅決服從命令。」冉有堅持，既然冉有堅持，季康子也就沒有再反對。

　　叔孫家的兵力用來守城，三桓都在城裡指揮守城。

　　從前作戰，都是國家領導人親自出戰。現在，國家領導人都被安排在安全的地方了。冉有為什麼這樣安排？一來，三桓都是貪生怕死的貨色，到時候一打仗帶頭逃跑，那仗還怎麼打？二來，三桓不去，省得礙手礙腳了。

　　齊軍果然一路殺到了曲阜城下，兩軍在城外擺開陣勢。

　　魯國軍隊的士氣一向很低，大家都不想打仗。所以面對齊軍，多數人在想該怎麼逃跑。冉有下令衝鋒，可是根本沒人動。

　　「讓我們衝，你他媽怎麼不衝啊？」大家都這麼想，只是不說。

　　冉有的冷汗已經出來了，如果打了敗仗，怎麼辦？

　　「你再三申明命令吧，然後率先衝鋒。」這個時候，樊須給出建議。

　　冉有看了樊須一眼，之後按照樊須的建議進行。

　　冉有快速地申明了命令，無非是衝在前面的有賞，落在最後的砍頭之類。三遍之後，冉有的戰車率先衝鋒，身旁的親兵們跟著衝了出去，整個左軍士氣大振，向齊軍衝殺過去。

　　在魯國這樣「以德治國」的國家裡，當官的如果不作出表率，老百姓是不會買帳的。

　　魯軍左軍殺入齊軍右軍，齊國人也怕拼命的，齊軍右軍當即大亂。

　　左軍占據優勢，右軍呢？

　　右軍呢？

　　右軍在哪裡？

右軍已經消失了。

孟孺子帶領的魯軍右軍早已經逃命去了，齊軍左軍則在後面追趕。林不狃是孟孫家的家臣，帶著他手下的兄弟昂首挺胸地撤退，看上去就好像打了勝仗一般。

「老大，快點跑吧，這樣會被齊國人追上的。」手下兄弟看著心急，要求快一點逃命。

「哎，我們不比別人差，為什麼要逃跑？」林不狃不同意，他還要面子。

「那，那就留下來跟齊國人打仗算了。」

「嘿，你以為跟齊國人拼命就顯得你好嗎？」林不狃還是不幹，面子也要，命也要。

俗話說：死要面子活受罪。

沒多久，齊國人追了上來，結果是林不狃死於非命。

死要面子活受罪，魯國人的面子害死人。

但是，魯國人的可愛之處在於，不僅自己要面子，還總能給別人留面子。

孟之側算是孟孫家的勇士，逃命的時候留在最後掩護大家。還好，孟之側也活著回來了，是最後一個進入曲阜城門的。看著城裡驚魂未定的殘兵敗將們，孟之側覺得大家已經很難受了，就別再顯得自己多麼勇敢了。

「哎，不是我想跑在最後啊，是這匹馬太不給力了。」孟之側自言自語，又像是對大家說。

「噢。」大家恍然大悟，原來這廝也是個逃兵，也不比我們高尚到哪裡去。

於是，大家都笑了。

這件事情被孔子知道之後，對孟之側非常讚賞。

按《論語》。子曰：「孟之反（即孟之側）不伐。奔而殿，將入門，策其馬，曰：『非敢後也，馬不進也。』」

右軍慘敗，但是左軍大勝，冉有的隊伍砍了八十顆齊軍的人頭。

因為是孤軍深入，齊國人不敢久留，第二天撤軍了。冉有請求追擊齊國人，季康子說什麼也不同意，於是看著齊國軍隊逃出了魯國。

在慶功會上，孟孺子還在為自己的逃跑解釋呢。

「其實啊，我雖然比不上顏羽那麼勇敢，可是我至少比邴泄要強啊。顏羽當時是不想逃跑的，他很勇敢。我呢，雖然想逃跑，可是我能沉住氣，我不說。邴泄這夥計膽小怕死，使勁喊『快逃吧快逃吧』。」孟孺子把自己推乾淨，把逃跑的責任推到了邴泄的身上。

大家都笑了，反正算是打了勝仗，逃跑的事情就算了。

魯國人，自己要面子，也願意給別人面子。

機會來了

這次齊魯之戰，功勞最大的自然是冉有。季康子從前沒有想到過冉有竟然還有軍事才能，很奇怪他是從哪裡學的。

「老冉，你的軍事才能哪裡學的？還是天生的？」季康子問冉有。

「是從孔子老師那裡學的。」冉有說。

自從從衛國回來，冉有一直就在想怎樣把老師請回來。冉有知道，季孫家對孔子意見非常大，孔子要回來，一定要過季孫這一關。好在，對孔子最不滿的季孫斯已經不在了，而季康子對孔子的反感要小很多，所以，只要有好的理由，說動季康子請孔子回來就有可能。如今既然季康子問起來，自己正好把老師給扯出來。

「啊，孔子連這個也會？那，孔子究竟是個什麼樣的人？」季康子挺感興趣，雖然父親很討厭這個人，可是自己並不瞭解這個人。不過既然冉有都這麼尊重孔子，想來孔子確實是個很有學問的人了。

「我老師啊——」冉有早就準備了一套說詞，此時開始忽悠，一時間，把孔子捧上了天，眼看著季康子聽得發呆，冉有最後說了：「不說別的，你就看看我們這幫師兄弟們吧，我能力一般般了，好些師兄弟都比我強啊。子貢你是見過的啊，口才多好？現在做生意呢，又發大財了。如果魯國能把我老師給請回來，不說老師的學問了，就這幫學

生們，知道老師在魯國，今後誰不幫魯國啊？」

「這個，那，我們把他召回來怎麼樣？」季康子終於說了這樣的話，這是冉有期待的話。

「不行。」冉有說，說得季康子一愣。「老師是個德高望重的人，如果我們去召他回來，他一定不會回來的，那麼遲早有一天別的國家會重用他，對魯國就不好了。我的意思，我們還是找國君，然後讓國君派出正式的使者請老師回來。」

「好，明天就辦這個事。」

冉有笑了，他決定第一時間派人去告訴子貢這個好消息。至於老師，嘿嘿，就讓魯哀公的使者給他一個驚喜吧。

季康子第二天向魯哀公提出了建議：請孔子回來。

「好啊。」魯哀公倒是很願意。

原本，很快就該派出使者，可是一件事情耽誤了使者出發的日期。

原來，聽說齊國人攻打魯國，吳王夫差主動來幫忙，要和魯國一起進攻齊國。其實，魯國並不願意進一步得罪齊國，何況兩國還是親戚。可是夫差說了要來，魯國也不敢說「您別來了」，還只能表示歡迎和感謝。

就這樣，夏天的時候吳國大軍來到，與魯國一同進攻齊國，大敗齊國之後，吳王夫差才高高興興地回國了。

由於這個時候子貢也在魯國，竟然也參加了這場戰爭。

終於回家了

孔子現在是歸鄉心切，有的時候他甚至有不顧一切要回到魯國的衝動。

事實上，就在季康子決定請孔子回魯國的同時，孔子差一點就起身回魯國了。

事情的經過是怎樣的呢？說起來，話兒有點長了。

當初晉悼公的兒子公子憖從晉國移民到衛國，公子憖的女兒十分

出色，能文能武而且非常漂亮。一次打獵，公子懋讓他女兒為他駕車，結果被衛國國君的侄子太叔懿子看到，立馬驚豔，於是邀請公子懋父女去家裡喝酒，喝酒的時候當面求親。太叔懿子也是風流倜儻的公子哥兒，公子懋父女也都喜歡他。

按理，兩家都姓姬，同姓不婚。可是晉國人本來就不在乎這一點，而太叔懿子又實在太喜歡這個女子，於是兩家也不管那些臭規矩了，就成了親。

後來他們生了兩個兒子，大的名叫太叔疾。太叔疾的性格長相就像他的母親，長大之後就成了衛國有名的美男子，絕對的少女殺手。

太叔疾娶了宋國子朝的兩個女兒，姐姐是妻，妹妹算妾，可是太叔疾就喜歡妹妹。

當時衛國掌權的是上卿孔圉，孔圉特別喜歡太叔疾，看著自己的女兒長到了出嫁的年齡，常常歎息找不到太叔疾這樣的女婿。

機會很快到了，太叔疾的老丈人子朝在宋國的權力鬥爭中落敗，逃亡到了國外。孔圉決定趁火打劫，派人去找太叔疾，說是你老丈人現在是宋國的敵人，而宋國和衛國關係很好，所以宋國的敵人就是衛國的敵人。為了兩國關係的世代友好，我們要跟子朝劃清界限。因此，為了國家的利益，你必須把你的老婆休了。為了表彰你為國家做出的犧牲，決定把我的女兒嫁給你。

趁火打劫，絕對的趁火打劫。別人是搶財搶物，孔圉是搶女婿。

太叔疾不敢違抗孔圉的命令，只好跟子朝的兩個女兒離婚，做了孔圉的女婿。不過，太叔疾是個重感情的人，捨不得那個妹妹，於是偷偷在宋衛邊境的地方修了房子，把那個妹妹安置在那裡，自己則是初一十五這麼輪著走。

孔圉的女兒如果深明大義，睜隻眼閉隻眼，這事情也就這樣了。可是孔圉的女兒受不了，告訴了父親。結果孔圉大怒，準備攻打太叔疾。

在下定決心攻打太叔疾之前，孔圉去向孔子請教這個問題。

「祭祀的事情，我略知一二；興兵動武，我一無所知。」孔子這樣

回答，意思很明白，就是反對動武。

之後，孔子感覺到孔圉很讓他失望，這樣下去衛國恐怕內亂，孔子於是決定不顧一切回魯國。不過在收拾行李的時候被孔圉知道了，於是上門挽留，並且承諾決不出兵攻打太叔疾，孔子這才算留了下來。

這就是上一次孔子差點回魯國的過程。

配樂歌曲：《故鄉的雲》。

後來，孔圉沒有攻打太叔疾，但是把女兒給搶了回來。再後來，太叔疾跟一個有夫之婦偷情，結果幾乎被捉個現行，光屁股逃走，連車也被人家扣住。這家丈夫也不是俗人，把車獻給了國君。太叔疾因為這兩件事情羞愧難當，逃亡到了宋國。於是，太叔家族交由太叔疾的弟弟太叔遺掌管，孔圉把女兒改嫁給了太叔遺，小叔子變老公，嫂子變老婆了。當然，這都是後話。

魯哀公十一年冬，魯哀公的特使終於來到了衛國。

「孔子先生，國君請您回國，一切待遇按照當年司寇的規格。」特使代表魯哀公發出邀請，承諾了待遇，同時還帶來了大量的禮品。

「啊，那什麼，太好了。」孔子喜出望外，這是他盼望了許多年的一天啊。

這樣回去，太有面子了。

孔子盛情招待了魯哀公的特使，當天就讓弟子們收拾行囊，準備儘快出發。

第二天，孔子一邊忙著收拾，一邊派人去向該道別的人道別。於是，很多老朋友都來上門道別，也有挽留的，譬如孔圉。

可是這個時候，誰還能挽留住孔子呢？他已經歸心似箭了。

孔子終於上路了，帶著一群弟子們。孔子的弟子有人留在了衛國，但是大部分隨他前往魯國。子路、高柴等人就留在衛國做官，今天也都前來送行。

送行的隊伍還有衛國的朋友們，上卿孔圉為首，蘧伯玉等人都來了。當時的場景十分動人，孔子對自己在衛國期間受到的關照表示感謝，並且表示，衛國是他的第二故鄉，他會永遠想念衛國，會永遠牽

掛衛國的老朋友們。

　　「只要我在，我就一定致力於發展魯衛兩國的友好和平關係。」孔子動情地說。

　　孔子的車隊漸漸遠去，回望送行的人們，孔子的眼角濕潤了。

　　「老師，你喜歡衛國嗎？」駕車的子夏轉頭問老師。子夏的眼角也是眼淚，老師歸鄉，自己則是離鄉了。

　　「孩子，我懷疑如果不是在衛國，我是無法修《詩經》的。」孔子說。打心眼裡，孔子喜歡子夏，喜歡子貢，喜歡這兩個衛國人，喜歡衛國。

　　衛國，一個人傑地靈的國家。孔子大概想不到的是，他的學說將會由一個衛國人來發揚光大，而這個人就是眼前的這個孩子。孔子更想不到的是，中國歷史將會由一個衛國人來改寫，而這個人是他的徒孫——商鞅。

　　再回首，看一看衛國，孔子已經是老淚縱橫。

第二七四章

認清形勢

孔子回到了魯國，這一年，孔子六十八歲。

從魯定公十三年（前 497 年）孔子離開魯國到衛國，到魯哀公十一年（前 484 年）孔子離開衛國回到魯國，將近十四年的時間過去了。這十四年被稱為孔子周遊列國的十四年，實際上大部分時間孔子在衛國。

孔子回到魯國，引起整個國家的轟動，畢竟孔子的聲望非常的高。

魯哀公親自設宴招待，之後三桓輪流宴請。

「多謝多謝。」歷盡滄桑的孔子再也不是那麼鋒芒畢露了，再也不提君君臣臣。因為他知道，沒有人願意聽這個。

回到自己的家，孔子感到一切都很親切。

「孩子，你辛苦了。」孔子對兒子孔鯉說。他知道兒子撐持這個家也不容易，他看到兒子的面容非常憔悴，免不得有些心痛。

「你們都好吧。」冉有子貢等一幫學生們前來看望老師，孔子非常高興。

一切，都很好。

還是家鄉好，還是自己的家好。

（配樂歌曲伴奏：《再回首》。）

魯哀公

孔子的學校重新開張了，報名的學生非常的多，其中就有樊遲。因為有冉有的推薦，樊遲從一開始就受到重視。

絕大多數的課程還是交給老學員們去教授，孔子只是偶爾親自講課。多數的時間，孔子還是在研究魯國的政治。

除了孔子的家人和子貢冉有等學生之外，對孔子回國感到最高興

的就是魯哀公了。自從繼位以來，魯哀公就是個徹頭徹尾的擺設，他覺得被忽視和很失落，他知道孔子的理論，因此，對孔子充滿期待。

孔子回國之後，就成了魯哀公的常客，有事沒事，魯哀公會派人請孔子聊天請教。

關於孔子和魯哀公的談話，《孔子家語》中有很多，《論語》中也有。

這一天，魯哀公又請孔子來做客，兩人聊得高興，聊著聊著，說到了世界上的君主。

「當今世界上的各國國君，誰最賢能？」魯哀公問。

「當今世界就不太清楚了，不過，我見過的君主，衛靈公是最賢能的了。」孔子說。他沒有拍魯哀公的馬屁，他也知道魯哀公不需要自己拍馬屁。

魯哀公愣了一下，顯然對這個回答有些意外。

「我聽說他連自己的家庭的事情都處理不好，怎麼稱得上賢能呢？」魯哀公問。他覺得衛靈公恐怕還不如自己。

「我說的是管理朝廷，不是管理家庭。」

「那，夫子說說他怎麼管理朝廷。」魯哀公實在也不覺得衛靈公管理朝廷有什麼先進事蹟。

「衛靈公有個弟弟叫公子渠牟，為人忠誠而且能幹，衛靈公對他委以重任；有一個叫做林國的士人，發現有才能的人就必然推薦他做官，因此衛國沒有放縱遊蕩的士人，衛靈公非常尊重林國並且任用他；還有一個叫慶足的士人，一旦國家有大事，就必定會被推薦出來處理國家事務，事情過去之後就又回家歸隱，衛靈公也很尊重他；還有一個叫做史魚的大夫，因為自己的主張沒有被採納而負氣出走，衛靈公就住到郊外三天，三天沒有歌舞娛樂，直到請回了史魚，他才回宮。衛靈公對賢能的士人這樣尊重，所以我說他是個賢能的君主。」孔子舉了幾個例子來說明問題，然後看看魯哀公。

魯哀公點點頭，然後笑了，苦笑。他是個聰明人，他知道孔子的言下之意：如果你要做個賢能的君主，重用我吧。

「那，怎樣才能把國家治理好？」魯哀公換了個話題。

「讓老百姓富裕長壽，這個國家就算治理好了。」孔子想了想說。對於魯哀公切換話題，孔子有點微微的失望。

「那，怎麼才能實現這個目標呢？」

「很簡單啊，少收稅老百姓就能富裕，少徵用百姓就能減少犯罪，減少了犯罪老百姓就能長壽。」很簡單，確實很簡單，孔子的回答很簡單。

「那樣，國家不是就會窮？」

「怎麼會？《詩經》裡寫：『凱悌君子，民之父母。』你聽說過兒女富有而父母貧窮的嗎？」孔子反問。

魯哀公點點頭，然後笑了，苦笑。

「那麼，怎樣才能讓老百姓信服呢？」魯哀公又換了一個話題。

「提拔正直的人居於邪惡的人之上，老百姓就會信服。讓邪惡小人居於正直的人之上，老百姓就會不信服。」孔子想了想，這樣回答。

魯哀公點點頭，然後笑了，苦笑。

按《論語》。哀公問曰：「何為則民服？」孔子對曰：「舉直錯諸枉，則民服；舉枉錯諸直，則民不服。」

聊天聊得很愉快，不過孔子還是有些失望，路上狠狠地歎了幾口氣。他不知道魯哀公究竟是領會不了自己的話，還是根本就不認同自己。

但是很快，孔子就知道答案了。

冉有挨罵

年底的時候，季康子準備改丘賦為田賦。什麼是丘賦？什麼是田賦？這一點歷史上從來沒有說清楚過。不過可以肯定的是，這是兩種老百姓稅賦的方式。至於哪一種更合理，恐怕很難說清楚。

在決定之前，季康子派冉有去向孔子請教。

「我不知道。」孔子一口回絕了。

326

冉有看老師不高興，沒辦法只好回去覆命。

「再去一趟吧。」季康子又派冉又走了一趟。

「我還是不知道。」孔子又是一口回絕。

冉有沒辦法，又回去覆命。

「我自己去。」季康子有點惱火，乾脆自己去走一趟。

「夫子啊，您是國家的元老啊，等著您的意見下決定呢，您怎麼不給個意見呢？」季康子的態度總體還是比較謙恭的。

「哎喲，真是不好意思，這方面我真沒研究。」孔子找了個理由，還是拒絕回答。

季康子很失望地走了。

冉有走在後面，被孔子叫住了。

「君子處理政事，要以禮法為依據：給老百姓的福利要儘量豐厚，辦事儘量公平，賦稅越少越好。如果這樣的話，丘賦也就夠了。如果不按照禮法行事，貪得無厭，就算是田賦也不夠。再說了，如果你季孫想辦事而又合乎法度，那麼自有周公的典章可供參照。假如想任意胡為，又何必徵求別人的意見呢？」孔子氣呼呼地對冉有說。冉有無話，只能點頭，表示會把老師的意思轉達給季康子。

孔子，基本上反對一切舊制度的變革。

終於，季康子還是沒有聽從孔子的勸告，在第二年春天宣布實行田賦。季孫家實行田賦，叔孫孟孫兩家隨後跟進，就連魯哀公也在自己家不大的自留地上實行田賦了。

冉有作為季孫家的管家，在推行田賦這件事上非常賣力，這讓孔子對冉有非常不滿。

這一天，冉有上門來看望老師，於是師徒之間發生了爭論，而這樣激烈的爭論在孔子與學生之間是從來沒有過的。

「求啊，我聽說季孫準備去祭泰山，有這事嗎？」孔子問。

「是，是準備去。」

「求啊，泰山不是人人都能祭的啊，只有天子才有資格啊。當年齊桓公稱霸想要祭泰山，都被管仲阻止了，季孫何德何能，怎麼能去呢？

啊，這違背禮法啊。我問你，你為什麼不阻止他？」孔子說到禮法，非常激動。

「老師，我也勸了，可是他不聽，我也沒辦法啊。」冉有早就感覺到老師對自己越來越不滿，可是也沒想到一來就被呵斥。

「哼，求啊，在禮法這個問題上，你真是還不如林放啊。」孔子更加的生氣，說話也更加的不客氣。

按《論語》。季氏旅于泰山。子謂冉有曰：「汝弗能救與？」對曰：「不能。」子曰：「嗚呼！曾謂泰山，不若林放乎！」

林放是誰？歷史沒有記載，此人有可能是孔子的學生，也有可能不是，不過，林放曾經向孔子請教禮法。

「老師，我想請教禮儀的本質是什麼。」有一次，林放來問。

「哇噻，這個問題很大啊。簡單說吧，一般的禮儀，與其奢侈，不如節儉；對於喪禮來說，與其儀式齊備，不如內心悲哀。」孔子回答。實際上到了這個時候，孔子的觀念已經有了很大的轉變，從前，他是很講究禮儀的形式和場面的。

按《論語》）林放問禮之本。子曰：「大哉問！禮，與其奢也，寧儉，與其易也，寧戚。」

冉有被老師訓斥一頓，心頭非常不爽，心說我現在怎麼說也是魯國的實權派人物，國君見了我也客客氣氣，老師您怎麼這麼不給面子，把我訓得跟孫子一樣。

心頭這樣想，冉有就準備再搭訕兩句，找個理由離開的。可是，他沒有想到的是，剛才那一頓僅僅是熱身，狂風暴雨還在後面。

「求啊，季孫推行田賦，據說都是你在具體操作，幹得不錯啊，挺賣命啊，人人都說你才是魯國改革開放的總設計師啊。」孔子把話題轉到了田賦上，語氣裡帶著諷刺。

「老師，食人之祿，忠人之事啊。我吃著季孫家的俸祿，當然要盡力幹活了。再者說了，屁股決定腦袋，老師覺得不對的事情，在人家季孫那裡可能就是對的啊。」冉有有點壓不住火了，跟老師針鋒相對起來。

「什麼？我看你不過是貪圖富貴而已。我告訴你，升官發財，這是人人都想的事情。可是，如果用不正當的方式升官發財，君子是不會去做的。貧窮和卑賤，是每個人都不願意的，但是如果不能以合乎道義的方式改變，君子也不會改變的。君子如果拋棄了仁，又怎麼可以叫君子呢？君子沒有哪怕一頓飯的時間背離仁，不管是匆忙之間還是顛沛流離的時候，都不會背棄仁的。」孔子又搬出了「仁」來駁斥冉有。

按《論語》。子曰：「富與貴，是人之所欲也，不以其道得之，不處也。貧與賤，是人之所惡也，不以其道得之，不去也。君子去仁，惡乎成名？君子無終食之間違仁，造次必於是，顛沛必於是。」

冉有是在官場混的人，講概念的時候少，講方法的時候多，聽到老師在這裡喋喋不休地說大道理，有些不耐煩了。

「老師，您說的道理我懂，可是，我的能力無法實行。」冉有也沒好氣，頂撞老師。

「能力不夠，至少也要走到一半實在走不動了才停止啊。你現在是什麼？你現在是給自己畫了一條線就不走了。」孔子氣得拍了桌子，他還從來沒有對一個學生發這麼大的火。

按《論語》。冉求曰：「非不說子之道，力不足也。」子曰：「力不足者，中道而廢。今汝畫。」

看見老師發火，冉有不再說話，不過臉上也很不好看，強自壓住自己的火。

「我就沒見過喜愛仁的人，也沒見過討厭不仁的人。喜愛仁的人找不到了，所以討厭不仁的人就成了仁了，也不過就是不讓別人的不仁強加到自己身上罷了。不要跟我說你的能力不夠，你有一天能致力於仁嗎？說不定有，不過我沒見到。」

按《論語》。子曰：「我未見好仁者，惡不仁者。好仁者無以尚之，惡不仁者其為仁矣，不使不仁者加乎其身。有能一日用力於仁矣乎，我未見力不足者。蓋有之矣，我未之見也。」

（關於這一段的翻譯，自古以來都很混亂，語焉不詳。放在這裡，就一目了然了。）

冉有的臉色憋得通紅，他懷疑自己再開口就會跟老師反唇相譏，弄不好師徒反目。好在，冉有足夠冷靜足夠忍耐，他站起身來，向老師行了個禮，一言不發，匆匆離去。

冉有的離去看上去很無禮，這徹底惹惱了孔子。

「神馬東西？以為自己當了季孫家的管家就可以牛了？」孔子氣不打一處來，對身邊的弟子們大聲嚷嚷起來。「冉有不是我的學生，大家可以去砍他。」

幾個小弟子從來沒有見老師這樣憤怒過，都低著頭不敢說話。

按《論語》。季氏富於周公，而求也為之聚斂而附益之。子曰：「非吾徒也。小子鳴鼓而攻之可也。」

子貢開導老師

幾天之後，子貢來了。最近這段時間，他就在魯國和衛國之間跑生意，剛賺了一筆錢，特地來看望老師。

「老弟，最近老師怎麼樣？」進到孔家，子貢迎頭看見子夏，於是問他。

「師兄，正想找你呢。」子夏看見子貢，一把拉住他，到了一處僻靜的地方，把前幾天老師怎樣痛罵冉有，冉有又怎樣一怒而去等等說了一遍。

「你怎麼看？」子貢聽完了，搖搖頭，問子夏。

「師兄，我覺得這件事情是老師太固執了，冉有師兄沒有錯。」子夏說。也就是跟子貢，他敢批評老師。

「行，我知道了。」子貢說，叮囑子夏不要對外人提起這件事情。

子貢的到來讓孔子的心情好了很多，現在他最喜歡的學生就是子貢了。子貢這人懂得關心人，而且有實力，這一點是別的學生無法相提並論的。

子貢給老師帶來了好酒和野味，師徒二人就一邊喝一邊聊。

子貢絕口不提田賦和冉有的事情，專門給老師講自己在外面見到

的奇聞趣事，聽得孔子時不時開懷大笑，十分高興。

聊得高興的時候，子貢突然提出一個問題來：「老師，要做到怎樣才算是一個真正的士人？」

「有羞恥之心，出使四方，能夠不辱使命的人，這樣的人就算是合格的士人了。」孔子回答，基本上就是在套子貢的條件。

「那，其次呢？」子貢忍不住笑了，老師就是這樣，喜歡誰就說誰好。

「宗族裡的人稱讚他的孝敬，鄉親們稱讚他友愛。」孔子說，指的是宓子賤、曾參這些人。

「那，再次呢？」子貢還問，希望孔子能把冉有說進來。

「再次，說話算數，做事果斷。看上去是固執的小人，實際上也算是士吧。」孔子說，指的是高柴、樊遲這些人。

子貢心裡在笑，心說看來老師對冉有的意見太大了，死活不肯說冉有的好話。想了想，子貢決定再試探一下孔子。

「老師，那如今的當權者怎樣呢？」子貢問，所謂的當權者，除了三桓，當然還有冉有這樣手握大權的人。

「噫！斗筲之人，何足算也。」孔子不屑一顧地說。斗筲都是容器，一斗為十升，一筲為兩升，孔子的意思是：當權的都是些見識淺短、心胸狹隘的小人，就別提他們了。

按《論語》。子貢問曰：「何如斯可謂之士矣？」子曰：「行己有恥，使于四方，不辱君命，可謂士矣。」曰：「敢問其次。」曰：「宗族稱孝焉，鄉黨稱悌焉。」曰：「敢問其次。」曰：「言必信，行必果，硜硜然小人哉，抑亦可以為次矣。」曰：「今之從政者何如？」子曰：「噫！斗筲之人，何足算也。」

孔子，整個就是個老憤青。所以，憤青的祖師爺就是孔子了。

子貢看出來了，老師還在氣頭上呢，今天絕對不能提冉有。不過，如果老師總是用這樣的態度去看三桓，弄不好什麼時候還要離開魯國。所以，無論如何要開導他一下。

於是，子貢就借著國外以及民間流傳的故事和歌謠，隱諱地告訴

孔子一個事實：魯國就是三桓的了，連魯國國君也都認命了。再者說了，對於老百姓來說，魯國是誰的不重要，重要的是當權者能不能讓百姓過上好日子。

孔子聽得很明白，其實他也一直在思考這個問題，現在他總算徹底明白了。明白了什麼？

首先，魯哀公為什麼不重用自己？一來，他就那麼塊自留地，就算給孔子封個什麼官，有什麼用？二來，用誰不用誰，魯哀公說了能算嗎？

說來說去，說去說來，在魯國要想混得好，或者往高尚點說要想為百姓做點事，站隊就必須站在三桓這一邊，具體說，是季孫這一邊。

當孔子想明白了這些，原先的憤怒就少了許多，對冉有的不滿也就少了很多。

「老師，我明天去看看冉有師兄，老師有什麼話帶給他？」子貢問的時機非常好。

「也沒什麼，讓他注意身體別太辛苦，有時間多來看看我。」孔子說，其實他也知道冉有對自己好，現在挺後悔前幾天那樣訓斥他。

子貢笑了，他覺得，老爺子有的時候跟小孩一樣，要哄才行。

第二七五章
子貢出馬

　　田賦事件實際上讓孔子清醒過來，他終於明白自己與魯哀公的所有談話實際上都是聊天而已，因為說得再好，也無法實行。魯哀公再尊重自己，也不能給自己大展宏圖的舞臺。

　　從那之後，孔子與魯哀公談話的興趣小了很多，一般而言，只要魯哀公邀請，孔子還是儘量會去，不過話題就都離治理國家很遠了。

　　「我聽說君子不下圍棋。」有一天，魯哀公提出這樣一個問題。

　　「沒錯啊。」孔子說。

　　「為啥？」

　　「因為圍棋有黑白兩道啊，這樣就不恭敬，所以君子不玩這個。」孔子說。可是他沒有想想，黃帝發明了圍棋，難道黃帝就不是君子？

　　不管怎樣，都是這一類的問題。

熱臉貼上冷屁股

　　從前，孔子出行喜歡帶的人是子路、冉有、子貢，子路勇猛忠誠，可以起到衛士的作用；冉有沉穩內斂，做事令人放心；子貢能言善辯，出門帶著他不僅不寂寞，跟人打交道都可以交給他去做。

　　如今，這三個人都當官的當官，經商的經商了，那麼，出門帶誰呢？孔子帶的通常是樊遲和宰我。樊遲的性格像子路，簡直就是子路二號，而宰我的口才不遜于子貢，只不過沒有子貢那樣對老師無微不至。

　　有一天魯哀公請孔子去做客，恰好孔子身體不太舒服，於是趁機推掉了，派宰我去回覆魯哀公。宰我的口才好，魯哀公就留他聊了一陣。

　　「我想問問啊，這個歷朝的社木都是什麼？」魯哀公突然問這樣一個問題，社木就是社廟裡的神主。

「我知道，老師講過。」宰我恰好知道，賣弄起來。「夏朝的時候用的是松，商朝用的是柏，周朝用的是栗。為什麼用栗呢？就是要讓老百姓戰慄的意思。」

宰我回來之後，跟老師講了這件事情，頗有些得意，覺得給老師長了臉。

「已經成功的事情，就不要去說了；已經做過的錯事，也就不要再提了。過去的事情，就不要再追究了。周朝用栗本身不是什麼好事，你非要跟他說那麼明白幹什麼呢？」孔子不僅沒有表揚宰我，還批評他說得太清楚，損毀了魯哀公眼中老祖宗周公的形象。

宰我沒話說，暗歎晦氣，心說老師就喜歡子貢，看自己什麼都不順眼。

按《論語》。哀公問社於宰我。宰我對曰：「夏後氏以松，殷人以柏，周人以栗。曰：『使民戰慄。』」子聞之曰：「成事不說，遂事不諫，既往不咎。」

既往不咎，這個成語出自這裡。

對魯哀公不抱期望之後，孔子治理國家的雄心還沒有消滅。

「也許，該跟季孫多談談。」孔子暗中下了決定，為了實現自己的理想，他寧願放棄自己的原則，把希望寄託在三桓的身上。

魯哀公十二年春天，魯昭公夫人孟子去世。其實，孟子應該叫孟姬，因為她是吳王的女兒。為了掩蓋同姓結婚這個事實，魯國人稱她為孟子。因為是同姓結婚，再加上魯昭公死在國外，因此孟子的喪禮降格，不能在公室弔喪，因此就安排在季孫家裡。

孔子看到了機會，一個與季孫家修補關係的機會。

於是，孔子帶著宰我和樊遲去了季孫家中弔唁。冉有見老師來了，大致也猜到了實際的來意，為他安排了和季康子的會面。冉有上一次雖然很惱火，但是有子貢的勸解，早已經諒解了老師。

出於禮節，季康子會見了孔子，不過態度不鹹不淡，對孔子的不滿明顯能夠看得出來。

孔子儘管有些尷尬，可是該套近乎還是要套近乎。兩人有一搭沒

一搭地聊了一陣。

「夫子在衛國這麼多年，衛靈公這個人怎麼樣？」季康子也是沒話找話，提了一個問題。

「這人不咋地。」孔子貶低衛靈公，而在魯哀公面前他稱讚衛靈公，為什麼有這麼大的變化？大致這才是他對衛靈公的真正看法。總之，孔子說了一堆衛靈公的壞話。

「那就怪了，既然你把衛靈公說得這麼糟糕，怎麼他並沒有喪失自己的國家呢？」季康子問，明顯地不給面子。

孔子愣了一下，沒想到季康子當面責難。不過，這樣的問題難不倒孔子。

「雖然他很無道，可是大臣們很強啊。仲叔圉負責外交，祝鮀主管祭祀，王孫賈管理軍隊，這麼強的陣容，怎麼能喪失國家呢？」孔子也算反應機警，帶著幾分強詞奪理，算是勉強把這個問題扛了過去。

兩人又聊了幾句，季康子藉口有事，讓冉有送客了。

按《論語》。子言衛靈公之無道也，康子曰：「夫如是，奚而不喪？」孔子曰：「仲叔圉治賓客，祝鮀治宗廟，王孫賈治軍旅，夫如是，奚其喪？」

過了幾天，孔子又要去拜會季康子。這一回，宰我有想法了。

「老師，您經常教育我們說『王公不聘不動』，王公不上門來請都不去，怎麼反而一而再地登門拜會季康子呢？」宰我的問題比季康子的問題還要直逼要害。

孔子瞪了宰我一眼，心說你這小子就是比不上子貢。

「我告訴你吧，魯國現在的狀況是禮法漫滅，以強凌弱，整個國家好像沒有人管。在這樣的情況下，我覺得沒有什麼比讓我來治理這個國家更重要的事情了。」孔子這樣回答，意思就是為了魯國的社會和諧，我寧願丟這個人。

宰我就覺得老師這是在強詞奪理，可是看見老師不高興，也不敢再說什麼。

就這樣，宰我和樊遲又隨同孔子去了季孫家，結果也還是一樣，

季康子的態度相當冷漠，讓孔子很尷尬。

從那之後，孔子也不好意思再上門拜會季康子了。

子貢的口才

夏天的時候，吳國太宰伯嚭前來，要求重溫兩國當年在鄫地的盟約，魯哀公不同意，恰好子貢在魯國，於是派子貢前去推辭。

「哎喲，子貢啊，最近還好吧？」伯嚭別的人看不上，就是對子貢特別欣賞，看見子貢就高興。

「再好也不如太宰好啊，哈哈哈哈。」子貢上來就是一通笑聲，像是看望老朋友，而不是來見世界第一強國的執政官。

「哈哈哈哈，有什麼事？」伯嚭也笑了，主動問子貢。

「有件事情你們做得不地道，所以我來說說。」子貢沒客氣，上來就是批評。換了別人，誰敢這麼跟伯嚭說話？

「哎，什麼不地道？」伯嚭並不生氣，倒好像有些緊張。

「知道盟誓是用來幹什麼的嗎？是鞏固信用的，所以盟誓都很莊重。如今你們要求重新盟誓，那算什麼？如果盟約可以修改的話，那也就可以毀棄了。所以，沒事不要重溫什麼盟誓了。」子貢一番話，說得十分有道理。

「好，聽你的。哎，吃過了沒有？」伯嚭聽從了子貢的話，還要請他吃飯。

轉眼又到了秋天，吳國人又來了，吳王夫差和太宰伯嚭在宋國鄖地召集魯國、衛國和宋國三國國君開會，說是要結盟。魯哀公、衛出公和宋國的皇瑗來參加會議。這一次，魯哀公又特地請了子貢同行。

對於吳國人的專橫跋扈，三國領導人都很反感，於是暗中結盟，最終都拒絕了吳國人結盟的要求。

伯嚭非常惱火，可是又不好三個國家一併對付，於是決定專門對付衛出公，因為衛國曾經殺過吳國的使者，而且，這一次衛出公是最後來的。

吳國軍隊包圍了衛出公的住處，隨時準備抓人。

子服景伯也隨魯哀公前來，見現在的情況有些緊張，於是急忙來找子貢，他知道，只有子貢能救衛出公了。子貢也沒有推辭，帶了五張錦去見伯嚭了。

看見子貢，伯嚭高興；再看見那五張錦，伯嚭更高興。

兩人拍肩搭背，好像他鄉遇故知一樣高興地攀談起來。說著說著，子貢就把話題引到了衛出公的身上。

「其實呢，我家大王很想跟衛出公交個朋友，可惜衛出公遲到了，我家大王有點擔心，於是才這樣挽留他。」伯嚭說，明明是扣押人家，硬說成挽留人家。

換了別人，大致就只能順著伯嚭的話，說些什麼人家老婆生病孩子上學等著他回家刷馬桶之類的話，請伯嚭放人。可是子貢不一樣，他知道越是對強橫的，就越要直截了當。

「太宰，我不這麼看。我聽說人家衛出公在來之前徵求過大臣們的意見，結果有人主張來，有人主張不來，因此才來晚了。主張來的，都是您的朋友；主張不來的，都是您的敵人。您如果抓了衛出公，就等於害了您的朋友而成全了您的仇人，那些企圖反對貴國的人就會更高興。再者說了，會合諸侯的時候卻把諸侯給抓了，誰還敢再相信你們？下次誰還敢再來？損害朋友，成全仇人，並且失去諸侯的信任，貴國要稱霸？嘿嘿。」子貢說完，冷笑起來。

「說得對啊。那什麼，今天別走了，咱哥倆喝兩盅。」伯嚭高興，當場命令撤去對衛出公的包圍，然後留子貢喝酒。

子貢的忍悠

從盟會回到魯國，子貢的第一件事自然是去看望老師。孔子對子貢的表現非常高興，師徒兩個也談得盡興。不過，子貢隱隱感覺到老師似乎有些心事重重。

喝酒的當口，子貢藉口方便，順便把子夏叫了出來。

「子夏，好像老師的情緒有些不太好，怎麼回事？」子貢問，子夏一定知道。

「師兄，主要呢，是老師想修復跟季孫的關係，可是季孫那邊有點不太尿老師；還有一點呢，國君前兩天派人說，公室的糧食也很緊張，所以老師的俸祿減少了一半。這樣一來，家裡的口糧就有點吃緊了。」子夏是個觀察細微的人，老師的任何情緒變化都在他的眼裡。

「嗯。」子貢點點頭，他知道這兩個問題必須要解決了。

第二個問題其實很容易解決，子貢有的是錢，隨便拿一點出來都能讓老師衣食無憂。可是子貢有些猶豫，因為這樣一來，就等於自己對老師有恩，從此之後，老師對自己就不會像從前那樣如同一個學生對待了，老師會對自己客氣很多，自己的不足老師也不會那樣毫不留情地指出來了。

再者說了，老師是個愛面子的人，自己平時的小孝敬沒有問題，如果一下子給一大筆錢或者固定下來年年給，老師未必肯接受。

「如果那樣，就等於我失去了老師。」子貢這樣想，他決定換一種方式來說明老師。

什麼方式呢？

子貢一定能夠想到辦法，因為他是子貢。

第二天，子貢來到了季孫家裡，他來找冉有。冉有見子貢來到，十分高興。

「子貢，又立新功了，哈哈。」冉有說。

「嗨，那不算什麼。」子貢笑了，然後說：「師兄，我想見見你家主公，看什麼時間幫我安排下。」

「這樣，擇日不如撞日，主公今天恰好在家，你等等，我去問下。」冉有說完，匆匆出去。

不多時，冉有回來了。

「走吧，等你呢。」冉有招呼子貢，於是兩人同去見季康子。

季康子對子貢景仰已久，聽說子貢來，當即就決定見面。看見子貢，非常客氣。於是，分賓主落座，冉有作陪。

「子貢先生，看來吳國人就聽你的啊，真是厲害。不知有何見教？」季康子說話很客氣。

「見教不敢，不過還真有急事要說。」子貢說，很嚴肅的樣子。

「什麼急事？」

「事關季家和魯國的存亡，所以，不敢不說。」子貢說，面帶憂慮。

「啊，什麼？快說。」季康子的臉色一下子變了，這可是大事。

子貢思考了一下，又喝了一口水，見季康子一臉焦急的樣子，又頓了頓，才開始說話。

「我跟吳國太宰喝酒的時候，太宰委託我回來請我老師去吳國，所以我說，您和魯國都很危險了。」

「為什麼這麼說？」

「想想啊，我老師弟子三千，像冉師兄這樣的弟子就有七八十個，我這樣的四五百人。你想想看，如果吳國用我老師，而我們這些弟子一定都會去幫老師。那時候，吳國看誰不順眼就滅誰，魯國挨著吳國，難道不是首當其衝？」

「冉有，你會去幫你老師對付魯國嗎？」季康子聽得有點緊張了，轉頭問冉有。

「那倒不一定，可是如果在戰場上遇上老師，我是絕對不會跟老師戰鬥的。」

「你這麼說，還是了。那麼，我還有什麼辦法嗎？」

「有一個辦法，殺了我老師，吳國人就得不到他了。」

「殺了你老師，他的學生不是都會怨恨我？再者說了，無緣無故，我憑什麼殺你老師呢？」

「那就第二種辦法，吳國人吸引我老師的，無非就是封地而已。如果您能表現出對我老師的尊重來，我老師還是很愛國的啊。」

「好，你說怎麼辦吧？」季康子上套了。

「我聽說老師的俸祿最近被削減了一半，您如果每年能夠給老師一千鐘糧食，老師就會很感激了。」子貢開始提條件，一鐘相當於六斛四斗。

「一千太少，兩千。」季康子加了一倍。

禍福同來

秋收之後。

「唉，糧食不夠吃了。」孔子有點發愁，糧食本來足夠，多出來的還能周濟那些貧窮的學生和街坊四鄰。可是如今，糧食不夠吃了。

正在歎息，突然有人來報。

「老師，季孫家的車隊到了。」一個學生進來報告。

「車隊？什麼車隊？」

「運糧食的車隊，說是季孫贈送老師兩千鐘糧食，並且，今後年年這個時候都有。」

「啊，真的？」孔子喜出望外，迎了出去。

糧食入庫了，孔子家沒有足夠的倉庫來裝，臨時騰了些房子出來。

「季孫真是個好人哪。」孔子感慨，身邊的子夏偷偷地笑，他知道誰才是真的好人，那就是子貢。

對於孔子來說，得到了糧食只是高興的一個理由，由糧食看出季孫對自己態度的轉變，這更加令他高興。而從另一個角度說，有了充足的糧食，就有更多的人願意來學習，也就能結交更多的朋友，自己的學說也就能被更多的人所接受。

對於季康子，孔子是真的非常感激。

按《說苑》。孔子曰：「自季孫之賜我千鐘而友益親，自南宮敬叔之乘我車也，而道加行。故道有時而後重，有勢而後行，微夫二子之賜，丘之道幾於廢也。」

禍福總是相伴而來，快樂和悲哀總是交替出現。

冬天的時候，孔鯉病重，醫治無效，去世了，享年四十九歲。

兒子的死讓孔子驟然之間感覺到人世無常，感覺到生命的短促。

按照周禮的規定，士下葬有棺無槨，孔鯉一生沒有做過官，自然只能屬於士，至此只用棺下葬。

對於兒子的死，孔子只是傷心而沒有到悲慟的地步。孔子父子之間的關係一向就不是特別親密，史書中關於孔鯉的記載少之又少，孔子對他的教導似乎都是片言隻語，父子二人並沒有什麼溝通可言，孔鯉對父親的話只能唯唯諾諾。

父子關係一般，原因是多方面的。從小失去了母親，孔鯉對父親多少會有些懷恨；而孔子的心思都在自己的教學和宏大志向上，對兒子也有些忽視。

在孔子的心目中，那些優秀學生遠比兒子要親近得多，譬如子路子貢顏回等等，孔子和他們的關係遠遠超出了父子關係。

孔子直接或者間接推薦了很多學生做官，可是自己的兒子始終在家裡。按照「學而優則仕」的說法，孔子一定是認為兒子學業不精，或者認為他的性格不適合做官。

而孔鯉比子貢顏回等人的歲數都要大，協助父親管理孔家的任務比較重。在孔子周遊列國的十四年時間裡，孔家都是孔鯉在撐持，因此而耽誤學業也屬正常。

孔鯉的獨生兒子叫孔伋，字子思。

第二七六章
好學生

　　季康子儘管對孔子的某些說法還是不贊同，不過在子貢和冉有的影響下，還是覺得老頭有學問，人品也不錯，還是值得交往。

　　從那之後，季康子開始主動請孔子上門，請教一些問題。

　　當年的冬天，魯國發生了蝗災，季康子請來孔子請教這件事情。

　　「據我所知，一旦火星消失，昆蟲就應該全部蟄伏起來了。但現在火星仍然高懸在西方天空上，這是主管曆法的官員應該閏月而沒有閏月的緣故。」孔子回答。這個答案正確嗎？

季康子

　　《論語》中有不少孔子和季康子的對話，主要都是發生在這個時期。

　　「要使百姓恭敬忠誠和勤勉，該怎麼辦？」季康子問。

　　「對他們尊重，他們就會恭敬；孝敬老人，慈愛孩子，他們就會忠誠；提拔好人，教育能力差的人，他們就會勤勉。」孔子回答。

　　按《論語》。季康子問：「使民敬忠以勸，如之何？」子曰：「臨之以莊則敬，孝慈則忠，舉善而教不能則勸。」

　　「夫子，告訴我怎樣為政。」季康子又討教。

　　「政就是正，您身為國家執政，您要是行得正，誰敢不正？」孔子回答。

　　「那麼，殺掉那些犯法的人，儆戒人們守法，怎麼樣？」

　　「您執政，怎麼用得著殺戮呢？只要您真心向善，老百姓就會向善。君子的德行就像風一樣，老百姓的德行就像草一樣。風吹在草上，草一定隨風而倒啊。」

　　「那，魯國強盜那麼多，怎麼辦？」

「只要你不想他們當強盜，就算懸賞也沒有人會當強盜啊。」孔子說。

按《論語》。季康子問政於孔子。孔子對曰：「政者正也，子帥以正，孰敢不正。」

按《論語》。季康子問政於孔子曰：「如殺無道，以就有道，何如？」孔子對曰：「子為政，焉用殺。子欲善，而民善矣。君子之德風，小人之德草，草上之風，必偃。」

按《論語》。季康子患盜，問於孔子。孔子對曰：「苟子之不欲，雖賞之不竊。」

從孔子與季康子的對話中其實可看出孔子對季康子的看法：只要你真的想治理好國家，你就該以身作則，你做好了，國家就治理好了。相反，如果你自己都做不好，怎麼治理國家？

季康子當然能聽出孔子的話中話，所以後來與孔子的談話越來越少。

以身作則，這是孔子德政的核心。

所以，所謂以德治國，最根本的就是以身作則。如果自身就沒有德或者缺少德，怎麼以德治國呢？

儘管季康子和孔子之間的關係始終不是太融洽，季康子還是認為孔子的學生中有很多人才。

「子路的能力怎麼樣？能夠從政嗎？」季康子問。

「子路這人很果斷啊，當然可以從政了。」孔子說。他指出了子路的優點。

「那，子貢呢？」

「子貢？子貢非常通達啊，一點問題也沒有啊。」

「冉有呢？」

「冉有的才能這麼多，從政有什麼困難的？」

按《論語》。季康子問：「仲由可使從政也與？」子曰：「由也果，于從政乎何有！」曰：「賜也可使從政也與？」曰：「賜也達，于從政乎何有！」曰：「求也可使從政也與？」曰：「求也藝，于從政乎

何有！」

　　其實，季康子跟這三個人都很熟，對子路，季康子的評價並不太高；對冉有，那不用說，非常欣賞；對子貢，更不用說，異常喜歡。季康子曾經讓冉有出面邀請子貢來做自己的家臣，被子貢拒絕了。後來季康子親自出馬邀請，子貢也拒絕了。子貢的理由很簡單：我這人閒散慣了，不想受約束。不過，即便我不來給你打工，您有什麼事或者魯國有什麼事需要我的，我一定全力去辦。

　　所以，季康子跟子貢的關係非同一般，接待子貢都是按照最高規格。

　　在冉有的推薦下，季康子打算聘用閔子騫為費邑宰，於是派人去請。誰知道閔子騫對於出仕毫無興趣，對來者說：「謝謝你家主公，不過我實在沒有興趣。如果再來的話，我就只好移民到齊國了。」

　　按《論語》。季氏使閔子騫為費宰。閔子騫曰：「善為我辭焉。如有復我者，則吾必在汶上矣。」

　　閔子騫不肯去，孔子準備讓冉有推薦漆雕開，可是在徵詢漆雕開意見的時候，漆雕開拒絕了：「老師，我現在的知識能力，還不能勝任啊。」

　　對於漆雕開的回答，孔子很高興。

　　按《論語》。子使漆雕開仕。對曰：「吾斯之未能信。」子說。

　　閔子騫不肯去，漆雕開也不肯去，冉有推薦了冉雍。於是，冉雍成為費邑宰。臨上任之前，冉雍照例也來向老師告別以及請教。

　　「首先呢，要依法行事；其次，小的過錯不要太追究；再次，選拔賢人。」孔子給冉雍的忠告就是這些，他說的是法，而不是禮。

　　「怎樣知道誰是賢人呢？」

　　「你知道的，你就選拔。你不知道的，自然有人會來向你推薦的。」孔子說。其實，這個問題還真不好回答。

　　按《論語》。仲弓為季氏宰，問政。子曰：「先有司，赦小過，舉賢才。」曰：「焉知賢才而舉之？」曰：「舉爾所知，爾所不知，人其舍諸？」

除了冉雍，宓子賤受聘為單父宰，言偃（子游）就受聘為武城宰，公西華等人也都進入了季孫家當家臣。孔子對於學生們紛紛成為家臣保持沉默，這不是他的初衷，可是，人總是要吃飯的，而且，成為季孫家的家臣也算是學有所用了。

宓子賤和子游

宓子賤前往單父履新之前，來向老師辭行並請教。

「處理政事，不要輕易拒絕，否則就會閉目塞聽；也不要輕易允許，否則就會失去立場。你要做到像高山深淵，使人看不到頂也看不到底。」這是孔子對宓子賤的忠告，針對宓子賤的性格特點。

「多謝老師指點。」宓子賤非常高興，上任去了。

告辭了老師，宓子賤碰上了老朋友陽晝，於是也向他請教。

「老陽，有什麼忠告給我嗎？」宓子賤問，他一向是個很謙虛的人。

「我沒什麼學問，恐怕沒什麼忠告。不過我知道兩個釣魚的方法，不妨告訴你。」陽晝想了想說。

「好啊。」

「如果剛放下魚鉤，就迎著魚鉤吃餌的魚，這是陽橋，這種魚肉薄，味道也不好；如果那種魚若隱若現，又像要吃又像不吃，這是魴魚，這種魚個頭大，肉厚，味道也好。」陽晝的方法就是這個了。

「好，我明白了。」宓子賤會意地笑了，他知道陽晝想說的是什麼。

到了單父，還沒有進城，當地的頭頭腦腦就都在路邊迎候了。

「快走快走，陽橋來了。」宓子賤讓駕車的直接進了城，把迎候的人們撇在了身後。

隨後，宓子賤四處尋訪，尋訪出十九個賢人，與他們成為朋友，凡事向他們請教。具體的事務，也都分派給恰當的人去辦。

有智囊團出謀劃策，有手下具體操辦，宓子賤在單父的生活瀟灑得可以，平時就在衙門裡談天說地，彈琴唱歌。可就是這樣，單父治

理得不錯。

後來孔子聽說宓子賤幹得不錯，特地前去看望弟子。去單父的路上，路過一個城邑，治理這個城邑的是孔子的侄子和學生孔蔑，也是經過冉有的推薦坐到了這個位置。既然到了這裡，孔子決定去看看侄子幹得怎樣。

「自從當官以來，有什麼得失啊？」孔子問侄子。他對侄子其實一直不太看好。

「叔啊，要說得到了什麼，還真不知道。不過要說失去了什麼，那至少有三樣。」孔蔑開始訴苦，一邊說話一邊掰指頭。「第一呢，公務繁忙，沒時間學習了；第二呢，工資太少，喝粥都不夠，不能照顧親戚們，因此親戚們都疏遠我了；第三呢，還是公務繁忙，沒時間參加朋友們的婚禮葬禮之類，朋友們也疏遠我了。唉，當官真不是人幹的活。」

孔子斜了他一眼，沒說話，走了。孔子非常不高興，自己辛辛苦苦托冉有給他弄了這麼個差事，還一大堆不滿。看來，今後這種狗屁事少管，就算是親戚，自己不上進有什麼用？

繼續趕路，到了單父。只看見單父到處都井井有條，老百姓的情緒也都很好，孔子就知道，宓子賤的治理確實不錯。

見到宓子賤的時候，宓子賤正在彈琴呢。

「子賤，治理得不錯啊，怎麼治理的？」孔子非常高興，笑著問。

於是宓子賤將自己的治理方法說了一遍，孔子更加高興。

「當年堯舜治理天下就是這樣的啊，子賤啊，你的能力治理天下也沒有問題啊。」孔子誇獎宓子賤，之後又問了一個問題：「我問你，自從治理單父以來，得到了什麼？失去了什麼？」

「這個，失去的嘛，好像沒有，得到的挺多，至少有三樣。」宓子賤想了想說，話說出來就讓人喜歡。

「說說看。」

「第一呢，當初讀的書呢，現在都可以實踐了，所以學問更明白了；第二呢，工資雖然不多，可是能夠讓親戚們有口粥喝了，所以親戚們更親近了；第三呢，公事雖然繁忙，還是能抽出時間參加朋友們

的活動，看望生病的人，所以朋友們更親近了。」

同樣的三件事，宓子賤和孔蔑的回答截然相反。孔子聽得笑開了花，心說這樣的人誰不願意幫助呢？這才是我的好學生啊。

「子賤，你真是個君子啊。魯國要是沒有君子的話，怎麼能出你這樣的人呢？」孔子當面讚揚。

按《論語》。子謂子賤：「君子哉若人。魯無君子者，斯焉取斯。」

後來，宓子賤不做單父宰，孔子的另一個學生巫馬期接任。巫馬期治理單父的方法與宓子賤截然不同，任何事情都親力親為，早上天不亮就出門，晚上天黑了才回家，結果單父也治理得很好。不過，巫馬期的身體有些受不了了，於是前去請教宓子賤。

「師弟啊，怎麼我治理單父這麼費勁，可是你就那麼輕鬆呢？是不是老師有什麼訣竅告訴你了？」巫馬期好不容易抽了個時間出來，直截了當地問。

「我呢，比較注重用人；你呢，比較喜歡親力親為。親力親為，當然辛苦；善於用人，自然輕鬆了。」宓子賤說。

子游做武城宰做得不錯，孔子決定也去看看子游，帶著幾個學生就去了。

來到武城，果然發現老百姓安居樂業，顯然治理得不錯。來到子游官邸的時候，就聽到裡面的音樂聲和歌唱聲。當然，都是孔子喜歡的樂，換今天的話說，奏的是紅樂唱的是紅歌。

看見老師來到，子游急忙停止了歌樂。

「子游啊，上班時間卡拉 OK 啊。」孔子假裝生氣地問。

「老師，你說過君子治理一個地方要用禮樂啊。」子游急忙說，他以為老師是真生氣了。

「哈哈哈哈，我當然說過了。不過呢，小小武城哪裡用得著這些啊，你的歌聲樂聲再好，他們也聽不懂啊，殺雞焉用牛刀啊？」孔子笑了，他一直很喜歡子游。

「老師從前說過啊，君子懂得禮樂則愛人，老百姓懂得禮樂就比較容易領導啊。」子游回答，用老師的話反駁老師。

孔子又笑了，子游真是個好學生啊。

「你們聽好了，子游的話是對的，我跟他開玩笑的。」孔子對隨行的學生們說，免得大家誤會。

按《論語》。子之武城，聞弦歌之聲，夫子莞爾而笑曰：「割雞焉用宰牛刀。」子游對曰：「昔者偃也聞諸夫子曰：『君子學道則愛人，小人學道則易使也。』」子曰：「二三子，偃之言是也。前言戲之耳。」

殺雞焉用牛刀，這個成語出於這裡。

孔子的心情非常好，子游陪他四處轉轉，一邊轉，一邊聊天。

「對了，有沒有發現什麼可造之材啊？」孔子問，他想再招幾個學生。

「有一個人不錯，此人叫做澹台滅明，很好學也常常給我提出好的建議。這人走路不走小路，如果沒有公事的話，從來不進我的屋子。」

「嗯，這麼好的人，你問問他願不願意來跟我學習啊。」孔子主動說，好學生們紛紛離開了，他也想再招幾個有潛質的。

「好啊。」子游很高興，他也正想把澹台滅明推薦給孔子呢。

澹台滅明，字子羽，比孔子小三十九歲。

第二天，子游帶著澹台滅明來見孔子了。

「老師好。」澹台滅明見到孔子，非常恭敬。可是，孔子看見澹台滅明，卻有些失望。為什麼？因為澹台滅明長得實在太難看了，用《史記》的話說，是「狀貌甚惡」。

孔子沒有見過這麼難看的人，打心眼裡不喜歡他。可是又不好反悔，沒辦法，收了這個學生，帶回了曲阜。

按《論語》。子游為武城宰。子曰：「汝得人焉爾乎？」曰：「有澹台明滅者，行不由徑，非公事，未嘗至於偃之室也。」

後來澹台滅明在孔子那裡一直不受重視，學了不到兩年就離開了。之後去到了吳國，也像孔子一樣開設學校，弟子三百人，後來學生中也出了不少人才。

孔子聽說澹台滅明的成就之後，曾經感慨自己以貌取人看錯了人。

師徒之爭

公西華本身就是季孫家的疏族，在季孫家擔任主持祭祀的官員，一些正式的場合，儀式都由他來主持。一次，季孫派他去齊國出差，要在齊國待上一段時間。恰好冉有來看望老師，就把這件事情對老師說了。

「老師，李孫家裡出差都有出差補貼。子華這次去齊國，也是有補貼的，但是從前沒有過這樣的出差，我想問問老師，你覺得該補多少？」冉有問。一來是問問，二來要顯示自己對師弟們很關照。

那時候的補貼，就是給糧食。公西華出差了，糧食就給到他老娘。

「給他一釜吧。」孔子建議，一釜約合當時的六斗四升。

「老師，太少了，多給點吧，怪辛苦的。」冉有提出來，在他眼裡，這確實拿不出手。

「那，再多給一庾吧。」孔子同意了，一庾約等於當時的十六斗。

冉有沒有再問了，他知道老師一向不寬裕，出手肯定不會太高。

最終，冉有給了五秉，也就是八百斗。

對此，孔子很不高興。

「公西華去齊國是用的自家的車馬，非常豪華，穿的也都是上等的衣服，他們家裡還缺這點糧食？我聽說，君子要給窮人雪中送炭，而不是給富人錦上添花的。」孔子對學生們說，他對冉有這樣的做法很不滿意。

按《論語》。子華使于齊，冉子為其母請粟。子曰：「與之釜。」請益。曰：「與之庾。」冉子於其粟五秉，子曰：「赤之適齊也，乘肥馬，衣輕裘。吾聞之也，君子周急不繼富。」

公西華出趟差就得到八百斗糧食補貼這件事情在孔子的學生中引發了強烈反響。弟子們的反應主要是兩個方面，第一，還是當官好；第二，冉有和公西華的關係好。

一時間，孔子的學校有些人心浮動，特別是擔任教師和管理的弟子們，他們暗地裡都在議論要去走冉有這個門路，也去弄個官當當，

比在這裡掙得多多了。

眼看著一石激起千層浪，孔子感覺事情有些麻煩了。

怎麼辦？孔子想了想，想到一個辦法。

「憲啊，自從求走了之後，就是你做管家，這麼多年來做得很好，也很辛苦了，老師決定給你加薪。」孔子找來了管家原憲。原憲字子思，宋國人，比孔子小三十七歲，冉有之後，就是他接任管家。

「這，不用了吧，我的薪水已經用不完了。」原憲推辭，他是一個很知足的人。

「不行，我打算給你九百斗的年薪。」孔子說。

「那怎麼行？我用不了啊，放都沒地方放啊。」原憲嚇了一跳，這薪水確實太高了，超出他的想像能力。

「多怕什麼？多了可以分給鄉親四鄰一些啊。」孔子說，堅持要給，心說公西華出趟差都掙八百斗，我的管家辛苦一年，怎麼說也不能比他少啊。

既然孔子堅持給，原憲也就只能接受了。因為老家在宋國，原憲在魯國沒有什麼親戚朋友，實際上也就把糧食多半給了同事們了。

至於其他的教職員工，也都獲得了加薪。

按《論語》。原思為之宰，與之粟九百，辭。子曰：「毋以與爾鄰里鄉黨乎？」

關於原憲，歷史記載不多。基本上，他的個性有些像顏回，對孔子的禮樂學說非常篤信。

有一次，原憲向孔子請教什麼是恥。

「國家政治清明的時候，當官拿俸祿。國家政治混亂的時候，也當官拿俸祿，這就是可恥了。」孔子回答，隱隱然，覺得某些人很可恥。

「那，爭強好勝，自我誇耀，嫉妒別人，貪圖私利，如果能夠避免這四種行為，可以算是有仁德的人嗎？」原憲接著問。

「嗯，能夠避免這四種行為，那就是難能可貴了。不過，這樣算不算仁德，我也不知道。」孔子回答。

按《論語》。子思問恥。孔子曰：「國有道，穀。國無道，穀，恥

也。」子思曰：「克伐怨欲不行焉，可以為仁乎？」孔子曰：「可以為難矣，仁則吾弗知也。」

根據《史記》的記載，在孔子去世之後，因為看不慣師兄弟們的鉤心鬥角，原憲離開了孔家，去了衛國自耕自種，生活非常艱難，住在貧民區。後來子貢去看他，見他破衣爛衫面帶菜色，於是問他是不是病了。

「我聽說啊，沒有財產叫做貧，學會了道理卻不能去施行，那才是病呢。像我，就是貧而已，不是病。」原憲說。換了今天，就會說這是知識份子的氣節了。

第二七七章
壞學生

俗話說：林子大了，什麼鳥都有。

俗話還說：鳥大了，什麼林子都有。

所以，孔子有好學生，自然也有壞學生。

所以，孔子認為的好學生，未必就是好學生；孔子認為的壞學生，也未必就是壞學生。

宰我

在孔子所有的學生中，最鬱悶的一個大概就是宰我了。

宰我跟子貢的關係一直比較僵，兩人互相不服。而子貢和冉有的關係好，因此，儘管孔子也對冉有說過給宰我找個活，冉有一直哼哼唧唧，就是不肯幫忙。

眼看著能力不如自己的師兄師弟們都當官掙錢去了，自己還在這裡跟老師混，宰我就覺得越來越沒勁，看什麼都不順眼。再看老師整天子貢長冉有短的，宰我對老師更是滿肚子怨氣了。

孔子對宰我的印象其實一向也就一般，因為宰我總是拿些話題來為難自己，像是故意跟自己作對。

宰我越來越感覺自己在這裡是多餘的人，他有一種強烈的衝動：走。

走去哪裡？這是宰我認真考慮的問題了。在魯國，自己肯定沒戲，那麼，去魯國的敵人齊國那裡是最靠譜的選擇。可是，如果去了齊國，也就意味著再也不能回到這裡了。

走，還是不走？宰我一時有些猶豫。

既然沒有心思再待下去，宰我就表現出懈怠來了。講課的時候心不在焉，不講課的時候總是躲在房間裡睡覺。

這一天，宰我大白天呼呼大睡，被孔子知道了。

「唉，朽木不可雕也，骯髒的土牆再刷也沒有用，這個人，我還有什麼好說的呢？」孔子歎口氣，對宰我非常失望。「從前呢，我聽誰說什麼都相信。從今以後，我聽誰說什麼之後，還要看他做什麼。這個教訓，就是宰我給我的。」

按《論語》。宰予旦寢，子曰：「朽木，不可雕也，糞土之牆，不可圬也。于予與何誅？」子曰：「始吾於人也，聽其言而信其行；今吾於人也，聽其言而觀其行。於予與改是。」

朽木不可雕也，這句成語來自這裡。

聽其言而觀其行，這個成語也來自這裡。

「整天吃飽了撐的什麼都不幹，這樣的人有什麼用？不是有人下棋混日子嗎？這也比他整天無所事事睡大覺好啊。」孔子又說，覺得宰我真是無可救藥，可以考慮炒掉他了。

按《論語》。子曰：「飽食終日，無所用心，焉矣哉！不有博弈者乎，為之猶賢乎已。」

宰我聽說了老師對自己的這兩番評價，他徹底絕望了，也最後下定了決心。

在臨走之前，宰我還有一個問題要問孔子。

「老師，我有一個問題要請教您。」宰我又來請教，孔子知道不會是什麼好問題。

「說吧。」孔子不耐煩地說。

「有一個仁者，如果告訴他有人掉到井裡去了，他是不是也要跟著下到井裡去救人？」宰我問，他總是能整出這些稀奇古怪的問題來為難孔子。

「當然不會。」孔子雖然歲數大了，可是思維還很敏捷。「君子可以過去井邊看看，但是絕不會跟著下去。你可以騙他過去，但是無法陷害他。」

孔子的語氣，就好像宰我是個欺騙君子的騙子，而自己就是這個君子。

宰我笑了笑，走了。

對於宰我來說，他覺得魯國就是那口陷阱，自己必須離開了。

「哼，都四十歲了還這麼讓人討厭，這輩子還有什麼用？」孔子搖搖頭，他現在對宰我討厭至極。

按《論語》。宰我問曰：「仁者雖告之曰，井有仁焉，其從之也。」子曰：「何為其然也。君子可逝也，不可陷也，可欺也，不可罔也。」

按《論語》。子曰：「年四十而見惡焉，其終也已。」

當天，宰我悄悄地離開了孔家，沒有向任何人告別。

離開孔家，離開魯國，宰我去了齊國，經過朋友的介紹，他做了田家的家臣。

對於宰我的離去，孔子的感覺是非常矛盾的。首先，他很不喜歡宰我，既然大家都覺得尷尬，宰我的離開自然是一件好事；其次呢，宰我畢竟跟隨自己這麼多年，尤其在自己最困難的時期都在自己身邊，從這個角度說，又有些感傷，進而覺得有些對不住宰我；再次，宰我去投靠了田家，這讓孔子又很惱火，一來齊國是魯國的敵人，二來田家是齊國國君的最大威脅，是著名的不守禮。

後來，孔子經常拿澹台滅明和宰我作對比，說明看一個人不能僅僅看他的外表，也不能僅僅看他怎麼說。

按《史記》。子曰：「吾以言取人，失之宰予，以貌取人，失之子羽。」

後世為了貶低宰我，編造了宰我在齊國出任臨淄大夫，跟隨田常作亂殺害齊簡公，結果因罪誅三族。這樣的說法完全是胡說八道，很低劣的謊言。

首先，《左傳》和《史記》都沒有記載宰我被殺。田常殺齊簡公發生在魯哀公十四年（前481年），孔子這一年七十一歲。當時田家的實力遠超齊簡公，那麼為什麼投靠了田常的宰我反而會被殺呢？

如果宰我被殺，孔子一定有話要說，可是史書中並沒有記載。

所以，宰我根本沒有被殺。所謂的宰我被殺，與伯嚭被殺一樣，都是出於某種政治需要而製造的謊言。

據《左傳》，魯哀公十四年，田常殺害齊簡公之前與齊簡公的寵臣闞止相爭，結果殺了闞止並且趕走了他全家，闞止的字也是子我。按合理推測，後世某些人就是依據這個渾水摸魚以訛傳訛，說成了宰我被殺並且誅三族。

對於宰我的評價，從現代開始有了很大的變化。通過宰我的問題我們能夠發現，宰我這個人很直率，決不拍馬屁。同時，宰我的邏輯能力非常強，他的邏輯推理常常讓孔子感到為難。宰我不信邪，同時也不喜歡形式化的東西。這樣的人如果在現代，就是一個非常值得尊重的人。

所以，儘管孔子很不喜歡他，喜歡他的人卻越來越多。因為他敢於質疑權威，敢於說真話。

樊遲

樊遲就是子路第二，每個人都這樣說，孔子也這樣看。

樊遲的性格比子路還要憨直，喜歡問問題而且喜歡打破沙鍋問到底，孔子喜歡他這點，但是也因此認為他不夠聰明。不管怎樣，自從樊遲來了，孔子去哪裡都一定帶著他。

一次，孔子去孟懿子家，樊遲做御者。孟懿子問孔子怎樣才能做到孝，孔子回答「無違」。回家的路上孔子把這個問答告訴了樊遲，等於教給他知識。

「那，老師，什麼是無違啊？」樊遲沒聽懂，沒聽懂就問。

「就是說父母在的時候，要按照禮制奉養他們；父母死了之後，要按照禮制埋葬他們，按照禮制祭祀他們。」孔子說，心說這小子的悟性也太差了。

按《論語》。孟懿子問孝。子曰：「無違。」樊遲御，子告之曰：「孟孫問孝于我，我對曰無違。」樊遲曰：「何謂也？」子曰：「生，事之以禮，死，葬之以禮，祭之以禮。」

其實，這還算好的。有的時候，關於一個問題，樊遲會反反覆覆

地問，問得孔子都有點煩他。

孔子總是講知講仁，講得樊遲雲裡霧裡，怎麼想怎麼不得要領，於是就要提問。

「老師，什麼是知？」樊遲問。

「執政為民，敬鬼神而遠之，這就是知了。」孔子回答。樊遲眨眨眼，還是不太明白，似乎這跟自己沒什麼關係。

「那，什麼是仁？」樊遲又問下一個問題。

「遇到困難走在前面，看見好處走在後面，這就是仁了。」孔子回答。這個境界，與後來的先天下之憂而憂後天下之樂而樂差不多。

樊遲弄不明白，眨著眼睛下去了。

按《論語》。樊遲問知。子曰：「務民之義，敬鬼神而遠之，可謂知矣。」問仁。子曰：「先難而後獲，可謂仁矣。」

弄不明白的事情，樊遲還要問。所以，沒多久，樊遲又來問問題，恰好孔子要出去。

「老師，上次我沒弄明白，什麼是仁啊？」樊遲也不管老師忙不忙，上來就問。

「平時端莊，辦事認真，跟人交往守信用。即便到了洋鬼子那裡，也不改變自己做人的原則。」孔子回答，回答完，匆匆走了。

按《論語》。樊遲問仁。子曰：「居處恭，執事敬，與人忠，雖之夷狄，不可棄也。」

樊遲還是沒弄明白什麼是知什麼是仁，換了別人，問過兩次了，不懂也要裝懂了，頂多考試的時候背正確答案就行。

可是，樊遲不是別人，他是樊遲。

過了兩天，樊遲又找到一個機會，於是又來問同樣的問題。

「老師，我還是沒弄明白什麼是仁。」樊遲又來了。

「愛人。」孔子真是有些不耐煩了，簡單回答他。

「那，知呢？」

「知人。」孔子就覺得這小子是個榆木腦袋，不知道什麼時候能開竅。

「那，那什麼，老師，我還是不明白。」樊遲還是沒弄明白。

「任用正直的人取代不正直的人，能讓不正直的人變成正直的人。」孔子說，說完盯著樊遲，看這小子是不是還不明白。

樊遲雖然憨厚，但是並不傻，他看出來老師不高興了。所以，這一次，樊遲沒敢再問下去。問題是，老師的答案太過簡單了，不問老師，問誰呢？

「對了，問問子夏吧。」樊遲心想，除了老師，不就是子夏最有學問了嗎？

於是，樊遲去找子夏。

「師兄，我剛才問老師什麼是知，老師說任用正直的人取代不正直的人，能讓不正直的人變成正直的人，到底啥意思啊？」樊遲問子夏。

「嗯，這話含意豐富啊。想想看，當初舜擁有天下，從眾人中選拔了皋陶，於是不仁的人就都離開了；後來商湯擁有天下，從眾人中選拔了伊尹，於是不仁的人都離開了。」子夏確實很有學問，拿出例證來印證老師的話。

「噢。」樊遲似懂非懂，舜和湯他是知道的，可是他們跟自己有什麼關係呢？老師說的是舜和湯的知，不是自己的知啊。就算自己明白了，有什麼用呢？

按《論語》。樊遲問仁。子曰：「愛人。」問知。子曰：「知人。」樊遲不達，子曰：「舉直錯諸枉，能使枉者直。」樊遲退，見子夏曰：「向也吾見於夫子而問知，子曰：舉直錯諸枉，能使枉者直。何謂也？」子夏曰：「富哉言乎！舜有天下，選於眾，舉皋陶，不仁者遠矣。湯有天下，選於眾，舉伊尹，不仁者遠矣。」

樊遲越學習越覺得自己笨，別人能聽懂的自己聽不懂，問了老師還是不懂，這不是自己笨是什麼？所以，樊遲對自己的前途漸漸地失去了信心。

「我這樣的人還能幹什麼？」夜深人靜的時候，樊遲總是這樣問自己。

想來想去，樊遲覺得自己不是幹大事的人，自己可能只能當個農

民伯伯了。終於有一天，樊遲忍不住對孔子說了。

「老師，我想學種糧食了。」樊遲說。

「種糧食？那我可不會，那要向老農請教。」孔子以為樊遲向自己請教種糧食，因此很惱火。

「我，我還想學種菜。」

「種菜？那我可不如老園丁啊。」孔子氣得臉都發白了，這個學生太沒有出息了，跟自己學習這麼久，竟然要去當農民伯伯。

看見老師不高興，樊遲沒有再說什麼，退了出去。

「樊遲真是個小人啊。執政的人喜愛禮儀，百姓就會很恭敬；執政的人喜歡道義，老百姓就會服從管理；執政的人重視信用，百姓就會真誠相待。做到這些的話，老百姓就會攜兒帶女來投奔你，還用得著你自己去種莊稼？」孔子說，他說的很對，不過，跟樊遲沒什麼關係。

按《論語》。樊遲請學稼，子曰：「吾不如老農。」請學為圃，曰：「吾不如老圃。」樊遲出，子曰：「小人哉，樊須也。上好禮，則民莫敢不敬；上好義，則民莫敢不服；上好信，則民莫敢不用情。夫如是，則四方之民，襁負其子而至矣。焉用稼？」

小人，這是孔子對樊遲的評價。

不過，孔子所說的小人不是後世所說的小人，而是指沒志向沒覺悟沒知識的小老百姓，類似今天說的小市民。

儘管很瞧不起樊遲，孔子也並不是一味貶低他，有的時候，孔子也及時表揚他。

有一次，孔子帶著樊遲去雩台下遊覽，樊遲突然又來了問題。

「老師，請問怎樣才能提高德行，消除罪惡，排除不理智的行為呢？」樊遲終於不再問智和仁了，那些離自己太遠了，就算弄明白了也沒用。

「好啊，很好的問題啊。」孔子讚揚了樊遲一句，這種比較初級的問題比較適合他。「先工作後收穫，這不是提高德行嗎？自我批評，不要批評別人，這不是消除罪惡嗎？為了一時的憤怒，就不顧自己的身家性命，這就是不理智啊。」

孔子的話其實也是針對樊遲的，因為樊遲性格比較火爆，常常因為一時的憤怒而要跟人拼命。

按《論語》。樊遲從遊於舞雩之下，曰：「敢問崇德修慝辨惑？」子曰：「善哉問。先事後得，非崇德與？攻其惡，無攻人之惡，非修慝與？一朝之忿，忘其身以及其親，非惑與？」

仁智勇

樊遲為什麼拼命地問仁問知呢？因為這是孔子一直在重點講解的。在孔子的思想體系中，治國要靠禮法，做人則是要講仁智勇的。

所以，不只是樊遲在問這個問題，冉雍、顏回、子張等人也都問過這個問題。與其他問題一樣，孔子給每個人的答案都是不同的。

顏回問仁，孔子的回答是「克己復禮」；樊遲問仁，孔子的回答是「仁者愛人」。

不過，冉雍和子張問這個問題的時候，孔子的回答就具體了很多。

「出門之前要修整自己的衣飾，就像要出去見貴賓；使用百姓就像祭祀一樣恭敬和小心。自己不願意遭受的事情，不要施加到別人身上。為國做事不要抱怨，在家裡也不要抱怨。」孔子這樣對冉雍解說仁。

「我雖然不聰明，請讓我按老師說的去做。」冉雍說。

按《論語》。仲弓問仁。子曰：「出門如見大賓，使民如承大祭，己所不欲，勿施於人，在邦無怨，在家無怨。」仲弓曰：「雍雖不敏，請事斯語矣。」

「能夠做到以下五點的，就是仁了。」子張問仁的時候，孔子這樣回答。

「哪五點？」子張問。

「恭敬、寬厚、誠信、勤勉、關愛。恭敬就不會受侮辱，寬厚就能得到別人的擁護，誠信就能得到別人的信任，勤勉就能取得成就，關愛就能領導別人。」孔子這樣解說。

按《論語》。子張問仁於孔子，孔子曰：「能行五者於天下，為仁

矣。」請問之。曰：「恭寬信敏惠。恭則不侮，寬則得眾，信則人任焉，敏則有功，惠則足以使人。」

關於仁，孔子講得非常多。以下幾條都見於《論語》，其中有的話成為成語。

子曰：「仁遠乎哉？我欲仁，斯仁至矣。」

子曰：「剛毅木訥，近仁。」

子曰：「君子道者三，我無能焉。仁者不憂，知者不惑，勇者不懼。」

子曰：「志士仁人，無求生以害仁，有殺身以成仁。」

子曰：「當仁不讓于師。」

殺身成仁，當仁不讓，這兩個成語出於這裡。

孔子說仁，似乎並沒有統一的標準，每個人得到的答案都不一樣。但是總括起來，似乎可以用八個字來概括：己所不欲，勿施於人。

第二七八章

三好學生之死

　　七十歲的時候，對自己的政治前途基本絕望的孔子反而平靜了下來。其實每個人都是如此，過高的目標令人痛苦，而一旦放棄這個目標，人就會過得更踏實更快樂。

　　所以，孔子這時候已經不再刻意追求什麼了，說話也不再鋒芒畢露，跟每個人打交道都更像朋友。

　　按《論語》。子曰：吾七十而從心所欲，不逾矩。

　　有人問孔子怎麼不再想參與治理國家，孔子就會說：「《書》中寫道：孝啊，孝敬父母，友愛兄弟，這些都會影響到政治啊。我用孝來教育弟子們，就是在參與治理國家啊，不一定非要當官啊。」

　　孔子換了一個角度來看待當官這件事情，超然了很多。

　　按《論語》。或謂孔子曰：「子奚不為政？」子曰：「書云：孝乎！惟孝友于兄弟，施于有政。是亦為政。奚其為為政！」

　　既然已經超然了很多，孔子在平時與魯哀公和三桓的交道中就放鬆了很多，更像是朋友交往，而不是君臣或者上下級的關係，因此在禮儀上也就不是那麼嚴格了。

　　於是，有弟子就提出了這個問題。

　　「老師，在國君面前您好像有點隨便啊。」有學生問，這個學生還是樊遲。

　　「嗨，在國君面前太盡禮了吧，人家說我拍馬屁。」孔子笑笑，心態放正之後，他也覺得樊遲可愛多了。

　　按《論語》。子曰：「事君盡禮，人以為諂也。」

顏回之死

　　原本，孔子應該在輕鬆的生活中老死。如果這樣的話，我們今天

就不會知道春秋的歷史了。所以，一定有一件什麼事情讓他改變目前的生活方式。

魯哀公十三年夏天的時候，傳來了一個噩耗：顏回死了。

「噫！天喪予！天喪予！」孔子聽聞噩耗，忍不住掩面而哭，一邊哭，一邊說：老天啊，你拋棄了我啊；老天啊，你拋棄了我啊。

孔子哭得十分傷心，就是孔鯉死的時候，孔子也沒有這麼傷心過。或者說，從來沒有人見過孔子這樣傷心。

「老師，您太悲傷了吧？節哀順變吧。」身邊的學生說，意思是您老人家要注意身體，別哭壞了。

可是，孔子並沒有理會學生們的提醒，他的傷心是學生們所無法理解的。

「我太悲痛了嗎？我的悲痛如果不留給他，給誰呢？嗚嗚嗚嗚。」孔子哭得更加傷心，全然不管學生們詫異的眼光。

按《論語》。顏淵死，子曰：「噫！天喪予！天喪予！」

按《論語》。顏淵死，子哭之慟。從者曰：「子慟矣。」曰：「有慟乎？非夫人之為慟而誰為？」

孔子的悲痛是有道理的，這種悲痛既是為了顏回，也是為了自己。

為什麼是為了顏回呢？顏回是孔子最得意的學生，他甚至認為顏回比自己還要強，自己所強調的一切顏回都是模範執行的，而且，顏回非常聰明。可是，這樣一個超級三好學生，卻在碌碌無為貧病交加中死去，這不是很悲哀的事情嗎？

不錯，孔子說過顏回窮並快樂著，可是事實上誰願意受窮呢？世界上最痛苦的事情大概就是窮並強顏歡笑了。顏回始終沒有進入仕途，他為此暗中憂愁，早早地愁白了頭髮。就在幾年前，他還前往西邊去遊歷，希望找到自己的前途。在處處碰壁之後，顏回幾乎是絕望地回到了魯國，從此一蹶不振，臥病在床，直到憂鬱而終。

最近這些年，顏回很少來看老師，因為每當他看到冉有子貢們混得春風得意的時候，他就會感到慚愧。就像如今的同學會，如果從前學習最好的同學卻混得最差，他是不會有任何興趣參加同學會的。

那麼，孔子為自己的悲痛在哪裡呢？他同樣慚愧，甚至比顏回還要慚愧，自己口中最好的學生這樣死去，這難道不是自己害了他嗎？

孔子心懷慚愧，可以想見顏回的父親顏路是多麼的心懷不滿甚至怨恨。

「我可憐的兒子，臨死還在說什麼克己復禮，克個狗屁，克己復禮能當飯吃？克己復禮是我們屁民能做的事情嗎？」顏路喃喃自語，悲痛欲絕。

顏路的家裡很窮，因為兒子始終是個啃老族，滿腹學問但是志向太離譜，除了啃老沒有別的選擇。雖然兒子活著的時候沒有過過好日子，顏路還是想能夠讓他葬得體面一點，問題是，家裡沒錢，怎麼辦？

「有困難，找老師。」顏路帶著一肚子的怨氣來找孔子了，心說：「他不是總說顏回怎麼怎麼好嗎，既然這麼好，出點血總可以吧？」

顏路來到孔家的時候，孔子正在悲傷。

「老師，我兒子死了。」顏路對孔子說，語氣就有點不對。

「唉，可憐的孩子啊。」孔子說，他準備說自己會承擔喪葬費用，可是沒等他說，顏路搶過了話頭。

「老師，憑我家顏回的德行，我覺得要厚葬他。」顏路說話就帶著火，似乎在命令孔子。

「怎麼厚葬？」孔子覺察到了顏路的情緒。

「怎麼厚葬？不能只用一層棺木，要用槨。」

「用槨？」孔子忍不住看了顏路一眼，心說你窮得叮噹響，還要用槨？「嘿嘿，我覺得不妥，顏回頂多算個士，怎麼能用槨？」

「不，就要用。」顏路賭氣一樣說。

「那你就用吧。」孔子有些生氣了，不願意搭理他。

「可是我沒錢，我想老師能不能把您的車給我，我賣了車給我兒子買槨。」顏路瞪著孔子說，好像要來搶車。

孔子的火騰地上來了，反過來盯著顏路看，盯得顏路有點害怕了。

「顏路，我告訴你。德行不德行另說，我們說說各自的兒子吧。我兒子死了，也是有棺無槨的，憑什麼你兒子死了就要用槨？再者說了，

我雖然現在不是大夫了，可是我還享受大夫的級別和待遇，沒有車，你讓我出門走路嗎？你聽說過哪個大夫出門走路的？啊，我看你是腦子被驢踢了吧？」孔子發起火來，一頓痛斥，讓顏路無話可說。

按《論語》。顏淵死，顏路請子之車以為之椁。子曰：「才不才，亦各言其子也。鯉也死，有棺而無椁。吾不徒行以為之椁。以吾從大夫之後，不可徒行也。」

孔子見顏路被訓得老實了，這才把語氣平緩下來。

「你以為什麼？你以為顏回死了我不傷心？我比任何人都傷心。你回去吧，顏回的葬禮我來操辦，你不用操心了。」末了，孔子還是要為自己的弟子出錢出力。

顏路回家了，挨了一頓罵並得到一個承諾，他的怨恨少了很多。

顏回的死訊迅速傳開了，同學們都很悲傷，畢竟顏回的人品是那樣高尚，學問是那樣優良，即便大家未必就喜歡他，可是大家從內心尊重他。何況，他是老師最得意的學生。

於是，不等孔子來說，子貢和冉有牽頭，決定大家集資厚葬顏回。

「子貢啊，葬禮恰當就行了，不要厚葬了。」孔子勸子貢，不希望大家破費太多。

「老師，您就別管了。」子貢把事情都攬了下來，不想讓老師為這個事情太操勞。

結果，子貢還是厚葬了顏回，包括用了椁。

「唉，顏回就像我的兒子一樣，可是卻不能像我兒子一樣下葬。這個事情不怪我，都是他的兄弟們操辦的啊。」孔子無奈地接受了這個結果，他還是覺得這樣的葬禮不夠恰當。

按《論語》。顏淵死，門人欲厚葬之。子曰：「不可。」門人厚葬之。子曰：「回也視予猶父也，予不得視猶子也。非我也，夫二三子也。」

聖人還是腐儒？

顏回，後來的歷史認為他是孔子最欣賞也是最喜歡的學生，事實上可能也是。

在顏回死後，魯哀公和季康子曾經問過孔子同樣的問題：「您的學生中誰是最好學的？」

「當然是顏回了，不會遷怒於別人，也不會為自己的錯誤推諉，不幸的是夭折了。現在呢，再也找不到顏回這麼好學的了。」

按《論語》。哀公問：「弟子孰為好學？」孔子對曰：「有顏回者好學，不遷怒，不貳過，不幸短命死矣！今也則亡，未聞好學者也。」

按《論語》。季康子問：「弟子孰為好學？」孔子對曰：「有顏回者好學，不幸短命死矣。今也則亡。」

孔子對顏回的讚揚超過對任何人的讚揚，且看看《論語》中怎樣說。

孔子說：「顏回的心中能夠長久地保持仁德，別的人只不過偶爾想一想而已。」

按《論語》。子曰：「回也其心三月不違仁，其餘則日月至焉而已矣。」

孔子說：「上課聽講從來不懈怠的，大概只有顏回吧。」

按《論語》。子曰：「語之而不惰者，其回也。」

孔子說：「真是死得可惜啊，我只看見他進步，沒有見他停留過啊。」

按《論語》。子謂顏淵曰：「惜乎！吾見其進也，未見其止也。」

孔子認為自己不如顏回，前面已經有過引述，這裡不妨再引述一遍。

按《論語》。子謂子貢曰：「汝與回也孰愈？」對曰：「賜也何敢望回。回也聞一以知十，賜也聞一以知二。」子曰：「弗如也。吾與汝弗如也。」

孔子真的認為自己不如顏回嗎？應該是真的，而且，顏回確實比

孔子更純粹更不功利。來看看《荀子》中的一段記載。

有一天，孔子問子路：「知者怎樣？仁者怎樣？」

子路的回答是：「知者讓別人瞭解自己，仁者讓別人愛自己。」

「嗯，你就算個士了。」孔子說，儘管子路品位不高，可是至少還算有想法。

同樣的問題，問子貢。

子貢的回答是：「知者洞察別人，仁者愛別人。」

「嗯，你就算是士裡的君子了。」孔子說，子貢顯然比子路要高明了。

同樣的問題，問顏回。

顏回的回答是：「知者瞭解自己，仁者愛自己。」

「嗯，你就是高明的君子了。」孔子說，顏回的回答超出了孔子的最佳答案。

按《荀子》。子路入，子曰：「知者若何？仁者若何？」子路對曰：「知者使人知己，仁者使人愛己。」子曰：「可謂士矣。」子貢入，子同問，子貢對曰：「知者知人，仁者愛人。」子曰：「可謂士君子矣。」顏淵入，子又問，顏淵對曰：「知者自知，仁者自愛。」子曰：「可謂明君子矣。」

下面來分析幾個人的答案。

子路的回答說明他希望得到別人的賞識，他的目的自然是做官。

子貢的回答說明他希望瞭解這個世界，從中找出規律去適應和利用，自然，他的目標是經商，瞭解別人瞭解市場，在商戰中獲勝。

顏回的回答說明他並不關注外部世界，而只關心自己的想法。因此，顏回是個理想主義者，他只管這個世界應該是怎樣，卻不關心這個世界現在是怎樣，以及怎樣改變這個世界。

從理想來說，當然是顏回最高子路最低：子路不追求自由，子貢追求身體的自由，而顏回追求思想的自由。

另一個角度說，子路是俗人，子貢是賢人，顏回是聖人。

那麼，孔子自己怎樣回答同樣的問題呢？

孔子在回答樊遲的問題時曾經說過：「知者知人，仁者愛人。」此外，孔子還說過「不用擔心別人不瞭解自己，只怕自己不瞭解別人。」

按《論語》。子曰：不患人之不己知，患不知人也。

從這個角度說，孔子的境界基本上與子貢相當。也就是說，確實達不到顏回的境界。

可是，就是顏回這個比孔子境界還要高的人，對孔子的學說卻沒有多少貢獻。說起來似乎不可思議，實際上卻有足夠證據說明這一點。

「顏回對我沒有什麼幫助啊，只要我說的話他都喜歡，從來沒有過疑問和反駁啊。」孔子這麼說，覺得顏回對自己沒有什麼啟發。

按《論語》。子曰：「回也，非助我者也。於吾言無所不說。」

事實上，整部論語，提到顏回的僅僅二十一條，這與他在孔子心目中的地位相去甚遠。相比較，子貢有三十八條，子路有三十九條。就是這二十一條，顏回提問的僅僅兩條，沒有一條與孔子有不同意見的。與子路的直言不諱和子貢的拐著彎質疑相比，顏回真是沒有什麼貢獻。

基本上，顏回就是一個三好學生，永遠聽老師話的三好學生。或者說，就是個書呆子，或者說是腐儒。賢是賢了，可是也確實沒有什麼用途。他永遠在精神層面上說話，永遠活在自己的夢想中。

顏回對孔子無限崇拜，比孔子本人更堅信孔子的話。

顏回曾經這樣說過：「對於老師，仰望他看不到頂，鑽研他深不可測。看著他在前面，突然他又到了後面。老師總是循循善誘，引導我們前進。用知識來陶冶我們，用禮法來約束我們，真是讓人學習起來欲罷不能。我已經竭盡了全力，大道似乎就在前面，我雖然想要追隨它，卻不知道從何入手。」

按《論語》。顏淵喟然歎曰：「仰之彌高，鑽之彌堅，瞻之在前，忽焉在後。夫子循循然善誘人，博我以文，約我以禮。欲罷不能，既竭吾才，如有所立卓爾。雖欲從之，末由也已。」

循循善誘，這個成語出於這裡。

欲罷不能，這個成語也出於這裡。

雖然這段話說明了顏回對孔子的崇拜，可是也確實說明他在理想

與現實之間有些找不到方向。

其實，對於顏回的弱點，孔子非常清楚。

有一次，孔子和子夏聊天，說起了子夏的師兄弟們。

「老師，顏回師兄的為人怎麼樣？」子夏問。

「他這人堅持原則，這點比我強。」孔子說。

「那子貢師兄呢？」

「他的敏銳比我強。」

「那，子路師兄呢？」

「他比我勇敢。」

「那，子張呢？」

「他比我莊重。」

「那，既然他們各自都比老師強，為什麼他們都要向老師學習呢？」子夏問。

「我告訴你，顏回堅持原則但是不懂得變通，子貢雖然敏銳但是太好強，子路勇敢但是不知退讓，子張很莊重但是不懂得妥協。他們四個人的優點放在一起，我是絕對不會去做的。真正的聰明人，要懂得進退屈伸。」孔子這樣回答。

孔子的決定

顏回的死對孔子打擊很大，讓他感觸到生命的短暫，突然明白自己已經不是老之將至，而是不知道哪一天就會撒手人寰了。

從前，孔子為了避免被人說自己篡改古人的思想，因此公開宣稱自己只陳述古人的思想，而不會有自己的創作。

按《論語》。子曰：「述而不作，信而好古。」

可是，如今孔子卻有了創作的衝動。如果學習教育幾十年，學生三千人，如果只述不作，那麼幾十年之後還有誰能記得自己？自己的學說很快就會淹沒在歷史的長河中。

這一天，子貢來看望老師了。

「子貢，我今後不想說話了。」孔子突然對子貢說。

子貢嚇了一跳，怎麼無緣無故老師說這樣的話？人老了容易犯糊塗，容易五迷三道，莫非老師開始老年癡呆了？

「老師，別啊，老師要是不說話了，我們學什麼啊？」子貢連忙說，想探看下老師到底想幹什麼。

「我不說話怕什麼？老天說話了嗎？不是四季同樣轉換，不是萬物同樣生長？老天說什麼了？」孔子回答，又好像自言自語。

按《論語》。子曰：「予欲無言。」子貢曰：「子如不言，則小子何述焉？」子曰：「天何言哉。四時行焉，百物生焉。天何言哉！」

子貢的感覺，是老師有點糊塗了，看來顏回的死擊垮了老師。

可是，子貢錯了，子貢完全錯了。顏回的死並沒有擊垮孔子，反而促使孔子作出了一個偉大的決定。

第二七九章

子夏和商瞿

孔子要做一件什麼事？孔子要修編《春秋》。

什麼是春秋？古人記錄歷史，按每年春夏秋冬記錄，因此，春秋就是各國的歷史記錄，或者說，是歷史大事記。孔子要修編的，自然是魯國的春秋。

為什麼要修《春秋》？孔子說了：夏道不亡，商德不作；商德不亡，周德不作；周德不亡，《春秋》不作。《春秋》作，而後君子知周道亡也。（《說苑》）

簡單說，孔子要用歷史來告訴後人周朝是怎樣完蛋的。

孔子修春秋

要完成這項工作，需要兩個方面的準備：資料和人力。

資料並不複雜，孔子與魯哀公的關係很好，與魯國太史的關係也很好，很容易就把魯國的史料借了出來。

人力呢？其實人力也很簡單。

孔子決定由自己來做主編，找幾個學習成績好的學生來做助手。自然，排第一名的是子夏。

魯國史料非常豐富，大致從魯國建國的時候就開始了。史料的內容無非是魯國的大事、世界的大事以及各種天文地理的變化。大致翻閱了一番，孔子覺得沒有必要全部記載下來，因此決定從魯隱西元年（前722年）開始，一直記錄到魯哀公十四年（前481年）。

孔子作《春秋》，實際上是對魯國春秋進行一個大規模的刪減，絕大多數史料被放棄，只錄下一些孔子認為重要的史實。並且，文字非常簡練，事件的記載也很簡略，但242年間諸侯攻伐、盟會、篡弒及祭祀、災異禮俗等，都有記載。

《春秋》是世界人類最早的有系統的編年史。

《春秋》最初原文一萬八千多字，現存版本則只有一萬六千多字。

孔子修《春秋》，前後只用了九個月的時間。

關於孔子修《春秋》，《史記》中記載最多。

子曰：「弗乎弗乎，君子病沒世而名不稱焉。吾道不行矣，吾何以自見於後世哉？」乃因史記作《春秋》，上至隱公，下迄哀公十四年，十二公。據魯，親周，故殷，運之三代。約其文辭而指博。故吳楚之君自稱王，而春秋貶之曰「子」；踐土之會實召周天子，而春秋諱之曰「天王狩于河陽」：推此類以繩當世。貶損之義，後有王者舉而開之。春秋之義行，則天下亂臣賊子懼焉。

孔子在位聽訟，文辭有可與人共者，弗獨有也。至於為春秋，筆則筆，削則削，子夏之徒不能贊一辭。弟子受春秋，孔子曰：「後世知丘者以春秋，而罪丘者亦以春秋。」（以上見於《史記》）

大致的意思就是孔子怕自己死後留不下什麼東西給後人，所以用魯國的史料修《春秋》。在《春秋》中，孔子借歷史來弘揚正義，宣傳周禮，譬如吳國楚國都是自稱王，《春秋》裡則稱吳王楚王為吳子楚子；踐土之盟分明是晉國召周王參加，可是《春秋》記為周王巡狩于河陽。凡此種種，都是要重申禮法。所以，《春秋》一出，「天下亂臣賊子懼焉」。

其實，所謂「天下亂臣賊子懼焉」不過是自欺欺人，《春秋》之後，天下還不是該篡位篡位，該瓜分瓜分，誰怕過？

按照《史記》的說法，整個修《春秋》的過程就是孔子一個人進行，子夏等人一句話也插不上。《春秋》修完之後，孔子說了：「後代的人們如果知道我，肯定是因為《春秋》這本書了；如果有人罵我，恐怕也是因為《春秋》這本書了。」

對於春秋這段歷史和歷史人物，孔子的看法確實非常獨到，有時候令人歎為觀止。譬如，孔子對於管子、晏子和子產的評價。孔子對這三個人都很敬重乃至崇拜，但是，對於這三個人的缺點，孔子也看得非常透徹。

有一次子游問孔子：「老師您極力讚揚子產的仁惠，可以說來聽聽嗎？」

「子產的仁惠不過是愛民而已。」孔子想了想，回答。

「愛民不就是德治了嗎？不僅僅是仁惠吧？」

「子產，對於百姓來說就像一個母親，能養活他們，卻不能教化他們。舉個簡單的例子，到了冬天，子產用自己的車幫助百姓過河，這就是只有愛民而沒有教化。」孔子說。

又有一次，子貢來請教問題。

「老師，管仲過度奢侈，晏子過度節儉，與其一起否定，不如區分一下誰更賢德，老師怎麼看？」子貢的問題歷來如此，他喜歡給老師出選擇題。

「管仲太奢侈了，比國君還要奢侈，這讓國君很難受；而晏子太節儉了，讓手下很為難。真正有才德的君子，應該既不讓上級難堪，又不讓下級為難。」孔子的回答是各打五十大板，但是都非常有道理。

「夫《春秋》，上明三王之道，下辨人事之紀，別嫌疑，明是非，定猶豫，善善惡惡，賢賢賤不肖，存亡國，繼絕世，補弊起廢，王道之大者也。故有國者不可以不知《春秋》，前有讒而弗見，後有賊而不知。為人臣者不可以不知《春秋》，守經事而不知其宜，遭變事而不知其權。為人君父而不通于《春秋》之義者，必蒙首惡之名。為人臣子而不通于《春秋》之義者，必陷篡弒之誅，死罪之名。其實皆以為善，為之不知其義，被之空言而不敢辭。夫不通禮義之旨，至於君不君，臣不臣，父不父，子不子。夫君不君則犯，臣不臣則誅，父不父則無道，子不子則不孝。此四行者，天下之大過也。以天下之大過予之，則受而弗敢辭。故《春秋》者，禮義之大宗也。夫禮禁未然之前，法施已然之後；法之所為用者易見，而禮之所為禁者難知。」（《史記》）

以上這一段，太史公司馬遷狂讚春秋，認為所有人都要讀《春秋》。

事實上，歷代以來，《春秋》都是一本官場紅寶書。

《春秋》與《左傳》

因為子夏是孔子修《春秋》的頭號助手，孔子因此讓子夏主攻《春秋》。等到孔子去世之後，《春秋》就傳給了子夏。

後來，子夏受魏文侯的邀請，前往魏國西河收徒教學，《春秋》是最主要的內容。

《春秋》之後，又有了三部專門講述春秋歷史的書，就是《左氏春秋》、《春秋公羊傳》和《春秋穀梁傳》。這三部書，都是在孔子《春秋》的基礎上寫成的，不過，後兩種主要是「釋義」，也就是解釋孔子的《春秋》為什麼要這樣寫，為什麼這樣措辭等等，注釋的含義更大。而《左氏春秋》不同，這本書主要是補充歷史細節，使這段歷史更詳盡更飽滿。因此，歷史上，《左氏春秋》的地位遠高於另外兩部，閱讀者也更多，對後代的影響也更大。

《左氏春秋》也就是俗稱的《左傳》。

後來所說的四書五經，《春秋》屬於五經。而《左氏春秋》分為經傳兩個部分，即每一年的開頭是「經」，也就是孔子《春秋》的內容；後面更加詳盡的歷史記述則是「傳」，所以整部書稱為《左傳》。

《左傳》的作者是誰？這歷來是一個懸案。不過，本書給出的答案是：《左傳》的作者就是子夏。

很長一段時間，甚至到現代，《左傳》的作者一直被認為是左丘明。左丘明是誰？古人臆斷是魯國太史，而唯一一段有關左丘明的歷史記載在《論語》中：「子曰：『巧言令色，足恭，左丘明恥之，丘亦恥之。匿怨而友其人，左丘明恥之，丘亦恥之。』」

這段話的意思是這樣的：甜言蜜語、和顏悅色、畢恭畢敬地去討好別人，左丘明認為這很可恥，我也這樣認為；心中藏著怨恨，表面上卻與別人很友好，左丘明認為很可恥，我也這樣認為。

左丘明是誰？孔安國的說法是魯國太史。其實，也有可能是子夏。不過這不重要，左丘明是不是子夏並不重要。

下面，我們來看看子夏是《左氏春秋》的作者的論證。

首先我們從「左氏」說起。

春秋時，衛國有地名為「左邑」，又叫「左丘」以及「左氏」，子夏的弟子吳起就是「衛左氏中人」，子夏很可能也是左氏或者左丘人。子夏晚年失明，司馬遷寫道「左丘失明，厥有《國語》」，說的應該就是子夏。

所以，左丘明就是子夏的可能性非常大，因為失明，所以自稱為左丘明。古人以地為名的情況非常多，譬如展禽，死後就被稱為柳下惠。因此子夏可能在死後被弟子們稱為左丘明，祝福他在另一個世界能夠看到光明。

至於《論語》上的左丘明，可能是魯國太史，更可能是子夏。

《論語》原本就是弟子們在孔子死後若干年整理的孔子師徒的言論，因此，子夏被以左丘明的名字記載是有可能的。而關於左丘明的那兩段話，恰恰是子夏的性格，這恐怕不是一種巧合。再想想看，孔子如果與魯國太史談論這樣的問題，似乎有些不大恰當。

下面，再來看更有說服力的證據。

要寫出《左氏春秋》，需要很多必要的條件，而這些條件，只有子夏一個人具備。

第一，此人手中要有大量的第一手材料。《左傳》中運用最多的史料來自魯國和晉國，《春秋》的史料主要來自魯國，作為孔子的第一助手，這些史料子夏是具備的；而晉國史料從哪裡來？魏文侯以師禮待子夏，並且邀請他到魏國講學，魏國占有原晉國首都，因此擁有晉國史料。即便魏國不擁有這些史料，當時三晉的關係非同一般的好，子夏要從韓國或者趙國借閱這些史料也是輕而易舉。相反，如果是魯國太史左丘明，他如何能拿到晉國的史料？

第二，此人的《詩經》一定非常好 —— 是《詩經》，而不是《詩》。因為孔子修訂《詩經》，所以，如果不是孔子的弟子，不可能瞭解《詩經》。《左傳》中大量運用《詩經》裡的詩，都非常恰當，而內容又沒有超出《詩經》。作者不僅《詩經》嫻熟，而且一定是孔門弟子。而子夏恰恰是孔子學生中《詩經》方面的第一高手。如果是魯國太師

左丘明，即便他精通《詩》，他也不能在《左傳》中把詩的使用控制在《詩經》的範圍之內。

第三，此人與孔子的關係非同一般，而且不僅僅是一般弟子那麼簡單。《左傳》中大量引用孔子的評語，證明作者曾經跟隨孔子修《春秋》。而子夏恰恰是孔子修《春秋》的頭號助手，如果是魯國太師左丘明，他如何知道孔子怎樣評價各個歷史事件的呢？

第四，《左傳》的才華四溢，顯示作者的才華非常出眾。事實上，子夏的才華是孔子弟子中最出色的一個。

第五，子夏的思想與孔子並不完全相同，更傾向于法家和權術的應用，而子夏的徒子徒孫恰好是一群法家，李克、商鞅等人是著名的法家，田子方、段干木等人則是一時的大賢。《左傳》中，我們可以明顯地看到子夏的思想貫穿全文。而魯國太師左丘明的思想恐怕要保守得多。

譬如，孔子認為晉文公狡猾而不正直，齊桓公正直而不狡猾。在《左傳》中，並沒有這麼寫。

按《論語》。子曰：「晉文公譎而不正，齊桓公正而不譎。」

第六，《左傳》中有大量關於孔子以及孔子弟子的記述，不僅大量記載子貢，甚至包括樊遲和有若這樣並不出色的弟子。恰恰子夏和他們關係不錯，而如果是魯國太史左丘明，他會記載孔子那些不知名的弟子嗎？

第七，《左傳》迅速流傳開來，說明作者是個大師級人物，子夏在西河講學，是當時最大的大師，再加上有許多弟子，因此作品被迅速流傳開來。而如果作者是魯國太師左丘明，他的作品首先在流傳上就有問題，因為他沒有任何管道。

第八，《春秋公羊傳》和《春秋穀梁傳》的作者公羊高和穀梁赤都是子夏的學生。

以上的種種證據和跡象都指向一個結論：子夏就是《左傳》的作者。

《左傳》對中國歷史的影響其實遠遠大於《春秋》，也大於《論

語》。《左傳》不僅記述了歷史,更記述了政治、軍事和文化。春秋這段中國歷史上最精彩的歷史,如果沒有《左傳》,將黯然無色。

所以,某種程度上,子夏對於中國文化的貢獻,並不遜色於孔子。也可以說,孔子最出色的弟子,就是子夏。

孔子研究周易

魯哀公十四年春天,魯哀公約三桓去打獵,結果叔孫家的御者射死了一頭怪獸,因為是怪獸,感覺有點不祥,於是就送給了主管狩獵場的場長。

孔子聽說射死了怪獸,覺得好奇,於是前去看是什麼怪獸,到了一看,別人不認識,孔子認識,是什麼?麒麟。

「給我吧。」孔子索要。

場長正不想要,於是贈送給了孔子。

回到家,孔子把麒麟莊重地埋葬了。

「吾道窮矣。」孔子慨歎,於是停止修《春秋》。

為什麼孔子發出這樣的感慨?因為麒麟是祥瑞之獸,在這樣的亂世來到人間,結果還被不幸地殺死了,這說明什麼?說明這個世界沒救了。

就這樣,修《春秋》九個月之後,孔子恰好修完,再也沒有心情去潤色了。

「天命啊,天命難違啊。」孔子回首自己的一生,自己很努力了,可是還是失敗,為什麼?因為一切都是命中註定。

那麼,什麼是命中註定?人能不能知道自己的命?

孔子眼前一亮,他現在不關心人事了,他要探究天命了。

探究天命,靠什麼?靠《周易》。

《易》原本是用來卜筮的,也就是算卦用的。最早的易由伏羲發明,也就是伏羲作八卦。後來周文王演化為六十四卦並且作了卦辭,之後周公作了爻辭。因此,後來的易就稱為《周易》。

孔子很早就對周易有研究，不過研究得並不深。直到七十一歲對天命感興趣，才開始下大工夫研究周易。

　　因為周易的卦辭和爻辭都很簡單，不容易理解，孔子就按照自己的理解和理念對周易的卦辭和爻辭進行進一步的解釋，而這些解釋就是彖、系、象、說卦、文言。

　　在《周易》，卦象、卦辭和爻辭被稱為易經，彖、系、象、說卦、文言被稱為易傳。如今的《周易》，是包含了經、傳的。

　　孔子研究《周易》非常刻苦，走到哪裡都帶著，隨時拿出來學習，因此穿竹片的繩子都斷了三次，叫做「韋編三絕」。後來孔子慨歎：「再給我數年時間，我就能精通周易了。」

　　按《史記》。孔子晚而喜易，序彖、系、象、說卦、文言。讀易，韋編三絕。曰：「假我數年，若是，我于易則彬彬矣。」

　　孔子對周易的研究極有心得，應用起來似乎也很準確。於是孔子再次感慨：「要是再早一點，五十歲的時候就研究周易，那我後來就不會犯什麼大過錯了。」

　　《論語》。子曰：「加我數年，五十以學易，可以無大過矣。」

　　孔子對易到了癡迷的程度，同時也有很多自己的理解。孔子認為，任何人都能在易中找到自己想要的東西。所以孔子說：「仁者見之為仁，智者見之為智，隨仁智也。」（見於《周易乾鑿度》）

　　仁者見仁，智者見智。這個成語出於這裡。

　　孔子把易和自己的道德觀結合起來，把易和周禮結合起來了，因此孔子版的《周易》不再僅僅是一個算卦的工具，同時也是勸善的教材，也是一個維護周禮的教材。

　　但是不管怎樣，《周易》總歸是一個用來預測未來的卜筮工具書，所以只要研究《周易》，必然地要相信鬼神的存在。孔子從前從來不說鬼神，到了這個時候，這個規矩也就破壞掉了。

　　按《論語》。子不語怪、力、亂、神。

　　可是這個時候，孔子就要講一講神了。孔子就在《易‧繫辭》中多次提到神，譬如「陰陽不測之謂神」，「蓍之德圓而神」，「神以知

來」，「是興神物以前民用」，「聖人以此齋戒，以神明其德夫」，「鼓之舞之以盡神」，等等。

其實到了這個時候，孔子的思想已經滑向了老子的道家思想。

按《易‧繫辭》。子曰：易有太極，是生兩儀，兩儀生四象，四象生八卦，八卦定吉凶，吉凶生大業。

按《易‧繫辭》。子曰：神無方而易無體，一陰一陽之謂道。

上面的兩句話是孔子對於易的理解或者說概括，如果不告訴你是孔子說的，你會以為這是老子說的。事實上，老子的學說，也是脫胎于易經。

所以，自從研究了易，孔子就常常說「道」了。

按《論語》。子曰：「朝聞道，夕死可矣。」

按《論語》。子貢曰：「夫子之文章，可得而聞也，夫子之言性與天道，不可得而聞也。」

按《論語》。子曰：「志于道，據于德，依于仁，游于藝。」

按《論語》。子曰：「道之將行也與，命也；道之將廢也與，命也。」

按《論語》。子曰：「人能弘道，非道弘人。」

按《論語》。子曰：「君子謀道不謀食。耕者，餒在其中矣；學也，祿在其中矣。君子憂道不憂貧。」

按《論語》。子曰：「道不同，不相為謀。」

《周易》被認為是中華文化的淵源，代表了中華文化。不論在道家還是在儒家，《周易》都是經典中的經典。對於《周易》，孔子的貢獻可以說無與倫比。

首先，孔子為《周易》作傳，並且將《周易》列入「六經」（詩、書、禮、易、樂、春秋），並且是眾經之首，傳授給學生們，對《周易》的保存和傳播起到了重大作用。

其次，孔子作《易傳》，從此把《易經》由一部占筮之書變為一部哲學、社會科學巨著。

商瞿傳易

刪《詩經》和修《春秋》，孔子都是讓子夏協助自己，因為子夏不僅聰明好學，而且有自己的觀點，對孔子的幫助很大。

原本，研究《易經》的時候，孔子也希望子夏來幫助自己。可是遺憾的是，子夏這個時候已經不在自己的身邊了。

原來，受冉有的推薦，子夏被任命為莒父宰。子夏的意思是不想去，可是孔子出於對子夏的前途考慮，極力說服他去，最終子夏很不情願地去了。

去之前，按著慣例，子夏也向老師告別兼請教。

「不要總想著快，太快了就達不到目的；不要只看見小利，貪小利做不成大事。」孔子說，又是一針見血。子夏聰明果斷，但是也往往急於求成。此外，子夏性格比較吝嗇，對小利看得比較重，所以孔子提醒他。

「老師的話，學生牢記在心。」子夏是個聰明人，知道老師話中的含義，也知道自己要改正。

按《論語》。子夏為莒父宰，問政。子曰：「無欲速，無見小利，欲速則不達，見小利則大事不成。」

欲速則不達，這個成語來自這裡。

既然是自己極力鼓勵子夏去當莒父宰，怎麼好這麼快就叫他回來幫自己呢？

孔子有個弟子名叫商瞿，當初孔子剛從衛國回來的時候，商瞿也去了季孫家做家臣。那時候商瞿眼看奔四了，還沒有孩子，因此到處求醫問藥，準備為孩子奮鬥一把。

恰好這個時候，季康子派他去齊國出差，要幾個月工夫。商瞿不太願意去，生怕把生孩子給耽誤了。

為了這件事情，商瞿來找老師請教。孔子那時候給商瞿卜筮了一回，結果是商瞿命中應該有五個兒子。

「去吧，你命中有五個兒子，不用擔心。」孔子安慰商瞿，其實他

也沒把握。

　　不管怎樣，商瞿就去了齊國，回來的時候，老婆肚子已經大了。之後，商瞿老婆的肚子越來越爭氣，一個勁地生。這下，商瞿算是對卜筮奉若神明了。

　　孔子作《易傳》，商瞿非常感興趣，整天跟著孔子學習，竟然成了孔子弟子中最精通《周易》的學生。到孔子死後，就把自己的《易傳》傳給了商瞿，之後商瞿再傳給自己的弟子。

　　就這樣，商瞿成了孔子《周易》的第一代正宗傳人，並且，為《周易》的流傳作出了巨大貢獻，商瞿也因此被人們記住。

第二八〇章
子路之死

　　得意門生們一個個離開自己，孔子既為他們高興，也常常感到孤獨。

　　孔子常常對身邊的學生們說起他們的師兄們，最常說的就是這樣一段話：「從我于陳蔡者，皆不及門也。德行：顏淵、閔子騫、冉伯牛、仲弓；言語：宰我、子貢；政事：冉有、季路；文學：子游、子夏。」（《論語》）

　　讓孔子略感安慰的是，這些他當年最賞識的學生們有時還能來看望他，那就是孔子心情最好的時候。即便本人不來，這些學生們也會派人來問候老師。即便是不辭而別的宰我，也會派人來問候老師，這又讓孔子對宰我懷有一些愧疚。

　　總之，現在的孔子，完全陶醉在《周易》的研究以及美好過去的回憶中，至於政治，那不再是他關心的事情了。

　　只有一個學生像鼻涕一樣黏著孔子，趕也趕不走，這就是不成材的胡亂。這一天，胡亂陪著孔子聊天。

　　「老師，能不能說說你的偶像是誰啊？」胡亂突然問，他想知道孔子是誰的粉絲。

　　「哦──」孔子看了胡亂一眼，閉上眼睛想了想，這個問題他還真沒有想過，想了一陣，想明白了。「不同階段，我的偶像是不一樣的。」

　　「第一個是誰？」

　　「周公。周公的才智天下無雙。不過呢，即便有周公的才能，如果驕傲並且吝嗇的話，也不怎麼樣。」孔子說，他的第一個偶像是周公。「年輕的時候，我常常能夠夢到周公，可是現在老了，基本上夢不到他了。」

　　按《論語》。子曰：「如有周公之才之美，使驕且吝，其餘不足觀也已。」

按《論語》。子曰：「甚矣，吾衰也久矣！吾不復夢見周公。」

「那，周公之後呢？」

「管仲啊，雖然他這個人不知禮，可是他輔佐齊桓公稱霸天下都是靠的仁義和信用，沒有他，我們現在恐怕都是洋鬼子的奴隸了。」孔子說，不禁向北方望去。

按《論語》。子曰：「管仲九合諸侯，不以兵車，管仲之力也。如其仁，如其仁！」

按《論語》。子曰：「管仲相桓公，霸諸侯，一匡天下，民到於今受其賜。微管仲，吾其披髮左衽矣。」

「那，後來呢？」

「現在，我已經看透了世界。生命在於折騰，但是折騰之後，都將歸於平靜，天命不可違啊。所以，這個時候，我崇拜老子，常常拿自己跟老子和彭祖相比啊。」

按《論語》。子曰：「竊比我于老彭。」

「這麼說，老師一開始是儒家，後來變成了法家，現在又變成了道家？」胡亂有點驚訝地說，又像是喃喃自語。

齊國政變

孔子開始研究《周易》的當年，三個國家發生了大事，而這三個國家都間接和孔子有聯繫。哪三個國家？齊國、宋國和衛國。

齊國國君齊簡公寵信闞止，可是實力最強的還是田常。田常很擔心闞止會找機會除掉自己，因此時刻防備著。

終於有一天，田常的弟弟田逆殺了人，被闞止抓了起來，田家想辦法把田逆救了回去，之後田家出兵攻打闞止，兩家交兵，闞止不是對手，被田家殺掉。之後，田常把齊簡公也抓起來並且殺掉了。

這一天冉有來看望老師，因為早就說好了，所以孔子一直在等，結果等到很晚冉有才來。

「怎麼來這麼晚？」孔子問，他並沒有生氣，因為他知道冉有一向

是很守時的，如果不是遇上了什麼事，一定準時來的。

「朝廷上有大事，所以來晚了。」冉有說。果然是有事。

「我就說嘛。什麼事啊？雖然我現在退居二線了，還是應該知道啊。」孔子很感興趣。

按《論語》。冉子退朝，子曰：「何晏也？」對曰：「有政。」子曰：「其事也如有政，雖不吾以，吾其與聞之。」

冉有就把齊國的事情說了一遍，說到齊簡公被殺，而季康子的妹妹就是齊簡公的夫人，不知道怎樣了。

聽說田常殺了國君，孔子一下子來了精神。

「竟然殺國君，這是大逆不道啊。」孔子很久沒有這麼激動過了，不知道為什麼突然這麼憤怒。

眼看老爺子要上勁，冉有急忙找個藉口走掉了。

當天晚上，孔子沒睡好，他覺得這個世道真是太糟糕了。

孔子齋戒了三天，第四天去見魯哀公。

「主公，田常殺害了國君，大逆不道，人神共憤，是可忍而孰不可忍，我想請主公出兵攻打田常。」孔子請求，齋戒三天就是為了這個。

「夫子，齊國可是比我們強啊，怎麼打啊？」魯哀公心說這不是拿雞蛋碰石頭嗎？齊國不打我們就謝天謝地了，我們還去打人家？

「怕他們什麼？田常殺害了國君，齊國百姓只有不到一半人服他。我們用魯國的兵力，再加上齊國一半的老百姓，難道打不過他？」孔子說得慷慨激昂，魯哀公聽得一陣苦笑。

「那，你去跟季孫說吧。」魯哀公說。他那幾個宮廷衛隊，給齊國人塞牙縫都不夠。

孔子想想，覺得也是，這事情魯哀公真做不了主。於是，孔子又去找三桓，請求他們出兵討伐田常。結果都是一樣，大家都客氣地拒絕了他，都在想這個老頭是不是老年癡呆了。

孔子終於也明白過來，覺得自己有點傻。自己的事都管不過來，還管別人的事？自己國家的事還管不過來，還管外國人的事？

「唉，其實吧，因為我也做過大夫，所以才來說這些的。」孔子低

聲說，像在對別人解釋，又像在自言自語。

人老了，往往容易犯糊塗。孔子自己說過：不當官就不管那些鳥事。

按《論語》。子曰：不在其位，不謀其政。

按《論語》。陳成子弒簡公，孔子沐浴而朝，告於哀公曰：「陳恒弒其君，請討之。」公曰：「告夫三子。」孔子曰：「以吾從大夫之後，不敢不告也。」君曰：「告夫三子者。」之三子告，不可。孔子曰：「以吾從大夫之後，不敢不告也。」

宋國政變

宋國的桓魋受宋景公寵信，擔任司馬，在宋國權傾朝野。桓魋這人傲慢自大，當初孔子在宋國的時候還曾經被桓魋派人包圍。

桓魋和宋景公之間的關係變得越來越差，最終到了攤牌的時候。桓魋占據曹邑叛亂，結果被宋國軍隊攻打，桓魋逃到了衛國，之後又逃到了齊國，投靠了田常。

桓魋有一個弟弟叫向耕，字子牛，因為哥哥是司馬，因此向耕又叫司馬耕或者司馬牛。司馬牛這個人很誠實也很本分，哥哥被趕跑之後，他就把自己的封邑都交了出來，逃到了齊國，田常對他很好，給房子給地。後來桓魋也到了齊國，司馬牛覺得跟哥哥在一起就等於是哥哥的同黨，就等於叛國，於是把齊國的房子和地都交還給了田常，自己又逃到了吳國。可是在吳國待不下去，又逃到了魯國。

在魯國，司馬牛進了孔子的學校，從此也算是孔子的學生。

司馬牛總是很憂鬱很煩躁，常常自言自語，對於國家和家庭的巨變總是想不通，怎麼原來還是全家忠良，突然一個晚上就都變成了逆臣叛賊了呢？

憂鬱症，典型的憂鬱症。

孔子發現了司馬牛的問題，就決定適當地開導他。

有一次，司馬牛來向孔子請教。

「老師，什麼是仁啊？」司馬牛問。

「仁善的人，說話比較緩慢。」孔子說，因為他知道司馬牛說話總是很快，很不耐煩的樣子。

「那，說話緩慢就是仁？是這樣嗎？」司馬牛覺得有些奇怪。

「對啊，做事很難，思考當然要很慎重，所以說話不能太快。」孔子說，就是要勸司馬牛不要那麼急躁。

按《論語》。司馬牛問仁。子曰：「仁者其言也訒。」曰：「其言也訒，斯謂之仁已乎？」子曰：「為之難，言之，得無訒乎？」

「那，什麼是君子？」司馬牛又問一個問題。

「君子不憂慮不恐懼。」孔子說，又是在說司馬牛。

「不憂慮不畏懼，這就是君子嗎？」

「只要反省自己，沒有什麼愧疚的，又有什麼憂慮畏懼的呢？」

按《論語》。司馬牛問君子。子曰：「君子不憂不懼。」曰：「不憂不懼，斯謂之君子已乎？」子曰：「內省不疚，夫何憂何懼？」

一天子夏回來看望老師，司馬牛又向子夏請教。

「怎麼別人都有兄弟，我就沒有呢？」司馬牛問子夏。他的兄弟們死的死，散的散，所以他說自己沒有兄弟。

「我聽老師說，一切都是天注定。如果一個君子恭敬有禮，不犯過錯，那麼到處都是他的兄弟啊。所以，君子何必憂慮自己沒有兄弟呢？」子夏開導他。

按《論語》。司馬牛憂曰：「人皆有兄弟，吾獨亡。」子夏曰：「商聞之矣，死生有命，富貴在天。君子敬而無失，與人恭而有禮，四海之內，皆兄弟也。君子何患乎無兄弟也。」

死生有命，富貴在天。四海之內皆兄弟也。這幾個成語，都來自這裡。

可是，最終孔子和子夏也沒有能夠挽救司馬牛。在投師孔子兩個月後，一個沒有月亮的晚上，司馬牛帶著滿腔的疑惑和失望，在曲阜城外的一棵大樹下結束了自己的生命。

「唉。」孔子歎了口氣，感慨生命的脆弱。

衛國政變

到了年底，衛國發生了政變。這次政變，徹底擊垮了孔子。為什麼衛國的政變影響到了孔子呢？

衛國的廢太子蒯聵占據了戚地，兒子衛出公當國君。衛國的國政在孔悝手中，孔悝的老婆孔伯姬是蒯聵的姐姐，同時也是衛出公的姑姑。孔悝和老婆生了個兒子，名叫孔悝（音虧）。孔悝死後，衛國就由孔悝說了算。

孔悝有個貼身僕人叫渾良夫，高大英俊，孔伯姬早就對他垂涎三尺，後來老公死了，於是順手牽羊，成其好事。

孔伯姬跟弟弟的感情一向不錯，暗地裡派渾良夫去看望弟弟。蒯聵早就知道渾良夫是姐姐的面首，因此直接把渾良夫當姐夫接待了。

「二姐夫，幫我把小兔崽子趕走，讓我回去當國君，保證讓你當上大夫，並且，免你三次死罪，怎麼樣？」兩人喝得高興，蒯聵就開始利誘渾良夫。

這個條件對於渾良夫來說是無法拒絕的，於是兩人就達成協議，結了盟。

渾良夫回到孔家，在床頭上把這件事情對孔伯姬說了一遍，孔伯姬當即同意。

十二月的時候，蒯聵在渾良夫的幫助下，潛入了孔家，之後在孔伯姬的幫助下，脅迫孔悝結盟，要趕走衛出公，迎蒯聵回來做國君。

孔家的管家欒寧知道這件事情後，急忙帶著衛出公出逃魯國，同時派人通知子路，讓子路前來救孔悝。

高柴這個時候已經從孔家家臣轉為衛國司寇，很受衛出公賞識，聽說孔悝被挾持，國君逃命，感覺大事不妙。怎麼辦？蜂刺入懷，解衣去趕。大難臨頭，逃命要緊。

既然決定逃命，高柴不敢停留，換了一身衣服，匆忙起身。走在路上，就感覺好像有人在追自己一樣。來到城門，看見城外有軍士，以為是蒯聵派來捉自己的人，不敢出去。

守門人是一個因為犯罪被砍掉了腳的人，看見高柴猶猶豫豫躲躲閃閃，知道他不敢走大門出去。

「喂，往那邊走，有一塊城牆塌了，可以從缺口出去。」守門人主動指點高柴。

「不行，君子不能翻牆的。」高柴拒絕了。

「那，另外一邊有一個洞，可以鑽出去。」

「不行，君子怎麼能鑽洞呢？」高柴又拒絕了。

「那，去我屋子裡躲一躲吧。」

這一次，高柴沒有拒絕，到守門人的小屋子裡躲了起來。

過了一陣，高柴出來看看，發現城門內外都沒有人了，這才確認自己是安全的。

「你為什麼要幫我？你知道我是誰嗎？」高柴問。

「你以為你換件衣服我就不認識你了？看見我這腳沒有，我的腳被砍了，當初就是你下的命令啊，你不是高柴嗎？」守門人輕輕地說，還帶著一臉神秘的笑，讓高柴渾身發毛。

「那，那你為什麼還要幫我？」高柴緊張地問，他懷疑這是不是守門人的圈套。

「因為我被砍腳是罪有應得啊。我記得當初你反復審理我的案子，翻看了許多法令，想要找出為我免罪的辦法，可是還是沒找到。宣判的時候，我看見你的臉色很難看，很可憐我。所以，雖然你砍了我的腳，我知道你內心很仁慈，行事又很公道，所以我不恨你，我敬佩你。這，就是我幫助你的原因了。」守門人說得很坦然，之後催高柴趕緊離開。

高柴逃出了楚丘，在城外恰好遇上了子路。子路聽說發生了政變，孔悝被挾持，於是駕著戰車趕來了。

「師兄，別去了，去了也沒用。」高柴勸子路回去，他知道子路改變不了什麼，卻有可能搭上自己的老命。

「不行，拿人家的工資，怎麼能見死不救呢？」子路堅持要去。

「可是，城門已經關上了，進不了城，不如觀望一下再說吧。」高

柴撒了個謊，還要阻止子路去。

「兄弟，我知道你是好意，可是我還是要去。你走吧，別攔著我。」子路還是堅持，駕著戰車進了楚丘。

一路疾馳，子路來到了孔家，孔家的門是真的關上了。孔家的家臣公孫敢從門縫裡看見子路，對他喊：「你不要進來了，進來也沒有用。」

「公孫敢，你拿人家的工資不給人賣命，還好意思攔住我嗎？」子路大聲喝問，他不知道，其實孔悝早已經和蒯聵達成了協定，根本不用他去救命。

正在這個時候，門裡有人出來，於是子路跳下戰車，提著大戟，闖進門去。

孔家建了一座高樓，就是準備萬一有什麼事好躲避的，各國的權臣都有這麼個高樓。蒯聵和孔悝都在樓裡，也是防著有人來攻打。

「太子趕緊放了孔悝，劫持他也沒用，我們不會讓你得逞的。」子路到了樓下，大聲喊著。

蒯聵不知道外面是什麼人，也不敢輕舉妄動，但是絕不開門，更不會把孔悝放下去。

「太子，你是個膽小鬼，再不放人，我就放火燒樓了。」子路又大聲喊，開始從旁邊撿柴禾準備放火。

樓上的蒯聵一看，這要真的放起火來，那就不知道會發生什麼了。你不就是一個人嗎？以為老子真怕你？於是，蒯聵派了手下兩個勇士下來迎戰子路。

算算年齡，這年子路已經六十二歲了，撒尿都尿不出三尺去了，也就是仗著一股氣勢在這裡喊叫，真正遇上兩個精壯勇士，哪裡能是對手？

兩三個回合下來，子路就呼哧帶喘了，帽子帶也被對方的大戟砍斷了。子路一看，知道自己今天註定要掛了。

「君子死，冠不免。」子路說了人生的最後一句話，意思是君子就算是死，帽子也不能掉了。說完，子路很從容地放下大戟，將帽子帶

繫好。可是，沒等他繫好，兩條大戟就已經刺到，兩道血光，子路倒在地上，帽子跌落一旁。

子路，就這樣死於非命。

而這個時候，孔悝正愉快地和自己的舅舅飲著酒。

此後，孔悝立蒯聵為衛國國君，就是衛莊公。

衛國政變的消息傳到了孔子這裡，孔子的臉色立即變得十分難看。

「高柴會逃命，子路一定要死了。」孔子說，他太瞭解自己的學生了。

隨後的消息證實了孔子的推測，子路戰死了。

「子路死了？子路死了。」孔子黯然地說，儘管他料到了結果，卻依然無法接受。

就在這個時候，高柴來到。

「子路死了，高柴為什麼不死呢？」孔子問自己，他本來就瞧不起高柴，現在更瞧不起。

高柴把自己逃跑的過程完完整整說了一遍，看著高柴一臉的疲憊，孔子突然明白一個道理：每個人的性格決定每個人的行為，子路戰死是對的，高柴逃跑也是對的。否則，子路就不是子路，高柴也就不是高柴。

「每個人都有每個人的優點啊，就像高柴，他的公正難道不是他的優點嗎？守門人不怨恨他反而幫助他，不就說明了高柴的高尚人格嗎？善於執法的人樹立德行，不善於執法的人製造怨恨，為什麼？就因為執法公正與否啊，而高柴不就是執法公正的典範嗎？」孔子這樣說，再看高柴，他覺得高柴一下子可愛多了。

按《說苑》。孔子聞之，曰：「善為吏者樹德，不善為吏者樹怨。公行之也，其子羔之謂歟？」

第二八一章

別了，孔子

子路的死，對孔子的打擊甚至超過了顏回的死。

如果說顏回就像孔子的兒子，那麼子路就是孔子的兄弟、朋友和戰友，是互相關心的兄弟，是直言相告的朋友，還是生死與共的戰友。孔子與子路的感情是任何人都無法相提並論的，甚至孔子對子路有一種強烈的依賴感。幾十年來，子路就守衛在孔子的身邊，為孔子鞍前馬後、赴湯蹈火，即便是在外地做官，子路也常常親自或者派人來探望孔子。

就在一年前，孔子生病了，子路知道之後專門來看望老師。

「老師，讓我為你祈禱吧。」那一次，子路這樣說。

「有用嗎？」孔子問。

「有用啊，《誄》文上說：為你祈禱神明。」子路說，他是認真的。

「哈哈，我早已經祈禱很久了。」孔子說。他並不相信祈禱有用，只是覺得子路很天真，所以開起了玩笑。

按《論語》。子疾病，子路請禱。子曰：「有諸？」子路對曰：「有之。誄曰：禱爾於上下神祇。」子曰：「丘之禱久矣。」

如今，想起了子路的天真和魯莽，想起了子路的真誠和熱情，孔子潸然淚下。

孔子陷於一種從來沒有過的傷心，在痛哭之後，他感到孤獨，感到空虛，感到害怕。

「你，怎麼還不來啊？」孔子眺望著遠方，子路死了，這個世界上只有一個人能夠安撫他的心了。

這個人是誰？

孔子逝世

風塵僕僕，子貢來了。

得知子路死的消息的時候，子貢正在齊國做生意。

「回來再談。」子貢沒有一秒鐘的猶豫，他知道他該去哪裡，他知道老師這個時候最需要什麼。

日夜兼程，子貢趕到了孔家。他的頭髮已經粘連到了一起，眼睛也因為熬夜趕路而佈滿了血絲。

大致是感應到了子貢的到來，孔子拄著拐杖來到了大門口。這個時候的孔子已經重病在身，只能拄著拐杖行走了。

「老師。」子貢遠遠地跳下車，叫了起來。

「賜啊，你怎麼來這麼晚啊？」孔子搖著頭大聲問。他時刻盼望著子貢的到來，到了這個時候，他最親的人就是子貢了。

「老師，您怎麼了？您怎麼衰弱成這樣？」子貢跑上前，要來攙扶孔子。

孔子推開了子貢的手，他不需要別人的攙扶。

「泰山壞乎！樑柱摧乎！哲人萎乎！」（《史記》）孔子唱了起來，十分悲摧。唱完，老淚長流。

子貢也忍不住自己的淚水，他從來沒有見過老師像這樣悲傷，這樣頹喪和絕望，即便當年在宋國和陳蔡遇到那樣的危險，老師也從來沒有驚慌過。而今天老師變成這樣，看來，上天真的要奪走老師了。

子貢攙扶著孔子坐了下來，然後自己跪坐在老師的面前。

「賜啊，天下無道，無法改變了，我這把老骨頭看來也蹦躂不了幾天了。夏朝人出殯，殯在東階；周朝人出殯，殯在西階；商朝人出殯，殯在兩柱之間。我昨天做夢，夢見我殯在兩柱之間了，看來我還是要按照商朝的規矩啊。賜啊，我的後事就拜託你了。」孔子把後事交代給了子貢，算是了結了最後一樁心事。

對於這個世界，孔子已經不再有任何留連了。

魯哀公十六年（前479年）四月十一日，孔子永遠地離開了人

世，享年七十三歲。

偉大的教育家、思想家、文學家、歷史學家和哲學家孔仲尼逝世了，他的逝世，是整個中華民族的巨大損失，是愛好和平的世界人民的巨大損失。

孔老夫子永垂不朽。

在孔子的葬禮上，魯國國家領導人魯哀公、季孫、孟孫、叔孫都親自參加，魯哀公並致悼詞。悼詞是這樣的：「旻天不弔，不憖遺一老，俾屏餘一人以在位，煢煢餘在疚。嗚呼哀哉！尼父，毋自律！」（見《左傳》）

悼詞大意是這樣的：老天沒有保佑這樣一位德高望重的老人長留人間，以使他保護我做好國君，丟下我一個人孤單無依，內心失落。嗚呼哀哉，孔大爺啊孔大爺，我再也沒有為政的法度了。

有若

葬禮等一應後事都是子貢和冉有牽頭進行。葬禮之後，孔子被安葬在曲阜城北的泗上，占地一頃。至於為什麼沒有安葬在祖墓，不詳。或許，是國家領導人特批的一塊風水寶地。

子貢帶頭，在孔子塚旁邊搭建房屋，住下來為孔子守墓服喪。除了已經畢業的學生之外，其餘的學生也都搬了過去，這就是《史記》上所說的「弟子皆服三年」。三年之後，弟子們搬離這裡，不過有弟子就在附近安家，再加上其他一些魯國人在此安家，此處儼然成為一個居民社區，被命名為「孔里」。後來，這裡建了孔子廟。到現在，就是孔廟或者孔府了。

《史記》記載，子貢服喪六年才離去。以子貢的性格，服喪六年是可能的，但是絕不可能一直待在這裡，而只是暫時定居這裡，有需要的時候出門做生意。此外，老師病故，孔子的學校需要有人來撐持，子貢留在這裡的一個重要目的就是說明子夏、曾參等人管理學校，等到六年後一切走上正軌，子貢才離開。

離開後的子貢去了齊國定居，之後一直做生意，生意做得非常大。

《史記》中有「子貢一出，存魯、亂齊、破吳、強晉而霸越」的說法，近乎傳奇，于《左傳》中無根據，因此本書不採用。

孔子去世，一時群龍無首，好在有子貢坐鎮，漸漸恢復了秩序。

學校暫時由子貢擔任校長，子夏辭去了莒父宰，回到學校與子張、曾參等人主要負責教學。此外，冉雍、子游等人時常回來關照。因此，學校依然紅火。

需要提到的一個人是有若，有若在師兄弟們中學習成績一般，這時候擔任助教。學生們都很思念孔子那種講課的氣派，總覺得應該找一個人來假冒老師，好讓大家感覺老師還活著。恰好有若長得很像孔子，大家一商量，說是乾脆讓有若冒充孔子，整天坐在孔子的位置上，給大家一個安慰。

子貢一聽，覺得這也是個好主意。於是，有若每天吃晚飯之後就坐在孔子當年的座位上，學著孔子的作派，接受弟子們的頂禮和瞻仰。

漸漸地，弟子們覺得有若的氣質不夠，學問也不夠，所以不太應該繼續扮演孔子了。

有一天，學生們準備了兩個刁鑽的問題來問有若。

「老師，我們有兩個問題請教。」一群弟子說。

「說吧。」有若扮著孔子的聲音和腔調。

「說是有一天孔子出門，讓弟子帶著雨具，結果路上真的下雨了；還有一次，孔子預測到了商瞿有五個兒子。請問老師，孔子是怎樣做到這兩點的？」刁鑽的問題，太刁鑽的問題。

「這個，這個……」有若哪裡能回答這樣的問題，一時張口結舌。

「切。」大家一起起哄了，然後異口同聲說道：「下去吧，這個位置不是你能坐的。」

就這樣，有若又被趕了下來。

儘管扮演孔子的時間不長，有若還是因此提升了自己的地位，因此被稱為有子，並且在《論語》中留名。

以下，就是有若在扮演孔子的時候發表的言論，因為被認為比較

有水準而被收錄進了《論語》。

按《論語》。有子曰：「其為人也孝悌而好犯上者，鮮矣。不好犯上而好作亂者，未之有也。君子務本，本立而道生。孝悌也者，其為仁之本與？」

按《論語》。有子曰：「禮之用，和為貴。先王之道斯為美。小大由之，有所不行。知和而和，不以禮節之，亦不可行也。」

按《論語》。有子曰：「信近於義，言可復也。恭近於禮，遠恥辱也。因不失其親，亦可宗也。」

和為貴，這就是有子先生貢獻給大家的。

其實，並不僅僅是孔子的弟子們把有若當做孔子，魯哀公看見有若也感覺親切，有時也請有若去做客。

有一年收成不好，魯哀公非常擔心。

「收成不好，糧食不夠用了，怎麼辦啊？」魯哀公發愁，自己家那點自留地確實不夠用了。

「減稅啊，收百分之十的稅。」有若回答。

「百分之十？現在百分之二十還不夠呢。」

「百姓富足了，國君難道還不富足嗎？百姓不富足，國君怎麼會富有呢？」有若說。這段話，還真是很像孔子的話。

按《論語》。哀公問與有若曰：「年饑，用不足，如之何？」有若對曰：「盍徹乎？」曰：「二，吾猶不足，如之何其徹也？」對曰：「百姓足，君孰與不足？百姓不足，君孰與足？」

反子夏聯盟

子貢走後，學校表面上秩序井然，實際上暗流湧動。沒有了子貢的坐鎮，人事矛盾慢慢凸現出來。

這個時候，學校形成多個巨頭共存的局面，子夏、子張、子游、曾參和孔子的孫子子思各有各的優勢，基本上分庭抗禮。總的來說，子張和子游關係比較好，曾參和子思關係比較好，子夏則比較孤立。

子夏這個人，一向恃才傲物，與子張子游的關係向來都是明和暗不和。三人屬於同一輩的佼佼者，一直都在暗中較勁。孔子在的時候，偶爾爭論一下，還不敢互相譏笑。孔子去世之後，三人的對抗公開化，但是有子貢在，也不敢太過分。

　　如今子貢離去，於是三人之間的矛盾公開化，子游子張原本就對孔子把《詩經》和《春秋》都傳給子夏心存不滿，如今看子夏大受學生們的歡迎，更是極不舒服。

　　一次，子夏的學生遇上了子張。

　　「喂，今天子夏給你們講什麼了？」子張問。

　　「講交友。」

　　「子夏怎麼講的？」子張又問。

　　「老師說：能交往的就交往，不能交往的就別搭理他。」

　　「哦。」子張一聽，這真是子夏的性格，子夏現在就不跟自己交往。所以，這話倒好像是針對自己的。「我記得當年老師不是這樣說的啊，君子尊敬賢人，包容眾人。稱讚善人而同情能力不足的人。如果我是好人，與誰不能相容呢？如果我是壞人，別人首先不搭理我了，我哪裡能夠拒絕別人呢？」

　　子張的話裡帶話，意思就是子夏不是個什麼好人。

　　按《論語》。子夏之門人，問交于子張。子張曰：「子夏云何？」對曰：「子夏曰：可者與之，其不可者拒之。」子張曰：「異乎吾所聞。君子尊賢而容眾，嘉善而矜不能。我之大賢與，于人何所不容；我之不賢與，人將拒我，如之何其拒人也？」

　　還有一次，子游也在背後說子夏的壞話。

　　「子夏的學生嘛，灑水掃地陪客迎送等等還馬馬虎虎，不過這些都是些學問的細枝末節，根本的東西都沒有學到，今後他們怎麼辦呢？」子游這樣貶低子夏。

　　話很快就傳到了子夏那裡，子夏非常不滿。

　　「嘿嘿，言游有什麼資格對我的學生指手畫腳？君子之道，哪些先傳授，哪些後傳授，就如同草木一樣，每個人的情況是不一樣的。君子

之道，不明白就別亂說。從頭到尾都能做得恰當的，就只有聖人了。」

按《論語》。子游曰：「子夏之門人小子，當灑掃應對進退，則可矣。抑末也，本之則無，如之何？」子夏聞之曰：「噫，言游過矣！君子之道，孰先傳焉，孰後倦焉。譬諸草木，區以別矣。君子之道，焉可誣也。有始有卒者，其惟聖人乎？」

不過，在這個反子夏聯盟中，其實內部也互相不服。

「子張是我的好朋友，很難能可貴啊，不過呢，也算不上仁德吧。」子游這麼評價子張，先褒後貶。

按《論語》。子游曰：「吾友張也，為難能也，然而未仁。」

「子張看上去儀表堂堂，不過跟他一起很難做到仁德。」曾參也這麼說。

按《論語》。曾子曰：「堂堂乎張也，難與並為仁矣。」

子夏的為人，鋒芒畢露直截了當，再加上才華四溢，因此成為眾矢之的倒也並不意外。

譬如，子夏說：「只要大的方面不出格，小的方面有點過錯也無所謂。」

顯然，子夏是個提倡不拘小節的人。這樣的話，子游子張等人是絕對不會說的。

按《論語》。子夏曰：「大德不逾閑，小德出入，可也。」

譬如子夏又說：「學好了知識就該去當官，當官當好了就該去學習。」

按《論語》。子夏曰：「仕而優則學，學而優則仕。」

子夏喜歡跟比自己強的人交往，因為他覺得只有跟這樣的人交往才能提高自己。為此，孔子在生前就斷言：「我死之後，子夏會越來越長進，子貢的學問則會還給我。為什麼呢？因為子夏喜歡跟比自己強的人交往，而子貢喜歡跟不如自己的人交往。」

偉大的孔子

孔子是個偉大的思想家，是個偉大的文學家，是個偉大的哲學家，是個偉大的歷史學家，同時，也是一個偉大的教育家。

關於教育和學習，孔子留下了很多名言警句，讓子孫後代們受益匪淺。譬如以下來自《論語》中的話，我們耳熟能詳。

子曰：「溫故而知新，可以為師矣。」

子曰：「學而不思則罔，思而不學則殆。」

子曰：「攻乎異端，斯害也已。」

子曰：「默而識之，學而不厭，誨人不倦，何有於我哉！」

子曰：「不憤不啟，不悱不發，舉一隅，不以三隅反，則不復也。」

子曰：「我非生而知之者，好古，敏以求之者也。」

子曰：「三人行，必有我師焉，擇其善者而從之，其不善者而改之。」

子以四教：文、行、忠、信。

子曰：「三年學，不至於穀，不易得也。」

子曰：「學如不及，猶恐失之。」

子曰：「知之者不如好之者，好之者不如樂之者。」

作為一個教育家，孔子有一個明顯的特點就是因人施教，因材施教。《論語》中，孔子的學生們在問到同樣的問題的時候，孔子給出的答案並不相同，都是根據每個人的性格和能力量身定做，譬如問為政，問仁，問孝等等。

有這樣一段典型的記載，生動地體現了孔子因材施教的特點。

「老師，為什麼葉公問政，您說安撫本地的，招徠遠處的；魯哀公問政，您說要任用賢臣；齊景公問政，您說要節儉。同樣的問題，為什麼有不同的答案？」一次，子貢問。

「這是因為各國的情況不同啊。」孔子說，「楚國國土大但是都城

小，百姓缺乏歸屬感，因此需要增強凝聚力；而魯國三桓專政，魯哀公需要強有力的大夫；齊景公非常奢侈浪費，齊國人民怨聲載道，因此他需要節儉。各國的情況不同，治理的方法自然不能一樣。」

「原來如此。」子貢恍然大悟。

孔子也是一個音樂發燒友，他非常愛好音樂並且投師學習。但是，他在音樂上的成就沒有記載，因此不能將他歸類進音樂家，他只能算是音樂發燒友。

根據記載，孔子曾經向萇弘問樂，不過可信度並不高。之後，孔子在衛國曾經向師襄子學琴，進步較大。

回到魯國，孔子又向魯國太師樂學習音樂，達到了新的境界。所以，《論語》中有這樣的兩條記載。

按《論語》。子語魯太師樂，曰：「樂其可知也。始作，翕如也。從之，純如也，皦如也，繹如也。以成。」

按《論語》。子曰：「吾自衛反魯，然後樂正，雅頌各得其所。」

孔子的性格

孔子的性格似乎偏於內向，善於觀察學習，卻不善於言談；講課條理分明，隨機應變見機行事卻有些力不從心。所以，孔子是一個好老師，卻不能成為一個出色的政客，總是不能說服各國的君主重用自己。

所以，孔子說「剛毅木訥，近仁」以及「君子欲訥于言而敏於行」，同時又說「巧言亂德，小不忍則亂大謀」和「巧言令色，鮮矣仁」。（《論語》）

平時在鄉里，孔子看上去不太能說，到了朝廷面對三桓和魯哀公的時候，說話也很小心謹慎，只有在面對學生、朋友以及與自己級別相近的官員的時候，談起周禮和學問，才會滔滔不絕。

按《論語》。孔子於鄉黨，恂恂如也，似不能言者。其在宗廟朝廷，便便言。唯謹爾。朝，與下大夫言，侃侃如也，與上大夫言，誾

唁如也。君子，椒錯如也，與與如也。

孔子宣揚周禮，自己處處以周禮來要求自己，非常嚴格，各種禮儀隨處遵守，即便是沒有人看見的地方，譬如睡覺的姿勢。

也正因為如此，學生們不會覺得孔子所講的周禮都是沒有用的東西，或者都是騙人的東西，儘管學生們實際上很難做到。而孔子的這份執著和毅力，成為他人格魅力的一個重要組成部分，讓學生們景仰。

《論語‧鄉黨第十》就都是在講孔子的性格以及怎樣以周禮來嚴格要求自己。

孔子以君子自詡，孔子說：「君子喻于義，小人喻於利。」（《論語》）孔子是個好面子的人，很少會談到利（據《論語》，「子罕言利，與命與仁」。）。

「仁者愛人」，孔子這樣教導弟子們，因此孔子也這樣去做。

一次，家裡的馬廄失火了，孔子回來之後，只問「有人受傷沒有？」根本沒有問馬。

如果有朋友死了卻葬不起，孔子就在自己家裡給朋友出殯。

所以孔子很受尊重和敬愛。

見義勇為，當仁不讓，這兩個成語都是孔子發明的，見於《論語》。

對於學生們來說，老師讓人敬重，但是大家並不懼怕老師。按照《論語》上的說法：「子溫而厲，威而不猛，恭而安。」也就是說，孔子溫和但是嚴格，高大但是不兇狠，有禮貌而且不會喋喋不休。

總的來說，孔子就是一個慈祥的長者。

同時，孔子還是一個堅定的人。（子曰：「三軍可奪帥也，匹夫不可奪志也。」《論語》）

同時，孔子還是一個善良的人。（子曰：「君子成人之美，不成人之惡。小人反是。」《論語》）

同時，孔子還是一個有些傲氣的人。（子曰：「道不同，不相為

謀。」《論語》）

　　同時，孔子還是一個謙虛的人。（子曰：「三人行，必有我師焉，擇其善者而從之，其不善者而改之。」《論語》）

　　孔子，確實是一個了不起的，讓人肅然起敬的人。

　　但是，孔子是人，不是神。

孔子的一生，所提倡的可以歸結為三個字：仁、德、義。

什麼是仁？歸結起來其實就是八個字：己所不欲，勿施於人。

什麼是德？歸結起來其實也是八個字：欲人為者，以身作則。

什麼是義？歸結起來其實也是八個字：我有餘力，可以助人。

孔子門下，所謂三千弟子七十二賢人，最終可以歸結為三傑：子夏、子貢、冉有。

學術和教育第一人：子夏

從商第一人：子貢

從政第一人：冉有

三傑對於孔子本人以及孔子學說的宣揚都起到至關重要的作用。

誰是最愛孔子的人

孔子的學生中，最愛孔子的是子路、子貢和冉有，對孔子幫助最大的也是這三個人。不過，性格不同，他們愛老師和幫老師的方式也不同。

子路如何愛老師幫老師已經講得太多，不再贅述了。子貢也講得很多了，也不再贅述。這裡，單獨說說冉有。

冉有的能力強地位高，能夠幫助老師的機會比較多。跟隨孔子期間，冉有當孔子的管家，多數情況下老師出行都是他駕車；後來冉有做了季孫家的管家，幫助老師回到魯國，又幫助老師獲得季孫家的補貼，而師兄弟們的前程也多數靠冉有提攜。

但是，冉有與子貢不一樣，子貢愛老師幫老師非常有技巧，既幫助了老師，又照顧了老師的面子，可是說件件事情都抓在老師的癢癢肉上，所以孔子非常喜愛他。而冉有就比較武斷，不講究技巧，只要他

認為對老師好的事情,他就去做,忽略了老師的感受。結果,好人好事做了一大堆,往往老師一點也不感激,有的時候還要生氣。當然,孔子心裡也明白冉有對自己是真好。

在給公西華補貼的事情上,冉有就做了好事受批評,類似的事情還有很多。《禮記》中就記載了這樣一件事情。

衛國人伯高是孔子的朋友,伯高死後,他的家人去向孔子報喪。

「我該去哪裡哭他呢?」孔子有點犯難,他很講究這類問題。「本家兄弟死了,我到宗廟去哭他;父親的朋友死了,我到廟門外去哭他;老師死了,我在內寢裡哭他;朋友死了,我在寢門外哭他;一般認識的人死了,我到野外去哭他。以我跟伯高的關係,在野外哭他就顯得太疏遠,在內寢哭他又顯得太重。怎麼辦呢?我是通過子貢認識他的,我就到子貢家去哭他吧。」

整來整去,老頭把事情整到了子貢家裡。

哭完之後,孔子派子張到伯高家去弔唁,結果在路上遇上了冉有。

「老弟,別去了,我前兩天恰好在衛國,於是準備了一束帛、四匹馬,以老師的名義去弔唁過了。」冉有讓子張回去,他已經主動幫老師弔唁過了,並且禮送得很重,很有面子。

這件事情,孔子應該很高興甚至很感動吧?應該會表揚冉有吧?

「嘿,冉有這件事情辦得不地道啊,這樣做不是讓我失禮于伯高嗎?」孔子不僅不高興,反而責怪冉有貓捉耗子多管閒事。

孔子的理想和追求

任何思想都有來源,都不可能是平白無故在大腦中浮現。孔子的思想也是一樣,來自他的生活環境。

人世間的真理一定是這樣的:缺什麼就追求什麼,懂什麼就鼓吹什麼。

孔子也不例外。

孔子出身低微,同時卻有著貴族的血統。從小他沒有地位,忍受

貧窮。所以，他對名利的追求順理成章。對於地位，對於富貴，他心嚮往之。

孔子從小跟隨親戚鄰居從事喪葬祭祀，正是因為如此，他對周禮產生了極大的興趣，特別是喪葬之禮，進而是對周禮的全部。因此，孔子在自己的努力之下成了周禮專家。在禮崩樂壞的春秋末期，他發現自己在周禮上的造詣竟然出類拔萃。需要特別提出的是，孔子提倡孝道，是他重視祭祀和喪葬之禮的必然和必要結果。

於是，在這樣的情況下，孔子決定運用周禮或者說通過鼓吹周禮來實現自己追求名利的目標。

然而，鼓吹周禮最終也並沒有為孔子帶來富貴，只為他帶來了有限的地位。為什麼會這樣呢？

很簡單，因為禮崩樂壞有禮崩樂壞的理由。就像二十幾年前算盤，被淘汰自然有被淘汰的理由，並不能因為那是中國傳統文化就無條件地存在下去。

所有國家中，魯國是最遵守周禮的，結果怎麼樣呢？結果魯國越來越弱。說明什麼？說明周禮已經不適合於這個時代了。即便是魯國，對於周禮也越來越不尊重了。

以一個在魯國都過時的東西去遊說更加強大和先進的國家，怎麼行得通呢？

那麼，在政治主張處處碰壁之後，孔子還有什麼辦法來求得富貴呢？經商。

孔子為什麼不經商？

首先，孔子缺乏經商的天分。

其次，孔子的處境決定了他很難去經商。魯國是個農耕國家，歷來輕視商業，孔子畢竟做過大夫，去經商就等於放棄了自己的社會地位。從另一個角度說，孔子教育弟子們不要去經商，如果自己反而去經商，就等於搬起石頭砸自己的腳。

這樣，孔子實際上就陷入一種尷尬境況。憑藉自己的政治主張得不到富貴，可是放棄自己的政治主張同樣得不到富貴。於是，不如

堅持。

所以孔子說得很明白：我想富貴啊，要是給人家趕車也能富貴的話，我也願意。可是，如果沒有什麼辦法能得到富貴，我還是從事我喜愛的事業吧。

按《論語》。子曰：「富而可求也，雖執鞭之士，吾亦為之。如不可求，從吾所好。」

在得不到富貴之後，孔子自我安慰，說是如果通過不道義的方法得到富貴，對於自己來說就是浮雲，根本不去想。

按《論語》。子曰：「飯疏食，飲水，曲肱而枕之，樂亦在其中矣。不義而富且貴，於我如浮雲。」

從理想和追求來說，孔子的一生是很失敗的。

從另一個角度來證明這種失敗，那就是通過孔子弟子們的發展。最堅信孔子學說的顏回和原憲都混得很悲慘很窮困潦倒，而背離了孔子學說的冉有和子貢都混得很滋潤很有成就。

儒法道

按《論語》。孔子曰：「君子有三戒：少之時，血氣未定，戒之在色；及其壯也，血氣方剛，戒之在鬥；及其老也，血氣既衰，戒之在得。」

不同階段，不同的年齡和不同的際遇，每個人的思想都是在變化中的，而絕不是一成不變的。

孔子也是這樣。

所以，我們可以說孔子是儒家的聖人。但是，我們不能說孔子就是儒家，因為他也是法家和道家。後世所強調和放大的孔子的思想，實際上多數是他早期的思想。

早期，孔子篤信周禮，崇拜周公，這時候他的思想是純正的儒家思想。所以，到了齊國他拿君君臣臣來說話。

但是，在齊國他感受到了另外一種文化，他一定思考過為什麼齊

國會比魯國強大，所以他對於不遵守周禮的管仲有了新的認識，對不肯為國君獻出生命的晏子有了新的看法。

回到魯國之後，孔子的思想已經由儒家向法家轉化。實際上，周禮本身就是禮法，就有法的元素。

在從魯國前往衛國之後，衛國文化對他又產生了很大的影響。到周遊列國碰壁之後，孔子實際上已經經過了多次的反思，他很少再提周禮，相反，他懂得了變通，明白自己是不可為而為之，對管仲則更加敬佩，而管仲是法家。

回到魯國，孔子已經從儒家成為法家，一個故事可以印證這一點。

按照魯國的法律，如果有人能夠從外國贖回在那裡做奴僕的魯國人，可以從政府領取獎金。有一次，子貢從外國贖人回來，卻退還了獎金。聽說這件事情之後，孔子非常失望。

「子貢錯了，聖人做事，是可以移風易俗的，是給大眾做榜樣，讓老百姓都能按照他的做法去做的。如今魯國富人少窮人多，子貢作了這樣一個榜樣，有幾個人能做到他那樣呢？從今以後，魯國人不會再去想辦法贖人了。」孔子說。這段話，貫穿了法的精神。

按《說苑》。魯國之法，魯人有贖臣妾于諸侯者，取金於府；子貢贖人于諸侯而還其金，孔子聞之曰：「賜失之矣，聖人之舉事也，可以移風易俗，而教導可施于百姓，非獨適其身之行也。今魯國富者寡而貧者眾，贖而受金則為不廉；不受則後莫復贖，自今以來，魯人不復贖矣。」

實際上，在《論語》中，孔子所崇拜的人並不多，可是他崇拜管子和子產，而這兩人是著名的法家人物。這說明什麼？說明他的思想由儒到法了。

另一個非常具有說服力的證據來自子夏。

子夏是孔子在衛國以及回到魯國期間最器重最賞識的弟子，孔子一定認為子夏是最理解自己的人，是自己學問最佳的繼承者和闡發者。所以，孔子說子夏是「起予者也」。所以，孔子把《詩經》和《春秋》都傳給了子夏，對他的偏愛無以復加。

孔子去世之後，子夏受魏文侯之邀前往西河講學。子夏的學生中，有田子方、段干木等大儒，但是特別要提出的是，中國歷史上最著名的法家李悝、商鞅都出於子夏門派。

李悝（即李克）著了中國歷史上第一部法學專著《法經》，商鞅在秦國變法。

毫無疑問，子夏的法家思想來源於孔子，只不過子夏發揚光大了。

而另一位法家代表人物吳起出於曾參的門下。

孔子的晚年沉迷于《易經》，理想的破滅讓一向不談命不說神的孔子開始說命了，開始淡泊世間的得失了。這個時候，孔子儼然化身為道家了。這個時候，他才真正理解老子的思想。

按《論語》。子曰：「不知命，無以為君子；不知禮，無以立也；不知言，無以知人也。」

按《論語》。子曰：「聖人，吾不得而見之矣，得見君子者斯可矣。」子曰：「善人，吾不得而見之矣，得見有恆者，斯可矣。亡而為有，虛而為盈，約而為泰，難乎有恆矣。」

按《論語》。子曰：「莫我知也夫！」子貢曰：「何為其莫知也？」子曰：「不怨天，不尤人，下學而上達，知我者其天乎！」

按《論語》。子曰：「人能弘道，非道弘人。」

以上這些，都是典型的道家的思想。

甚至，孔子還想學習老子，逃避現實，去蠻夷國家歸於自然。

按《論語》。子欲居九夷。或曰：「陋，如之何？」子曰：「君子居之，何陋之有？」

一個顯而易見的線索說明了一切，什麼線索？孔子的研究路線。

最早，孔子研究周禮；

之後，研究詩經；

之後，研究春秋；

最後，研究周易。

這說明什麼？說明孔子從理想主義走向現實主義，再走向神秘主義。

儒家，是理想主義；法家，是現實主義；道家，是神秘主義。

其實，絕大多數人都走同樣的路線：從理想回到現實，從現實走向神秘。

孔學的自相矛盾

從儒到法到道，孔子的思想在變化，所以，前後出現矛盾是必然的。

譬如孔子對於各種周禮禮儀的態度，一開始，孔子非常講究禮儀的形式，對禮儀的完備看得非常重要，這也是當初晏子對孔子最討厭的地方。直到到了衛國，孔子還是這樣，各國諸侯每月月初有一個告朔之祭，每次要殺一隻活羊，子貢覺得很浪費，應該去掉，可是孔子反對子貢的看法，他對子貢說：「你愛的是羊，我愛的是禮。」

按《論語》。子貢欲去告朔之餼羊。子曰：「賜也，爾愛其羊，我愛其禮。」

可是後來，孔子的看法有了很多變化，對於禮儀不再那麼堅持。

回到魯國之後，有一次子游向孔子請教喪葬禮儀用具的問題。

「應該看自己的家底量力而行。」孔子說。

「老師說具體點啊。」

「就算家裡有錢，也不要超過禮儀規定。如果家裡沒錢，那麼只要裝殮時衣物能夠蓋住死者就行了。喪事只要盡心盡力了，就沒有什麼好指責的了。所以辦喪事時，與其缺少哀痛之情而使用過多的禮儀，不如禮儀不完備卻充滿哀痛之情。」孔子的意思是，禮儀形式並不重要，重要的是真情流露。

到了這個時候，孔子對形式上的東西就遠遠不如從前那麼看重了。

問題在於，孔子被聖人化被神化之後，他的每句話都是真理了。既然這樣，矛盾就被強行掩蓋或者忽視，很多自相矛盾的東西就被熟視無睹，進而被認為原本就是和諧的一體。

後世統治者打著儒家的旗號，實際上幹著半儒半法半道的事情，

就是所謂的儒表法裡。而這樣的矛盾體之所以能夠存在，在於有了孔子這個矛盾體的存在，也就是說，不論怎樣做怎樣說，都能從孔子那裡找到依據。這樣做的前提是否定孔子本身是矛盾的，所以，宰我這樣的人是絕對不能讓他存在的，所以要編造他被殺的假歷史，提醒後人不得質疑孔子思想的自相矛盾。

正是因為這樣，中國人能夠很自然地生活在自相矛盾之中，譬如：急流勇退、急流勇進都是對的，好死不如賴活與士可殺不可辱同時運用著。堂皇的大道理和世俗的小道理之間的矛盾能夠坦然共存，永遠有道理，只要是領導，只要有權力，說什麼都是對的。我們以為這是中華語言的特點，其實不是，這是這個民族思維的問題，而這樣的思維，就來自統治者對孔子思想的「創造性」利用。

有時人們會質疑孔子思想的虛偽，其實不然，孔子是真實的，他只是被歷朝統治者們虛偽掉了。

《胡亂論語》

瞭解孔子，《論語》是最好的材料。不過，《論語》中沒有記錄胡亂與孔子的對話，是一大遺憾。在此，進行補充，補充部分稱為《胡亂論語》

孔子說：「唯女子與小人為難養。」

胡亂問：「既然這樣，為什麼國君這麼喜歡養女人和小人？」

孔子說：「亂啊，告訴你，因為國君是公款消費啊。」

胡亂問：「夫子常讚揚伯夷叔齊不食周粟，那夫子怎麼吃了這麼多家的粟？從前幫著國君滅三桓，現在吃著三桓的粟，怎麼不說滅三桓了？」

孔子說：「一二三四五，上山打老虎。」

胡亂問：「後世程頤說『餓死事小，失節事大』，老師怎樣看？」

孔子說：「我猜他想說的應該是『餓死別人事小』。」

孔子說：「齊一變，至於魯，魯一變，至於道。」

胡亂說：「老師，既然魯國比齊國好，為什麼全世界人都想去齊國，沒人想來魯國呢？」

孔子說：「亂啊，你不是來了嗎？」

胡亂說：「老師，我們那個年代講究做好人好事。譬如，坐火車的時候幫乘務員拖地。」

孔子說：「那，乘務員幹什麼？」

胡亂說：「乘務員幫帶小孩的媽媽餵奶。」

孔子說：「那帶小孩的媽媽幹什麼？」

胡亂說：「帶小孩的媽媽幫司機開火車。」

孔子說：「那司機幹什麼？」

胡亂說：「司機？是啊，司機幹什麼？」

孔子說：「亂啊，真亂。其實，自己幹好自己的本職就行了，大同世界也不過如此。當乘客的不像乘客，當乘務員的不像乘務員，有什麼好提倡的呢？」

胡亂整日悶悶不樂，夫子不以為怪，蓋因大家都是悶悶不樂。一日，胡亂同子路來，孔子問什麼事，胡亂不敢言，子路說：「胡亂這些天很鬱悶，因為他有問題但是不敢問。」孔子說：「為什麼不敢問？什麼問題都可以問啊。」子路說：「所以他找我幫忙，讓我來問。是這樣的，他想知道大便的禮是什麼，先放屁還是先撒尿，還是屎尿屁泥沙俱下。」孔子皺眉頭，說：「這樣的事情屬於私事，講什麼禮？禮都是在人前的。」胡亂說：「老師說要人前人後一個樣啊。何況，有的時候大家同去大便，怎麼能說不是在人前呢？」孔子：「總歸還是自己掌握吧，怎樣方便怎樣。」胡亂說：「那麼，大便時狂呼亂叫，念念有詞，合於禮嗎？」孔子：「胡亂，真有此事？」胡亂說：「大便，人生大事也。若是憋了一個時辰，突然噴薄而出，一瀉千里，豈不快哉？既然快哉，為何不能叫出來？」孔子說：「胡言亂語啊，大便本是私事，私下裡進行就好，大喊大叫就不合乎禮了。」胡亂說：「那麼大便的禮就是悶聲大便，是麼？」孔子喟然歎道：「你要這樣認為，就算是吧。」

一日，孔子與胡亂聊天。胡亂問：「老師，管仲三次打仗三次逃

跑，因為怕自己死了老母無人奉養；孟公綽三次打仗三次逃跑，也是怕自己死了母親無人奉養。我想問問，到底是行孝重要，還是忠君為國重要？」

孔子說：「亂啊，這個問題很好啊。奉養父母，是為人的根本；忠君為國，是為臣的根本。如果不能忠君衛國，至少還能做一個人；如果不能奉養父母，連做人的資格都沒有了。你說說，哪一個重要？」

胡亂說：「老師，我明白了。」

一日，胡亂和孔子講起《春秋》，說到董狐直筆，孔子為趙盾鳴冤一段，胡亂說：「老師，趙盾先後殺了三個國君的兒子，殺了六個卿趕走了三個卿，又把霸權拱手讓給了楚國，老師怎麼說他是良臣？」

孔子無言以對，過了一陣，小聲說：「亂啊，君子識時務者為俊傑啊。當今天下，晉國最強，而趙家執掌晉國國政，得罪趙家就跟在魯國得罪季孫家一樣，何必呢，何必呢？不要因為寫本書給自己帶來麻煩啊。」

胡亂感慨：「以老師這樣正直的人在世俗面前有時也不得不低頭，歷史真是用刀槍寫成的。」

孔子說：「慚愧啊，我不如董狐遠矣。」

胡亂說：「老師也是不得已，不過春秋筆法，把事情真相都寫得很清楚了，後人自會領會，重新作出結論。」

孔子說：「那就好了，但願後人能夠領會。」

胡亂說：「老師不知道，後世的史書，乾脆就是瞎編亂造，黑白顛倒，完全沒有廉恥，不像老師這樣，事實保留，就算有違心的話，也不過是九牛一毛。」

孔子釋然。

孔子死後，胡亂痛哭：「老師啊，您死之後，誰還會聽我的胡言亂語啊？」

（全書完結）

說春秋之七：孔子世家

作　　　者	賈志剛
發　行　人	林敬彬
主　　　編	楊安瑜
編　　　輯	王聖美
內 頁 編 排	于長煦
封 面 設 計	王隽夫
出　　　版	大旗出版　行政院新聞局北市業字第1688號
發　　　行	大都會文化事業有限公司
	11051台北市信義區基隆路一段432號4樓之9
	讀者服務專線：(02)27235216
	讀者服務傳真：(02)27235220
	電子郵件信箱：metro@ms21.hinet.net
	網　　　址：www.metrobook.com.tw
郵 政 劃 撥	14050529 大都會文化事業有限公司
出 版 日 期	2012年05月初版一刷
定　　　價	250元
I S B N	978-986-6234-40-8
書　　　號	History-30

Chinese (complex) copyright © 2012 by Banner Publishing, a division of
Metropolitan Culture Enterprise Co., Ltd.
4F-9, Double Hero Bldg., 432, Keelung Rd., Sec. 1,
Taipei 11051, Taiwan
Tel:+886-2-2723-5216　Fax:+886-2-2723-5220
Web-site: http://www.metrobook.com.tw
E-mail: metro@ms21.hinet.net

◎本書由廣西師範大學出版社授權繁體字版之出版發行。
◎本書如有缺頁、破損、裝訂錯誤，請寄回本公司更換。
【版權所有　翻印必究】
Printed in Taiwan. All rights reserved.

國家圖書館出版品預行編目資料

說春秋之七：孔子世家／賈志剛著. -- 初版. --
臺北市：大旗出版：大都會文化, 2012.05
　416 面；21×14.8 公分. -- (History；30)

ISBN 978-986-6234-40-8（平裝）

1. 春秋史

621.62　　　　　　　　　　　　　　101004989

大都會文化　讀者服務卡

書名：**說春秋之七：孔子世家**

謝謝您選擇了這本書！期待您的支持與建議，讓我們能有更多聯繫與互動的機會。

A. 您在何時購得本書：＿＿＿＿年＿＿＿＿月＿＿＿＿日

B. 您在何處購得本書：＿＿＿＿＿＿＿＿書店，位於＿＿＿＿＿＿＿(市、縣)

C. 您從哪裡得知本書的消息：

　1.□書店　2.□報章雜誌　3.□電台活動　4.□網路資訊

　5.□書籤宣傳品等　6.□親友介紹　7.□書評　8.□其他

D. 您購買本書的動機：（可複選）

　1.□對主題或內容感興趣　2.□工作需要　3.□生活需要

　4.□自我進修　5.□內容為流行熱門話題　6.□其他

E. 您最喜歡本書的：（可複選）

　1.□內容題材　2.□字體大小　3.□翻譯文筆　4.□封面　5.□編排方式　6.□其他

F. 您認為本書的封面：1.□非常出色　2.□普通　3.□毫不起眼　4.□其他

G. 您認為本書的編排：1.□非常出色　2.□普通　3.□毫不起眼　4.□其他

H. 您通常以哪些方式購書：(可複選)

　1.□逛書店　2.□書展　3.□劃撥郵購　4.□團體訂購　5.□網路購書　6.□其他

I. 您希望我們出版哪類書籍：（可複選）

　1.□旅遊　2.□流行文化　3.□生活休閒　4.□美容保養　5.□散文小品

　6.□科學新知　7.□藝術音樂　8.□致富理財　9.□工商企管　10.□科幻推理

　11.□史地類　12.□勵志傳記　13.□電影小說　14.□語言學習（＿＿＿＿語）

　15.□幽默諧趣　16.□其他

J. 您對本書(系)的建議：

＿＿＿＿＿＿＿＿＿＿＿＿＿＿＿＿＿＿＿＿＿＿＿＿＿＿＿＿＿＿＿＿＿＿＿＿

K. 您對本出版社的建議：

＿＿＿＿＿＿＿＿＿＿＿＿＿＿＿＿＿＿＿＿＿＿＿＿＿＿＿＿＿＿＿＿＿＿＿＿

讀者小檔案

姓名：＿＿＿＿＿＿＿＿＿　性別：□男　□女　生日：＿＿＿年＿＿＿月＿＿＿日

年齡：□20歲以下 □21～30歲 □31～40歲 □41～50歲 □51歲以上

職業：1.□學生 2.□軍公教 3.□大眾傳播 4.□服務業 5.□金融業 6.□製造業

　　　7.□資訊業 8.□自由業 9.□家管 10.□退休 11.□其他

學歷：□國小或以下 □國中 □高中／高職 □大學／大專 □研究所以上

通訊地址：＿＿＿＿＿＿＿＿＿＿＿＿＿＿＿＿＿＿＿＿＿＿＿＿＿＿＿＿＿＿

電話：（H）＿＿＿＿＿＿＿＿＿（O）＿＿＿＿＿＿＿＿　傳真：＿＿＿＿＿＿＿＿

行動電話：＿＿＿＿＿＿＿＿＿＿　E-Mail：＿＿＿＿＿＿＿＿＿＿＿＿＿＿

◎謝謝您購買本書，也歡迎您加入我們的會員，請上大都會文化網站 www.metrobook.com.tw
登錄您的資料。您將不定期收到最新圖書優惠資訊和電子報。

北 區 郵 政 管 理 局
登記證北台字第9125號
免　貼　郵　票

大都會文化事業有限公司

讀　者　服　務　部　　　收

11051台北市基隆路一段432號4樓之9

寄回這張服務卡〔免貼郵票〕
您可以：
◎不定期收到最新出版訊息
◎參加各項回饋優惠活動

大旗出版
BANNER PUBLISHING